러시아 지방의 체계론적 이해

KHUP 경희대학교 출판국

이 책은 2002년도 한국학술진흥재단의 지원에 의하여 연구되었음
(KRF-2002-072-BS2072)

목차

서문

본 연구서는 러시아라는 전체적 공간을 구성하는 지역적 특성에 대한 이해를 목적으로 경희대 지역연구팀이 2002년부터 2004년까지 수행한 연구 성과물이다. 본 연구팀은 학제간 통합적 접근을 통해 러시아 지방공간에 대한 총체적 연구를 시도하고자 구성되었다. 본 연구는 연구방법, 지리, 정치, 경제, 문화 등 각 영역에서 러시아 지방공간의 속성을 다루고 있다. 본 연구서는 이미 학회를 통해 발표했거나 학술지에 게재한 논문을 중심으로 엮었고 일부 새로운 논문이 추가되었다.

기존의 러시아연구는 중앙 수준의 분과 학문적 연구가 일반적이었다. 이런 중앙 수준의 연구는 러시아의 전체상을 설명하는데 한계점이 있다. 기존의 강제적으로 구획된 공간개념에 기초한 지방적 수준의 연구 또한 그 한계점이 있다. 결국 부분(각 지방)의 특징들의 합이 전체(러시아)의 특징이 될 수 없고, 전체의 특징이 부분의 특징으로 환원될 수 없다는 인식에서 본 연구는 출발한다. 한편, 총체적 연구를 위해서는 중앙 수준의 연구와 지방 수준의 연구가 공히 필요하지만 본 연구는 연구범위 및 연구기간의 제약성으로 인해 지방적 수준으로 제한하였다.

'공간'은 자연 및 인간행위의 상호작용에 따라 그 의미에 신축성을 지니게 된다. '공간'의 형태는 고정되어 있는 결과로서의 실체가 아니라 형성되고 변화되고 있는 '과정'의 존재이다. 주체와 주변 환경 간의 상호작용과정에서 주체와 주변 환경 모두가 영향을 받게 되며 항상 새로운 관계를 형성하게 된다. 특정지역의 물리적 시스템, 사회적 시스템, 정신적 시스템이 독자적인 영역으로 발전하는 것이 아니라 상호작용하면서 발전되게 된다. 그런데 기존의 연구는 이런 복잡한 상호작용을 단순화시켜 이해하는 과정에서 연구대상을 근본적으로 왜곡하게 된다. 이런 오류를 극복하는 방법으로 복잡한 현상을 총체적으로 이해하는 복잡체계론이 효율적이다.

러시아 '공간'에 대한 보다 정확한 분석은 사회과학, 자연과학, 문화인류학 등 학제 간 연계 하에서 가능할 것이다. 여기서 연구의 인식론적 대상으로 러시아 지방은 복잡계(complex system)로 상정된다. 따라서 지방에 대한 연구는 시간과 공간을 향해 한없이 열려있기 때문에 결코 완결될 수 있는 성질의 것이 아니다. 이런 공간은 생태, 자원, 생산, 역사구조가 총체적으로 구성되기 때문에 '공간'에 대한 보다 정확한 분석은 근본적으로 학제를 뛰어넘는 통합적 성격을 띠게 된다.

본 연구방법의 기본구조는 논리적 주어의 설정과 술어적 해석으로 형성된다. 공간에는 물리적인 세계인 자연 환경적 측면, 인간의 행위인 사회적 측면, 인간 내부의 정신적 측면이 총체적으로 융합되어 있다. 이런 공간의 술어적 해석은 러시아 '공간'의 자연시스템 분석(주요개념 - 에너지), 사회시스템 분석(주요개념-권력), 문화시스템 분석(주요개념 - 정보)을 통해 진행될 수밖에 없다. 이들의 각각의 국면은 상호 침투되기에 자연환경이 인간성, 기술장치의 제한 요인이 되고, 그것을 합친 생태환경이 사회, 문화형성의 한정조건이 된다. 따라서 주체적으로 조건화된 특정 공간에 대한 이해는 보편으로의 분해〔解析〕와 술어적 해석(解釋)의 단계를 통해 진행될 수밖에 없다. 구체적으로 연구는 6개의 하부주제로 나뉜다.

제1주제는 방법론에 관한 연구로 이 주제에서 권세은은 러시아 지방연구의 방법론을 비판적으로 고찰하고 그 보완방법으로 복잡성 패러다임을 제시하고 있다. 제2주제는 러시아 '공간'에 대한 자연시스템 연구로 이 주제에서 공우석은 러시아의 자연시스템 특성과 이에 따른 현상을 파악하기 위하여 지질, 지형, 기후, 생물, 토양과 물 등 자연시스템 관련 정보를 분석하였다. 제3주제는 사회 시스템 중 정치 분야 연구로 이 주제에서 강혜련(2003-2004년 연구참여)은 러시아 극동지구 연방주체들의 집행권력 및 입법권력기관을 중심으로 러시아 지방권력기관을 분석하였다. 제4주제는 사회 시스템 중 경제 분야에 관한 연구로 이 주제에서 김성훈은 경제적 기반 분석과 안정성 분석의 복합모형을 설정하여 러시아 연방지구에 적용 및 해명하였다. 제5주제는 문화 시스템 중 지방 정체성 분야에 관한 연구로 이 주제에서 성종환은 러시아 지방의 정체성 연구를 남부연방지구 공화국들의 민족어를 중심으로 진행하였다. 제6주제는 러시아 지방 문화에 관한 연구로 이 주제에서 공영호는 문화해석 모형을 모색하여 러시아 지방문화의 특성을 해석하고 있다.

본 공동 연구를 통하여 연구의 객관성을 유지하고 효율성을 제고할 수 있었다. 연구의 검증과정에도 도움이 되어 각 분야의 연구방법 등에서 성과의 질적 상승을 가져올 수 있었다. 그러나 이 연구의 기본 취지가 학제적 연구로 기본적인 개념을 일정 부분 공유하였지만 한계점 또한 많았다. 특히 복잡시스템을 활용하여 지방을 연구하는 작업은 미개척 분야의 작업이면서 사고의 폭을 탄력적으로 요구하는 분야이기에 주제별 통일성을 담보하는데 어려움이 있었다. 또한 연구주제 자체가 광범위하고 자료 또한 방대하여 효율적인 연구수행을 위한 방법과 절차 설정에 많은 어려움이 있었다.

끝으로 이 연구를 지원해 준 「한국학술진흥재단」과 연구원의 교체, 연구범위의 광범위성, 연구방법의 복잡성 등의 많은 어려움에도 불구하고 이 연구의 완성을 위해 많은 노력을 기울여준 연구팀원들에게 감사를 드리며 시장성이 크지 않은 책의 출판을 맡아 준 「경희대 출판국」에게 사의를 표한다.

경희대 러시아 지역연구팀
연구책임자 권 세 은

제1장

러시아 지방연구 방법론 모색*

권세은(경희대)

I. 서 론

소련의 붕괴 그리고 그 후 진행된 개혁과 같은 일련의 사건들은 러시아인들에게 엄청난 충격과 혼란을 가져왔다. 이런 혼란 속에서 새로운 국가성의 형성은 다양한 정치적 과정을 거치면서 매우 복잡하게 전개되었다. 이 과정에서 지방은 현실적 영역에서나 학문적 영역에서 담론의 핵심으로 등장하게 되었다.

러시아에서 지방의 영역은 보편적으로는 세계화 과정, 특수적으로는 국가성 형성과정에서 새롭게 인식되었다. 세계화 과정에서 단단히 통합되었던 민족국가의 영역들이 초국가와 지방의 영역으로 분배되면서 국가라는 상수가 언제든지 변할 수 있는 변수로 되었고, 동시에 상대적으로 경시되었던 지방의 영역이 주요한 변수로 등장하게 되었다. 그리고 러시아 국가성의 형성 과정에서 수평적 수준의 국가-사회관계 연구와 더불어 수직적 수준의 중앙-지방관계 연구가 활성화됨으로써 지방에 대한 관심이 점점 더 증대되었다.

시대적으로 러시아 지방연구의 필요성이 제기됨으로써 다양한 분야에서 파편화되고 왜곡되었던 지방에 대한 연구는 전환을 맞게 되었다. 하지만 러시아에서 지방연구의 중요성에도 불구하고 지방에 대한 연구가 아직 체계적이지 못하다. 지금까지 지방차원의 미시적 논의보다는 거대이론에 치중한 국가주의의 논의가 주류를 이루면서 지방에 대한 공간적 수준 및 지방적 수준의 연구는 등한시되어 왔기 때문이다. 지방적 수준에서의 연구가 활성화

---

* 이 글은 『슬라브연구』 (제21권 2호, 2005)에 게재된 글을 수정·보완한 것임.

되지 못했던 이유로 몇 가지 지적할 수 있다. 첫째, 개념적 측면에서, 근대 민족국가의 등장 이후 통합된 개념으로서 국가(state)가 상정됨으로써 외적으로는 초국가적 영역, 내적으로는 지방적 영역이 등한시 되었다. 둘째, 소재 측면에서, 제정러시아나 소련은 과도하게 중앙 집중화된 국가였기 때문에 연구의 관심은 중앙정부 차원에 집중될 수밖에 없었다. 셋째, 방법론 차원에서, 기존 연구는 요소환원주의 및 기계론적 패러다임에 기초하기에 전체를 부분으로 분해하여 분석하는 패러다임에서 총체적인 연구를 요하는 공간적 연구는 근본적으로 한계가 있을 수밖에 없었다.

오늘날 세계화/지방화의 쟁점들은 새로운 방법론적, 개념적 접근방식을 요구하지만 여전히 전통적인 분석과정에서 도출된 개념과 연구도구로 쟁점에 접근하고 있다. 전통적 패러다임에 의하면 지방의 정체성은 고정된 실재로서 인식된다. 연구가 특정 지방의 문화적, 종교적, 사회적 공통분모를 가진 과거지향적인 실체를 파악하는 것으로 귀착됨으로써 서술적(descriptive) 방식에 치중하고 설명적(explanatory) 방식에 약하다는 비판을 받게 되었다. 지방은 자연환경, 인종, 언어, 종교와 같이 쉽게 변하지 않는 요소에 의해서도 규정되지만 다른 한편 행위자간 끊임없는 상호주관적인 교류에 의하여 변화하고, 지속적으로 재정립되는 복잡한 존재론적 성향을 갖는다. 이런 지방을 이해하기 위해서는 상호 침투되고 상호 구성되는 관계를 개념화할 수 있는, 학제적(interdisciplinary)으로 사고할 수 있는 새로운 인식 패러다임이 필요하다.

본 연구는 러시아 지방연구의 새로운 인식 패러다임으로서 복잡성(complexity)개념을 도입하고자 한다. 따라서 본 연구에서는 '지방'을 복잡계[1])로 가정하고 그에 근거한 새로운 패러다임으로서 복잡성을 개념화한다. 하지만 지방연구의 구체적인 연구방법의 모색이나 사례 분석은 각각의 영역에서 논의되어야 하기에 본 연구의 영역은 아니다.

1) '복잡계'는 자연과학의 용어로 종종 '복잡체계', '복합계'라고 불리기도 한다. 원칙적으로 모든 체계는 복잡계이며 상대적으로 복잡성 정도의 차이가 존재할 뿐이다.

Ⅱ. 러시아 지방연구의 소재(locus)

최근 들어 러시아에서 지방에 대한 관심[2]이 급격히 부상함으로써 지방연구/지방학에 대한 논의가 활발히 진행되고 있다. 하지만 러시아 지방에 대한 연구는 주로 분과연구(disciplinary studies)수준에서 파편적으로 진행되기 때문에 학문적 수준에서 아직 많은 한계를 갖고 있다.

지방연구(regional studies)[3]란 지역/지방(region, area, community, local)[4]

---

2) 최근 이런 관심에 따라 러시아에서 지방연구와 관련한 많은 개설서가 출판되고 있다. А. С. Герда, Г. С. Лебедева, "Основания регионалистики: Формирование и эволюция историко-культурных зон," http://www. peterclub.spb.ru /library/ Lebedev1.html(2004); В. А. Кудинов, "российская провиция как обеъект из учения," http://www.a2.ru/~historia/archive/03-00/ kudinov.htm(2003); В. Г. Игнатов, В. И. Бутов, Регионоведение(экономика и управление)(М., Ростов н/Д., 2000); В. Г. Игнатов, В. И. Бутов, Регионоведение: Методология, политика, экономика, право(Ростов н/Д., 1998); В. Гельман, С. Рыженков, "Политическая регионалистика России: история и современное развитие," http://mgimofp.narod.ru/ (2004); М. В. Плешакова, Д. С. Дробышев, "Регионалистика," http://www.cis2000.ru/ publish/ books/book(2003); Регионоведение : социально-политический аспект (Нижний Новогород 2001); С. С. Шишов, Экономическая география и регионалистика(М., 1999); Т. Г. Морозова(ред.), Регионоведение: Учебник для вузов (М., 1998); Т. Г. Морозова, Региональная экономика(М., 1998); Т. Г. Морозова, Регионоведение(М.,1998); Ю. Г. Волков, Регионоведение(Ростов н/Д., 2002); Ю. Н. Гладкий, А. И. Чистобаев, Регионоведение:Учебник(М., 2003) 참고.

3) 러시아에서 지역, 지방과 관련하여 다양한 용어들이 사용되고 있다. 지방과 관련하여 'регион', 'область', 'район', 'провинция' 등이 사용되고, 지방연구와 관련하여 'краеведение', 'регионалистика', 'регионоведение', 'районология', 'районография', 'регионология', 'регионика' 등이 사용되고 있다.

4) 'area'는 규모와 관계없이 공간에 관한 가장 일반적인 용어이다. 'region'은 자연적, 사회적, 문화적 특성을 표현할 때 종종 사용되는 용어이고 'district'는 행정상 구획을 지칭하는 용어이다. 러시아연방을 구성하는 단위(支邦)는 'субъект(主體)'인데 이 용어는 일반적으로 지방(地方)을 뜻하는 'регион (region)'과 동의어로 종종 사용되고 있다. 중앙-지방의 관계, 지방자치, 지방정부, 지방엘리트(региональная элита), 지방선거(региональные выборы)와 같은 경우 '지방'이라는 용어가 러시아연방을 구성하는 지방 즉 러시아연방 주체(субъект Российской Федерации)를 의미한다. 보통 정치적, 경제적, 사회적 부분에서 지방(地方)이라는 용어가 본래의 지방(地方)과 연방구성단위인 지방(支邦)이 혼용되어 사용된다. 이는 러시아에서 지방화

을 종합적으로 연구하는 공간적 학문(spatial science)으로 정의되다. '지역'은 개념학에서 말하는 '인지개념(perceptual concept)'으로 인지 주체의 이해와 관심에 따라 그 정의가 변할 수 있다. '지역'은 '국가'일 수도, '문화지역(cultural area)'일 수도, '생태단위'일 수도 있고 혹은 이런 단위의 '부분'일 수도 있는 것이다.5) 한편 지방이란 하나의 공간으로, 기능적 단위의 결합으로, 상징적 공동체로, 구조적 총체로 다양하게 규정할 수 있다. 러시아에서는 지방에 대한 용어가 '지방(region)', '향토(Heimate)', '지역사회(community)' 등이 이데올로기적 편향이나 의도에 따라 다양하게 사용되고 있다.

일반적으로 지방은 구조적 분석대상이든, 기능적 해석대상이든 다른 지역의 개념과는 다르게 국가 또는 일정지역의 하부단위를 지칭하게 된다. 미국, 독일과 같은 연방국가에서는 대체적으로 연방을 구성하는 주가 연방보다 역사적으로 먼저 존재하였고 이들이 연합하여 국가를 이루게 되었다는 특징을 가지고 있다. 연방을 구성하는 주의 권력이 연방에 의해 피조(被造)된 것이라기보다는 연방에 의해 승인된 고유한 것이기 때문에 주는 지방정부와는 다른 개념이고 지방정부란 주 하위 수준에 존재하는 정치행정조직을 의미한다.6) 하지만 러시아에서 연방을 구성하는 주의 권력과 그 위치가 연방으로

(регионализация)의 경향은 근본적으로 연방주체와 관련되기 때문이다. 그러나 러시아 헌법에 따르면 지방자치(местное самоуправление)는 연방주체 이하인 지방행정단위 즉 도시, 농촌거주지역과 기타 구역에 해당한다.

5) 연구 범위로서 지역은 인지주체에 따라 문제영역, 촌락, 도시, 공동체, 민족국가, 국가간, 초국가 등으로 범위가 확대될 수 있다. 야노 토루 엮음, 『지역연구의 방법』, 아시아지역경제연구회 옮김(서울: 전예원, 1997), p.26. 하지만 오늘날까지 주된 연구지역은 국가 단위였는데 국제화 및 경제블록화 경향과 민족, 종교, 문화의 갈등 증대로 인하여 국가 이외의 문화지역, 초국가, 지방단위로 확대되고 있다. 러시아에서 'регион'은 분석하고자 하는 대상이나 수준에 따라 다양하게 사용되고 있다. 구조적 위계에 따라 '주체연합 및 초 주체수준(макрорегионы: 연방관구, 군관구, 경제지구, 철도망 등),' '연방구성 주체수준(субъект РФ),' '지방행정체계 수준(муниципиальные региональные системы)' 등 3단계로 분류할 수 있다. В. В. *Климанов, Региональные системы и региональное развитие в России* (М., 2003), стр.36～40 참조. 한편 유형적으로 분류하면 지방을 '경제 공동성(хозайственно-экономическая общность, 예: Волго-Вятский регион),' '지리-행정적 단위(область),' '역사-문화적 단위(예: Повольжье)'로 정의할 수 있다.

부터 조직되었기 때문에 지방은 연방구성의 주체임과 동시에 정치행정조직의 개념으로 간주될 수밖에 없다.

러시아의 지방을 연구하는데 있어서 연구소재(locus)에 대한 분석이 일차적으로 큰 의미를 갖는다고 본다. 연구소재는 환경의 변화에 따라 변화하는 것은 물론이고 강조점의 차이에 따라 상이한 용어가 사용되기 때문에 러시아 지방연구의 경향파악에서 소재분석이 중요하다.

중앙계획경제체제였던 소련에서의 지방연구란 국가정책과 관련될 수밖에 없었다. 연구에서 지방은 국가의 효율적인 정책수행을 위한 하위 행정체계, 상위 체계를 형성하는 하위체계 즉 전체의 부분으로서 간주되었으며 상위체계의 하위체계에 대한 통제적 영역이 강조되었다. 연구는 주로 행정학, 경제학, 지리학에서 이루어졌으며 연구대상은 지방의 자원분포, 자원의 잠재력, 산업시설과 노동력의 효율성, 전화(電化) 등이었다. 이런 연구로는 지방의 경제적, 지리적 특성을 고려하여 효율적인 경제체계 형성하려는 전국의 구획화(районирование)[7]가 대표적이다. 이 연구에서 주요 변수는 특정지역의 생산적 특성, 산업구조와 수준, 자연지리적 상태, 자연 및 인적자원, 에너지 등

---

6) 이종수, 『지방정부이론』 (서울: 박영사, 2002), p.8.

7) 첫 경제적 측면의 전국적인 구획은 1920년 'ГОЭЛРО(Государственная комиссия по электрификации России)'계획에서 구현되었는데 이 계획에서 전국이 8개의 대단위 지역으로 나뉘었다. 그 후 1921년에 'Госплан(Государственная плановая комиссия)'은 전국을 21개 경제지역, 제 1차 경제 개발 5개년 계획은 24개 지역, 2차 계획은 32개 지역과 북부 지역, 3차 계획은 9개 지역과 10개 연방 공화국으로 나누었다. 1963년에는 18개의 대단위 경제지역을 정하면서 러시아 공화국을 10개 지역으로 나누었다. 이 10개 지역 구획화는 전국을 북서지역, 중부지역, 볼가-뱌트카지역, 중부흑토지역, 볼가지역, 북 카프카즈지역, 우랄지역, 서시베리아지역, 동시베리아지역, 극동지역으로 구분 하고 있는데 오늘날의 구분과 거의 일치하고 있다. 대표적인 구획화 관련 연구는 다음을 참조. Н. Н. Колосовский, *Основы экономического районирования*(М., 1959), *Теория экономического районирования*(М., 1969); Н. Н. Баранский, *Экономическая география. Экономическая картография*. 2-е изд.(М., 1960); В. В. Кистанов, *Территориальная организация производства(отраслевой, районный и народнохозяйственный аспекты)*(М., 1981); Э. Б. Алаев, *Экономико-географическая терминология*(М., 1977); Н. Н. Некрасов, *Региональная экономика(Теория, проблемы, методы)*. 2-е изд.(М., 1978) 참조.

이었다. 하지만 지방의 문화적 특성, 정체성, 역사성, 민족구성과 같은 변수가 소련을 형성하는 민족공화국 단위에서는 고려되었지만 그 하위단위인 공화국내의 지방에서는 고려되지 않았다.

소련붕괴 후 러시아 지방연구의 소재는 광범위하게 확대되었다. 중앙적 수준에서는 연방조약, 헌법, 권한분할조약, 연방지구 형성과 같은 국가성 관련 정치적 주제[8)]와 지방행정조직, 지방정책과 같은 행정적 주제[9)]가 중심을 이루고 있다. 반면 지방정부 수준에서는 지방정부의 형태, 지방의회와 지방행정부의 관계, 지방엘리트 속성과 변화, 민족주의 속성, 이익집단의 성격, 지방정치의 문화, 지방정당, 지방선거의 속성, 선거인의 행태, 지방선거 단체, 지방입법기관의 구성, 지방자치, 지방행정조직, 시민사회 나아가 지방과 국제사회 등과 같은 주제가 폭넓게 등장하고 있다.

특히 연방관계, 지방선거과정, 지방엘리트, 지방정치체제, 지방자치 등이 지방정치과정과 관련하여 1990년대 중반이후 주요한 연구대상으로 부상하였다. 연방관계연구 연구에서는 연방형성의 단계별 연구[10)] 및 연방관계의 속성연구(영토적·민족적 조직의 상호관계, 대칭적·비대칭적 연방관계)[11)] 등

---

8) 이와 관련한 연구는 Р. А. Абдулатипов, Л. Болтенкова, Ю. Яров, *Федерализм в истории России(в трех книгах)*(М., 1992); М. Н. Губогло(ред.), *Федерализм власти и власть федерализма*(М., 1997); И. Бусыгина, "Региональное измерение политического кризиса в России," *МЭИМО,* N5(1994), стр.5～18; В. Лысенко, *От Татарстана до Чечни(становление нового российского федерализма)*(М., 1995); Н. М. Михалевой(ред.), *Федеративное устройство России: история и современность*(М., 1995) 참조.

9) Б. М. Штульберг, В. Г. Введенский, *Региональная политика России: теоретические основы, залачи и методы реализации*(М., 2000) 참조.

10) 연방형성 단계별 연구로는 В. Гельман, "Заметки о регионализации: тюменский вариант," В. В. Бакштановский и др.(ред.), *Рациональный регионализм*(Тюмень, М., 1995), стр.74～86; В. Гельман, "Региональные режимы: завершение трансформации?" *Свободная мысль*, N9(1996), стр.13～22; В. Лысенко, *Развитие федеративных отношений в современной России*(М., 1995); В. Лысенко, *От Татарстана до Чечни(Становление нового российского федерализма)*(М., 1995); В. Лысенко, "Разделение властей и опыт Российской Федерации," В. А. Захаров(ред.), *Асимметричность федерации*(М., 1997), стр.13～35; Р. Михайлов, "Этапы становления новых федеративных отношений в Российской Федерации," *Вестник МГУ*, серия 12, N1(1998), стр.24～32 참조.

이 주요소재이다. 지방 선거과정의 연구(지방선거 경향, 지방수장 선거, 지방의회선거)[12]는 초기에 이데올로기적 측면에서 주로 연구되면서 이분법적으로 단순화되는 경향이 강했지만 점차 행태주의 연구로 변화하고 있다. 지방엘리트 연구[13]는 소비에트 이후 경제적, 정치적 노멘클라투라(номенклатура)

---

11) 연방관계의 대칭적 모델에 관해서는 В. Лысенко, *От Татарстана до Чечни (Становление нового российского федерализма)*(М., 1995); В. Лысенко, "Разделение властей и опыт Российской Федерации," В. А. Захаров(ред.), *Асимметричность федераци*(М., 1997), стр.13～35; ТОО "Интелтех", *Федерализм власти и власть федерализма*(М., 1997) 참조. 비대칭적 연방관계모델에 관해서는 Р. Абдулатипов и Л. Болтенкова, *Опыты федерализма*(М., 1994); Гельман, Указ соч(1996). стр.13～22; Ж. Тощенко, "Асиммертия как принцип национального и федеративного строительства", *Постсоветское пространство: суверенизация и интеграция. Этносоциологические очерки*(М., 1997), стр.182～191; Г. Чинарихина, "Договор как способ разграничения полномочий и предметов ведения между субъектами федеративных отношений в России," *Власть*, N9(1996), стр. 20～25; Р. Хакимов, "Асимметричность Российской Федерации: взгляд из Татарстана," В. А. Захаров(ред.), *Асимметричность федерации*(М., 1997), стр.61～76 참고. 두 경향을 극복하는 방법으로 제시된 "кооперативный федерализм"에 대해서는 И. Умнова, *Современная российская модель разделения власти между федерацией и ее субъектами. Актуальные правовые проблемы*(М., 1996) 참조.

12) 지방선거 경향을 "за реформы - против реформ", "реформаторские" и "консервативные"와 같이 이데올로기적으로 양극화 시키는 연구로는 А. Собянин и др., "Политический климат России в 1991-1993 годах," *МЭМО*, N9(1993), стр.20～32; А. Журавлев, "Региональные выборы-96: основные результаты и территориальная специфика," *Полития*, N1(1997), стр.65～71; В. Колосов и Р. Туровский, Осенне-зимние выборы глав исполнительной власти в регионах: сценарии перемен, *Полис*, N1(1997), стр. 97～108 ; В. Колосов и Р. Туровский, "Электоральная карта современной России: генезис, структура и эволюция," *Полис*, N4(1996), стр. 33～46; В. Колосов(ред.), Россия на выборах: уроки и перспективы(М., 1995); М. Макфол и Н. Петров, *Политический альманах России*(М., 1995) 참조. 이런 경향에 비판적이거나 행태주의적인 연구로는 Шатилов и Нечаев, "Региональные выборы," *Свободная мысль*, N6(1997), стр.58-69; Н. Петров, "Анализ результатов выборов 1995 г. в ГосДуму по регинам и округам," В. Н. Петров(ред.), *Парламентские выборы 1995 года в России*(М., 1996), стр. 7-57 참조.

의 변화, 엘리트 그룹의 형성, 이익집단과 관련된 파벌갈등 등 엘리트의 변동과 갈등을 주요 분석대상으로 하고 있다. 지방정치체제 연구[14]에서는 지방행정의 효율성 및 개혁의 진행을 위한 체제형성과 관련된 논쟁이 주류를 이루고 있다. 지방자치연구[15]에서는 주로 법적, 정치적 수준에서 공산당 붕괴 후 지방행정조직의 개혁이 논의되고 있다. 법적수준에서는 지방자치의 수준과 자치 조직, 부분적 수준에서는 지방의 예산, 재정, 재산, 영토분할, 사회문제, 공무원조직 등이 주요 연구주제이다.

경제적 측면에서는 지방의 경제상황, 지방발전의 불평등, 효율적인 지방개발, 자원의 분포 등과 관련한 주제가 핵심이다. 계획경제로부터 시장경제로 전환되는 과정에서 지역 간 분업을 주요내용으로 하는 소련의 중앙계획경제의 붕괴, 이로 인한 지역 경제의 붕괴는 러시아 전 지역에서 나타나는 보편적 현상이었다. 이 상태에서 각 지방들은 스스로 주변 환경에 효율적으로 대처하기 위해 지역 간 경제협력 시스템을 형성[16]하게 되었다. 반면 중앙적 수준에서

---

13) 엘리트 관련 연구는 Ю. Буртин и Г. Водолазов, “В России построена номенклатурная демократия,” *Известия*(1 июня, 1994); О. Крыштановская, “Трансформация старой номенклатуры в новую российскую элиту,” *Общественные науки и современность,* N1(1995), стр.51～65; М. Афанасьев, “Динамика конфликтов в правящих региональных группах,” *Власть*, N9(1997), стр.36～39; В. Ачкасова и А. Дука, “Конфликты и компромиссы в структурах региональной политической элиты: типология противоборства,” *Северная Пальмира*, N9(1997), стр.46～51; И. Куколев, “Региональные элиты: борьба за ведущие роли продолжается,” *Власть,* N1(1996), стр.46～52 참고.

14) 지방 정치체제로는 다음을 참고. В. Гельман, “Новая местная политика,” В. В. Гельман(ред.), *Очерки российской политики*(М.,1994), стр.67-96; И. Умнова, “Дитя хоронят-отец безмолвствует, Или будет ли положен конец кузбасской повести российского масштаба,” *Российская Федерация*, N3(1995), стр. 2-4; Л. Смирнягин, “Разделения властей на местах больше не существует,” *Сегодня,* 2 августа(1994); О. Григорьев и М. Малютин, *Региональная ситуация в России после декабрьских выборов: анализ новых тенденций и политических итогов местных выборов весной 1994 года*(М., 1995).

15) В. Фадеев, *Муниципальное право России*(М.,1994); В. Фадеев, *Представительные и исполнительные органы власти в системе местного самоуправления Российской Федерации*(М., 1994).

경제문제의 해결방안에 대한 연구는 지방경제정책[17]이나 지역구획화[18]로 나타나고 있다.

---

16) 러시아 지방의 몇몇 주체들의 독립움직임과 더불어 정치적 경제적 영역에서 수평적 연합움직임이 활발했다. 그 연합의 형성은 빠르게 진행되어 1991-1992년 약 1년간 전 러시아 지역에 걸쳐 8개의 연합(Ассоциация об ластей Центральных р-нов России, Ассоциация 'Череоземье', Ассоциация 'Большая Волга', Ассоциация 'Северо-Запад', Северо-Кавказская ассоциа ция, 'Сибирское Соглашение', Дальневосточная ассоциация, Уральская ас социация)이 형성되었다. 형성 초기에는 법적인 효력을 갖지 않는 지방의 사회-경제적 발전을 위한 사회조직이었다. М. Н. Ляшевская, "Региональ ные ассоциации областей России. Опыт региональной интеграции," *КЕНТАВР*. N5(1995), стр.60～61.

17) 지방경제정책과 관련하여 경제적 차원이나 지리적 차원에서 많은 연구가 진행되고 있다. 이와 관련한 연구는 А. Г. Гранберг, *Региональная поли тика в программе экономических реформ*(М., 1995); В. В. Кистанов, Н. В. Копылов, *Региональная экономика России*(М., 2003); В. В. Климанов, *Реги ональные системы и региональное развитие в России*(М., 2003); В. В. Хом енко, "Регулирование развития хозяйства области,"*Экономист*(N1. 1998); Игнатов, Бутов, Уквз соч. 2002); В. Л. Каганский, "Реальности регионал изации:основные аспекты процесса,"*Куда идет Россия? Альтернативы общественного развития*. Вып.1(М., 1994), стр.171-175; В. А. Колосов, Н. С. Мироненко, *Геополитика и политическая география*(М., 2001), стр. 411-472; Г. В. Гутман и др,, *Экономический рост и проблемы бедности в регионе*(М., 2002); Г. В. Гутман(ред.), *Управление региональной экономик ой*(М., 2001); М. В. Никитенко, *Региональная экономика*(Минск, 1992); Н. К. Фролова, *Финансово-экономическая стабилизация регионов России:теория и практика*(М., 2003); А. И. Трейвиш и С. С. Артоболевский, *Регионал изация в развитии России: географические процессы и проблемы*(М., 2001); С. Д. Валентейн, *Экономический механизм федеральных отношений*(М., 1995); Шишов, Указ. соч. 참조.

18) 알라예프(Э. Б. Алаев), 끼스타노프(В. В. Кистанов)의 연구에 근거하여 정리, 볼가-뱌트카지역, 중부흑토지역, 볼가지역, 북카프카즈지역, 우랄지역, 서시베리아지역, 동시베리아지역, 극동지역), 18개 지역(모스크바, 유럽 북부, 북서, 서부, 볼가-오까, 볼가-바트까, 중앙흑토, 북카프카스, 볼가중부, 볼가하류, 중부 우랄, 남우랄, 서시베리아, 남시베리아, 동시베리아, 바이칼유역, 극동, 북동), 8개 지역(중앙러시아, 북서, 중부 흑토, 북 카프카스, 볼가유역, 우랄, 시베리아, 극동)으로 구획화 하는 방안이 대표적이다. 이 중 8개 지역으로 구획화 하는 방안은 지역들의 상대적 균등화에 초점을 두고 있다. М. В. Степанова(ред.), *Региональная экономика*(М., 2002) 참조.

새로운 국가성 형성과정에서 제기된 민족주의, 분리주의와 같은 지역주의가 러시아에서 정치적으로 주요하게 대두되면서 지역주의의 성격과 관련한 논의가 핵심으로 등장하였다. 지역주의에 대한 새로운 접근으로 러시아 연구에서 지방을 통제대상이나 자원조달기관으로 간주하는 접근은 극복되었다. 하지만 지방의 지역주의, 민족적 정체성의 모색과 분리주의적 측면이 극단적으로 강조되면서 개인자유, 민주주의, 경제발전 같은 보편적인 법칙까지 무시되는 현상까지 종종 나타나게 되었다.

일반적으로 지역주의화(регионализация) 논의[19]에서 지역주의 개념은 세 수준에서 사용되고 있다. 광의적인 수준에서는 국민, 민족국가의 범위를 넘어서는 초국가적 결합현상, 즉 지역화, 블록화를 의미한다. 중간범위 수준에서는 지역의 자원적 특성을 고려하여 형성된 소련시기의 경제지역이나 지방의 효율적인 관리를 위해 오늘날 형성된 연방관구를 의미한다. 협의적 수준에서는 내부적인 자기조직화 과정인 오늘날의 지방화 경향을 의미하는데, 이 경향이 오늘날 러시아에서 주요하게 등장하는 주제이다. 이런 경향이 지나치면 러시아 국가의 일체성을 위협하는 분리주의의 수준으로 발전할 수 있기 때문이다. 소련의 붕괴나 유고슬라비아의 해체 등에서 그런 과정을 확인할 수 있다. 지역주의화 연구는 공간적인 발전과 관련된 지리적인 측면, 지방문화, 지방정체성, 지방정치문화와 관련한 문화적 측면, 민족적 측면[20], 경제적 측면, 자원개발 측면, 중앙-지방관계 측면 등을 포함하고 있다.

러시아 국가성이 형성되는 과정에서 지방정부 사이, 연방기구와 지방기구

---

19) Каганский, Указ соч., стр.171～175; А. И. Трейвиш и С. С. Артоболевский (ред.), *Регионализация в развитии России: географические процессы и проблемы* (М., 2001); В. Н. Стрелецкий, "Этнокультурные предпосылки регионализации России," А. И. Трейвиш и С. С. Артоболевский(ред.), *Регионализация в развитии России:географические процессы и проблемы*(М., 2001); С. В. Павленко, "регионализация и регионализм: пример Сибири," *Регион: Экономика и социология*, N1(1996), стр. 85～94; Л. М. Дрожева, "Этническая и республиканская идентичность:проблемы совместимости," Н. Ю. Лапина(ред.), *Региональные процессы в современной России:Экономика, политика, власть*(М., 2002), стр.11～29 참조.

20) Р. Г. Абдулатинов, *Национальный вопрос и государственное устройство России*(М., 2000); Р. Г. Абдулатинов, *Обустройство народов: российская модель*(М.,1999) 참조.

사이, 지방행정부와 지방의회 사이에서 갈등 및 충돌이 발생하게 되면서 분쟁과 관련한 연구[21]가 지방연구 소재로 새롭게 등장하게 되었다. 오늘날 지방의 분쟁연구에서는 제도적 측면에서 국가의 일체성 유지, 균형, 안정에 초점을 두고 지방 내, 지방 간, 중앙-지방관계 등을 종합적으로 고찰하려는 시도[22]가 지배적이다.

결론적으로 러시아 지방연구의 연구소재 및 그 구성은 시대, 환경에 따라 변화해 왔음을 알 수 있다. 연구는 광의적으로 지역연구 즉 국가적 수준의 연구에서 협의적인 정치행정조직 수준의 연구까지 넓게 분포되어 있다. 광의적 수준에서는 지방정부(지방의회, 행정부 등 지방정치기관), 지방자치(분권화, 정치적 민주화, 경제적 효율화 등), 지방정치(지방을 매개로 이루어진 일련의 정치과정을 포함하는 포괄적 개념), 지역사회(지방에서 형성된 사회적 연계의 총칭) 등을 포괄하고 있다. 협의적 수준에서는 지방자치, 지방정치, 지방행정, 지역사회 등 각 영역이 관점에 따라 구분되고 있다. 러시아에서 지방연구의 경향은 '지방행정'에서 출발하여 '지방정부', '지방자치', '지역사회'로 전개되고 있음을 알 수 있다.

---

21) 현재 러시아의 분쟁지역은 주체 간 분쟁 - 옴스크(Омск)와 스베르들로프 주Свердловская область), 깔리닌그라드 주(Калинградская область); 민족 및 종교간 분쟁 - 까바르디-발까리(Кабардино-Балкарии)분쟁, 오세틴 - 인구쉬(осетин-ингуш) 분쟁; 경제적 분쟁 - 지방간의 경제적 불균등으로 인한 갈등; 영토분쟁 - 특히 역사적으로 경계가 분명하지 않은 경우와 끄라스노야르 변강주(Красноярский край)에 속한 따이미르 자치구(Таймырский АО)와 같은 인종의 섬일 경우; 국제적인 분쟁 - 필란드의 까렐리와 레닌그라드 주의 일부영토 요구, 에스토니아의 레닌그라드 주와 프스코프 주의 일부영토 요구, 라트비아의 프스코프 주 일부영토(Пыталовский район) 요구, 독일과 리투아니아의 칼리닌그리드 주 요구, 일본의 꾸릴열도 일부요구; 분리주의 전쟁 지역 - 체첸(Чеченя) 등이 있다. Р. Ф. Туровский, "Территориальное распространение этносоциального конфликта," *Вестник Московского университета*, сер. 12, Политические науки(N3, 1992) 참조.

22) 지방의 균형적 조절에 집중하는 연구로는 В. Н. Лексин, *Региональная политика в контексте новой российской ситуаций и новой методологии её изучения*(М.,1993); В. Н. Лексин, А. И. Синтиков, О. Н. Юнина, *Системное регулирование территориального развития:экономико-правовой аспект*(М., 1990); Климанов, Указ соч. 2003); В. Н. Лексин, А. Н. Швецов, *Государство и регионы. Теория и практика государственного регулирования территориального развития*(М., 2003) 참조.

III. 러시아 지방연구의 방법

1994년부터 지방을 주제로 하는 학술대회가 개최되고 국가수준 및 민간 수준의 연구센터[23]가 등장하면서 지방연구는 새로운 단계로 접어들었다. 특히 연구소를 중심으로 지방에 대한 전문적인 연구서가 출간되고, 'Вестник МГУ', 'Полис', 'Свободная мысль'과 같은 학술잡지에 지방이 주요주제로 등장하면서 지방연구가 점차 제도화되었다. 연구가 제도화되면서 제기된 지방연구 방법에 대한 논의[24]를 연구주체, 관점, 방법을 중심으로 고찰하면 다음과 같다.

지방연구의 주체는 중앙수준과 지방수준으로 구별되는데 소재와 방법에서 차이를 보인다. 중앙수준의 연구는 주로 국가 관리차원에서 지방의 정치, 경제, 사회적 속성들을 분석하면서 균형적이고 안정적인 측면에서의 중앙-지방관계에 초점을 맞추고 있다.[25] 소재는 주로 수직적 권한 배분, 국가형태, 연방관계, 권한분할, 구조적 안정성 등 제도적 수준과 관련된다. 특히 러시아의 중앙 - 지방관계에 대한 연구에서는 일반적으로 구조적 접근법, 집중화-분권화의 분석관점을 채택하고 있으며 그 사례연구로서 권한배분과 재정 분야에 집중되는 경향이 강하다.

지방수준의 연구는 새로운 국가성 형성과정과 관련하여 확대되고 있다. 소련시기에 지방수준에서의 연구는 주로 중앙권력기관의 지부(ВПШ: высшая партийная школа)에 의해 진행되었지만 페레스트로이카 이후에는 대학교의 학과, 학술원(Академии наук)의 지방 분소,[26] 지방정보센타,[27] 회사[28] 등

23) 연구센터로는 'Аналитический центр при Президенте России', 'Институт экономики РАН - лаборатория социально-экономических проблем федер ализма,' 'Центр регионального анализа и прогнозирования(Российской а кадемии государственной службы)', 'Центр политической конъюнктуры России,' 'Центр политических технологий,' 'Центр геополитических исс ледований В. Колосова,' 'Фонд Российский общественно-политический центр(РОПЦ),' 'Центр геополитических исследований' 등이 대표적이다.

24) 지방연구의 역사, 경향에 대한 대표적 연구는 В. Гельман, С. Рыженков, Указ. соч. 참조.

25) Ю. Н. Гладкий, А. И. Чистобаев, *Основы региональной политики*(СПб., 1998) 참조.

26) 1988년 'Институт философии и права Уральского отделения АН СССР,'

다양한 기관에 의해 진행되고 있다. 또한 기금[29]에 의한 구체적인 주제에 대한 연구 및 세미나의 개최 지원 그리고 지방정부, 대학교 그리고 민간연구소의 지방지[30] 발행이 지방연구를 활성화시키는데 기여하고 있다. 지방적 수준의 연구는 지방의 역사적, 사회학적, 문화인류학적 관점을 견지하면서 연구대상으로는 지방에서의 정치과정(이익집단 간 권력투쟁, 권력구조형성), 지방정치문화, 지방정체성, 지방엘리트, 지방민주화 등을 포함하고 있다.[31] 지방수준의 연구는 자신의 문제를 스스로 분석하고 해결하려는 시도로 지방의 미시적인 소재를 전국화 시켰다는 점은 긍정적이다. 그러나 연구가 문화적, 언어학적, 문학적 차원으로 확대되었지만 오히려 소재의 한계로 인해 일반적인 측면이나 전체적인 차원이 무시되거나, 지나치게 지방성과 민족성에 편중되는 경향이 강하게 나타나고, 연구의 결론이 계몽적이고 당위적 차원으로

1989년 'Санкт-Петербургский филиал Института социологии АН СССР'이 설치되었다.

27) 노보시비르스크의 'Сибирская газета,' 사라토프의 'Поволжское информационное агентство (ПИА),' 니즈니 노브고로드의 'Губерния,' 이젭스크의 'Ижинформ,' 전 시베리아의 'Сибирская газета' 등이 민간수준에서 형성되었다.

28) 'ЭПИцентр Г. Явлинского,' 'Стратегия Г. Бурбулиса,' 'Центр поддержки российской государственности в Новосибирске' 등이 대표적이다.

29) 지방 연구 프로젝트나 세미나를 지원하고 있는 대표적인 러시아 기금은 'Российский фонд фундаментальных исследований(РФФИ),' 'Российский гуманитарный научный фонд(РГНФ),' 'Московский общественный научный фонд(МОНФ)'이고, 외국계 기금으로서 'Фонд Сорос,' 'Фонд Евразия,' 'Фонд Эберта,' 'Фонд Науманна,' 'Фонд Аденауэра' 등이 있다.

30) 지방지로서는 'Земство и Губерния'(Пенза), 'Регион: экономика и социология'(Новосибирск), 'Региональная политика'(Санкт-Петербург), 'Регионология'(Саранск), 'Российская провинция'(Набережные Челны) 참조.

31) 예를 들면 카자크 지역(Кубань, Дон)의 지방정체성 형성 등 문화적 수준에서의 연구, 지방엘리트 성분연구(свердловский клан Б. Ельцина, петербурский клан В. Путина), 민족적(카프카스지역), 종교적(중앙아시아 지역의 이슬람) 속성연구, 지방의 선거경향 등이 주요 연구대상으로 나타났다. 이와 관련한 지방수준의 연구는 А. Н. Бадовский, А. Ю. Шутов, "Региональные Элиты современной России," *Кентавръ*, N6(1995); Гельман, Указ соч.ч(1996); В. Зорин, "Национальные аспекты российского федерализма," *Свободная мысль,* N10(1996); Р. Ф. Туровский, *Региональная идентичность в современной России*(М., 1999) 참조.

흘러버릴 가능성이 높아지고 있다. 한편 연구가 정책개발연구, 지방정보수집 등에 집중(정부기관)되는 점, 특정집단의 이익에 부합하여 정치적으로 이용(선거대비 설문, 모니터링, 컨설팅)되는 점 그리고 지방정부나 지방정권을 옹호하는 경향이 강하다 점은 아직 지방수준 연구의 한계점으로 지적되고 있다.

분석관점은 제도적, 문화적 그리고 과정적 관점으로 나눌 수가 있다. 제도적 관점[32)]의 연구는 주어진 제도적 속성, 양자 간 상호작용 특히 집권화와 분권화의 경향을 중심으로 진행되고 있다. 예를 들어 러시아 국가성위기를 중앙집권화에 둔다면 극복방안으로 지방의 분권화가 제시되고, 국가성위기를 중앙권력의 약화에 둔다면 그 극복방안은 실질적인 단일국가의 형태가 제시되게 된다. 여기서 논의는 과도한 중앙집중화(гиперцентрализация)나 과도한 연방화(гиперфедерализация)로 양분되기도 하고, 분권화(decentralization) 개념은 종종 탈집중화(deconcentration), 권한이양(devolution), 권한위임(delegation) 등과 명확한 구분 없이 사용되기도 한다. 결국 이 접근법이 집권화 - 분권화의 과정, 중앙과 지방의 다양한 구조적 관계 등 러시아의 중앙 - 지방관계를 이해하는데 많은 기여를 한 것은 사실이다. 하지만 그 초점이 거시적, 제도적, 정적이어서 지방단위로부터 정책의 투입기능이나 중앙-지방 간의 상호작용과정에서 나타나는 역동성을 설명하는데 한계가 있다.

문화적 관점[33)]에 의하면 정치발전의 요체는 정치문화의 변화와 관련된다

---

32) А. В. Пикулькин, *Система государственного управления*(М., 1997); А. Улюкаев, “Государственные финансы и региональное развитие,” *Вопросы экономики,* N3(1998); В. А. Ржеевский, А. В. Киселева, “Субъекты Российской Федерации:типология и конституционные основы организации,” *Государство и прово,* N10(1994); Г. Т. Тавадов, "Современные федерации и их субъекты," *Социально-политический журнал*, N1(1997); Н. М. Мухарямов, "Идея асимметричной федерации: этнополитический момент," http://www.kcn.ru/tat_ru/politics/tatarstan/gossovet/izdan/federal/myharya.htm (2001); О. О. Сенатова, "Региональный авторитаризм на стадии его становления," *Куда идёт Россия?-Социальная трансформация постсоетского пространства.* вып. III(М., 1996); Р. А. Циунчук, “Российский Федерализм: истоки, генезис, исторический опыт,” http://www.kcn.ru/tat_ru /politics/tatarstan/ gossovet/izdan/federal/tziunchu.htm(2001); Р. С. Хакимов, От унитарного к федеративному. http://www.kcn.ru/ tat_ru/politics/tatarstan /gossovet/ izdan/federal/hakimov.htm(2001); Ст. Солик, “Торг между москвой и субъектами федерации о структуре нового российского государства:1990-1995," *Полис.* N6(1995) 등 참조.

고 본다. 정치문화와 가치관의 변화를 통해서 국가의 발전이 이루어진다는 입장이다. 하지만 역사적으로 형성되어 온 지방들의 '지방성'을 실증적으로 검증하기 어렵고, 그 관계를 측정할 방법이 없다. 구체적 연구에서 가치, 문화라는 주관적 요소들은 결국 추상적일 수밖에 없어 학문적 유용성을 확보하기가 어렵다. 결국 충분한 실증적 검토의 한계로 인해 구체적이고 설득력 있는 지표를 제시하는데 한계가 있다. 하지만 지방의 역사성, 가치나 문화를 중요시한다는 측면 그리고 지방의 전통과 현대성을 연계해 조망한다는 점은 장점이다.

과정적 관점은 중앙과 지방의 관계를 양자 간 의사소통을 중심으로 파악하게 된다. 제제, 협상, 타협과 같은 상호과정이 연구의 초점이 된다. 중앙과 지방의 권한배분관계, 예산배분관계, 연방관계, 권한분할조약의 협상, 비대칭적 연방관계 속성 등 중앙과 지방간의 의사소통 과정이 연구의 핵심이라고 할 수 있다. 이런 관점은 지방연구에 있어서 정적인 연구의 한계를 극복하는 역동적인 관점으로 평가 받는다. 그런데 러시아 지방연구에서 이 관점은 비교적 유용하지만 여전히 구조적 관계에 집중되는 측면이 강하다. 그리고 현실적으로 비구조적인 변수들의 관계를 실증적으로 검증하는 데에는 한계가 있다.

방법론적으로 이론연구와 실증연구가 대표적인데, 오늘날에는 이론의 구성보다는 개개의 사례연구를 중심으로 하는 실증분석이 지배적인 실정이다. 그런데 사례연구는 대부분 사실 확인의 범위를 넘지 못하고, 귀납적으로 재구성되지 못하고 있다. 그리고 분석대상에 따라 특정 지방정부인가, 특정 지역에 대한 사례연구인가, 중앙-지방간 관계연구인가, 지방 내 권력구조에 대한 연구인가에 따라 연구방향이 변하게 된다. 1990년 이후 러시아에서 지방정치 및 제도가 형성되고 지방선거의 실시, 행정부 의 구성, 의회의 구성 등 일련의 정치과정이 확대되면서 많은 자료가 축적되기 시작하였다. 수집된 자료를 검증하고 해석하는 과정에서 경험적인 통계자료의 분석이 지배적인

33) В. Колосов и А. Криндач, “Тенденции постсоветского развития массового сознания и политическая культура Юга России,” *Полис,* N6(1994), стр,120～133; М. Губогло, “Башкортостан и Татарстан, Параллели этнополитического развития,” *Исследования по прикладной и неотложной этнологии*(М., 1994); Р. Ф. Туровский, "Территориальное распространеие этносоциального конфликта," *Вестник Москоского университита*, сер.5. *География*, N2(1992) 등 참조.

경향으로 나타게 된 것이다. 현상에 대한 비 이론적인 서술에 그친 과거의 연구방법에서 특정분야의 특정주제를 심도 있게 연구하는 방법으로 연구가 발전되게 되었다. 즉 설문조사연구와 비 이론적인 현상의 설명과 같은 연구에서 특정지방에 대한 방대한 연구로 경향[34]이 이동되게 되었다.

1990년대 중반 이후에는 경험적 연구에 비교지역연구[35] 및 비교역사연구[36] 경향이 추가되었다. 지방수준에서의 축적된 기본적인 많은 자료를 관찰하고 단순한 기준으로 분류하는 지방에 대한 행태주의 연구와 사례연구는 주로 지방수준의 연구자들이 선호하는 방법이다. 사례연구는 여러 요인들 사이의 복잡한 관계를 상세히 파악할 수 있고, 대상을 시간의 흐름에 따라서 관찰할 수 있는 장점이 있다. 하지만 부분적인 속성을 전체의 속성으로 환원시키는 단점이 있다. 특히 급속하게 변하는 러시아의 사회적 및 정치적 과정에서 그리고 이질적인 러시아 사회에서 연구의 지표가 비효율적일 수 있고, 특정 지표에 대한 자료가 지방마다 다르게 해석될 수도 있다. 게다가 러시아 지역 간 또는 러시아 특정지역과 다른 국가 특히 유럽이나 미국의 지방과의 비교연구는 현상에 대한 묘사에 지나지 않으며 현상의 원인관계를 설명하는 데 한계가 있다. 하지만 오늘날 러시아 지방연구에서 신문이나 잡지에서처럼 사변적이고 무 이론적인 연구[37]가 여전히 존재하지만 논리적인 연구가

---

34) 이런 경향의 연구로 А. Кириллов, *Урал: от Ельцина до Ельцина(хроника политического развития, 1990-1997 гг.)*(Екатеринбург, 1997); К. Матцузато и А. Шатилов(ред.), "Регионы России: хроника и руководители(Центральное Черноземье),"Т.1, Slavic Reseach Center, Hokkaido University, *Occasional Paper in Slavic-Eurasian World*, N34(Sapporo, 1997); К. Матцузато и А. Шатилов(ред.), "Регионы России:хроника и руководители(Ростовская область. Саратовская область), Т.2. Указ. соч. 참조.

35) С. Рыженков и др.(ред.), *Портрет четырех регионов(Новгородская, Воронежская, Саратовская, Свердловская области). История, политика, культура* (М., 1999) 참조.

36) 비교역사연구로는 젬스트보(земство)와 현재의 지방자치의 비교연구가 대표적이다. "Российское земство и современное самоуправление", Обсуждение за 'круглым столом' в Институте экономики РАН, *Вестник РАН,* т.65, N2(1995); Н. Ефремова и Л. Лаптева, "История земств и перспективы развития местного самоуправления," *Государство и право*, N11(1993), стр.150~153 참조.

37) М. Клопыжников и А. Николаев, "Зеркало постсоветской демократии,"*С*

압도적으로 증가하고 있는 것은 분명하다.

결국 다양한 기존의 연구가 일정부분 한계점을 지니고 있다는 점은 누구나 인정하는 부분이다. 그렇다고 각 연구가 의미 없다고 할 수는 없다. 본질적으로 그 한계점은 각 방법이 전제하고 있는 논리체계, 인식체계의 한계에서 기인한고 볼 수 있다. 전통적 패러다임에서 중앙의 권한강화는 지방의 권력약화를 의미하고, 반대로 지방의 권한강화는 중앙의 권력약화를 의미하는 논리, 즉 원심력과 구심력의 관계는 반비례한다는 이분법적 논리가 지배적이다. 종종 지표와 통계수치를 이용하면서 중앙과 지방의 관계를 영합게임(zero-sum game)으로 설명하게 되는데 여기서 중앙과 지방간의 섬세한 균형관계가 왜곡될 수 있게 된다. 현실적으로 러시아에서 이념통제의 쇠퇴와 정책결정의 분권화로 인해 지방의 자율성이 증대되었지만 한편으로는 개혁을 통해 지방의 정책 행위에 대한 중앙정부의 능력 또한 강화되고 있다. 그래서 중앙과 지방의 구조적 변화가 모든 정책영역에서 동일한 영향을 미친다고 여기는 것은 지나치게 단순화된 일반화이다.

지방연구에서 공간은 '장소(place)'로 개념화하는데 장소는 사람들의 일상적인 삶 속에서 경험에 의해 구성되는 의미의 장이다. 장소는 거주하고 있는 사람들의 실존적인 공간으로 자리 잡게 되며, 사람들로 하여금 정체성을 인식하게 해주는 중요한 요소가 되는 것이다. 따라서 지방연구는 시간과 공간이 실제로는 구분될 수 없다는 전제에서 관계적 존재론(relational ontology)의 관점을 지향하게 된다. 여기서 관계적 존재론이란 하나의 전체를 분석적으로 접근하는 근대 요소환원주의 및 실체론과 대조되는 관점으로서, 상호연결성, 변화의 문제, 상호작용에 관심을 두고 특정한 시·공간상에서 존재하는 사회 현상을 상호 연결된 전체적 틀 속에서 바라보는 논리 즉 복잡성 패러다임을 말한다.

вободная мысл, N6(1997), стр.45-57; С. Барзилов и А. Чернышев, "Провинция:элита, номенклатура, интеллигенция," *Свободная мысль*, N1(1996), стр. 44～56; С. Барзилов и А. Чернышев, "Регион как политическое пространство," *Свободная мысль*, N2(1997), стр.3～13; С. Барзилов и А. Чернышев, *Политическая структура современной российской провинции*(М., 1997) 참조.

IV. 지방연구에 있어서 복잡성 패러다임[38)]

지방의 복잡한 속성을 어떻게 파악할 수 있을까? 기존의 연구방법에서는 다양한 개념들이 혼용되어 사용되면서 방법론적인 한계를 드러내고 있다. 연구주제의 선택(가치중립적인 과학, 가치지향적인 비판)에 따라, 인식론적 차원(실증주의, 반실증주의)에 따라, 연구기법(양적, 질적)에 따라, 연구목적(조사, 법칙, 예측)에 따라 개념들이 종종 구분되거나 혼합되어 활용되고 있다. 보통 방법론은 인식론(epistemology), 접근법(approach), 기법(technique)에 따라 양적/질적, 구조적/개체적, 규범적/서술적, 기능적/비판적, 이론적/실증적 등으로 구분될 수 있다. 다양한 분류에 따라 형성되는 이들 방법론에서 내제적인 연관성이 필연적이지는 않다. 이 개념들은 한정적인 정당성을 지니며 서로 다른 차원에서 작동하기 때문에 동일차원에서 분류하고 평가하는 것은 정당하지 않다. 따라서 오늘날 학제적 연구와 관련한 논쟁은 접근법 및 기법보다는 인식론적 가치전제(epistemological value premise)[39)] 즉 패러다임의 수준에서 시작되어야 한다.

지방연구에서 주제나 개념들이 일반적으로 지방성 및 지역성이 동질적이라는 가정에 기초하고 있지만 특정 지역성은 더 많은 하위 단위의 요소들이 상호 연결된 복합체이다. 민족국가, 민족 공화국, 주 등의 단위들은 각각 다른 수준의 환경과 상호과정을 가지고 있기 때문에 다른 수준에서 다른 맥락의 과정으로 이해되어야 한다. 그러면 모든 것이 복잡하고 상호 연결되어 있다면 어떻게 연구할 수 있을까? 결국 복잡한 현상을 해석할 새로운 인식 패러다임이 필요하다.

지방연구의 새로운 패러다임은 '지방'이라는 존재론적 전제로부터 출발하게 된다. 존재론적 전제에 의하면 지방은 자립성과 상호의존성을 갖는 복잡체계이다. 지역으로서 지방은 단순한 공간이 아닌 능동적인 주체가 환경과 상호 교류하며 역동적으로 형성되고 있는 '장(場)'으로 추상화 될 수밖에 없

38) 복잡성과 관련한 다양한 개념 즉 '복잡성의 과학,' '복잡계, 복잡성이론,' '비선형 과학,' '자기조직화 패러다임,' '카오스 이론' 등이 존재하는데 다양한 분야에서 동시에 발전하고 있기 때문에 명확하게 구분하기가 어렵다.

39) 이종수, 앞의 책, pp. 327~328.

다. 공간은 사회적 행위의 조건일 뿐 아니라 사회적 행위의 결과로 항상 새롭게 형성되는 장인 것이다.

지방은 찬합형태로 위계성 및 개방성을 띠는 복잡체계이다. 지방은 복잡한 농부인형(матрёшка)형상을 하고 있는데 이런 구조를 캐슬러는 홀론(holon)[40] 이란 칭하였다. 이 구조는 두 경향 즉 자기주장경향(self-assertive tendency)과 자기초월경향(self-transcending tendency)을 띠어 자기의 개체성을 주장하면서 준 자율적 전체(quasi-autonomous whole)로서 행동을 하고, 동시에 위계적으로 큰 전체에 통합된 부분으로 행동하게 된다. 위계적인 측면에서 지방에는 환경으로서 국가 및 국제구조가, 하위구조로서는 지방의 내부구조가 존재하게 된다. 따라서 지방은 국가 및 국제적 구조에 대하여 독자적인 정체성을 지니며 지방 내부구조라는 하위구조를 통합하는 이중적 성격을 띠게 된다.

지방은 개방체계(open system)이다. 지방은 환경과 물질 및 정보를 상호 교환하는데 여기서 환경은 위계성에 따라 수준이 상대적으로 결정된다. 즉 수직적으로 전체와 부분, 수평적으로 전체와 전체, 부분과 부분에서 환경이 형성된다. 전체와 부분은 시간상 선후관계도 아니고 한 부분이 다른 것을 결정하는 일방적 관계도 아닌 상호 침투하고 상호 전환하는 변증법적 관계이다. 개방계인 지방은 외부의 환경과 내부의 하부체계와의 유기적 관계를 통해 내적인 정체성을 확보해 나가고 외적인 경계를 설정하면서 변화하게 된다.

지방은 비선형적인 상호관계성(interrelation) 및 복합적인 상호연관성(complex causation)으로 구성되고 있다. 요소들은 결코 고립해서 존재하는 것이 아니라 비선형적인nonlinear)상호 관계를 맺는다. 이런 체계에서 비선형성과 편차증폭순환고리(nonlinear feedback loops)과정이 융합될 경우 초기조건의 미세한 차이가 체제에 큰 혼돈의 행태를 보이게 된다(초기조건에의 민감한 의존성 : sensitive dependence on initial conditions).[41] 일반적으로 시스템이 평형상

40) 홀론은 '아 - 전체', '부분 - 전체', '하부 - 구조', '하부 - 기술' 따위의 용어를 대체하는 신 용어이다. 이는 그리스어로 전체라는 의미의 '홀로스(holos)'와 프로톤(proton/양자) 및 뉴트론(neutron/중성자)에서 조각 또는 부분을 의미하는 접미사 '온(on)'의 합성어이다. 유사한 개념으로 랄프 제라트(Ralph Gerard)가 1957년 주장한 'org' 개념이 있는데 이 개념에 의하면 물질적 체계는 주어진 단계에서 개체지만 그 보다 낮은 단계의 'orgs', 즉 종속적인 단위들로 구성되어 있다. Arthur Koestler, 최효선 옮김. 『야누스-혁명적 홀론이론』 (서울: 범양사. 1994). p.47.

태에 있을 때는 미시적 요동이 거시적 변화에 미미한 부분을 좌우하지만 비평형 상태에서 미시적 요동이 전체의 변동을 초래하게 된다. 이런 관계성에서 지방과 중앙의 관계가 설정된다고 볼 수 있다.

지방은 자기조직화체계이다. 복잡계에서 다양한 하위구성요소들은 상호작용을 통해 새로운 구조의 창출에 필요한 고도의 에너지(자원과 기술)를 환경으로부터 유입하고, 동시에 그 과정에서 생성된 고도의 엔트로피[42]를 환경으로 분산해 나가는 산일구조(散逸構造: dissipative structures)[43]이다. 산일구조에서는 단순한 것이 상호 작용하여 복잡하게 진화하면서 새로운 구조(질서)가 창발하게 된다. 이렇게 하위수준(구성요소)에는 없는 특성들이 상위수준(전체구조)에서 자발적으로 돌연히 출현하는 현상을 창발[44]이라 한다. 이런 단순한 것들이 에너지를 이용해 결합하면서 복잡한 것으로 변화하는 방식을 자기조직화[45]라고 부르는데 단순계가 상호작용하면서 복잡계로

41) 비선형체계의 카오스 현상으로 기상학에서는 이것을 '나비효과(Butterfly Effect)'라 한다. 로렌즈(Edward Lorenz)의 실험에서 밝혀진 은유로 초기조건이 약간 달라지면 대단한 변화가 초래된다는 점을 강조하고 있다.

42) 엔트로피라는 용어는 독일물리학자 클라우지우스(Rudolf Clausius)가 1865년 처음 사용했는데, 열역학 제 2법칙의 성질을 의미하는 개념으로는 1870년대 볼츠만(Boltzmann)이 통계적으로 정의하였다. 그 개념은 무질서의 기술적 단위로 사용 불가능한 에너지양에 대한 척도이다. 닫힌계에서는 엔트로피가 계속 증가하게 되는데 외부환경으로부터 물질과 에너지를 교환하는 개방체계에서는 Negentropy(Negative Entropy)로 인해 체계가 생존하게 된다.

43) 산일구조는 무산구조, 분산구조로 번역되기도 하는데 이 개념은 일리야 프리고진 (Ilya Prigogine)에 의해 도입된 것이다. 프리고진은 근대과학의 틀을 깨고 복잡계의 과학을 제창함으로써 생명의 기원에 관해 새로운 장을 열었다. 그는 최초의 생명의 씨는 생명에서 태어난 것이 아니며, 생명력이 없는 물질사이의 절묘한 얽힘에 의해 태어났음을 주장했다.

44) 'Emergence'는 '創發', '發現'으로 번역되고 'Emergentism'은 '突現主義', '創發論'으로 번역된다. 결과적인(resultant)' 것과 '창발적인(emergent)' 것을 구분하여 처음으로 체계적인 학술 용어로 사용한 사람은 루이스(G. H. Lewes)다. 영국의 동물심리학자 모간(C. L. Morgan)은 이 개념을 이용하여 비약적인 생물진화를 설명하였다. 나아가 이 개념은 헝가리 과학자 마이클 폴라니(Michael Polanyi)에 의해 더욱 심도 있게 연구되었다. 장은성, 『복잡성의 과학』(서울:전파과학사, 1999), p.98.

45) 시스템 진화의 중심개념인 '자기조직화'는 1954년 정보 이론가들이 소집한

전환될 때 새로운 특성이 나타난다. 지역, 도시, 국가 등 모든 지역은 환경변화에 대응하고 진화하는 과정에서 외부로부터의 명령이나 통제 없이 스스로 조직되는 자기조직화 과정의 법칙을 따르게 된다.

복잡성 패러다임이란 무엇인가? 그리고 지방연구에서는 어떤 의미인가? 모든 현상에서의 구조와 관계의 복잡성을 가정하는 패러다임이다. 이 패러다임은 질서정연한 코스모스에서 혼돈스런 카오스까지의 넓은 영역인 복잡계를 고정된 실체라기보다는 질서 - 무질서, 무질서 - 질서, 질서 - 질서로 상호 전환되는 과정으로 가정한다. 따라서 이에 대한 사고의 특징은 맥락적 사고(contextual thinking) 및 과정 사고(process thinking)[46]가 된다. 전통적 패러다임에서는 기본적인 구조들이 선험적으로 존재하고 그들에 의해 상호작용하게 하는 과정을 발생시키는 힘과 역학이 형성된다. 반면 복잡성 패러다임에서는 모든 구조와 현상들은 과정들의 상호 작용에 의한 발현으로 간주된다.[47] 여기서 모든 과정이 스스로 자신들의 규범을 만들어 내는 즉 과정이 구조를 만든다는 명제가 제시된다.

자연현상, 사회현상, 문화현상 등 모든 현상을 '복잡성'으로 인식하는 것은 새로운 이론의 발견이라기보다는 새로운 인식의 변화라고 볼 수 있다. 복잡성 패러다임은 기존의 패러다임 즉 근대의 분석(analysis), 환원주의(reductionism), 결정론(determinism)에 기초한 기계론적 패러다임(mechanistic paradigm) 및

회의에서 처음 제기되어 현재 모든 복잡한 시스템 연구에서 사용되고 있다. 자기조직화 패러다임은 학문적으로 오늘날 중요하게 간주되는 구체적인 시스템의 '무질서 - 질서', '질서 - 질서', '혼돈 - 질서' 등 전환과정을 통해 진화메커니즘, 진화패턴을 규명하는 것이다. 이 이론은 프리고진의 소산구조이론(dissipative-structure theory), 하켄의 협동이론(synergetics), 부엔트로피 이론(negative entropy theory) 등에서 사용되고 있다.

46) 과정적 사고의 극단적인 경향은 오늘날 과학기술을 사회적 과정의 산물 및 인간 상호작용의 산물을 간주하는 기술사회학, 그리고 지식, 과학기술, 자연법칙이란 존재하는 것이 아니라 과학자들의 담론에 의해 의식적으로 구성된다는 사회구성론(social constructivism)에서 찾아 볼 수 있다. 나아가 포스티즘(postism)의 해체적 해석경향(데리다, 바르트, 라깡, 들뢰즈, 가타리)에서는 모든 텍스트의 논리와 규칙이 용해되고 모든 의미가 관계적임으로 어떤 의미도 권위도 안정되지 않는다.

47) F. Capra, *The Web of Life: A new scientific understanding of living systems*(NY., 1996), p.42.

전통적 체계론을 부정하는 것이 아니라 포함하고 보완하는 새로운 인식방법을 의미한다. 여기서 기존 패러다임의 가정들은 복잡계의 특수한 경우일 뿐이다. 그 동안 우리는 복잡한 현상을 임의로 단순화시켜 확실성을 찾으려 했지만, 이제는 복잡한 혼돈 속에서 새로운 질서를 찾을 수밖에 없다.

전통적 패러다임에 기초하는 사회과학의 방법론은 주로 모든 변수들의 중요도를 매기고 그 결정적인 변수를 찾아 환원적으로 사실을 설명하게 된다. 여기서 독립변수가 실재 존재하고 그 것을 모두 파악할 수 있다고 가정하게 된다. 이 패러다임에 근거하여 선형회귀분석(Linear Regression Analysis)은 종속변수와 독립변수를 찾아내어 그 인과관계를 밝혀내고, 함수중심 연구방법은 함수를 고정되게 가정하고 변수를 조작하고, 변수중심 연구방법은 구조를 변수로 환원하여 변수간의 상관관계를 규명하는 것이다. 이런 방법은 결국 인과관계의 존재여부만 확인하고[48] 일반법칙을 사례적으로 증명할 뿐이다. 분과학문에서의 합리적 선택(rational choice)이론, 실증주의적 경성체제이론(positive hard system theory), 사회학의 구조기능주의(structural functionalism), 근대화이론, 프로이드 심리학, 국제관계의 현실주의 및 구조주의 등은 공통적으로 간결성, 안정성, 보편성에 대한 가정에 지나치게 집착하고 있다. 결국 전통적 패러다임에서는 특정 지방에 대한 현재의 속성을 분석할 수 있지만 지역의 형성과정 및 향후 변천과정을 설명할 수 없게 된다. 반면에 복잡성 패러다임에서는 단순한 요소들의 상술도 중요시되지만 요소가 전체 시스템(구조)이 되기까지의 상호작용 즉 과정이 핵심적으로 고려된다. 요소 간, 요소와 환경간의 선형적인 및 비선형적인 복잡인과관계(complex causation)의 파악이 연구의 핵심이 된다.

물리적 체계, 사회적 체계, 정신적 체계 등이 상호 연관되어 항상 새롭게 형성되고 있는 장이 바로 '지방'인데 이는 단순한 공간이 아니라 관계성의 교차, 역사적인 피구속성, 환경적 피구속성 등과 관련되는 하나의 복잡한 체계이다. 따라서 지방의 발전과정은 항상 불확실하기 때문에 상호작용, 불균형, 비선형성, 불연속성 등의 문제를 안고 예측될 수밖에 없게 된다. 즉 전통적 패러다임에서는 지방의 속성이 환경결정론, 경제결정론 등 결정론적으로

48) 안승국・김유경・이은정, "비교, 지역연구에 있어서 방법론적 전략과 인과적 추론," 이상환, 김웅진 외, 『지역연구:영역, 대상, 전략』(서울:형설출판사, 2002), p.46.

해석되거나 예측되는 반면에 복잡성 패러다임에서 지방의 속성은 비선형적으로 해석되고 확률적으로 예측된다.

학문영역에서 복잡성 패러다임은 철학적으로, 인식론적으로 아직 기존 패러다임을 완전히 대체하지 못하는 메타이론의 성격을 띠고 있다. 복잡성 패러다임은 복잡한 상호작용을 통해 자발적으로 형성되는 거시적 패턴을 이해하는데 있어서 보다 유효하고 미시적 차원에서는 기존의 전통적 패러다임의 방법들이 유효할 수도 있다. 이는 복잡계의 한 부분인 결정론적 세계관을 포함하고 있기 때문에 어떻게 보면 기존 패러다임을 보완하는 성격으로 여겨질 수도 있다. 복잡성 패러다임에서는 카오스가 시스템의 예외적인 현상이 아니며, 동시에 결정론적 시스템은 복잡계의 특수한 형태이기 때문이다.

V. 보편으로의 분해[解析]와 술어적 解釋

지역은 시간과 공간에 제약된 인과관계에 의해서 형성된다. 단순한 공간이 아니라 관계성의 교차, 타자성, 역사적인 피구속성, 환경적 피구속성 등과 관련되는 하나의 복잡한 체계이다. 지역연구를 '특정지역의 기본적인 지식(언어, 역사, 문화 등등)을 습득한 연구자가 특수성과 보편성을 포괄하는 해당지역의 총체성을 연구하는 종합학문이라고 정의할 때 기존의 방법들은 제한적일 수밖에 없다.

특정 지역은 행위자(actor, agent)와 구조(system, structure)의 상호작용을 통해 '구성되었고 또 재구성 되어질' 것으로 파악하는 입장이 근대 방법론의 대안으로 제시되고 있다. 즉 이런 방법론은 분과학문의 '전체는 부분의 합이다'라는 부분론에 기초하는 개체론적 환원주의(individualistic reductionism)와 '전체가 부분보다 본질적으로 우선한다'는 전체주의(holism)에 기초하는 구조의 물신화(reification of structure)를 극복할 수 있다. 그러나 이런 방법에서는 특정 지역에 대한 현재의 특성을 분석할 수 있지만 지역의 형성과정과 향후 변천과정을 설명할 수 없게 된다.

지금까지의 과학은 복잡한 현상을 단순한 선형관계로 간주하여 연구하여 왔다면 복잡성의 과학이란 현상의 복잡성을 연구하는 학문이라고 할 수 있다. 변수 X와 Y사이의 X의 값이 정해지면 따라서 Y의 값이 정해지는 즉 X가 Y를 1:1로 대응시켜 관계를 설명하는 결정론, 인과론, 환원론적인 방법이 아닌 X에 영향을 주는 Y, Y의 영향 하에 있는 X를 있는 그대로 정량화하고 분석하는 방법이라고 할 수 있다. 따라서 그 방법론은 기본적으로 解析學的이다. 즉 1) 系를 구획하여 연구대상을 결정하고, 주요변수를 결정한다. 예를 들면 정치학자는 특정지역에서 주민들의 정당선호도를 변수로 결정한다. 2) 변수를 측정한다. 즉 데이터를 축적하는 기초작업을 한다. 3) 데이터들 간의 함수관계(y=F(x))를 수립한다. 4) 이 함수로 데이터를 解釋한다.

그런데 실제에 있어서 복잡한 데이터 모두를 양적으로 포착하는 것은 불가능하다. 변수를 양적으로 포착하는 것을 포기하고 질적 성질로 포착하는 것이 필요하게 되었다. 자연현상이나 사회현상에서 연속성을 뛰어넘는 비약적인 변동 즉 '불연속성'의 특성을 파악하는 것이 질적 변화에 대한 연구이다. 이렇게 작은 변화에 의한 급격한 상태의 전환을 카타스트로피[49]라 한다. 체계의 특이점을 잡아냄으로써 그 계의 세세한 점이 아니더라도 그 핵심적인 뼈대를 잡아 낼 수가 있게 된다. 이 방법에서 중요한 것이 상태변수보다는 그 대상의 불연속점들의 분포형태만 파악하는 담론이다. 즉 불연속점을 결정하는 변수는 무엇일까? 그 변수가 통제변수이고 그 변수에 의해서 생기는 불연속점들의 분포가 바로 '형태'이다. 즉 급변론은 이 형태나 구조, 즉 특이점들의 분포를 연구하는 담론이다. 통제변수가 증가하여 불연속점들의 분포가 늘어나게 되면 복잡계의 카오스 상태가 도래하게 되는 것이다.

복잡성 패러다임에서 지역연구방법의 기본구조는 논리적 주어와 술어적 해석의 결합으로 형성된다. 따라서 지역연구는 주어적 구별과 술어적 解釋으로 귀착됨으로써 결국 '유비적 일반화(analogical generalization)'로 귀착되게 된다. 지역은 시간과 공간을 향해 한없이 열려있기 때문에 이런 작업은 결코 완결될 수 있는 성질의 것이 아니다. 우리가 할 수 있는 것은 지금-이곳의 경험에서 지금-이곳[50]의 정보와 대면시키는 일이다. 그 과정을 다음과 같이 세 단계의 일반화로 정리할 수가 있다.

· 제1단계 : 귀납적 일반화(inductive generalization) - 보편으로 분해 및 解析

기존의 분과학문의 주요 관념들과 종교, 상식, 언어적 습관, 일상적인 삶에서 사용되는 주요 관념들을 '관찰'하면서 시작한다. 다양한 경험에 보편적으로 내재하는 일반적 범주를 추출해내는 일을 일차적으로 시도한다. 즉 보편으로 분해한다. 1차적으로 子시스템(88개 연방주체)으로 주어진 러시아지역의 특성을 파악한다. 여기서 각각의 국면은 시스템의 分시스템 성격과 동일하다. 에너지가 중심개념인 자연시스템, 권력이 중심개념이 사회시스템, 정보가 중심개념인 문화시스템이 분석의 국면 즉 분시스템이다.

---

49) '카타스트로피'라는 용어는'Catastrophe Theory'에서 사용하는 개념으로서 'Rene Thom' 이라는 프랑스의 수학자가 연구해 낸 수학적 개념이다.

50) 이런 시각이 화이트헤드(Alfread North Whitehead 1861-1947)의 과정철학에서 나타나게 된다. 본인은 자기의 철학을 '유기체 철학'이라고 불렀을 뿐 과정철학이라고 부르지 않았다. 과정철학이라는 표현은 후대에 '과정신학'을 개념화한 자들이 화이트헤드철학의 과정적 성격을 부각시켜 즐겨 쓴데서 정착된 개념이다. 문창옥, 『화이트헤드의 과정철학의 이해』(서울: 통나무, 1999), 21쪽.

생태환경(E) 관계항목으로는 E1(자연환경: 토양, 기후, 지형, 자원)/ E2(생활환경: 생업, 생활기반, 취락형태)/ E3(기술장치: 교통, 산업), 사회제도(S) 관계항목으로는 S1(사회화 제도: 공동체, 교육)/ S2(정치형태, 선거경향, 군사제도)/ S3(기업환경, 토지보유제도, 도시화)/ S4(교육, 근대화, 전통보유정도), 문화상징(C) 관계항목은 C1(언어)/ C2(종교, 세계관, 신화, 의례, 정체성, 주술)/ C3(표현상징군: 문학, 음악, 영화, 건축양식) 등으로 열거할 수 있다.

이런 분류법에 의한 자료들은 첫걸음에 불과하다. 이 단계에서 중요한 것은 요소환원주의적 방법으로 경험적인 자료를 수집하여 분류하는 것이다. 이런 분류체계는 'what(무엇)'에 대해 '기술(description)'하지만 '왜(why)'에 대해서는 설명(explanation)하지 못한다.

· 기술적 일반화(descriptive generalization) - 해석모델 구축

일반화된 관념들을 상호 제약 하에 둠으로써 실재세계에 대한 하나의 합리적 해석체계를 구축하는 일이다. 여기서 개별영역에 뿌리를 둔 관념은 다른 유형의 경험에 보편적으로 적용될 수 있도록 특수한 영역에서의 적용성, 즉 그 태생적 한계를 탈피하게 된다. 화이트헤드는 이를 귀납적 일반화와 대비시켜 기술적 일반화라 부른다. 기술적 일반화는 귀납적 일반화와 달리 유적(類的) 경계를 타고 넘어 유비적으로 진행된다.[51] 그 해석과정을 모델화하면 다음과 같다.

S = defR[(E)P], S=def[R(E)]P

* S : 시스템(지역), R: 관계(생태환경, 사회, 문화상징), P:성질(지역의 정체성, 통합성), E: 요소(하부구조 즉 연방주체), 구성성분, 인자(e_1, e_2, e_3 ...... e_n)[52]

S = defR[(E)P]은 모종의 관계(R)에 대해 특정의 성질(P)을 갖는 요소들의 집합으로 정의되고, S=def[R(E)]P은 모종의 성질(P)에 대해 특정의 관계를 갖는 요소들의 집합으로 정의될 수 있다. 요소, 성질, 관계, 집합 등의 개념으로 시스템이 규정되고 있다. 여기서 꺾쇠 밖의 변수는 임의로 취할 수 있고

51) 문창옥, 앞의 책, 32쪽.

52) 기본적인 모델은 박창근의 시스템 정의를 활용한다. 박창근, 『시스템학』, (서울: 범양출판사, 1997), 80-81쪽 참조.

꺾쇠괄호와 소괄호 사이에 있는 변수는 꺾쇠 밖에 있는 변수의 규정성에 의해 제약되며, 소괄호 내 변수는 그 외 변수의 규정성에 의해 제약된다고 설정한다. 지역체제를 상정할 때 구체적 시스템에서 요소, 성질과 관계가 상이한 내용을 담고 있다. 사회시스템(정치적, 경제적)에서 내용은 사회적 요소, 사회적 성질, 사회적 관계이고, 생태환경시스템에서는 물질적 요소, 물질적 성질, 물질적 관계가 그 내용이 된다.

시스템의 구조와 기능은 통합체이다. 그런데 근대과학에서는 구조와 기능이 분리되어 인식되었고 구조가 기능을 결정한다는 일방적 관계가 시스템의 원리로 간주되었다. 구조가 기능에 앞서 존재하고 기능을 결정한다는 것은 사실이다. 그러나 구조가 기능에 의해 생성된다는 측면도 가능하다. 심지는 기능이 구조를 결정하기도 한다. 결국 구조와 기능은 서로를 전제로 하고 서로를 인과로 하며 상호 전환한다. 따라서 구조(부분의 질서, 요소의 분포관계)와 기능(과정의 질서, 요소의 활동관계)은 동일체의 양면이다. 여기서 분포관계란 시스템 내부의 각 요소들이 처한 위치, 범위 및 배열상태를 표시하는 개념으로써 각 요소들의 집합을 시스템으로 만드는 각종 관계에서 각 요소간의 분포관계의 총체를 구조라고 한다. 물질시스템에서 요소들의 분포관계는 시공적일 수 있어 시공적 구조가 형성된다. 인지시스템에서는 언어구조, 논리구조, 부호구조가 형성될 수도 있다.

구조는 내부 각 요소들 간의 분포관계의 총체이지 개별적 분포관계가 아니다. 이 분포관계는 다원적, 다 위계적이다. 구조를 파악하기 위해서는 요소들 간의 분포관계, 즉 1차적 분포관계, 2차적 분포관계, ---n 차적 분포관계를 고려해야 한다. 여기서 구조와 요소간의 관계는 구조의 상대적 독립성, 구조의 요소에 대한 의존성, 요소의 상대적 독립성, 요소의 구조에 대한 의존성으로 귀납된다. 따라서 각 위계상 구조는 다를 수도 있고 한편 동형성일 수도 있다.

시스템 내부의 각 요소들 간 활동관계가 존재한다. 활동관계는 한 요소의 활동과 다른 요소의 활동 간의 관계를 표시하게 된다. 요소의 활동이란 각종 운동, 변화, 작용, 요소간의 상호작용, 상호침투, 상호흡인, 상호배척 등을 가리킨다. 이런 여러 요소들의 집합체를 시스템으로 만드는 각종관계에서 각 요소들 간의 모든 활동관계의 총체를 시스템 기능이라고 한다. 구조와 마찬가지로 요들간의 활동관계도 다원적, 다 위계적이다. 따라서 시스템 기능파악을 위해서는 요소간의 활동관계, 즉 1차적 활동관계, 2차적 활동관계, ---n차적 활동관계를 고려해야 한다.

지역연구에서 중요한 의의를 갖는 한 쌍의 개념은 子시스템과 分시스템이다. 원칙상 모든 시스템은 많은 레벨을 갖는다. 즉 시스템은 두 개 이상의 요소로 구성된다. 이 요소는 또 하위요소로 구성된다. 이 하위요소를 자시스템이라고 간주하자. 그러면 시스템의 구조는 자시스템의 분포관계의 총체라 할 수 있다. 한편 개개의 자시스템은 자신의 구조와 기능을 갖는다. 분 시스템은 일정한 기준에 근거하여 요소들의 활동을 여러 가지로 분류한 다음 이렇게 분류된 각종 특정 활동의 담당자라는 시각에서 요소들을 분류할 수 있다. 이때 특정 활동을 담당하는 특정 요소들의 집합체를 시스템의 分시스템이라 한다.

자시스템이 시스템의 구성성분에 입각한 개념이라면 분시스템은 시스템의 구성활동에 입각한 개념이다. 따라서 시스템의 기능은 각 분시스템의 기능의 총체라 할 수 있고, 각 분시스템의 기능은 전체적인 시스템 기능의 특정한 측면이라 할 수 있다. 물론 자 시스템이 자신의 구조와 기능을 갖는 것처럼 시스템의 분 시스템도 자신의 구조와 기능을 갖는다.

러시아라는 시스템의 연구는 러시아의 각 지방, 주체 즉 자시스템에 대한 연구와 각 분시스템 즉 자연, 사회, 문화 시스템 등에 대한 연구를 함께 추진해야 한다. 각 레벨에서 자시스템과 분 시스템의 여러 레벨을 밝히면 자시스템/분시스템의 매트릭스가 형성된다.[53)]

각 시스템은 찬합식 구조로 구성되어 있다. 일반적으로 지역시스템은 자연환경시스템, 사회시스템, 문화시스템으로 나뉘며 사회시스템은 다시 분 시스템 즉 정치시스템, 경제시스템으로 나뉘며, 경제시스템은 또다시 분 시스템 즉 생산시스템, 유통시스템, 소비시스템으로 나뉘게 된다. 그 것을 도식화하면 '지역시스템 ⊃ 사회시스템 ⊃ 경제시스템 ⊃ 생산/유통/소비'와 같이 된다. 이 구조에서 각각의 시스템은 자주적, 자립적, 자위적 순환기능을 갖는 주체성과 상위 레벨에 종속되는 종속성과 다른 분 시스템을 제약하게 된다. 따라서 각 분 시스템은 상호보완관계를 갖는다. 이 세 국면은 상호침투성이라는 사실을 고려하면 자연환경이 인간성, 기술 장치의 제한 요인이고

53) 박창근, 앞의 책, 94-97쪽.

그것을 합한 생태환경이 사회, 문화형성의 한정조건이 된다.

· 제3단계 : 유비적 일반화(analogical generalization) - 술어적 解釋

일반화된 모델을 구체적이고 특수한 영역에 적용하여 특정지역을 새롭게 해석하게 된다. 이 과정은 특수적, 유추적이기에 해석은 완결되는 것이 아니라 항상 부분적이고 미완으로 남아 수정되게 될 것이다. 즉 결정론적 해석보다는 '과정'을 해석하여 기존의 지역의 성격을 새롭게 해석하게 된다. 분해 된 지역 시스템 특성을 자기조직화모델로 파악함으로써 특정 지역의 성격을 새롭게 설명하게 된다. 즉 공간규모의 크기, 개방성과 폐쇄성, 통합성과 원심성, 자연생태 규정도, 경계의 양태, 역사적 전개 등등을 체계적으로 파악하게 된다.

일반적으로 각 지역의 공간적 단위의 구성요소는 물리적 세계, 사회적 세계, 정신세계로 구분되거나 물리시스템, 생물시스템, 사회시스템 또는 자연환경, 인간사회, 정신활동 등으로 구분되는 삼분법이 사용된다.[54] 위의 분석항목은 일반적으로 사용되는 삼분법을 극히 대략적이게 열거한 것이다. 여기서 중요한 것은 모든 항목을 고려하는 것이 아니라 주요항목을 상호관련하에 파악하는 것이다. 각 국면의 균형이 지역 시스템의 안정성을 보장한다면 그 균형의 파괴는 시스템의 변화를 초래하게 된다. 각 시스템의 비대, 분화와 같은 변화는 자생적인 자기조직화로 일어날 수도 있고 아니면 외부에 의한 즉 자연재해, 전쟁, 외문명 수용과 같은 타자조직화로부터 기인하기도 한다.

술어적 해석단계에서 지역의 구심성을 선험적으로 이해할 필요는 없다. 자기조직화하는 과정에서의 공간, 즉 현 상태의 공간을 해석하면 족한 것이다. 한편 지역의 자기조직화한 형태인 지금의 지역의 형태가 바람직하다거나, 좋다거나 하는 평가는 별개의 문제이다.

---

54) 러시아 민족 및 인류학 연구소에서는 각 지역을 7개 범주로 구분하고 있다. 그리고 46개 항목으로 각 지역을 서술하고 있다. Рязанцев С. Свечникова Л. Ставропольский Край: Модель Этнонологического мониторинга. Москва. 2001.

VI. 결 론

지역연구, 문화연구와 마찬가지로 지방연구 또한 학제적으로 연구되어야 된다는 점은 보편적으로 수용되고 있다. 이런 학제적 연구가 다양한 영역에서 분과학문의 연구방법 및 성과들을 공유하고 통합하면서 점차 관심을 끌고 있다. 그런데 복잡한 현상을 총체적으로 해석하는 방법으로서 학제적 연구의 필요성에는 동의하지만 그 구체적인 연구방법은 여전히 쟁점으로 남아 있다. 지금까지 학제적 연구방법은 주로 기존 분과학문 체제를 그대로 두고 다른 분야의 연구를 자신의 연구에 응용하게 된다. 그런데 이런 연구가 분과학문들의 부분을 단순히 종합하는 수준에 머물거나, 타 분야에의 개입이라는 현실적인 어려움을 드러내면서 분과학문의 필요성을 확인시키거나, 다원적 절충주의나 상대주의적 논의로 흘러버릴 가능성이 높다.

학제적 연구의 이런 한계점을 극복할 수 있는 방안은 무엇인가? 분과학문들이 질서 정연하고 예측 가능한, 선형적이고 결정론적인 인과관계를 전제로 하는 전통적 패러다임에 기초하기에 학문간 공통성을 모색하려는 시도가 근본적으로 모순일 수밖에 없다. 분과학문의 한계를 초월할 수단 즉 학제적 연구에서는 학문간 '제(際)'의 영역이 중요한 의미를 갖게 되는데 이 영역에서 모든 학문이 통합되는 것이 아니다. 분과학문이 자신의 고유 영역을 유지한 체 경계의 엄밀성을 약화시켜 다른 분과학문과의 소통의 영역을 넓혀나가는 것이다.

학문 및 지식의 교류, 통합은 그 구체적인 영역이나 방법과 관련되기 보다는 지식과 학문의 인식패러다임과 관련된다. 여기서 복잡성패러다임에서 제시하는 다양한 개념들이 필요하게 된다. 근대적 패러다임에서는 학문으로서 연구가 성립되기 위해서 학문체계의 경계와 연구방법의 보편성을 확보해야 된다. 그런데 학제적 연구는 그 연구대상이 '경계(제)'의 속성이고 그 연구방법은 '제'의 인식방법일 수밖에 없다. 단일성, 안정성, 불변성, 결정성 등을 가정하는 근대적인 인식의 틀에 근거하여서는 다양성, 불안정성, 복수성, 과정성 등 '제'의 속성을 연구하는 학제적 연구가 독자적인 학문으로 성립될 수가 없게 된다. 학제성이란 학문간 경계 넘기, 연결, 종합 등 구체적인 방법으로서 보다는 학제적으로 사고하는 '사고방식', '인식패러다임'으로서 중요한 것 같다.

인식론적 측면에서 원자론(부분론)과 전체론(유기체론)은 오랫동안 상호 교차하면서 발달해왔다. 지방연구 방법론에서도 부분과 전체를 둘러싼 논의는 계속되어 왔다. 그런데 복잡성 패러다임은 원자론과 고전 전체론, 생기론과 기계론, 목적론과 인과론의 대립 및 갈등을 해소하거나 완화시키고 있다[55]. 전체를 부분들의 특성으로 파악하려는 부분론, 부분들의 속성들은 우선하는 전체의 속성으로 축소시키는 전체론 모두 환원적인 입장이기에 단순한 패러다임이다. 그러나 복잡성 패러다임은 전체와 부분사이의 관계, 항상 새롭게 구성되는 과정을 중요시하기에 전체론과 부분론의 대립을 극복할 수 있게 되었다. 즉 부분과 전체를 홀론으로 파악함으로써 체계의 능동적 자율성, 수동적 종속성을 동시에 설명하고 있다.

결론적으로 지역의 모든 요소들을 망라하여도 지역의 종합적인 속성이라 할 수 없기 때문에 전체로서 지역속성의 해석과 관련하여 논의가 진행된 것이다. 그 논의는 지방을 복잡계로 인식하고, 전체로서 지방을 인식하려는 방법에서 출발하게 된다. 결국 학제적 연구에서 본질적인 것은 학제적 연구방법이 아니라 학제적 인식이라 볼 수 있다. 하지만 구체적인 지방에 대한 연구방법 및 연구모델의 모색과 적용은 또 다른 과제로 남게 된다.

---

55) 오창희. “시스템이론의 철학적 기초” 『과학사상』 (1994, 봄), p.114.

참고문헌

문창옥. 『화이트헤드의 과정철학의 이해』. 서울: 통나무, 1999.

박창근. 『시스템학』. 서울: 범양출판사, 1997.

안승국·김유경·이은정. "비교, 지역연구에 있어서 방법론적 전략과 인과적 추론." 이상환, 김웅진 외, 『지역연구:영역, 대상, 전략』. 서울: 형설출판사, 2002.

애드가 모랭. 『20세기를 벗어나기 위하여』, 고재정·심재상 옮김, 서울: 문학과 지성사, 1993.

오창희. "시스템이론의 철학적 기초" 『과학사상』(봄). 1994.

이종수. 『지방정부이론』. 서울: 박영사, 2002.

장은성. 『복잡성의 과학』. 서울: 전파과학사, 1999.

존 루이스 개디스. 『역사의 풍경』. 강규형 옮김, 서울: 에코리브르, 2004.

Koestler, Arthur. 『야누스-혁명적 홀론이론』, 최효선 옮김. 서울: 범양사, 1994.

Pagels, Heinz. 구현모, 이해심, 이호연 옮김. 『이성의 꿈』. 서울: 범양사, 1996.

Capra, F. *The Web of Life: A new scientific understanding of living systems.* NY., 1996.

Wiener, Nobert. *Cybernetics.* MIT Press. 1948.

Абдулатинов, Р. Г. *Национальный вопрос и государственное устройство России.* М., 2000.

Абдулатинов, Р. Г. *Обустройство народов: российская модель.* М.,1999.

Абдулатипов, Р. А., Болтенкова, Л., Яров, Ю. *Федерализм в истории России(в трех книгах).* М., 1992.

Абдулатипов, Р. и Болтенкова, Л. *Опыты федерализма.* М., 1994.

Алаев, Э. Б. *Экономико-географическая терминология.* М., 1977.

Афанасьев, М. "Динамика конфликтов в правящих региональных группах." *Власть*, N9(1997).

Ачкасова, В. и Дука, А. "Конфликты и компромиссы в структурах региональной политической элиты: типология противоборства." *Северная Пальмира*, N9(1997).

Бадовский, А. Н., Шутов, А. Ю. "Региональные Элиты современной России." *Кентавръ*, N6(1995).

Баранский, Н. Н. *Экономическая география. Экономическая картограф ия.* 2-е изд.М., 1960.

Барзилов, С. и Чернышев, А. "Регион как политическое пространство." *Свободная мысль*, N2(1997).

Барзилов, С. и Чернышев, А. "Провинция:элита, номенклатура, интелли генция." *Свободная мысль*, N1(1996).

Барзилов, С. и Чернышев, А. *Политическая структура современной ро ссийской провинции.* М., 1997.

Буртин, Ю. и Водолазов, Г. "В России построена номенклатурная демо кратия." *Известия*(1, июня, 1994).

Бусыгина, И. "Региональное измерение политического кризиса в России." *МЭИМО,* N5(1994).

Валентейн, С. Д. *Экономический механизм федеральных отношений.* М., 1995.

Волков, Ю. Г. *Регионоведени*е. Ростов н/Д., 2002.

Гельман, В. "Заметки о регионализации: тюменский вариант," Бакштан овскийВ. В. и др.(ред.). *Рациональный регионализм.* Тюмень, М., 1995.

Гельман, В. "Новая местная политика," Гельман В. В.(ред.). *Очерки рос сийской политики*(М.,1994).

Гельман, В. "Региональные режимы: завершение трансформации?" *Своб одная мысль*, N9(1996).

Гельман, В., Рыженков С. "Политическая регионалистика России: истор ия и современное развитие." http://mgimofp.narod.ru/302.htm(2004).

Герда, А. С., Лебедева Г. С. "Основания регионалистики: Формирование и эволюция историко-культурных зон." http://www.peter-club.spb.ru/library/ Lebedev1 (2004).

Гладкий, Ю. Н., Чистобаев, А. И. *Регионоведение:Учебник.* М., 2003.

Гладкий, Ю. Н., Чистобаев, А. И. *Основы региональной политики.* СПб., 1998.

Гранберг, А. Г. *Региональная политика в программе экономических ре форм.* М., 1995.

Григорьев, О. и Малютин, М. *Региональная ситуация в России после д екабрьских выборов: анализ новых тенденций и политических и тогов местных выборов весной 1994 года.* М., 1995.

Губогло М. "Башкортостан и Татарстан, Параллели этнополитического развития." *Исследования по прикладной и неотложной этнологии,* Вып. 77-80(М., 1994).

Губогло, М. Н.(ред.). *Федерализм власти и власть федерализма.* М., 1997.

Гутман, Г. В. и др, *Экономический рост и проблемы бедности в регионе.* М., 2002.

Гутман, Г. В.(ред.). *Управление региональной экономикой.* М., 2001.

Дрожева, Л. М. "Этническая и республиканская идентичность:проблемы совместимости." Лапина Н. Ю.(ред.), *Региональные процессы в с овременной России:Экономика, политика, власть.* М., 2002.

Ефремова, Н. и Лаптева, Л. "История земств и перспективы развития м естного самоуправления." *Государство и право,* N11(1993).

Журавлев, А. "Региональные выборы-96: основные результаты и террит ориальная специфика." *Полития,* N1(1997).

Зорин В. "Национальные аспекты российского федерализма." *Свободная мысль,* N10(1996).

Игнатов, В. Г., Бутов В. И. *Регионоведение(экономика и управление.* М., Ростов н/Д., 2000.

Игнатов, В. Г., Бутов В. И. *Регионоведение: Методология, политика, э кономика, право.* Ростов н/Д., 1998.

Игнатов, В. Г., Бутов, В. И., *Регионоведение(экономика и управление).* Ростов н/Д., 2002.

Каганский, В. Л. "Реальности регионализации: основные аспекты процесса," *Куда идет Россия? Альтернативы общественного развития.* Вып.1, М., 1994.

Кириллов, А. *Урал: от Ельцина до Ельцина(хроника политического раз вития, 1990-1997 гг.).* Екатеринбург, 1997.

Кистанов, В. В. Копылов, Н. В., *Региональная экономика России.* М., 2003.

Кистанов, В. В. *Территориальная организация производства(отраслевой, районный и народнохозяйственный аспекты).* М., 1981.

Климанов, В. В. *Региональные системы и региональное развитие в Росси.* М., 2003.

Клопыжников, М. и Николаев, А. "Зеркало постсоветской демократии." *Свободная мысл,* N6(1997).

Колосов, В. А., Мироненко Н. С. *Геополитика и политическая география.* М., 2001.

Колосов, В. и Криндач, А. "Тенденции постсоветского развития массового сознания и политическая культура Юга России." *Полис,* N6(1994).

Колосов, В. и Туровский, Р. "Электоральная карта современной России: генезис, структура и эволюция." *Полис,* N4(1996).

Колосов, В. и Туровский, Р. Осенне-зимние выборы глав исполнительн ой власти в регионах: сценарии перемен. *Полис,* N1(1997).

Колосов, В.(ред.). Россия на выборах: уроки и перспективы. М., 1995.

Колосовский, Н. Н. *Основы экономического районирования.* М., 1959.

Колосовский, Н. Н. *Теория экономического районирования.* М., 1969.

Крыштановская, О. "Трансформация старой номенклатуры в новую рос сийскую элиту." *Общественные науки и современность,* N1(1995).

Кудинов, В. А. "российская провиция как обеъект изучения." http://www.a2.ru/ ~historia/ archive/03-00/kudinov(2003).

Куколев, И. "Региональные элиты: борьба за ведущие роли продолжается." *Власть,* N1(1996).

Лексин, В. Н. *Региональная политика в контексте новой российской си туаций и новой методологии её изучения.* М.,1993.

Лексин, В. Н., Синтиков, А. И., Юнина О. Н. *Системное регулирование территориального развития:экономико-правовой аспект.* М., 1990.

Лексин, В. Н., Швецов, А. Н. *Государство и регионы. Теория и практика государственного регулирования территориального развития.* М., 2003.

Лысенко, В. “Разделение властей и опыт Российской Федерации,” В. А. Захаров(ред.), *Асимметричность федерации.* М., 1997.

Лысенко, В. *От Татарстана до Чечни(становление нового российского федерализма).* М., 1995

Лысенко, В. *Развитие федеративных отношений в современной России.* М., 1995

Ляшевская, М. Н. “Региональные ассоциации областей России. Опыт ре гиональной интеграции,” *КЕНТАВР.* N5(1995).

Макфол, М. и Петров, Н. *Политический альманах России.* М., 1995.

Матцузато, К. и Шатилов, А.(ред.). “Регионы России: хроника и руково дители(Центральное Черноземье),”Т.1, Slavic Reseach Center, Hokkaido University, *Occasional Paper in Slavic-Eurasian World*, N34(Sapporo, 1997).

Михайлов, Р. “Этапы становления новых федеративных отношений в Р оссийской Федерации,” *Вестник МГУ*, серия 12, N1(1998).

Михалевой, Н. М.(ред.). *Федеративное устройство России: история и современность.* М., 1995.

Морозова, Т. Г. *Региональная экономика.* М., 1998.

Морозова, Т. Г. *Регионоведение.* М.,1998.

Морозова, Т. Г.(ред.). *Регионоведение*: *Учебник для вузов.* М., 1998.

Мухарямов, Н. М. "Идея асимметричной федерации: этнополитический момент." http://www.kcn.ru/tat_ru/politics/tatarstan/gossovet/izdan/federal/myharya.htm(2001).

Некрасов, Н. Н. *Региональная экономика(Теория, проблемы, методы)*. 2-е изд. М., 1978.

Никитенко, М. В. *Региональная экономика.* Минск, 1992.

Павленко, С. В. “регионализация и регионализм:пример Сибири,” *Регион: Экономика и социология.* N1(1996).

Петров Н. “Анализ результатов выборов 1995 г. в Государственную Ду му по регионам и округам," В. Н. Петров (ред.), *Парламентские выборы 1995 года в России.* М.,1996.

Пикулькин, А. В. *Система государственного управления.* М., 1997.

Плешакова, М. В., Дробышев Д. С. "Регионалистика," http://www. cis2000.ru/ publish/books/book_43/index.shtml(2003).

Ржеевский, В. А., Киселева А. В. "Субъекты Российской Федерации:типология и конституционные основы организации." *Государство и прово,* N10(1994).

"Российское земство и современное самоуправление". Обсуждение за 'круглым столом' в Институте экономики РАН, *Вестник РАН,* т.65, N2(1995).

Рыженков, С. и др.(ред.). *Портрет четырех регионов(Новгородская, Воронежсская, Саратовская, Свердловская области). История, политика, культура.* М., 1999.

Сенатова, О. О. "Региональный авторитаризм на стадии его становления." *Куда идёт Россия?-Социальная трансформация постсоетского пространства.* вып. III, М., 1996.

Смирнягин, Л. "Разделения властей на местах больше не существует." *Сегодня,* 2 августа(1994).

Собянин, А. и др. "Политический климат России в 1991-1993 годах," *МЭМО*, N9(1993).

Солик, Ст. "Торг между москвой и субъектами федерации о структуре нового российского государства:1990-1995." *Полис,* N6(1995).

Степанова, М. В.(ред.). *Региональная экономика.* М., 2002.

Стрелецкий, В. Н. "Этнокультурные предпосылки регионализации России," Трейвиш А. И. иАртоболевский С. С.(ред.), *Регионализация в развитии России:географические процессы и проблемы.* М., 2001.

Тавадов, Г. Т. "Современные федерации и их субъекты." *Социально-политический журнал*, N1(1997).

ТОО "Интелтех". *Федерализм власти и власть федерализма.* М., 1997.

Тощенко, Ж. "Асиммертия как принцип национального и федеративного строительства", *Постсоветское пространство: суверенизация и интеграция. Этносоциологические очерки.* М., 1997.

Трейвиш, А. И. и Артоболевский С. С.(ред.). *Регионализация в развитии России: географические процессы и проблемы.* М., 2001.

Туровский, Р. Ф. "Территориальное распространеие этносоциального ко нфликта." *Вестник Москоского университита*, сер.5, *География*, N2(1992).

Туровский, Р. Ф. *Региональная идентичность в современной России.* М., 1999.

Улюкаев, А. "Государственные финансы и региональное развитие." *Воп росы экономики,* N3(1998).

Умнова, И. "Дитя хоронят-отец безмолвствует, Или будет ли положен к онец кузбасской повести российского масштаба." *Российская Фе дерация*, N3(1995).

Умнова, И. *Современная российская модель разделения власти между федерацией и ее субъектами. Актуальные правовые проблемы.* М., 1996.

Фадеев, В. *Муниципальное право России.* М.,1994.

Фадеев, В. *Представительные и исполнительные органы власти в системе местного самоуправления Российской Федерации.* М., 1994.

Фролова, Н. К. *Финансово-экономическая стабилизация регионов Росси и:теория и практика.* М., 2003.

Хакимов, Р. "Асимметричность Российской Федерации: взгляд из Татар стана," В. А. Захаров(ред.), *Асимметричность федерации.* М., 1997.

Хакимов, Р. С. От унитарного к федеративному. http://www.kcn.ru/tat_ru/politics/tatarstan/gossovet/izdan/ federal/ hakimov.htm(2001).

Хоменко В. В. "Регулирование развития хозяйства области."*Экономист* (N1. 1998).

Циунчук, Р. А. "Российский Федерализм: истоки, генезис, исторический опыт." http://www.kcn.ru/tat_ru/politics/tatarstan/gossovet/izdan/federal/tziunchu.htm(2001).

Чинарихина, Г. "Договор как способ разграничения полномочий и предметов ведения между субъектами федеративных отношений в России." *Власть*, N9(1996).

Шатилов А. и В. Нечаев. "Региональные выборы". *Свободная мысл*(N6, 1997).

Шишов, С. С. *Экономическая география и регионалистика.* М., 1999.

Штульберг, Б. М., *Введенский* В. Г. *Региональная политика России: теоретические основы, залачи и методы реализации.* М., 2000.

제 2 장

러시아의 자연시스템

공우석(경희대)

I. 도 입

1. 문제제기

미국과 소련이 대립하던 냉전이 끝난 뒤 세계는 하나의 지구촌으로서 세계화의 시대를 맞이하고 있다. 이에 따라 국내에서도 지구촌 곳곳과 인적·물적 교류가 증대되면서 세계 여러 곳에 대한 지역연구에 대한 필요성과 관심도 높아지고 있다. 우리나라와 러시아가 수교한 이래 양국 사이에는 정치, 경제, 군사적인 교류 관계가 지속적으로 확대되었다. 그러나 안타깝게도 러시아에 대한 정보는 정치, 경제, 사회, 문화 등을 중심으로 알려져 있다. 반면 러시아에 관심이 있거나 진출하고자하는 기업과 개인에게 필수적인 지리정보 가운데 자연시스템에 대한 정보는 매우 부족하여 이에 대한 조사가 필요하다.

2. 연구목적, 방법 및 자료

이 연구에서는 러시아의 지역적 특성을 이해하는데 필요한 항목과 연구방법론을 검토하였다. 특히 러시아의 자연시스템 특성과 이에 따른 문제점을 파악하기 위하여 지질, 지형, 기후, 생물, 토양과 물 등 자연시스템 관련 정보를 분석하였다.

지리학에서 지역연구에서 다루어야 가장 기본적인 내용은 인간생활에 영향을 주는 위치, 경관 혹은 환경, 공간관계 등이다. 자연시스템 구성 요소는 지역의 경계와 둘레, 장소의 경도와 상대적 위치, 형상, 크기(명칭, 위치, 고도), 지질, 지형, 기후, 식생, 동물, 토양, 물, 해양 등의 자연지리적 혹은 영역적 속성이다. 특히 자연시스템은 지형, 기후, 식생, 토양에 중점을 두고 이것들 사이의 유기적인 관계에 유의하면서 서술해야 한다(이희연 · 최재헌, 1998; 공우석, 2005).

지질에서는 지질 역사와 지체 구조 등을 다루고, 지형에서는 일반적인 지형 특징과 지형적 특성에 따라 지역구분을 한다. 특히 산지, 평원, 하천 등이 인간생활에 미치는 영향 등을 종합적으로 분석한다. 빙하와 영구동토층에서는 과거 빙하의 분포와 빙하에 따라 시대를 구분하며 현재 경관과 생활과 경제적 중요성을 살핀다.

러시아의 연중 및 계절별 기후 특성과 기후 시스템을 분석하고, 지역별 기후환경을 비교 분석한다. 특히 농업과 관련이 깊은 서리가 내리지 않는 기간인 무상기일(無霜期日)과 같은 기후조건을 집중적으로 분석한다. 지역의 기후 특성을 결정하는 기후요소로 등압선의 분포, 탁월풍 등을 조사한다. 기온은 위도와 대륙도를 반영하여 분석하고, 기온의 월별, 계절별, 지역별 온도의 차이를 비교 분석한다. 아울러 기후가 일상생활과 농업, 어업, 전력, 교통 등 산업에 미치는 영향을 비교 분석한다. 강수에서는 지역별 연강수량과 강수량의 계절적 및 지역적 차이, 건조나 극심한 가뭄의 피해 등이 농업 등에 미치는 영향을 파악한다.

생물에서는 식생의 분포와 다양성과 이에 영향을 미치는 기온과 강수 등 환경조건과의 관계를 분석한다. 특히 각 식생대의 구성과 특성 등 생태적 의미와 함께 임업, 관광, 자원개발 등 관련 분야와 연계하여 다룬다. 삼림은 삼림대별 분포와 면적 등을 설명하고 삼림과 관련된 지형, 취락, 교통, 산업 등 지역별 생태적 특성 및 환경적 문제점 등을 비교한다. 동물은 지역별 종다양성과 구성종 및 생태적 특성 등을 설명한다.

토양의 발달에 영향을 미치는 기후요소 중 기온, 강수량, 생물 등과의 관계와 함께 지역별 토양대를 농업, 산업, 취락 등과 관련하여 소개한다. 러시아 하천, 호수, 대륙해, 바다의 지형, 기후, 생태계, 수문 특성 등 주변 자연환경과 함께 인구, 취락, 도시, 교통, 전력생산, 산업 등 인문사회적 조건을 두루 다룬다. 수자원과 개발에서는 과거 사회주의 체제 아래에서의 대단위 관개시설 공사, 배수 공사, 조림 사업, 저수지와 댐 건설 그리고 내륙 항로 개척 등 수자원의 개조와 개발 사업을 소개한다.

러시아의 자연시스템은 Suslov(1961), Mellor(1982), Lowry(1983), Bater(1989), Symons(1990), Medish(1991), Stewart(1992), Minakir(1994), Czerepanov(1995), Global Forest Watch(2002), Shahqedanova(2003), Velichko & Wright(2004) 등을 참조하였다. 자연시스템에 대한 연구 방법은 공우석(2003, 2005)이 제시한 방법을 따랐으며, 자연시스템에 대한 정보는 공우석(1994), 원학희 등(2002)의 연구를 참조하였다.

Ⅱ. 본 론

1. 지질과 지형

1) 고생태

러시아의 고생대층은 우랄-알타이-사얀에 이르는 지역에 발달하며, 중생대층은 북동 시베리아, 바이칼 일대, 러시아 쪽 극동에 분포한다. 신생대층은 카프카즈, 코펫-다그 산지 등에 나타나며, 태평양 연안의 코랴크, 캄차카, 사할린, 쿠릴에서도 볼 수 있다(Howe, 1983).

신생대 초기인 제3기 플라이오세(Pliocene) 빙기(氷期)에 빙하가 넓게 발달하면서 많은 동물들이 추위 때문에 멸종하였으며, 플라이오세 중기에는 인류의 초기 조상들이 나타났다(Knystautas, 1987). 신생대 후기인 플라이스토세(Pleistocene)에는 혹독한 빙기가 여러 차례 찾아와 동·식물들의 생존을 위협하였으나, 오늘날 볼 수 있는 대부분의 생물상은 플라이스토세에 들어 정착하였다. 플라이스토세 빙기 동안에 스칸디나비아, 북부 카렐리아, 노바야 잼랴, 우랄산맥 북부, 알타이산맥, 사얀산맥, 파미르고원, 카프카즈 등에 중심을 둔 강력한 빙하가 외곽 지역으로 확장되었다(Hopkins, 1982). 빙하는 기온이 매우 낮은 상태에서 강수량이 늘어가면서 시작되었다. 유럽 쪽 러시아에는 적어도 3-4차례의 빙하기가 있었다(Knystautas, 1987).

2) 영구동토층

러시아에서 가장 특징적인 지형경관은 영토의 절반 정도를 차지하며 일 년 내내 지표가 계속 얼어있는 영구동토층(permafrost)이다. 영구동토층은 시베리아의 북동쪽에서는 연속적으로 발달하며 시베리아 서쪽이나 남쪽에서는 드문드문 나타나는데, 깊이는 북극에 가까운 곳에서는 1,000m 이상이지만 일반적으로 10m 미만이다. 영구동토층의 기원에 대하여 마스토돈(mastodon)과 맘모스(mammoth)의 잔해가 영구동토층 속에서 발굴되므로 플라이토스세 빙하기 중에 시작되었다는 설과 콜리마 금광에서 나온 광산 부산물이 영구동토층으로 발견된다는 사실에 비추어 비교적 가까운 과거에 형성되었다는 설이 있다.

영구동토층의 위층에는 여름에만 녹는 활동층(active layer)이 있는데 해동되는 깊이는 위도, 식생, 태양의 방향 등에 따라 달라진다. 여름에 일시적으로 녹는 활동층 아래에 땅속 깊은 곳에 있는 영구동토층 때문에 녹은 물이 지하로 이동하지 못해 넓은 지역이 물에 잠긴다. 여름철 활동층의 깊이가 30cm 이상이고 물 빠짐이 좋은 곳에는 가문비나무, 이깔나무, 자작나무 등 식생이 발달한다(Knystautas, 1987).

지표에 가까운 활동층이 녹게 되면 지면의 기울기를 따라 중력에 의해 토양이 이동하면서 지표가 불안정해지는 등 기술적이고 경제적인 문제를 일으키므로 건물, 도로, 철도, 교량, 댐, 활주로, 상·하수도관 등을 보호하기 위한 특수 공법이 개발되었다. 여름에 영구동토층의 위층이 녹았을 때 가열된 구조물을 설치하거나 들어 올리는 공법이 있다. 또한 아주 강력한 고온 증기를 이용해 일시적으로 영구동토층을 녹이고 파일을 박은 뒤 다시 얼도록 하기도 한다. 그러나 러시아의 영구동토층이 나타나는 넓은 지역에는 아직도 전통적인 건축방법이 널리 퍼져있어 구조물의 관리 유지 및 지표수의 오염 등 여러 문제가 나타난다.

3) 지형

러시아는 영토가 광활하여 다양한 지질과 지형이 발달한다. 중간의 우랄산맥을 제외하면 러시아의 지형은 남동쪽으로 험준한 산악지대가 발달하였고 북서쪽으로는 광활한 평지가 펼쳐져 있어 흡사 커다란 반구형의 극장과 같은 형상을 이루고 있다. 러시아는 콜라-카렐리야 지역, 러시아 평원, 카프카즈 지역, 우랄산맥, 서부 시베리아 저지, 중앙 시베리아 고원, 남부 산악지대, 동부 산악지대로 구분된다

콜라-카렐리야 지역은 핀란드 국경을 접한 유럽 쪽 러시아의 북서부 지역이다. 카렐리야 지역은 고원지형을 이루나 해발고도는 낮다. 대부분 200m 이하의 구릉이 반복적으로 나타나며, 곳곳에 빙하호와 늪지가 발달하였다. 콜라반도에는 히비니산(1,191m)을 제외하고는 해발고도 300m 미만의 낮은 구릉이 발달하였다.

러시아 평원은 서쪽 국경선으로부터 동으로 우랄산맥까지, 북극해로부터 남으로 카프카스 지방과 카스피해까지 펼쳐진 대평원이다. 광활한 평원의

서쪽과 남쪽으로 발다이구릉, 스몰렌스크-모스크바고원, 중앙러시아고원, 프레몰가고원 등 400m 미만의 저산지가 분포한다. 이 고원들 사이로 드네프르강, 돈강, 드비나강 등이 흐르면서 그 주위에 범람원을 이루고 있다. 특히 발다이구릉은 해발고도 300m 내외의 빙하성 산지로서 볼호프강, 드비나강, 볼가강 등의 분수계 역할을 하고 있다. 러시아평원은 대부분 선캄브리아기에 형성된 안정된 기반암 위에 엷은 충적층이 덮인 지형으로 석탄이 많이 매장되어 있다.

카프카스 지역은 흑해와 카스피해 사이에 쿠반저지와 쿠마저지 및 카스피해 연안저지가 넓게 펼쳐져 있으며 북쪽으로 러시아평원과 연결된다. 특히 카스피해 연안은 해수면 이하(-27m)의 낮은 저지대이다. 쿠반저지와 쿠마저지 사이에는 평균 해발고도 400m의 스타브로폴고원이 있다. 한편 카프카스 지역 남단에는 험준한 카프카스산맥이 동서로 발달해 있어, 러시아와 그루지야, 아제르바이잔 사이의 국경선 역할을 한다.

우랄산맥은 북극해 연안에서 카자흐스탄에 이르는 길이 약 2,080km의 습곡산맥으로서 러시아평원과 서시베리아저지를 구분해주고 있다. 북쪽의 나로드나야(1,894m)를 비롯해 해발고도 1,500m이 넘는 산은 적고 그 사이로 낮은 산들이 이어져 있다. 그래서 우랄산맥은 큰 교통장애 요소가 되지 못하며 일찍부터 주요 교통로가 발달했다.

서부 시베리아저지는 우랄산맥에서 동쪽의 예니세이강까지, 북극해에서 남쪽 알타이산맥까지 넓게 펼쳐져 있으며 오브강과 이르티슈강이 만든 거대한 범람원으로서 대부분 해발고도 100m를 넘지 않으며 늪지가 많다. 취락은 주로 비교적 높은 남반부에 발달하였다.

중앙 시베리아 고원은 예니세이강과 동쪽의 레나강 사이의 고원지대로서 대부분 해발고도 400～700m의 구릉으로 이루어져 있으며, 두 강의 지류가 고원 사이로 흐르면서 골짜기를 이룬다. 중앙시베리아 고원 북쪽으로는 비랑가산맥과 푸토란산맥이 있으며, 남쪽에는 바이칼리아산맥이 있고, 동쪽에는 야쿠티아분지가 발달한다.

남부 산악지대는 카자흐스탄의 동쪽 국경선에서 바이칼호에 이르는 지역으로, 알타이산맥, 동・서 샤얀산맥으로 이루어졌다. 이 산맥들은 해발고도 2,700～4,200m의 험준한 산지이며 정상부에서는 평탄한 고원을 이룬다. 또한 정상부의 만년설이 녹으면서 예니세이강, 오브강, 이르티슈강에 물을 공급하고 있다. 한편 바이칼호는 단층작용으로 형성된 거대한 호수로 최대 수심이 1,616m에 이른다.

동부 산악지대는 동쪽의 바이칼호로부터 야블로노비산맥, 스타노보이산맥, 주그주르산맥, 콜리마산맥, 추코트산맥으로 이어져 베링해까지 연결된다. 한편 베르호얀스크산맥과 체르스키산맥은 남북으로 뻗어 각각 주그주르산맥·콜리마산맥과 만난다. 이 산맥들은 해발고도 2,000～3,000m 사이의 산으로 이루어져 있는데, 고대 유럽 지괴와 북아메리카 지괴가 충돌하면서 형성된 습곡산지이다. 한편 동부산악지대의 동쪽지역은 화산이 집중 분포해 있다. 특히 캄차카반도와 쿠릴열도는 활발한 화산활동이 일어나고 있는 환태평양화산대의 일부이다(http://100.naver.com/100).

2. 기후

1) 기후개황

러시아는 광활한 면적을 가지기 때문에 위도에 따라 태양으로부터 받는 복사열의 차이가 크며 기타 자연조건들의 차이도 커서 지역 간 기후의 차이도 크다. 기후의 지역적 차이는 토양과 식생의 분포에도 많은 영향을 미친다. 러시아 내에는 툰드라기후대, 아극기후대, 습윤한 대륙성기후대, 몬순기후대, 고산기후대 등이 나타난다.

러시아는 영토가 넓고 자연자원이 풍부하지만 몇 가지의 불리한 자연조건에 의해 국토를 효율적으로 운용하고 있지 못한다. 매우 춥고 긴 겨울은 러시아가 처해 있는 가장 불리한 기후조건의 하나이다(Wheeler, 1975). 대부분의 러시아는 길고 추운 겨울과 온난하거나 더운 여름 그리고 약간 모자라거나 적당한 강수량을 나타내는 대륙성 기후 특성을 보인다. 기온은 연교차가 심하고 일교차도 크며, 강수는 연교차는 크지 않지만 연강수량의 절반이 여름에 내린다.

러시아의 기후는 높은 위도와 대륙성 기후에 따라 대륙도(continentality)가 높다(Lyndolph, 1990). 즉 러시아는 해안선을 따라 긴 국경선을 가지고 있으나 영토의 많은 부분이 내륙에 위치하여 바다의 영향이 매우 적고 대륙성 기후의 영향이 상대적으로 크다. 러시아의 대부분의 높은 산맥들은 남부의 외곽지역과 아라비아반도, 아프리카, 남아시아를 연결하는 선상에 위치하므로 남쪽에서 불어오는 온난다습한 기류의 영향을 차단한다.

러시아의 기후는 매우 한랭하고 긴 겨울과, 여름이 짧고 서늘한 전형적인 대륙기후이다. 남쪽의 중앙아시아에 발달한 산악지대가 습윤한 아열대성 기단을 막고, 동쪽의 험준한 습곡산지가 태평양의 해양성 기단을 차단하며 서쪽의 대서양 기단의 영향은 거의 받지 않는다. 따라서 대부분 지역이 겨울에는 빠르게 추워지나 여름에는 갑자기 기온이 상승한다.

러시아 서쪽의 콜라반도에서 동쪽의 베링해에 이르는 북극해는 겨울에 완전히 언 뒤 눈으로 덮여 육지와 같은 기후적 역할을 한다. 여름에 북극해는 인접한 해안지역에 큰 영향을 미치지만 북극해의 대기는 따뜻한 공기층이 발달하는 내륙으로 상륙하면서 크게 변질되기 때문에 내륙의 기후에 좋은 영향을 미치지 못한다. 러시아에 널리 영향을 미치는 유일한 해양성 기류는 서쪽의 대서양으로부터 불어오지만 그 영향권은 유럽 쪽 러시아 일부에 한정되어 있다. 러시아 극동지방을 제외한 러시아에 내리는 대부분의 강수는 대서양과 인근 바다의 영향에 의하여 나타난다.

2) 기온

러시아의 기온은 위도가 높고 대륙도가 커서 전체적으로 서늘하고 계절적 차이가 크다. 러시아 서부지역은 대서양의 영향으로 같은 위도의 동부에 비해 비슷하거나 기온이 약간 높다. 동부지역은 기온의 대륙도가 높아 계절에 따라 기온이 매우 높거나 낮다. 1월에 러시아 동부지역은 같은 위도의 다른 지역에 비해 기온이 20℃ 정도가 낮은 반면 7월에는 다른 지역보다 기온이 4~8℃ 정도 높다.

러시아 내 거의 모든 지역의 1월 평균기온은 영하를 나타내며 태평양 연안의 일부 남부지방을 제외한 시베리아의 연평균기온은 18℃ 이하이다. 1월에는 매우 한랭한 고기압대가 시베리아에서 형성되고, 바람이 육지에서 해양으로 불기 때문에 대부분 지역이 영하로 떨어져 매우 춥다. 관측된 겨울 최저기온은 시베리아 오미야콘에서 -71℃, 베르호얀스크에서는 -68℃를 기록하여 산악지대를 제외하고 지구상에서 겨울이 가장 춥다. 반면에 7월의 베르호얀스크의 기온은 35℃까지 상승하여 두 지역의 기온 연교차는 100℃를 넘는다. 모스크바는 연교차가 30℃에 못 미치고 있으며, 발트해와 태평양 연안지역은 이보다 작다.

겨울철 낮은 기온과 강한 바람은 북극 해안에서 바람과 기온에 의한 냉각효과를 가져와 기후는 혹독하다. 러시아의 겨울은 매우 길며 겨울의 3~4개월 동안은 특별한 기상 변화가 없으면 거의 비슷한 추위가 지속되는 "중심이 없는 겨울"이 나타난다.

러시아의 7월 등온선 분포는 거의 위도와 평행하는 양상을 보이는데, 북극해 도서지방은 0℃, 북극해안은 5~10℃, 시베리아 일대는 15℃ 전후, 유럽 쪽 러시아 지역은 20℃에 이른다. 7월에는 유라시아 대륙의 기온이 상승하여 중앙아시아와 남부아시아에 저기압대가 형성되어 약 2~3개월 간 강수가 집중된다. 러시아에서 중요한 여름 기후 특성은 여름 기온의 높고 낮은 정도보다는 여름의 길고 짧은 정도이다. 전체적으로 러시아의 여름은 짧기는 하지만 여름 동안의 일조시간이 길기 때문에 식물의 생장이 가능하다.

인간의 경제 활동은 기온의 높고 낮음에 크게 좌우되는데 농업의 경우에는 더욱 그러하다. 특히 일 년 중 무상기일은 작물의 재배에 매우 중요한데, 러시아 일대 개활지와 평원에서의 무상기일은 길어 모스크바에서는 130일 정도이지만, 북서 시베리아는 100일 정도이며, 북동유럽 쪽 코미자치공화국에서는 75일을 넘지 않는다.

러시아에 있어서 계절이 바뀌는 시기는 무척 짧아 봄에는 기온이 빠르게 상승하고 가을에 는 빨리 하강한다. 예를 들어 모스크바에서는 4~5월 사이에 월평균기온이 8℃ 상승하지만 베르호얀스크에서의 10~11월 사이의 월평균기온은 23℃씩 하강한다. 이처럼 기온이 급변하는 것은 러시아의 기후가 대륙성 특성을 보임을 뜻한다.

3) 강수

러시아에 내리는 비의 양은 아주 적거나 보통 정도인데 이는 러시아가 고위도에 위치하여 대기의 온도가 낮아 수분을 보유하는 능력이 떨어지기 때문이다. 또한 광활한 대륙에 걸쳐 영토가 펼쳐져 있어 러시아의 넓은 지역에 해양성 열대기단이 들어오지 못하기 때문이다. 러시아의 대부분의 지역은 연평균 400~800mm의 강수량을 나타낸다(Lyndolph, 1990).

대서양에서 발달한 해양성 기단은 러시아 강수의 주요 원천이 되고 있다. 강수량 분포는 북위 60° 부근을 정점으로 하여 남북으로 갈수록 강수량이 감소하는데, 이는 대서양 기단의 진로가 북위 60°선을 따라 동쪽으로 이동하기 때문이다. 대부분 지역의 강수량이 500mm 이하로 유럽 쪽 러시아와 동시베리아에서는 500mm, 시베리아 중부 400mm, 북극해, 시베리아해 부근에서는 250mm 이하를 나타낸다. 우랄산맥에는 지형성 강우가 많은 편이며, 지중해성 기후와 비슷한 흑해 부근에서는 겨울철 강수량이 많고, 극동지역은 몬순성 강우가 많다.

지역에 따른 강수량의 변화는 유럽 쪽 러시아의 평원지대부터 발트해, 카스피해 그리고 중앙아시아를 지나면서 나타난다. 유럽 쪽 러시아에서 남동쪽으로 갈수록 기온이 높아져 잠재적 증발산량이 증가하기 때문에 쉽게 건조해지나, 시베리아와 러시아 쪽 극동에서는 수분 공급량이 부족하지 않은 편이다. 러시아에서는 지형조건에 따라서 강수량의 차이가 있기도 하지만 일반적으로 동쪽으로 갈수록 많아지는데, 특히 태평양에 가까워질수록 강수량이 증가한다. 크레이해안, 사할린섬, 캄차카반도의 태평양 쪽 사면들은 연강수량이 800~1,000mm이고 상대 습도는 높고 안개와 구름이 자주 발생하는 해양성 기후를 보인다.

러시아 내 대부분의 지역은 계절에 따라 강수량이 큰 차이를 보인다. 전반적으로 온난한 계절의 강수량이 한랭한 시기보다 많은 편이다. 특히 대륙 내부에서는 여름 소나기가 겨울 계절풍보다 더 많은 강수량을 가져온다. 이러한 경향은 계절적인 기압 배치의 역전과 계절 에 따른 대기의 수분 흡수력 차이가 발생하기 때문이다.

러시아는 고위도에 위치한 국가이기 때문에 강수량의 대부분이 눈으로 내린다. 특히 적설량이 많은 곳은 산악지대로 카프카즈 산맥의 남서사면은 흑해로부터 다가오는 겨울 계절풍의 영향으로 300cm 이상의 눈이 내린다. 쌓인 눈은 겨울 밀, 호밀, 알팔파와 같은 겨울 작물에 매우 중요하다. 러시아 내 대부분의 지역은 겨울에 지면온도의 변동이 심하여 작물이 얼어 죽는 동해 피해를 막기 위해서는 보온 역할을 하는 눈이 필요하다. 보통 30cm 정도의 적설이 이상적인 절연 효과를 나타내는 것으로 알려졌다. 또한 겨울에 내린 눈은 봄에 녹아 주변과 하천 하류에 위치한 지역에 용수를 공급해주는 기능을 한다.

3. 생물

1) 식생대

러시아는 위도에 따른 식생대가 매우 뚜렷하여 툰드라, 타이가, 혼합림, 낙엽수림, 스텝 등이 발달한다. 툰드라 지대는 북극해 연안을 따라 핀란드 국경에서 베링해까지 동서로 넓게 펼쳐져 있으며, 러시아 전체 면적의 약 5%를 차지한다. 이 지역에는 월평균기온이 0℃ 이상인 달이 3~4개월에 불과하고 10℃를 넘지 않는다. 지표는 극히 한랭하여 영구동토층이 나타나며 여름에는 지표면이 녹아 곳곳에 습지가 형성된다. 혹독한 기후, 짧은 성장기간, 영구동토층 때문에 농업은 불가능하며, 선태류·지의류·양치류와 관목류가 일부 자란다.

타이가에는 툰드라 남쪽에 위치하여 여름에는 기후가 온난하여 침엽수림이 울창하게 발달하며 러시아의 약 30%를 차지하고 있다. 타이가에는 주로 전나무류, 낙엽송, 가문비나무 등 침엽수림이 발달해 있지만, 남쪽에는 자작나무, 떡갈나무 등 활엽수림도 있다. 봄과 가을에 서리가 자주 내리고, 습지가 많고, 토양이 척박하여 농업이 쉽지 않다. 특히 타이가의 포드졸토양은 표층의 부식질이 쉽게 용탈되기 때문에 매우 척박하다.

혼합림은 타이가의 남쪽에 분포하며 서쪽 국경에서 동쪽의 노보시비리스크까지 나타난다. 이 지대는 서쪽에서는 남북으로 길지만 동쪽으로 갈수록 그 폭이 좁아진다. 타이가 지대에 비해 여름이 길고 온난하며, 겨울은 상대적으로 짧고 기온도 높은 편이다. 연강수량은 400~600mm에 불과하지만, 증발량이 적고 여름에 집중되어 곡물농업에 적합한 기후조건을 가진다. 그 결과 많은 지역이 개간되어 농지로 이용되고, 삼림은 극히 일부에만 남아 있다.

혼합림대의 주요 수종은 참나무, 가문비나무와 같은 침엽수림과 서양물푸레나무, 단풍나무, 느릅나무 등의 활엽수림이 분포해 있다. 이 지대의 토양은 스텝의 토양보다는 비옥도가 낮지만 타이가의 포드졸보다는 비옥하다. 즉 영구동토층이 없고 배수도 잘 되며, 토양층이 두껍다. 또한 영양분이 많은 빙하성 퇴적물질이 여기에 많이 퇴적되어 토양의 비옥도는 높다. 따라서 이곳에는 다양한 농작물이 재배되고 목축업이 성행하는 등 스텝 지역과 더불어 러시아의 중요한 농업지역이 되고 있다. 토지생산성이 높기 때문에 오래전부터 이곳에 인구가 밀집되었다. 남쪽에는 삼림과 스텝이 혼재되어 있는 삼림 스텝 지대(forest-steppe)가 동서로 길게 서부 시베리아에까지 분포한다.

스텝은 서쪽 국경에서부터 동쪽의 시베리아 알타이산맥까지 뻗어 있다. 이 지역은 여름이 온난하고 무상기일이 길지만, 연강수량이 200～500mm에 불과하므로 건조한 기후를 견디는 곡물을 재배하며 가축 사육도 많이 한다. 토양은 흑색의 체르노젬(chernozem)으로 부식질이 매년 쌓이는 반면 거의 용탈되지 않아 토양 속에 영양분이 많다. 특히 토양 속에 함유된 석회분이 토양을 중성으로 만든다. 이 지대는 러시아의 곡창지대로 밀, 사탕무, 해바라기 등이 주로 재배된다.

2) 식물

러시아에 분포하는 것으로 알려진 식물은 침엽수, 활엽수, 관목, 속새, 석송, 양치류 등으로 다양하지만 지역적으로 종다양성은 차이가 커서 중앙아시아 일대에서는 7,000여종에 이르고, 극동에는 2,000여종이 자라며, 시베리아 쪽 북극해에 있는 섬에는 100～150여 종의 식물만이 자란다.

러시아의 삼림을 구성하는 나무의 대부분은 침엽수로 가장 흔한 침엽수는 이깔나무류(*Larix* spp.)이며, 소나무류, 가문비나무도 흔하다. 러시아의 식생은 남부로 갈수록 종다양성이 높으며, 지역에 자라는 다채로운 식물 군락에도 발달한다. 그러나 광활한 러시아는 식물 분포 상으로 보면 구북구(Palaeoarctic region)에 속한다. 러시아의 식생대는 북극지대, 툰드라지대, 북태평양 산악지대, 타이가지대, 유럽 쪽 활엽수림대, 극동 활엽수림대 등으로 나뉜다.

러시아 내에 분포하는 식물들을 수종별로 살펴보면 크게 침엽수림과 활엽수림으로 나뉘고 각각 다양한 삼림대로 세분된다(Tseplyaev, 1965; Howe, 1983). 소나무류(*Pinus* spp.)는 가장 주된 침엽수이며 구주소나무(*Pinus sylvestris*)가 대표적인 종이다. 소나무림은 기후조건이 아주 좋지 않은 북동 시베리아, 사막, 반사막을 제외한 거의 모든 지역에 널리 분포한다. 소나무는 동부와 서부 시베리아, 북부 러시아, 북서 러시아, 중부 러시아, 우랄산맥 산록 등에 주로 자란다. 가문비나무류(*Picea* spp.)는 다양한 환경에 적응하여 생육하는 종으로 분포지역이 매우 넓다. 전나무류(*Abies* spp.)는 주로 타이가 지대와 산악지역에 자란다. 이깔나무류(*Larix* spp.)는 성장이 빠르고 건조, 냉해, 병충해, 불, 기계적 마찰에 강하고 단단한 토양에도 잘 견디는 종으로 시베리아, 극동, 사얀, 사할린 그리고 캄차카에 주로 분포한다. 특히 동부시베리아 삼림의 78.6%와 극동의 19.4%가 이깔나무로 구성되어 있다. 향나무류(*Juniperus* spp.)는 러시아 내 거의 모든 지역에 자라지만 중부와 동부 시베리아의 추운 지역과 건조한 스텝에서는 드물게 나타난다. 향나무는 추위와 가뭄에 견디는 능력이 뛰어나고 토양 보전에도 유익한 수종이다.

러시아 내 활엽수림대 자라는 나무 가운데 경제적으로 중요한 활엽수에는 참나무류, 너도밤나무류, 자작나무류, 사시나무류, 오리나무류, 피나무류, 서어나무류가 있다. 참나두류(*Quercus* spp.)는 다양한 기후대에 걸쳐 자라 분포의 북방 한계선은 타이가지대에 이르며 남방 한계선은 건조스텝과 반사막지대까지 계속된다. 그러나 참나무류는 매우 추운 대륙성 기후를 견디지 못하기 때문에 서 시베리아 등지에는 자라지 못한다. 또한 중앙 시베리아, 바이칼 일대, 동 시베리아에도 참나무류는 나타나지 않는다. 그러나 아무르강 유역의 극동이나 연해주는 상대적으로 기후가 온화하기 때문에 침엽수나 다른 활엽수와 섞여 자란다. 너도밤나무(*Fagus*)는 주로 카프카즈 등지에 자라며 온난습윤한 기후를 선호한다.

서어나무류(*Carpinus* spp.)는 주로 러시아의 남부와 남서부에서 자라며 발트해 연안과 극동에서 부분적으로 나타난다. 서어나무는 토양조건이 양호하고 온난한 지역을 선호하며 그늘을 잘 견디고 너도밤나무와 같이 자라는 편이다. 자작나무류(*Betula* spp.)는 러시아에서 가장 흔한 나무로 러시아의 거의 모든 지역에서 자라며 목본 식물 분포의 북방한계선이나 산지에서 상한계선을 이루는 수종으로 북위 71도까지 그리고 고도 3,400m까지 분포한다. 자작나무는 냉해에 강하고 건조 피해도 덜 입고 다양한 토양조건에 견디므로 벌채와 산불 후 최초로 침입하는 개척 수종의 하나이다. 자작나무림이 번성하는 곳은 서부와 동부 시베리아 및 극동으로 러시아 내 자작나무림의 2/3를 차지한다.

러시아의 삼림분포는 지역별 차이가 심하다. 유럽 쪽 러시아는 전체 인구의 대다수가 살고 있지만 러시아 내 삼림의 20% 정도만이 분포한다. 반면에

아시아 쪽 러시아는 인구보다 삼림의 비율이 높다. 그러므로 러시아 내에서도 목재가 풍부한 곳에서 용재가 부족한 지역으로 수송하는데 불필요한 시간과 경비가 소요되어 비경제적이고 경쟁력이 낮다.

3) 동물

러시아에는 다양한 자연환경 조건을 반영한 여러 종류의 동물이 있지만 영토의 대부분이 지리적으로 북쪽에 위치하기 때문에 저위도 국가에 비해서 동물의 종류가 많지 않다. 북방의 툰드라에는 적은 수의 동물들이 서식하지만 그 가운데 많은 종이 툰드라 특산종이며 북극점을 중심으로 사는 주극분포(周極分布)를 보인다.

북극동물들은 햇빛이 적고 한랭한 강풍이 오래 부는 겨울과 짧고 서늘한 여름이 교차하는 환경에 있다. 툰드라에 발달하는 영구동토층도 동물들에게는 불리한 환경조건이다. 그러나 툰드라는 여름이 짧지만, 장과류의 열매를 맺는 여러 상록성 식물이 자라고, 인간의 간섭이 적고 그리고 유해한 미생물의 활동이 부진하여 동물의 생육에 유리한 측면도 있다(Aleksandrova, 1980; Cernov, 1985).

툰드라 지역은 북극 툰드라, 북방 툰드라, 그리고 남방 툰드라로 구분되며 각 툰드라에는 특이한 동물군이 나타난다. 가장 널리 분포하는 특산종은 툰드라 전역에 걸쳐 나타나는 북극여우(*Alopex lagopus*), 북극 나그네쥐(*Dicrastonyx torquatus*) 등 포유류와 흰올빼미(*Nyctea scandica*), 흰멧개(*Plectraphenax nivalis*)와 같은 새가 있다. 이곳의 현생동물은 과거 빙하기를 넘긴 것으로 생각되며 몇몇의 특산 툰드라종 등은 신생대 제3기 중기에 출현한 것으로 본다. 툰드라에 사는 동물들은 남쪽의 고산 툰드라에도 잔존하는데 이들은 빙하가 후퇴한 뒤 평지의 온난한 조건을 적응하지 못하고 고산으로 옮겨 정착한 것으로 본다.

타이가는 툰드라에 비해 많은 종이 분포하지만 방대한 넓이에 비해 종다양성은 높지 않다. 타이가는 전형적인 대륙성 기후를 보여 겨울은 매우 춥지만 침엽수의 잎과 열매가 풍부하여 동물의 좋은 먹이가 된다. 타이가에서 동물의 먹이가 되는 것은 장과류와 버섯 등이며 뇌조들은 소나무 잎을 먹기도 한다. 북서 유럽으로부터 태평양에 이르는 타이가 지역에는 큰사슴(*Alces alces*),

붉은다람쥐(*Sciurus vulgaris*), 시베리아얼룩다람쥐(*Eutamias sibiricus*), 북극토끼(*Lepus timidus*), 스라소니(*Felis lynx*), 붉은여우(*Vulpes vulpes*), 시베리아족제비(*Mustela sibirica*), 산족제비(*M. erminea*), 검은단비(*Martes zibellinus*), 오소리(*Gulo gulo*)와 갈색곰(*Ursus arctos*) 등이 분포한다.

러시아 내 타이가에 출현하는 새는 담갈색뇌조(*Tetrastes bonasia*), 유럽산뇌조(*Tetrao urogalus*), 은부리뇌조(*T. parvirostris*), 큰회색올빼미(*Strix nubulosa*), 매올빼미(*Surnia ulula*), 북방올빼미(*Aegolius fenereus*), 북방세발딱따구리(*Picodes tridactylus*), 혹딱따구리(*Dryocopus martinus*), 시베리아어치(*Perisoreus infanstus*), 산갈가마귀(*Nucifraga caryoctaactes*) 등이 나타난다.

200만 년 이전 시기인 신생대 제3기에는 타이가의 기후가 온난하여 활엽수가 주로 자랐다. 제4기 빙하기가 찾아오자 따뜻한 지역을 선호하는 동물들은 멸종되거나 남쪽으로 이동했다. 그러나 동물의 동서 간 이동은 중간에 남북으로 발달한 산맥과 태평양과 같은 바다가 있어서 왕래가 자유롭지 못해, 많은 생물이 사라지고 적은 수의 동물들이 살아남아 오늘날 타이가의 동물상을 이루었다.

혼합림대의 동물상은 타이가와 활엽수림대의 동물상이 같이 나타나며, 극히 몇 종만이 혼합림대에 나타나는 종류이다. 혼합림대에는 전형적인 타이가 동물인 큰사슴(*Alces alces*), 시베리아날다람쥐(*Eutamias sibiricus*), 북극토끼(*Lepus timidus*), 뇌조(*Tetrao urgallus*)가 흔하며 서유럽 쪽 활엽수림대에 사는 동물도 많다. 이러한 동물 외에도 스텝에서 서부유럽 삼림으로 도래한 큰쥐(*Cricetus cricetus*), 유럽토끼(*Lepus europaeus*)와 엽조(*Perdix perdix*)와 같은 동물들이 나타나는데 이들은 벌목과 같은 인위적인 활동이 활발해짐에 따라 유입되었다. 혼합림대의 동물들은 타이가에 비해 훨씬 오래된 것으로 제4기 빙하기 이전에 형성된 후 대륙빙하로 덮였던 서유럽에서 지속적으로 진화했다.

4. 토양

러시아의 토양은 기본적으로 지질의 영향을 받지만 북서부에서 남동부로 갈수록 여름기온은 높아지나 연평균 강수량이 감소하기 때문에 증발량이 증가하면서 기후의 영향을 받는다. 아울러 식생과 동물상도 지역별 토양형이 나타나는데 영향을 미친다.

러시아의 가장 북쪽에 나타나는 토양은 인셉티솔(Inceptisols)로 북방의 침엽수림대와 북극해 연안지대에 주로 나타난다. 겨울이 길고 추워 토양이 오랫동안 얼어있기 때문에 토양 내 광물질의 화학적 변환이 느리고 박테리아의 활동이 활발하지 못하고 토양의 모재는 기계적 붕괴에 의해 생긴 물질들로 되어 있다. 산성 토양과 영구동토층의 발달로 인해 지렁이와 같은 토양동물들의 활동이 활발하지 못하며 식물 잔해물의 분해 속도가 느리기 때문에 부패되지 않은 부식토나 토탄이 많다.

인셉티솔은 복잡하고 다양한 토양 단면을 보이며 약간 푸른색을 띠는 비옥도가 낮은 토양이다. 인셉티솔 지대는 대부분 영구동토층이므로 짧은 여름동안 해빙되는 지표면 몇㎝ 두께의 활동층을 제외하고 그 아래층으로는 물도 스며들지 못한다. 강수량은 적지만 여름 기온이 매우 낮기 때문에 증발량도 아주 적고 이에 따라 침수되는 곳이 많다.

인셉티솔 지대는 툰드라와 나무가 있는 툰드라 식생이 흔히 나타나는데, 아극지대인 이곳에는 나무는 없고 습지가 흔하며 주로 지의류, 이끼류, 키 작은 초본성 관목들이 섞여 자란다. 인셉티솔이 나타나는 툰드라 지역은 농업 활동이 불가능하며 소수의 시베리아 원주민 등 거주자들이 순록 유목에 종사하며 여름에는 낚시질을 겨울에는 사냥을 주로 한다.

스포도솔(Spodosols)은 고위도에 있는 포드졸이나 변형된 포드졸 토양으로 회백색을 띤다. 스포도솔은 토양 성분의 일부가 물에 흘러내린 용탈이 매우 심한 토양이다. 용탈은 이곳의 강수량이 500mm를 넘지 못하기 때문에 집중적인 강수에 의한 것이 아니고 주로 봄철 눈이 녹아 생긴 융설수에 의한 것이다.

스포도솔은 산도는 높아 삼림에 의해 생긴 유기 성분과 산화 알루미늄을 용탈시켜 토양 B층으로 이동시켜 적갈색의 연한 지층을 만들기도 한다. 잘 발달된 연한 지층이 있는 곳이나 움푹 파인 지층이 있는 곳에는 토양이 침수된다. 침엽수는 다른 식물들이 필요로 하는 칼슘, 마그네슘, 칼륨 및 불소를 덜 필요로 하기 때문에 이러한 조건을 갖춘 스포도솔 토양과 타이가 지대는 서로 밀접한 관련이 있다.

알피솔(Alfisols)에는 점토가 쌓여 만들어진 하층토가 나타나며 러시아의 중위도에서 흔히 볼 수 있다. 알피솔은 스포도솔에 비해 유기물의 상태와 구조가 좋고 산도(pH) 역시 그리 높지 않다. 따라서 석회와 비료를 적당히 주면서 관리하면 여러 종류의 곡물들을 꾸준히 생산할 수 있는 토양이다. 알피솔은 작물의 생산성이 높고 우수한 농토로 바꿀 수 있지만 비옥도를 유지하기 위해서는 세심한 주의가 요구된다. 시베리아의 알피솔에는 낙엽활엽수와 침엽수가 섞여 자라는 북방 삼림대가 발달한다(Howe, 1983).

5. 물

1) 하천

러시아의 큰 하천은 중앙아시아의 남쪽에 발달한 산악지역에서 주로 발원하며, 카스피해로 흘러드는 볼가강을 제외하고는 대부분 북쪽으로 흐른다. 대체로 상류에서는 급경사를 이루지만 유로의 대부분이 평원 위로 흐르고 있다. 유량의 계절적 변화는 매우 커서 흐르는 물이 풍부한 5~6월에는 연간 유량의 약 1/2이 흐르고, 나머지 기간은 거의 항행이 어려울 정도로 유량이 적어 수력 발전이 어려워지기도 한다. 이들 강들은 1년 중 많게는 8~9개월, 적게는 3~4개월 정도 얼기 때문에 수로교통에 불리하다.

러시아에는 평원에 걸쳐 영토가 넓게 펼쳐져 있어 크고 느리게 굽이쳐 흐르는 하천들이 많다. 러시아에서 시작하는 지표수와 하천은 북극해, 대서양, 태평양 등 큰 바다로 흘러들거나 큰 호수에 합쳐진다. 러시아의 하천은 북극해로 유입되는 수계, 최종적으로 대서양으로 흘러가는 수계 그리고 태평양으로 합류하는 수계로 크게 나눌 수 있다(Stamp, 1977; Howe, 1983).

콜라반도의 서부와 카렐리아로부터 콜리마강에 이르는 북 러시아 저지 및 시베리아를 흐르는 하천의 51%가 북극해로 유입된다. 넓은 시베리아의 대지에는 오브강, 레나강, 예니세이강 등 세계적 규모의 하천들이 분포한다. 북 러시아 저지를 흐르는 강으로 북 드비나강과 페초라강이 대표적이다(그림 1). 이들은 주로 눈 녹은 물에 의해 형성 되므로 봄에는 수위가 높아지며 여름에도 울창한 삼림과 낮은 증발 때문에 수량이 풍부한 편이며, 겨울에 홍수가 자주 발생한다.

시베리아의 오브강, 이르티시강, 예니세이강, 레나강 등은 알타이산맥, 사얀산맥 그리고 바이칼 일대에서 녹은 빙하와 눈 녹은 물에 의해 만들어진다.

시베리아 저지를 흐르는 강의 속도는 매우 느리며 스텝과 삼림 그리고 툰드라를 지나는 하천의 흐름도 느린 편이다. 이곳에서도 봄철에 눈이 녹아 흐르는 물에 의해 수위가 높아진다. 특히 봄철에 강의 상류인 남쪽은 눈과 얼음이 녹았지만 북쪽에 있는 강의 하류가 얼어 있어 강물이 북극해로 빠져 나가지 못하고 물길이 막힌다. 또한 영구동토대가 넓게 발달하여 녹은 물이 땅속으로 스며들지 못한다. 이로 인한 침수와 범람이 자주 발생하며 이러한 범람 습지에는 모기나 흡혈곤충이 많아 사람과 동물의 생활에 지장이 많다.

북극해로 흐르는 다른 강으로 우랄 서부에 있는 피네가강, 메젠강, 이즈마강, 우사강이 있으며, 서부 시베리아에는 카짐강, 나팀강, 푸르강, 타즈강, 피아시나강이 있다. 동시베리아에서는 헤타강, 코투강, 아나바르강, 올레네크강, 야나강, 인디기르카강, 콜리마강, 대 아니우이강이 북극해로 유입된다. 러시아의 하천 가운데 11% 정도가 발트해, 흑해, 아조프해를 지나 최종적으로 대서양으로 유입된다. 발트해로 흐르는 강으로 서 드비나강 등이 있다. 흑해와 아조프해로 유입되는 강은 드네스트르강, 드네프르강, 돈강, 쿠반강, 리오니강 등이 있다. 다뉴브강은 수계의 일부가 러시아 영토를 지나 흑해와 합류한다. 카스피해로 유입되는 하천에는 볼가강, 엠바강, 쿠마강이 대표적이다. 러시아에서 태평양으로 유입되는 하천은 아무르강과 그 지류들로 이 지역 육지 물의 60%를 차지한다(그림 1).

대규모 하천이 남북으로 길게 흐르기 때문에 해빙기가 되더라도 하구 쪽은 얼어 있는 경우가 많아 자주 범람하기 때문에 농업에 막대한 지장을 주고 있다. 그럼에도 불구하고 러시아의 주요 하천은 발전용수, 농업용수, 교통로, 공업용수 공급원으로 경제적 가치는 매우 커서 물을 확보하기 위한 대규모 토목사업이 많았다.

볼가강 개발은 수력발전 및 홍수조절 목적 외에, 남쪽의 볼고그라드에서 북쪽의 트베리를 거쳐 유럽의 운하 하천망과 연결되는 수로교통망을 구축하려는 목적도 있다. 예니세이강 유역변경공사는 앙가라강으로 유로를 바꿔 낙차를 이용, 대량의 전력을 생산하기 위해 이루어진 것이다. 여기서 생산된 전력은 인근의 이르쿠츠크 공업지역뿐만 아니라 서부지역에 공급된다. 또한 이 공사는 시베리아 남부지역에 관개용수를 공급하고, 나아가 오브강을 거쳐 유럽 러시아의 하천망과 연결하는 거대한 토목사업이다.

2) 호수

러시아에는 넓은 저지가 분포하는데 유럽 쪽 러시아에 있는 러시아 평원은 시베리아의 예니세이강까지 이어지는 시베리아 저지와 합쳐져서 세계에서 가장 넓은 저지이다. 넓은 평야에는 길고 큰 강이 발달하며 곳곳에 호수가 나타난다. 또한 러시아에는 과거의 지각 운동과 제4기 빙하기의 영향을 받은 습지, 소택지 그리고 호수가 많다. 대표적인 호수로 바이칼호, 라도가호가 있다(그림 1).

바이칼호는 길이 636km, 최대너비 79km, 면적 3만 1,500㎢의 초승달 모양으로 북동~남서쪽으로 길쭉한 호수로 유라시아 대륙에서 세 번째로 큰 호수로 둘레는 2,200km, 가장 깊은 곳은 1,742m로 세계에서 가장 깊은 호수이다. 투명도는 한때 40.5m나 되었으나, 요즘은 시베리아 개발 때문에 오염이 심하다. 주위에서 약 330개의 하천이 흘러들지만 앙가라강으로만 흘러나간다. 바이칼호는 표면적이 넓기 때문에 이 지방의 기후를 온화하게 해주나 12~5월 초순에는 언다. 8월의 표면수온은 9℃~12℃이고 연안에서는 20℃에 이른다. 바이칼호에는 올혼섬을 비롯하여 18개 섬이 있으며, 1,800여 종의 동・식물이 서식하며, 그 중 75%는 고유종이다. 어업은 연어 종류가 많이 잡힌다.

라도가호는 러시아 북서부에 있으며 빙하에 의해 만들어진 빙식호로 면적 약 1만 8,400㎢, 길이 약 200km, 너비 약 120km, 평균수심 51m, 최대수심 225m, 호수 면의 해발고도는 5m이다. 호수 연안은 11~12월에 얼기 시작하며 중앙부는 1~3월까지 얼어 있다. 라도가 운하에 의해 동부에 있는 오네가호와 통하고, 백해-발트해운하에 의해 백해와도 연결된다.

3) 내륙해

러시아의 내륙에 위치하는 바다로 카스피해, 흑해 등이 있다(그림 1). 카스피해는 러시아 남서부, 카자흐스탄, 투르크메니스탄, 이란, 터키의 접경지대에 위치한 세계 최대의 소금호수이다. 러시아에서 볼가강, 우랄강, 아트레트강 등이 흘러드는데 유입량보다 증발량이 많아 소금호수가 되었다. 카스피해는 1,200만 년 전까지만 해도 흑해를 통해 지중해와 연결되어 있었고, 약

200만 년 전에도 카스피해와 지중해가 잠시 동안 다시 연결되었으나 지금은 막힌 내륙 바다이다. 빙하기 동안에는 카스피해의 수심과 표면적이 여러 차례 변화를 거쳐 왔다.

한 때 하천의 중·상류에 댐이 많이 건설되고 볼가강 지류들에서 물길을 바꾸는 토목공사가 많아 카스피해로 흘러드는 유량이 크게 감소하여 수위는 서서히 낮아졌다. 그러나 최근에는 카스피해의 상승으로 러시아 및 중앙아시아 각국이 큰 어려움을 겪고 있다. 카스피해의 수면은 15년 전에 비해 2.1m나 높아져 주변국의 거주지, 공장 및 농경지를 침수시켰다. 더욱이 카스피해의 수면은 매년 15cm씩 계속 높아지고 있어 오는 2010년에는 수면이 5m 이상 올라갈 것으로 예상되고 있다. 카스피해 수위 상승의 원인은 과거에 카스피해의 자연적으로 증발시키는 염전과 같은 구실을 하던 카라-보가즈만이 막히면서 생겼다는 주장과 자연 현상의 하나로 보는 견해가 대립하고 있다. 카스피해는 아시아와 유럽의 경계에 위치한 탓으로 예로부터 동서 교통로로 중요한 역할을 했다.

흑해는 러시아, 우크라이나, 그루지아, 루마니아, 불가리아, 터키에 둘러싸인 내해로 드네프르강과 도나우강이 유입하며, 터키 쪽에서는 쿠즐강과 우르마크강이 흘러든다. 흑해는 북동부의 케르치해협과 부속해인 아조프해와 남서부에서 보스포루스해협에서, 마르마라해 그리고 다르다넬스해협과 에게해를 거쳐 지중해로 연결된다. 흑해는 담수의 유입으로 연안과 표층의 염분은 낮으며 심층수는 염도가 높다. 흑해는 러시아의 상품을 수출하고 수입하는 수상 교통에 매우 중요하다. 흑해 연안의 지역들은 기후가 온화하고 특히 여름에 맑은 날이 많고 건조하여 휴양지가 많다.

4) 바다

러시아의 국경선 가운데 바다와 만나는 비중은 매우 높아 북극해와 그에 연한 바렌츠해, 발트해, 백해, 카라해, 랍데프해, 동시베리아해, 츄코트해, 오호츠크해, 동해 등이 해안 국경선을 이룬다(그림 1).

북극해(北極海)는 북극점을 중심으로 유라시아 대륙과 북아메리카 대륙에 둘러싸인 해역으로 북빙양(北氷洋)이라고도 한다. 북극해의 면적은 1,257만 7,000km^2, 가장 깊은 곳은 5,502m이며, 평균수심은 좁은 의미의 북극해가

1,205m, 부속된 바다를 포함하면 1,117m이다. 북극해로 흘러드는 큰 하천은 아시아의 오브강, 예니세이강, 레나강 등과 캐나다의 매켄지강 등이다. 북극해에는 많은 섬들이 분포하며 바렌츠해, 카라해, 랍데프해, 동시베리아해, 츄코크해 등 부속 바다가 있다.

남극에는 남극점을 중심으로 광활한 대륙이 있으나 북극점 주변에는 대륙이 없으며 겨울에는 두께 1~15m의 빙원이 되고 여름에는 떠도는 유빙(浮氷)이나 빙산이 되어 베링해와 북대서양으로 이동한다. 북극해는 얼음 때문에 햇빛이 덜 투과되어 식물성 플랑크톤의 생산량이 다른 대양의 1/10정도로 적다. 어종은 125종을 넘는데 가장 중요한 어종은 북극연어와 북극대구이다. 북극해에서 가장 중요한 어장은 스발바르제도에서 노바야 쳄랴에 걸친 수역이다.

발트해는 북유럽 쪽 러시아의 내해로 유틀란드반도와 스칸디나비아반도에 의해 북해와 갈라져 있으나 두 반도 사이의 스카게라크해협과 카테갓해협을 통해 먼 바다와 연결된다. 동부와 북부의 대부분의 해역은 겨울에 세달내지 다섯 달 정도 얼어붙는다.

바렌츠해는 북극해의 일부로서 노르웨이와 접해 있다. 바렌츠해로 흘러드는 강 가운데 러시아로부터 유입되는 페초라강이 가장 크다. 멕시코 만류의 영향을 받아서 서남부 해역에서는 2월의 표면 수온이 3~5℃로 얼지 않는다.

백해는 러시아 북서부 북극해의 일부인 바렌츠해 남쪽에 크게 휘어져 굽어있는 바다이다. 18세기 초까지 러시아가 발트해를 통한 출구를 얻기 전에는 러시아의 유일한 해상교통로였으나 그 이후에는 북극해 연안으로 물자를 수송하는 시발점으로 알려졌다.

카라해는 북극해의 부속해로 깊이 200m 미만의 대륙붕이 발달한다. 겨울에는 얼음으로 덮이지만 여름에는 남쪽으로 배가 다닐 수 있다.

랍테프해는 시베리아 북쪽 해안에 있는 북극해의 부속 바다이다. 해역은 대륙붕이 넓게 발달하여 얕으며 얼음이 녹는 8월과 9월 두 달 동안에는 연안으로 배가 다닐 수 있다.

동 시베리아해 역시 북극해의 부속해로 동쪽은 브랑겔섬을 경계로 츄코크해와 서쪽은 노보시비르스크 제도를 거쳐 랍테프해와 만난다. 여름에 동 시베리아해 남쪽 연안은 배가 다니는 수로로 이용된다. 북동항로 개척시대에는 가장 난코스로 알려졌던 곳으로 1878년 처음으로 항행에 성공했다.

츄코트해는 아시아와 북아메리카 사이에 있는 부속해로 겨울에는 결빙되고 남부에서는 6월 중순부터 항행할 수 있다.

베링해는 북태평양 북부에 위치한 태평양의 부속해로 베링해협을 거쳐 북극해로 연결된다. 베링해협은 러시아 동쪽 끝에 있는 데주뇨프곶과 북미 서쪽 끝인 알라스카의 프린스 오브 웨일즈곶 사이에 위치하며 최단거리가 85km이고 가장 깊은 곳의 수심은 42m 밖에 되지 않아 넓은 대륙붕이 발달한다. 빙하기 동안 베링해협은 육지로 연결되었으며 아메리카 원주민의 조상들도 이 통로를 지나 아시아로부터 이주했다고 본다.

오호츠크해는 아시아 북동쪽에 위치한 북태평양 부속해의 하나로 캄차카반도와 쿠릴열도에 의해 태평양과 분리되며 사할린과 홋카이도에 의해서는 동해와 구분된다. 해역면적은 160만 3,000㎢이며, 최대 수심은 3,374m이고 평균 수심은 838m에 달하며 대륙붕의 면적은 약 72만㎢에 이른다. 오호츠크 일대에서는 여름 동안 습윤한 남풍이 불며 짙은 안개가 끼는 날이 많다. 겨울에는 북서풍이 강하게 불고 한랭기단이 유입되어 폭풍을 동반한 눈이 내릴 때가 많다. 오호츠크 해상의 1월 평균기온은 -25～-15℃이고 8월 평균기온은 10～18℃이며 연 강수량은 300～800㎜를 나타낸다. 이 지역의 간만의 차는 북동쪽 끝에 있는 펜진스키만에서는 13m 그리고 사할린 남동쪽에서는 9.8m정도이다. 오호츠크해의 연평균 수온은 1.5℃이며 8월 수온은 캄차카반도 쪽에서 8～12℃를, 사할린 쪽에서는 7～10℃를 유지한다.

5) 물 문제

러시아는 지구상에서 가장 풍부한 수자원을 보유한 국가의 하나이며, 호수, 습지, 지하수로 존재하는 물의 양도 풍부하여 바이칼 호수의 저수량은 지구 전체 담수량의 1/6을 차지한다. 그러나 러시아를 흐르는 하천수의 80% 정도가 인구가 적은 북유럽 쪽 러시아, 시베리아 및 극동 쪽 러시아를 흐르기 때문에 거의 이용되지 못한다. 러시아에서 인구가 밀집되어 분포하고 산업화가 이루어진 곳은 카스피해와 발트해 유역으로 앞으로 용수의 부족이 예상되는 등 러시아는 물의 수요와 공급이 심한 불균형을 보이고 있다.

러시아 동부와 북부는 물이 풍부하지만 물 빠짐이 좋지 않고 토양이 척박하여 인간이 거주하고 활동하는데 방해가 된다. 러시아 내에서 물의 지역적 분포 차이는 심각하여 남부지방에서는 한 방울의 빗물이라도 활용해야 하는데 비해 북부와 동부지방에서는 남아도는 물을 배수해야 하는 문제를 안고 있다.

러시아에서는 수자원이 지리적으로 불균등하게 분포할 뿐만 아니라 계절적으로 과부족이 발생하거나 해에 따라 나타나는 물 부족하거나 남아도는 문제가 발생한다. 남부 유럽 쪽 러시아에서 물이 가장 부족한 시기는 늦여름이지만 러시아 북쪽에서는 결빙으로 인하여 늦겨울에 하천의 유량이 가장 적다.

봄이 오면 북부와 남부지방에서는 비와 함께 눈 녹은 물이 하천으로 유입되어 홍수가 발생한다. 이러한 봄철 홍수는 북극해로 유입되는 하천에서 특히 심한데, 그 이유는 북쪽에 위치한 하천의 하구를 막고 있는 얼음이 녹지 않아 배수가 불가능하기 때문이다. 러시아에서는 수리계획에 의해 큰 저수지를 많이 건설하여 하천의 유출량을 인위적으로 조절하고 있다. 또한 수로가 개설되어 관개용수의 안정적인 공급과 함께 배를 이용한 물자의 이동도 이루어지고 있다.

Ⅲ. 결 어

러시아의 자연시스템을 이해하기 위해서는 지역의 가시적인 경관과 볼 수 없는 현상의 공간적 분포와 유형, 그 내부 구조의 시·공간적 형성과정에서 해석하고, 자연 및 인문 환경과의 역동적인 기작을 분석하여 지역성을 구명하는 통합적(holistic)인 접근방법이 필요하다.

러시아는 영토가 광활하여 다양한 지질과 지형이 발달하지만, 널리 분포하는 영구동토층과 겨울 저온 그리고 짧은 여름은 불리한 자연조건으로 교통, 건설, 산업, 거주 등에 부정적인 영향을 미친다.

러시아는 광대한 영토와 풍부한 천연자원을 보유하고 있지만 자원이 분포하는 지역과 필요로 하는 지역이 너무 격리되어 있거나 접근성이 좋지 않아서 제대로 활용되지 못한다. 삼림이 밀집되어 분포하는 지역과 목재의 수요가 많은 지역의 거리가 멀어 수송에 불필요한 시간과 경비가 든다. 수자원도 풍부하지만 그 중 대부분이 인구가 희박한 지역을 흘러 활용되지 못한다. 반면 인구밀도가 높고 산업화가 진행된 지역에서는 용수 부족 문제가 발생하는 등 수자원의 지리적 불균형이 심각하다. 계절적으로 또는 해가 따라서 나타나는 물의 부족과 잉여를 조절하기 위한 다양한 방법들이 도입되고 있다.

러시아의 자연시스템에 대한 연구는 학술적으로 의미 있는 기초적인 정보와 함께 국익 증진에 부합되는 실용적인 효과도 기대된다. 첫째, 기존의 인문사회적 환경을 중심으로 한 지역 연구의 틀을 벗어나 지질, 지형, 기후, 식생, 토양, 경관, 물 등 자연시스템 요소를 종합적으로 고려한 통합적 관점의 지역연구 방법을 통해 지역을 이해하는데 유용한 정보를 얻을 수 있었다.

둘째, 러시아 자연시스템에 대한 연구 결과는 국제적인 현안으로 등장한 지구온난화, 산성비, 오존층 파괴 등 대기오염에 매우 민감하게 반응하는 산림파괴와 훼손 양상에 대한 조사는 차후 국가 간 환경 분쟁 발생할 때 국익을 대변하는데 유용한 자료로 활용될 것이다.

셋째, 천연자원이 풍부하고 지리적으로 우리나라와 인접한 러시아와 시베리아 일대의 자연시스템에 대한 연구 결과는 장차 우리가 자원과 에너지, 농업 개발, 건설 및 토목 사업을 위하여 해당 지역에 본격적으로 진출하는데 기초적인 자연환경 정보를 제공할 것 수 있다.

참고문헌

공우석, "(구)소련의 자연환경 특성과 문제점", 『지리학총』, 21-22(합호), pp. 89-103, 1994.

공우석, 러시아의 지역적 특성에 대한 연구방법 고찰, 『2002년도 학술진흥재단 기초학문 육성사업 러시아지역연구팀 제2차 학술세미나 초록집』, pp. 1-17, 2003.

공우석, "지역의 자연환경 분석과 지리교육에의 적용", 『한국지리환경교육학회지』, 13(1), pp. 41-51, 2005.

원학희 · 한종만 · 공우석, 『러시아의 지리』, 대우학술총서 535, 아카넷(3인 공저), 2002.

이희연 · 최재헌, "지리학에서의 지역연구 방법론의 학문적 동향과 발전방향 모색", 『대한지리학회지』, 33(4), pp. 557-574, 1998.

Aleksandrova, V.D., 『The Arctic and Antarctic』, Cambridge University Press, Cambridge, Cambridge, 1980.

Bater, J.H., 『The Soviet Scene : A Geographical Perspective』, Edward Arnold, London, 1989.

Cernov, Yu, I., 『The Living Tundra』, Cambridge University Press』, Cambridge, 1985.

Czerepanov, S.K., 『Vascular Plants of Russia and Adjacent States』, Cambridge University Press, Cambridge, 1995.

Global Forest Watch, 『Atlas of Russia's Intact Landscape』, World Resources Institute, 2002.

Howe, G.M., 『The Soviet Union : A Geographical Study』, Longman, U.K, 1983.

Hopkins, D.M. *et al*,(eds.), 『Palaeoecology of Beringia』, Academic Press, New York, 1982.

Knystautas, A., 『The Natural History of USSR』, Century, London, 1987.

Lowry, J.H., 『Europe and the Soviet Union』, 3rd ed., Edward Arnold, London, 1983.

Lyndolph, P.E., 『Geography of USSR』, 5th edition, Misstry Valley Publication, Wisconsin, 1990.

Medish, V., 『The Soviet Union』, Prentice Hall, New Jersey, 1991.

Mellor, R.E.H., 『The Soviet Union and Its Geographical Problems』, Macmillan, London, 1982.

Minakir, P.A., 『The Russian Far East : An Economic Handbook』, Sharpe, New York, 1994.

Shahqedanova, M., 『The Physical Geography of Northern Eurasia』, Oxford University Press, Oxford, 2003.

Stamp, D., 『The World, A General Geography』, 19th edition, Longman, London, 1977.

Stewart, J.M., 『The Nature of Russia』, Pan Macmillan, 1992.

Suslov, S.P, 『Physical Geography of Asiatic Russia』, W.H. Freeman & Co., San Francisco, 1961.

Symons, L., 『The Soviet Union, A Systematic Geography』, Hodder & Stoughton, U.K., 1990.

Tseplyaev, V.P., 『The Forests of the USSR』, Israel Program for Scientific Translation, Jerusalem, 1965.

Velichko, A.A & H.E. Wright(eds.), 『Cenozoic Climate and Environmental Changes in Russia』, Geological Society of America, 2004.

Wheeler, J.H., *et al*, 『Regional Geography of the World』, 3rd edition, Holt, Rinehart & Winston, New York, 1975.

http://100.naver.com/100(2005년 6월 검색)

http://www.worldmapfinder.com/Kr/Europe/Russia(2005년 6월 검색)

제 3 장

러시아 극동지구 연방주체들의 집행권력 분석 : 사하(야꾸찌야) 공화국, 깜차트까주, 연해변강주를 중심으로*

강혜련(연세대)

1. 머리말: 연방주체 집행권력의 분류

연방주체별로 제도적 수준에서조차 어느 정도 편차가 드러났던 연방주체 집행권력의 위상과 특성은 푸친집권 시기에 입법화의 과정을 거치면서 기본적 틀의 공통성을 확보하려는 시도로 일정한 기준이 정립된다. 연방법률 “러시아 연방주체들의 입법(대의) 및 집행 국가권력기관 조직의 일반적 원칙에 관하여”는 “러시아 연방주체에는 러시아 연방주체의 최고 집행 국가권력기관을 수뇌부로 하는 집행권력기관 체계가 확립된다. 러시아 연방주체의 최고 집행 국가권력기관은 러시아 연방주체의 최고 집행 국가권력기관의 수장이 지휘한다”라고 규정하고 있다. 이로써 연방 - (연방지구) - 연방주체 -

---

* 이 글은 2005년 11월 26일 “동북아 이주민의 역사와 문화”라는 주제로 열린 동북아시아문화학회 제11차 국제학술대회의 발표문을 토대로 쓰여진 것이다. 당시 토론을 맡아주셨던 덕성여대 정치외교학과 김성진 교수님께 감사드린다. 이 글은 한국학술진흥재단의 지원과 직접적인 연관은 없지만 뒤에 실린 “러시아 극동지구 연방주체들의 입법권력기관: 위상 및 구조”와 병행하여 쓰여진 것으로서 이 책에 실리게 되었다.

라이온, 도시의 수준분류에 따른, 집행권력기관 체계의 중추라고 할 수 있는 연방주체 집행권력기관이 일관된 체계로 정립되는 계기를 맞게 된다. 동 법률의 효력발생으로 러시아연방의 법률 "변강주, 주인민대의원회의와 변강주, 주행정부에 관하여"는 효력을 상실하게 되었고, 과도적 기간으로 정해진 2년 동안 연방주체 국가권력기관체계의 재정비가 진행되었다.[1)]

연방주체 집행권력의 유형을 분류하는 시도들이 있다. 대표적으로는 집행권력 수장의 지위와 권한을 중심으로 분류한다. 슬레프쪼프 등은 『러시아의 주지사제도: 전통과 현재적 현실』에서 러시아 연방주체를 세가지 그룹으로 분류한다. 첫 번째 그룹에는 행정부 수장(주지사)이 최고공직자임에도 불구하고 동시에 최고 집행권력기관을 지휘하는 경우이다. 그 기능에는 연방주체 행정부(정부)의 활동지도, 부문별 권력기관의 지도자 임명, 러시아연방 및 다른 연방주체들과의 관계에서 연방주체의 대표, 관련되는 조약 및 협약에의 서명, 연방주체 명예칭호의 수여, 단독관리제의 원칙하에 지역 집행권력기관의 활동지도, 입법기관과의 관계에서 집행권력의 대표 등이 들어간다. 두 번째 그룹은 연방주체 수장이라는 직위 이외에 그가 임명하는 연방주체 정부의장의 직위가 정해지는 경우이다. 세 번째 그룹은 의회에 의한 통치방식에 가장 가까운 권력간의 관계체제를 갖고 있는 연방주체들이다. 여기에는 집행권력 수장의 지위만 가지며 연방주체 최고공직자의 온전한 권한은 부여되지 않는다. 이를테면 입법기관이 채택한 법률에 서명하거나 그것을 거부할 수 있는 권한이 부여되지 않는 것이다. 그러면서 동시에 연방의 다른 주체들, 연방국가권력기관, 외국국가들과의 관계에서 연방주체를 대표한다.[2)]

슬레프쪼프 등의 연구와 맥이 통하면서도 시기적 차별성을 포함하여 일정한 차이를 보이는 시도가 필자의 『러시아지방의 정치적 특성과 유형화』이다. 옐친집권 후반기, 푸친의 집권을 전후하여 지방의 제도적 정비가 이루어지기 시작한다. 필자의 연구에서는 연방주체 수장직위와 정부의장 직위가

1) Федеральный закон. "Об общих принципах организации законодательных (представительных) и исполнительных органов государственной власти субъектов Российской Федерации." (1999년 9월 22일 연방국가두마 채택, 10월 6일 발효) http://www.ykt.ru/izbirkom/zakon/obprinc.htm (2004년 8월 9일 검색).

2) Институт губернатора в России: традиции и современные реальности / Под ред. Н.С. Слепцова. М.: РАГС, 1997. С. 51-53.

분리되고 있는가를 중심으로 일차적으로 집행권력의 유형을 분류했다. 슬레프쪼프 등의 연구에서 두 번째 그룹, 즉 두개의 직위를 분리하는 연방주체는 6개였는데, 주로 기본법상에서의 규정을 중심으로 분류한 필자의 연구에서는 14개였다. 또한 권력기관들 사이의 관계를 보는 주요한 척도로 입법권력의 존재방식이 거론될 수 있으며 이는 세 개의 그룹으로 분류되고 있다. 입법권력과 집행권력의 유형분류를 상호교차시키면 러시아지방의 권력구조의 기본특성이 집약적으로 정리될 수 있는 것이다.[3)]

슬레프쪼프 등의 연구는 또한 주지사의 지위와 권한 이외에 행정부 구조의 차이에 주목해야 한다고 말한다. 이를테면 하바롭스크 변강주에서는 행정부가 집행권력의 단일한 기관을 구성하며, 그 부서와 위원회는 구조적 하위부서로 위치지어진다. 반면 연해변강주에서 행정부는 집행 및 운영권한이 부여된 기관과 공직자들로 구성되는 구조와 조직의 총체이다. 스따브로폴 변강주, 레닌그라드주에서는 집행권력기관체계를 구성하는 것이 행정부 수장에 의해 구성되는 연방주체 정부 및 그에 의해 구성되는 부문별 기관들이다. 집행권력기관 활동의 법적 기반 역시 다양한 입법기관이 채택한 연방주체 법률을 기반으로 하는 경우, 주행정부 수장이 발포하는 하위법적인 명령을 기반으로 하는 경우 등이 있다.[4)]

연방주체 집행권력은 연방과 지방의 관계, 지방의 권력관계에서 중추적 역할을 한다. 이 글은 러시아지방의 권력구조에 대한 보다 심화된 연구를 진행하기 위해 극동지구 세 연방주체를 사례로 선택하여 연방주체 수준의 집행권력의 특성을 조감할 목적으로 쓰여졌다. 극동지구 자체가 집행권력 분석에서 특별한 중요성을 부여받고 있지는 않다. 다만, 극동지구는 인구가 산재되어 있는 전형적인 지역에 속하며 이는 집행권력의 절대적인 권한행사 가능성을 부여하는 조건이 된다는 점은 특기할 수 있다. 그러면서도 접경지역으로서 연방 국가권력의 역할이 지대한 지정학적 특성을 갖고 있다.

극동지구 열개의 연방주체들에서 집행권력기관은 사하(야꾸찌야) 공화국

3) 이 연구에서는 러시아지방의 규모와 지위, 권력구조 및 정치적 지지성향의 분류를 각각 중첩시켜서 다섯 개의 유형으로 분류, 유형화시키고 있다. 강혜련, 『러시아지방의 정치적 특성과 유형화』(서울: 오름, 2005).

4) Институт губернатора в России. С. 53-56.

의 경우는 대통령제를, 나머지 주와 변강주, 자치구는 지사제도를 도입하고 있다. 사하(야꾸찌야) 공화국, 깜차트까주, 연해변강주가 구체적인 분석대상이 되는데, 사하(야꾸찌야) 공화국은 영토규모의 측면에서, 연해변강주는 인구밀집도와 도시화의 측면에서 중요성을 갖는다. 깜차트까주는 연방중심에서 가장 멀리 위치해있는 지리적 위치에서부터 그 독특성이 드러난다. 세 연방주체 집행권력에 대한 고찰을 통해 극동지구 전반의 특성이 보여질 수 있을 것이다.

이 글은 다음과 같은 문제들을 중심으로 서술된다. 첫째, 연방주체 집행권력의 확립과정에 대한 개관이다. 연방전체 수준에서 제도적 확립과정에 대한 논의가 주를 이루며, 극동지구와 관련해서는 극동지구 연방대통령 전권대표에 대해서 살펴본다. 둘째, 연방주체의 기본적 조건과 집행권력의 구조에 대한 논의이다. 집행권력의 조직분화 및 복합성 문제, 권한집중에 대한 판단 등이 초점이다. 셋째, 집행권력 최고지도부의 선출과 특성에 대한 고찰이 초점이 되는데 연방 전체 집행권력에 대한 지역 유권자들의 지지성향에 관한 논의와 결합시켜 연방주체 단위의 특성 고찰로 나아갈 것이다.

2. 연방주체 집행권력의 확립과정

연방주체 집행권력의 확립과정은 제도적 정비와 그 현실화를 중심으로 세 시기로 나눌 수 있다. 1991-1995년 제도형성 시기, 1995-1999년 제도정착 시기, 1999년이후 현재에 이르는, 제도적 단일성 확보를 꾀하는 시기 등이다.

· 제도형성 시기: 1991-1995년

이 시기의 특징은 소비에트 시기 집행권력 구조와는 성격을 달리하는 제도가 마련되기 시작했다는 점이다. 지사제도로 대표되는 지방권력구조의 골간은 1991년에 등장했다. 1990-1991년에 소비에트 집행권력 모델에 잠재되었던 모순들이 드러났고 연방 및 연방주체 수준에서 갈등을 불러일으켰다. 소비에트 집행위원회 유형의 집행권력 조직들의 비효율성이 특히 그 대상이었다. 소비에트 집행위원회의 활동 및 전략적 운영, 물질적 자원의 운용에서의 독자성 부재, 간부구성의 의원집단에의 예속과 권한분리에 관한 소비에트 체계의 다른 부작용들이 비판의 대상이 되었다. 이외에 모스크바와 레닌그라드 시소비에트에서는 이미 1990년 가을 소비에트 일반대의원들과, 입법부의 '대변인'이라는 작은 역할에 만족하지 않는 집행부 지도부 사이에서 긴장이 고조되었다. 소비에트 체제에 구속되지 않는 집행권력의 수장, 즉 시장 직위에 만들어졌고 1991년 6월 연방대통령 선거와 동시에 선거가 실시되었다.

1991년 8월 쿠데타기도의 실패이후 새로운 러시아 지도부의 일보 가운데 하나가 1991년 발포된 연방대통령 명령 "러시아 사회주의공화국에서 집행권력기관 활동의 몇가지 문제에 관하여"였다. 해당 소비에트에 예속되었던 집행위원회의 위원장직을 대체하여 연방대통령이 임명하는 집행권력의 수장 직위가 설치되었다. 임명직인 이 직위의 취임은 관련법규가 만들어질 때까지 한시적인 것으로 규정되었고, 연방소속의 공화국들로는 확대적용되지 않았다. 공화국들 상당수는 대통령제 도입과 관련하여 변화를 겪고 있었다.

1991년 10월 24일 연방법률 "행정부 수장 선거에 관하여"가 채택되었고, 행정부 수장 선거의 준비 및 진행여건과 절차가 규정되었다. 1991년 12월 8일 행정부 수장 선거가 시작되었지만, 1991년 11월에 열린 러시아 인민대의원회의 제5차 전체대회는 자신의 명령으로 이 결정을 폐기했다. 1992년 3월 5일 연방법률 "변강주, 주인민대의원회의와 변강주, 주행정부에 관하여"가 채택되었고 행정부 수장의 권한 및 변강주와 주소비에트와의 상호작용 절차가 정해졌다. 1993년 4월 러시아의 다섯 개의 행정-영토적 구성(끄라스노야르스크 변강주, 브랸스크, 리뻬츠크, 오룔, 스몰렌스크 주)에서 행정부 수장 선거가 실시되었고, 결선투표까지 진행되었다.

연방 최고소비에트의 해산과 1993년 9월~10월 사태이후 1993년 10월 22일 발포된 연방대통령 명령 "러시아 연방주체들에서 국가권력 조직의 일반적 사항에 관하여"에 의해 행정부 수장들은 연방 정부의장이 제안하고 연방대통령이 임면한다고 정해졌다. 연방주체들의 집행권력기관의 수장은 역사적, 민족적 그리고 다른 여건과 전통을 고려하여 해당 연방주체의 입법(대의)기관이 그 명칭을 정한다고 규정했다. 1993년 12월 22일 발포된 명령 "러시아연방 변강주, 주, 연방특별시, 자치주, 자치구의 국가권력기관에 관한 러시아연방 법령의 효력에 관하여"에 의해 연방법률 "변강주, 주인민대의원회의와 변강주, 주행정부에 관하여"의 상당수 내용이 폐기된다.

상당수 연방주체들에서 연방주체 국가권력기관과 지방자치기관의 선거진행과 역할에 관한 입법적 기반형성이 미완결적 과정에 있음을 고려하여 연방대통령은 1995년 9월 17일 명령 "러시아 연방주체의 국가권력기관과 지방자치기관의 선거에 관하여"에 서명했다. 이에 따르면, 연방대통령에 의해 지정된 연방주체 행정부 수장 선거는 1996년 12월에 진행되어야 하는 것이었다. 절차상으로 예외가 있었고 1995년 12월 17~24일에 연해변강주, 벨고로드, 모스크바, 니줴고로드, 노브고로드, 노보시비르스크, 옴스크, 오렌부르그, 땀보프, 뜨베르, 똠스크, 야로슬라블 주에서 행정부 수장 선거가 실시되었다. 1995년 12월 5일 채택된 연방법률 "러시아연방 연방의회의 연방회의 구성절차에 관하여"는 연방주체 집행 국가권력기관의 수장 선거가 1996년 12월보다 늦지 않게 진행되어야 함을 입법적으로 고정시켰다. 1996년 1월부터 1997년 3월에 걸쳐 집행권력 수장 선거가 러시아연방 56개 주체들, 즉 8개의 공화국, 4개의 변강주, 31개의 주, 10개의 자치구, 유대인 자치주, 2개의 연방특별시에서 진행되었다.[5]

---

5) Институт губернатора в России. С. 44-47.

· 제도정착 시기: 1995-1999년

1990년대 초반의 혼란을 겪으면서 연방주체의 권력구조의 틀을 마련하는 데에 일정한 공통분모들이 형성되기 시작했다. 1995년을 전후하여 여러 연방주체에서 기본법이 채택되었고 국가권력기관의 조직절차와 함께 행정부 수장의 지위와 역할이 규정되었다. 1996년 6월에는 지방발전의 구체성, 러시아연방 국가성의 확립, 연방제의 완성, 보다 효율적이고 조화로운 지역발전과 주민복리의 증진을 목적으로 하는 지역정책의 개발계획에 관한 연방대통령의 명령 "러시아연방에서 지역정책의 주요한 사항에 관하여"가 발표되었다.[6] 또한 한시적인 임기를 가졌던 연방주체 수장의 정례적 선출이 제도의 일정한 정비와 함께 1995년 8월 스베르들롭스크주를 시작으로 진행되었다. 약 4년에 걸쳐 대부분의 연방주체들에서 그 수장선출이 정례화되는 시기였다.

상당수 연방주체들에서 제정된 헌법, 헌장들은 집행권력 수장의 지위, 권한과 특권에 관한 사항 및 그 규정에서 어쨌든 동일한 구조를 가진다. 연방주체 집행권력에 관한 서술에서 세 가지 부분이 주요한 절로 들어간다. 일반적 사항, 집행권력 구조, 집행권력 수장의 임기만료이전 권한중지에 관한 내용이 그것이다. 일반적 사항에서는 연방주체 집행권력 수장의 명칭, 권한임기, 연임 가능한 임기수, 집행권력 수장 선출절차에 관한 규정들이 들어간다.

집행권력의 지위에 관한 부분은 헌법, 헌장에서 기본적인 것으로서 가장 해설이 많다. 그 역할기반을 규정하는 연방수준 법규의 의미를 포함하면서 현존하는 세력균형을 반영하고 또 정치적 절차요인들의 영향하에 있다는 뉘앙스가 배어나온다. 결국 소비에트 정치체제의 전환이라는 조건에서 권력자원의 재분배가 핵심적 논점이 되고 있다. 사실상 모든 지역에서 지역수준의 행정-정치엘리트가 국가성의 이전모델이 분해되고 난 이후 어느 만큼 공고하게 남아있는가가 중요해지는 것이다. 여러 지역들에서 기본법에 확립된 집행권력기관의 권한은 재직중인 집행권력의 수장과 그 측근들의 정치적 비중과 영향력에 의해 규정되었다. 얼마나 광범위한 정치적 지지와 대중성을 확보하고 있는가, 지방의 대의권력기관을 통제하는 정치적 집단과의 관계가 형성되어 있는가 등의 문제에 대한 것이다. 기본법에는 또한 연방주체 집행

6) Регионоведение: учебное пособие / Отв. ред. Ю.Г. Волков. Ростов н/Д: Феникс, 2002. С. 19.

권력 수장의 임기만료이전 권한중지에 관한 기준이 대체로 제시되었다.[7]

이 시기는 옐친집권 중반기로서 지방권력의 위상에 관한 논란이 적지 않았음을 상기할 필요가 있다. 제도적 측면에서 이는 주로 연방주체에서 연방법률의 우선성에 관한 것이었다. 지방에서 보이지 않는 저항이 적지 않았고 연방상원의 개편과 더불어 연방주체 수장의 위상이 급격히 높아졌다. 또한 기존 입법권력체계의 변화, 더 나아가 지방단위 전체 권력구조의 재편과 관련된 중앙-지방의 갈등은 당시 개혁정책의 진행과 더불어 적지 않은 분란을 야기시킨 요소이기도 하다. 실제, 푸친집권 이후에도 이러한 긴장요소는 지속되기도 한다.

· 제도적 단일성 확보 시도: 1999년 - 현재

푸친의 집권은 러시아 국가정책의 새로운 이념을 제시할 것으로 표면상으로는 기대되었다. 옐친집권 시기의 전반적인 무능력을 일신하고 경제성장과 국가능력의 강화를 꾀하는 정책을 표방했다. 지역의 권력구조를 비롯한 지방정치의 구조에 일관된 틀을 마련하고 지방에 대한 중앙의 장악능력을 확대하려는 시도는 러시아 국가성의 회복이라는 명분하에 시행된 대표적인 정책노선이다. 연방주체들의 권력구조를 재편시키려는 움직임은 '연방 전체'의 이름으로 그 정당성이 부여되었고 지방의 자율성 확대시도는 중앙권력의 재편과 더불어 차제에 차단당했다.

이 시기 지방의 권력구조에서 나타나는 변화의 흐름에 대한 판단은 유보될 수밖에 없는 것이 사실이다. 연방의 집행권력에 의한 중앙집중적 위계질서의 강화가 시도되는데, 국가능력의 강화를 목표로 하고 있지만 실제 그 주체는 집행권력이며 입법권력은 철저히 소외될 뿐만 아니라 집행권력에 의해 의도적으로 그 역할이 축소되기까지 한다. 지방수준에서도 집행권력으로 권력의 중심이 급격히 경사된다. 집행권력을 중심으로 한 지방의 지배세력 내부의 권력투쟁은 그 성격상 쉽게 이후의 상황을 판단할 수 없다. 이미 소비에트 시기를 경과하면서 지역수준에 고착되었던 권력구조에 1990년대를 경과하면서 새로운 요소가 덧붙여졌고 어느 정도 안정성－분화 및 민주화와 상관없이－을 갖추다가 연방 전체를 관통하는 공통적인 틀을 마련한다는 명분

7) Институт губернатора в России. С. 47-48.

하에 다시 새로운 요소의 추가 혹은 전체적인 재편을 요구하는 강풍에 휩싸였기 때문이다.[8)]

이런 가운데서도 몇 가지 측면은 이후 러시아지방의 변화흐름을 보기 위한 중요한 초점이 된다. 첫째, 기존의 쌍무조약 체결 등을 비롯하여 연방주체들이 연방정부에 대항하여 독자적으로 정치체까지 구성할 수 있었던 가능성은 현실에서 점점더 멀어지게 되었다. 명확히 예상하기는 힘들지만, 일단 외관상으로는 연방정부에 대한 지방권력의 순응이 보여진다. 다만, 현 중앙권력에 대한 급격한 지지의 상승과정에서 나타나듯, 사회경제적, 정치적 상황의 변화에 따라 그것이 다시 반전된다면 가능할 수도 있을 것이다.[9)]

둘째, 89개의 연방주체를 분산적으로 놔두지 않고 보다 큰 분류로 묶어서 이를 집행권력 산하에 두려는 시도가 행해졌고 이는 곧바로 지방권력의 개편시도와 연결되었다. 그러나 아직까지 그 성과는 의문시되며, 여전히 러시아지방의 기본적 구획은 정치적 투쟁의 대상으로 남아있다. 중앙권력에 의한 무차별적 지방권력의 압박이 행해졌지만, 예상했던 것보다 그 결과가 중앙의 의도에 미치지 못하는 것이다.

셋째, 권력구조의 개편에 의해 지방권력의 지도부가 어느 정도 교체되었는가에 대한 판단이 쉽지는 않다. 특히 푸친집권하에서 제도적 정비를 명분으로 1990년대 초반부터 장기집권해온 지방권력의 지도부가 상당수 교체되었다. 그렇지만 이것이 곧바로 지방권력의 개편으로 이어지고 있다는 징후는 보이지 않는다. 즉, 중앙수준에서의 치열한 권력투쟁이 2000년대 초반 외부에 드러났음에도 불구하고 이후의 상황에서 중앙권력이 지방수준에서 완승을 거두었다거나 지방권력이 새로이 등장한－혹은 중앙으로부터 낙점된－엘리트들에 의해 점거된 것으로 드러나지는 않는 것이다. 물론 이런 경우

8) Регионоведение. С. 18.

9) 그러나 이러한 가능성은 현재의 상황에서는 거의 현실성이 없다고 보는 것이 타당할 것이다. 중앙권력에 대한 지지의 급격한 상승은 가능하지만, 특별한 계기－이를테면 전쟁과 같은－가 없이 급격한 반전은 러시아의 정치상황에서 가능하지 않다는 점을 지적할 수 있다. 이를 여러 측면에서 설명할 수 있겠으나 가장 단순하게 말한다면, 국가구조의 변화, 활용 이외에 러시아 정치구조에서 이용할 수 있는 다른 대안이 없고, 단기간에 생기기도 어렵기 때문이라는 점이다.

에도 주요흐름은 아니더라도 여러 연방주체에서 연방정부의 지지에 힘을 입거나 지역수준에서 '바람'에 편승한 젊은 세대의 등장은 부분적으로 눈에 띈다.[10] 하지만, 아직까지 1990년대 초반, 중반에 지역 권력구조에서 지위상승을 경험했던 노장층이 뒤로 물러났다는 징후가 나타나지는 않는다. 다만, 그 내부에서 치열한 경쟁과 갈등이 전개되고 있으리라는 점은 충분히 추측가능하다.

· 연방지구 연방대통령 전권대표의 설치: 극동지구의 경우

푸친집권하에서 구조화되는 지방의 권력구조를 볼 수 있는 계기는 여러 차원에서 있을 수 있다. 연방주체 수준의 지방단위를 압박하면서 연방정부의 영향력을 확대하려는 시도들로서 상원의 재편, 연방법률의 정비, 연방지구의 확대개편 등이 있다. 이 가운데 연방지구의 설치에 관해서는 정책실행의 초기부터 논란이 일었다. 특히 연방주체 수준에서 권력재편의 문제와 연관시켜 연방정부의 의도에 의혹의 눈길을 보내는 경우가 적지 않았다. 극동연방지구 연방대통령 전권대표 및 그 기구의 구조와 권한을 구체적으로 살펴보면, 연방정부가 지방수준의 권력구조 재편에 대해 갖는 정책이 어떻게 현실화되고 있는가를 어느 정도 파악할 수 있다.[11]

연방지구 연방대통령 전권대표 설치의 법적 기반은 연방대통령이 자신의 행정실을 구성하고 그 전반적 지도를 실현할 수 있다고 규정한 연방헌법이다. 연방대통령 행정실은 권력기관은 아니며 국가수장의 활동을 지원하고 그에게 부여된 헌법수호의 기능을 실현하기 위한 조건을 마련하는 목표하에

---

10) 여러 연방주체에서 연방정부, 연방차원의 정치세력의 역할이 적은 것은 아니다. 이에 대해서는, 강혜련, "민족원칙 연방주체들의 정치갈등구조: 다게스탄 공화국과 깔믜끼야 공화국을 중심으로," 『러시아어문학연구논집』 (2006년, 제21집), 491-492쪽 참조.

11) 극동지역의 경우 연방 국가권력기관의 지도부는 주로 하바롭스크에 소재해 있다. 러시아연방 내무부, 러시아연방 내전, 비상사태, 자연재해대책 부, 러시아연방 외무부, 러시아연방 방위부, 러시아연방 법무부, 러시아연방 마약유통 통제에 관한 연방업무국, 러시아연방 보건 및 사회발전 부, 러시아연방 연금재단, 자연활용 영역의 감독에 관한 연방업무국, 수자원에 관한 연방기구, 연방 관세국, 연방 반독점 업무국, 러시아연방 검찰 등이 그것이다. Полномочный предстваритель Президента РФ в ДФО. Федеральные органы власти на территории округа. http://www.dfo.ru/area/authority(2006년 1월 16일 검색).

구성된다. 연방지구 연방대통령 전권대표는 연방대통령 행정실의 지도적 요원에 속한다. 연방대통령에 직속으로 예속되는 권력구조에 포함되는 것이다.

연방대통령 전권대표는 연방지구의 설치에 관한 푸친의 명령이 있기 전에도 존재했다. 다만 그것은 러시아의 모든 연방주체에 있었고 다른 기능을 수행했다. 푸친에 들어서 연방대통령은 구조를 최적화했고 나라의 당면한 상황에서 나오는 실제적이고 구체적인 과제를 전권대표에 제시했고 그 수를 줄였다. 이를 통해 권력의 위계를 보다 선명하게 세우고, 정보유통체계, 지역에서 연방구조의 업무를 보다 효율적으로 실행하고자 하는 목표를 내세웠다. 또한 지역의 권력에 자문요인이 생겼다는 것의 중요성을 강조한다.

연방지구에서 연방대통령 전권대표의 역할은 연방대통령이 위임한 권한을 이행하면서 국가수장의 의무이행을 지원하는 것이다. 국가권력의 단일성과 견고한 체계의 보장, 삼권분립이라는 여건에서 국가권력의 효율적 기능화 등이다. 연방대통령은 모든 국가권력기관이 그 권한영역에서 헌법에서 부여된 사항들을 이행하는 것을 보장해야 하는데, 연방대통령 권력의 수직적 위계에 중심축이 부여된 것이다. 그것을 중심으로 삼권의 국가권력기관이 활동하고 연방-지역-지방자치 권력의 단일한 결합을 시도한다고 강조한다. 이러한 이유로 극동연방지구 연방대통령 전권대표의 의무에 극동지역의 모든 권력기관의 업무조정에 대한 사항이 포함된다.

극동연방지구에서 연방대통령 전권대표는 연방대통령의 대내외정책, 인사정책을 실행하고 극동지역의 사회-경제적 그리고 사회-정치적 상황에 관해 연방대통령에게 보고하며 또한 극동연방지구의 상황 개선을 위한 방법을 제안한다. 연방대통령 전권대표는 연방대통령이 위임/규정한 역할들을 수행하는데, 구체적으로 보면 다음과 같다. 연방 권력기관의 활동을 조정하고, 연방 및 지역 권력기관, 그리고 지방자치기관의 상호작용을 조직하며, 준법기관의 활동분석, 사회-경제적 발전 프로그램의 개발, 연방지구 영토에서 연방권력기관(내무국, 연방안보국, 연방의 모든 부 및 관청의 대표부)의 지도자 후보에 대한 동의, 연방법률, 연방대통령 명령의 이행통제, 연방지구 및 그에 포함되는 연방주체들의 이해에 관한 연방 국가권력기관의 결정의 안에 대한 동의, 국가훈장 및 고위 군대계급 추천에 대한 동의, 국가훈장의 수여 및 연방대통령의 치하발표 등을 실행한다. 또한 중재재판소 및 일반적 사법권관할 법원의 판사들에 대한 판사증명서 부여, 극동지역에서 권력기관의 업무에의 참여, 연방 국가권력기관과 연방지구의 연방주체 국가권력기관 사이의 이견 해소를 위한 협의절차 진행 등도 그의 역할에 속하며, 만일 극동지역 집행권력기관의 법규가 연방헌법, 연방법률, 러시아연방의 국제적 의무에 위배되거나 시민의 권리와 자유를 침해한다면 이들 법규의 효력을 중단시키도록 그는 연방대통령에 건의할 수 있다.[12)]

극동연방지구 연방대통령 전권대표 기구는 연방대통령 행정실의 구조적 하위부서로서 2000년 5월 13일 발효된 연방대통령의 명령 "연방지구에서 러시아연방 대통령의 전권대표에 관하여"를 기반으로 권한을 실현한다. 전권대표는 자신의 산하에 세 명의 부전권대표, 4명의 보좌역을 두며, 전체 기구는 8개의 국으로 분리되어있다. 극동지구 각각의 연방주체들에는 핵심 연방감독관과 연방감독관이 임명된다. 극동연방지구의 모든 수준의 권력기관의 활동조정과 상호작용을 위해서 협의기관 체계가 세워지며, 여기에는 연방의 영토적 구조, 연방지구의 연방주체들의 국가권력기관, 지방자치기관, 학문, 교육 및 사회조직, 주식회사와 소기업들의 대표자들이 포함된다.[13)]

[표 1] 극동연방지구 연방대통령 전권대표 및 기구의 구조

- ㅇ 극동연방지구 러시아연방 대통령 전권대표
- ㅇ 극동연방지구 러시아연방 대통령 부전권대표 - 3명
- ㅇ 극동연방지구 러시아연방 대통령 전권대표의 보좌역 - 4인
- ㅇ 부(департаменты)
    - 러시아 연방주체 국가권력기관들과의 상호작용에 관한 부
    - 인사문제, 국가훈장 및 공무원에 관한 부
    - 통제 부

12) Полномочный представитель. Статус и полномочия. http://www.dfo.ru/plenipotentiary/status (2005년 11월 검색). 관련해서 다음을 참조. Указ Президента Российской Федерации. О Полномочном Представителе Президента Российской Федерации в федеральном округе. http://www.dfo.ru/?link=2001 (2005년 3월 18일 검색); Положение о Полномочном Представителе Президента Российской Федерации в федеральном округе. http://www.dfo.ru/?link=2001 (2005년 3월 18일 검색).

13) Полномочный представитель. Структура аппарата. http://www.dfo.ru/plenipotentiary/apparat (2005년 11월 검색).

- 모스크바시에서 전권대표의 활동을 지원하는 부
- 조직 부
- 연방 집행권력기관의 영토적 기관들과의 상호작용에 관한 부
- 법적 지원 및 준법기관들과의 상호작용 부
- 대내정책에 관한 부

ㅇ 핵심 연방감독관 - 10개 연방주체별
ㅇ 협의기관

협의기관은 두개의 수준으로 구성되어 있다. 첫 번째 수준에는 세 개가 포함된다. 하나는 연방의 영토적 구조의 지도자들로 구성되는 협의회이다. 그 활동은 연방지구에서 러시아의 민족적 안전보장문제와 연방 집행권력기관의 영토적 기관들의 업무조정에 대한 것이다. 다른 하나는 극동연방지구에서 연방대통령 전권대표 산하의 회의로서, 주요한 과제는 경제적 및 사회적 문제들의 해결에 관한 모순없는 입장의 산출, 그것을 연방대통령, 연방정부의 심의에 부치는 것이다. 마지막 하나는 연방회의의 성원, 지역구선출 국가두마 의원들과 상호작용하면서 일하는 연방주체들의 입법기관 지도자들의 회의이다. 법률안의 전문적-법적 수반사항에 관한 문제, 사회적 발전에 미치는 영향력 분석, 권력 수준들 사이의 권한과 관할항목의 분리에 관한 제안의 산출 등을 맡는다.

두 번째 수준에는 관청들 간의 위원회, 공공-정치적, 경제적, 사회적 그리고 문화영역에서 업무조정을 지원하는 그 산하 위원회 및 업무집단이 포함된다. 그 활동은 사안의 상태에 대한 분석, 연방법률안에 대한 제안의 준비, 연방 집행권력기관의 구상과 프로그램, 결정의 준비에 대한 것이다. 일반적으로 문제들에 대한 심의는 연방부서와 관청의 대표자들이 참여한다. 이외에 극동지역 전체에 극동연방지구 연방대통령 전권대표 산하에 공공접견실이 설치되어 있다. 극동지구 연방대통령 전권대표의 이름으로 보내지는 시민들의 청원과 호소는 연방지구에 소재하는 연방 국가권력기관, 연방주체 국가권력기관, 지방자치기관, 조직의 지도자들 및 공직자들에게 보내진다.[14]

14) Полномочный представитель. Коллегиальные органы. http://www.dfo.ru/plenipotentiary/kollegi (2005년 11월 검색).

[표 2] 극동연방지구 연방대통령 전권대표 산하의 협의기관체계

<table>
<tr><th>연방대통령 전권대표 산하의 회의</th><th>연방대통령 전권대표 산하의 협의회</th><th>극동연방지구에서 입법권력 기관 지도자들의 회의</th></tr>
<tr><td colspan="3">관청간 위원회</td></tr>
<tr><td>경제영역에서의 안보에 관한</td><td>군사안보 및 동원준비에 관한</td><td>정보분야의 안보에 관한</td></tr>
<tr><td rowspan="4">하위 위원회들:
- 연료-에너지 복합체 및 주택공영산업에 관한
- 수자원 및 동물자원에 관한
- 운송에 관한
- 지하활용에 관한
- 산림활용 및 생태안보에 관한
- 재정-신용 정책에 관한
- 산업에 관한
- 지역의 경제발전에 관한
- 기업활동의 지지에 관한
- 국가소유재산의 활용에 관한
- 재정감시에 관한</td><td>국경수비 정책에 관한</td><td>공공단체 및 종교조직에 관한</td></tr>
<tr><td>비상사태의 예측과 제거 및 소방안전 보장에 관한</td><td>공공안전, 준법성과 법치의 정착에 관한</td></tr>
<tr><td>사회정책에 관한</td><td>불법적 마약유통과 확산과의 전쟁에 관한</td></tr>
<tr><td rowspan="2">하위 위원회들:
- 교육 및 학문에 관한
- 보건에 관한
- 주민의 취업에 관한</td><td>우선적인 민족적 프로젝트의 실현에 대한 통제에 관한</td></tr>
<tr><td>하위 위원회들:
- 생필품 안보에 관한
- 연방관계 및 지방자치문제에 관한</td><td>규범산출 활동에 관한</td></tr>
<tr><td colspan="3">다른 위원회, 회의들</td></tr>
<tr><td>극동연방지구 반테러 위원회</td><td>국가 및 시공무 문제에 관한 회의</td><td>까자크사회의 문제에 관한 회의</td></tr>
<tr><td>해양활동에 관한 회의</td><td>과학-기술 및 혁신정책에 관한 회의</td><td>전쟁 유공자(연금생활자들), 군업무, 노동 공공조직 및 준법기관의 지도자들의 조정회의</td></tr>
<tr><td>사회체육에 관한 회의</td><td>종교단체와의 상호작용에 관한 회의</td><td>러시아연방 북부 및 극동의 토착 소수민족문제에 관한 자문회의</td></tr>
<tr><td>문화에 관한 회의</td><td></td><td>장애인 사안에 관한 회의</td></tr>
</table>

출처 : Полномочный представитель. Коллегиальные органы. http://www.dfo.ru/plenipotentiary/kollegi (2005년 11월 검색).

몇 가지 특징을 집약적으로 볼 수 있다. 첫째, 전권대표의 위상 자체는 연방대통령 직속기구로서 연방대통령 행정실에 속한다는 점이다. 제도적 측면에서 전권대표가 갖는 위상이 명시적이지는 않으며, 이후 발전가능성을 염두에 둔 포석으로 볼 수 있다. 둘째, 전권대표는 독자적인 기구로 설정되어

있지 않다. 기구의 측면에서는 연방주체 단위에 있던 연방대통령 대표기구들을 한데 묶어서 연방지구별로 재편한 것으로서, 헌법적 기반을 직접적으로 갖는 연방주체 수준의 권력기구들과는 그 제도적 기반에서 아직까지는 근본적인 무게를 달리한다. 셋째, 집행권력 직속이면서 조정기관으로서의 역할을 자임하고 있으면서도 협의체라기보다는 좀더 상설적인 기구로서의 성격을 명확히 하고 있다. 실제 연방대통령이 연방지구 차원에서 실행하는 정책의 실행을 지원하고 지역의 여러 권력기관과 지방자치기관의 상호작용을 조직하는 역할 등이 부여된다. 조정 및 보고 기능이 핵심이면서도 일정 정도 집행에 대한 권한을 부여하려는 연방정부의 의도가 배어있다. 전체적으로, 연방대통령 전권대표와 그 기구는 연방 집행권력의 의도를 지역수준에서 현실화시키는 중요한 기제로서 설정되어 있다. 제도적 위상보다는 현실적 역관계에 기반한 영향력 확대를 추구하는 경향이 강하게 드러난다.

3. 극동지구 연방주체 집행권력의 구조적 특성

1) 세 연방주체의 조건

극동지구 세 연방주체의 조건은 각기 다르다. 영토, 인구, 역사는 물론이고 정치체로 구성되면서 연방의 행정적 단위로 구획되는 상황도 일정한 차별성을 지닌다.

사하(야꾸찌야) 공화국의 경우 풍토의 척박함은 이 지역 권력구조의 형성에서 일정한 특성을 보여주는 계기가 된다. 역사적, 문화적 다양성이라는 측면에 더불어 고려되어야 하는 것은 소수민족이 산재해 있으면서 각기 고립적 형태로 생활하는 공동체의 정치적 양식과 이것이 전체 연방구조로 편입되었을 때 나타나는 현상이다. 실제, 사하(야꾸찌야) 공화국을 비롯한 극동지역이 이른바 '문명권'으로 편입되는 것은 19세기 말 - 20세기 초에 이르러서이며 문자를 획득한 것은 소비에트권력하에서였다. 소비에트적인 정치적 생활양식은 이들 공동체에 여과없이 투영된 것으로 드러나는데, 이는 다시 말하면 부족적, 공동체적 단계의 사회에 소비에트적 권력양식이 부가되면서 유럽지역 일반에서 드러나는 권력과는 근본적으로 다른 권력이 자리 잡았을 가능성이 있다는 것이다.

1917년 야꾸찌야주의 주민은 26만 4천명 정도였다. 주민의 약 84%는 농촌지역에 거주했고, 거의 비슷한 비율의 주민이 야꾸트족이었다. 9.5%는 러시아족, 6.5%는 에벤키, 에벤, 유까기르, 축치 등이었다. 1926년 28만 7천명이, 1939년에는 41만 3천명이 거주하는 것으로 집계되었다. 주민의 65.5%가 야꾸트족이고 35.5%는 러시아족, 3.3%는 에벤키와 에벤족으로 구성되었다.[15] 주민들은 주로 농업에 종사했다.

---

15) 극동지구에 거주하는 소수민족들의 역사는 이미 천년 전으로 거슬러 올라가지만 그 수는 극히 적고 산재되어 분포되어 있다. 사하(야꾸찌야) 공화국은 기본법에서 북부의 토착 소수민족들의 예로부터의 생활환경과 전통적 생활방식의 보호를 공화국 국가권력의 역할로 규정하고 있다. "사하(야꾸찌야) 공화국은 사하(야꾸찌야) 공화국의 토착민족들, 그리고 러시아족과 다른 오랜 거주민족들의 보존과 부활을 보장한다. 사하(야꾸찌야) 공화국은 사하(야꾸찌야) 공화국의 토착민족들과 북부의 토착 소수민족들의 전통, 문화, 관습을 존중하며 그들의 분리될 수 없는 권리를 보호하고 보장한다."

1918년 7월 1일 소비에트 권력이 세워졌다. 동년 11월 야꾸찌야에서는 꼴챠크 권력이 확산되고 있었는데, 1919년 12월 15일 소비에트 권력이 다시 야꾸츠크에 세워졌으며 1920년 초반에 야꾸찌야의 전영토에 세워졌다. 야꾸찌야에서의 무장반동은 1922년 가을 소비에트 권력의 승리로 최종적으로 끝났다. 1922년 4월 내전이 진행중일때 야꾸찌야 자치소비에트 사회주의공화국은 러시아 사회주의공화국의 일부로 구성되었다. 야꾸찌야 공화국의 혁명위원회는 1922년 5월 1일 집행기관, 즉 오운스키를 의장으로 하는 인민위원 회의를 구성했다.16)

야꾸찌야의 새로운 역사는 1990년 9월 27일 야꾸찌야-사하 소비에트 사회주의공화국의 국가주권에 관한 선언의 채택으로 시작되었다. 이는 1994년 제정된 공화국 헌법에 반영되어 있다. 사하(야꾸찌야) 공화국의 헌법은 공화국을 "자결에 대한 국민의 권리를 기반으로 하는, 민주적 법치국가"로 규정하고 있다. 공화국 헌법은 국가는 보편의 그리고 민족적 가치의 결합과 조화를 기반으로 민주주의, 사회적 정의를 원칙으로 활동하며, 공화국의 주권은

구체적으로 그 권리로 제시되는 것은, 법률에 따라 농업, 수렵, 어로의 장소를 포함하여 토지 및 자연자원 점유 및 활용에 대한 권리, 생활환경의 생태적 특성, 인간의 유기체적 성격의 산업 및 인종적 특성을 고려하여 사회적 그리고 의학적 프로그램의 조직에 대한 권리, 어떤 형태의 강제적 동화 등으로부터의 보호, 그리고 인종적 독자성, 역사적 그리고 종교적 장소, 정신적, 물질적 문화의 기념물의 가해 및 훼손 기도로부터의 보호에 대한 권리 등이다. 다른 연방주체들에서도 토착 소수민족들의 권리보호를 규정하지 않는바 아니지만, 사하(야꾸찌야) 공화국의 경우, 기본적으로 연방주체의 구성 자체가 그에 기반하는 바가 적지 않으므로 이는 특히 중요성을 띠고 있다고 할 수 있다. 사하(야꾸찌야) 공화국의 영토는 사하(야꾸찌야) 공화국의 토착민족들이 예로부터 전통적으로 산재해 있던 지역이며 공화국의 경계안에서는 분리될 수 없는 완전성을 갖는다는 규정, 공화국의 국가언어는 사하언어와 러시아어이고, 북부의 토착 소수민족들의 언어들은 그 민족들이 밀집하여 거주하는 장소에서는 공식언어로 인정된다는 규정 등은 사하(야꾸찌야) 공화국 존립의 기본적 조건을 명확하게 보여주는 것이다. Конституция (основной закон) Республики Саха (Якутия). http://iltumen.ya1.ru/status.php?page=const_05 (2004년 5월 29일 검색).

16) Источник: Якутия - Россия: 370 лет вместе / Сост. В.И. Пестерев, Е.С. Шишигин. Под ред. И.И. Шабалиной. - Якутск: Бичик. 2002; Якутия в годы Советской власти (1918-1991). Страницы истории и современность Якутии. http://sakha.gov.ru/print.asp?c=2863 (2004년 5월 8일 검색).

경제적, 사회적, 문화적 발전에서 독자적 정책을 취하며 연방의 권한사항 이외에서 완전한 국가권력을 점유함을 의미한다고 규정하고 있다. 1991년에 사하(야꾸찌야) 공화국으로 개명되었고, 이후의 기간에 국가권력체계에 대통령제도의 도입, 공화국의 새로운 헌법(기본법)의 채택, 공화국 국회(일 뚜멘)의 설립, 연방조약, 러시아연방과 사하(야꾸찌야) 공화국 국가권력기관들 사이의 관할과 권한항목 분리에 관한 조약과 같은 중요한 문서들에의 서명, 그리고 러시아와 야꾸찌야 대표부 사이의 15개 협약의 서명, 극동연방지구 소속으로 공화국의 편입과 같은 일들이 있었다.[17]

1919년 12월 전러시아 소비에트대회의 결정 "소비에트 건설에 관하여"에 따라 러시아 사회주의공화국 소속의 행정-영토적 단위는 현, 향, 읍 등으로 불려지게 되었는데, 깜차트까주는 당시 현의 지위로 극동주 소속으로 들어갔다. 1926년 1월 소연방 집행위원회의 명령으로 하바롭스크시를 중심으로 하는 극동변강주가 구성되었고 깜차트까지구는 여기에 소속되었다. 1932년 10월 중앙집행위원회 및 각료회의의 명령으로 깜차트까주가 구성되었다. 1938년 10월 깜차트까주는 13개 라이온, 꼬랴크 민족지구, 추꼬트까 민족지구와 함께 하바롭스크 변강주 소속으로 들어갔으며, 1956년 1월에는 하바롭스크 변강주에서 분리되어 나와 독자적인 주가 되었다. 1993년 10월 깜차트까주 인민대의원회의 활동은 중단되었고 주에서 국가운영의 집행-운영기능은 주행정부 수장에게 부여되었다. 1993년 10월 사태는 당시 지방자치체계에 큰 변화를 가져왔는데, 이 개혁의 기반은 연방대통령 명령, 그리고 1993년 12월 12일 국민투표로 채택된 연방헌법이었다. 국민은 직접, 그리고 국가권력기관과 지방자치기관을 통해 자신의 권한을 실현한다는 가장 중요한 사항이 확립되었다.

연해변강주는 1938년 10월 20일 구성되었고 현재의 경계는 1943년 우스리스크주가 분리되어 나간 후 확정되었다. 1926년에는 극동변강주 소속이었다. 변강주의 러시아 편입은 1860년 북경조약에 의해 확정되었으며, 1888년부터 연해총독부가 있었다. 1920년부터 극동공화국의 구성이었고 이 공화국

---

17) Источник: Якутия - Россия: 370 лет вместе; Якутия на рубеже веков. Страницы истории и современность Якутии. http://sakha.gov.ru /print.asp?c=2313 (2004년 5월 8일 검색).

은 1922년 러시아 사회주의공화국 소속으로 들어갔다.18)

소비에트 국가의 지리정치적 체계에서는 혁명이전 시기처럼 러시아 극동 지역의 구성부분들 가운데 하나의 위치를 차지했다. 1920-30년대에는 전체 국가의 영토-행정적 변혁의 영향아래 그 지위와 이름이 여러번 바뀌었다. 1922년부터 1926년까지는 연해현(Приморская губерния)이었고 이전의 극동공화국의 영토에 구성된 극동주에 들어갔다. 1926년에 극동주는 극동변강주로 바뀌었고 연해현은 처음에는 블라디보스톡지구, 그 후에는(1932년부터) 연해 및 우스리스크 주가 되었다. 극동의 행정적 중심은 1923년부터 1938년에 걸쳐 하바롭스크시였고 여기에는 지역의 모든 지도부가 위치했으며 그 직접적인 산하에 연해의 권력이 들어갔다. 변강주로 개편된 연해 및 우스리스크 주는 1938년부터야 겨우 모스크바에 직접 속하게 되었으며 극동변강주는 두개의 독자적인 행정-영토적 단위, 즉 하바롭스크시를 중심으로 하는 하바롭스크 변강주와 블라디보스톡을 중심으로 하는 연해변강주로 나뉘어졌다. 이때부터 현재까지 연해지방은 모스크바에 직접 예속되는 연해변강주의 지위를 갖게 되었다.19)

[표 3] 세 연방주체의 기본조건

	사하(야꾸찌야) 공화국	깜차트까주	연해변강주
수도	야꾸츠크시	뻬뜨로빠블롭스크-깜차트끼시	블라디보스톡시
면적	3,103,200㎢ (연방의 18.17%, 1위)	170,800㎢ (연방의 1.00%, 76위)	165,900㎢ (연방의 0.97%, 25위)
인구	949,280명 (연방의 0.65%, 58위)	333,644명 (연방의 0.23%, 76위)	2,071,210명 (연방의 1.43%, 25위)
인구 밀도	1㎢당 0.3명	1㎢당 2.0명	1㎢ 12.5명

18) История - Приморский край. http://socarchive.narod.ru/bibl/polros/Prim-kr/istor-primk.html.

19) Приморский край в советский период. http://www.fegi.ru/primorye/history/soviet.htm (2004년 5월 9일 검색).

		도시주민	농촌주민	도시주민	농촌주민	도시주민	농촌주민
거주지역	남	296,155	168,052	144,822	25,111	776,824	225,899
	여	313,844	171,219	139,472	24,239	845,153	223,334
도시화		64.26%	35.74%	85.21%	14.79%	78.31%	21.69%
대규모 도시		야꾸츠크 192,500명 네륜그리 69,100명 미르늬 34,400명 렌스크 26,200명 알단 20,500명		뻬뜨로빠블롭스크 -깜차트끼 188,800명 엘리조보 37,300명 빌류친스크 32,000명		블라디보스톡 596,800명 나호트까 155,500명 우스리스크 155,500명 아르쬠 65,700명 아르센예프 64,800명 스빠스크-달늬 55,300명 빠르티잔스크 46,200명 달네고르스크 44,900명 레소자봇스크 44,600명 볼쇼이 까멘 38,700명 달네레첸스크 32,500명 포끼노 25,200명	

출처: Республика Саха (Якутия). http://www.wgeo.ru/russia/reg14.html (2006년 2월 26일 검색); Камчатская область. http://www.wgeo.ru/russia/reg41.shtml (2006년 2월 26일 검색); Приморский край. http://www.wgeo.ru/russia/reg25.shtml (2006년 2월 26일 검색).

[표 4] 세 연방주체의 민족구성(2000년)

사하(야꾸찌야) 공화국			깜차트까주			연해변강주		
민족	수(명)	전체의%	민족	수(명)	전체의%	민족	수(명)	전체의%
Якуты	432,290	45.54	Русские	277,389	83.14	Русские	1,861,808	89.89
Русские	390,671	41.15	Украинцы	19,841	5.95	Украинцы	94,058	4.54
Украинцы	34,633	3.65	Лица, не указавшие национальность	11,407	3.42	Лица, не указавшие национальность	19,039	0.92
Эвенки	18,232	1.92	Татары	3,401	1.02	Корейцы	17,899	0.86
Эвены	11,657	1.23	Белорусы	3,347	1.00	Татары	14,549	0.70

Татары	10,768	1.13	Камчадалы	1,749	0.52	Белорусы	11,627	0.56
Буряты	7,266	0.77	Корейцы	1,680	0.50	Армяне	5,641	0.27
Белорусы	4,236	0.45	Азербай джанцы	1,273	0.38	Азербай джанцы	4,411	0.21
Армяне	2,764	0.29	Чуваши	1,244	0.37	Мордва	4,307	0.21
Лица, не указавшие националь ность	2,630	0.28	Ительмены	1,115	0.33	Китайцы	3,840	0.19
Башкиры	2,335	0.25	Мордва	1,114	0.33	Немцы	3,578	0.17
Азербайд жанцы	2,293	0.24	Эвены	1,028	0.31	Чуваши	3,287	0.16
Немцы	2,283	0.24	Армяне	926	0.28	Молдаване	2,288	0.11
Молдаване	2,255	0.24	Немцы	668	0.20	Башкиры	2,101	0.10
Мордва	2,092	0.22	Молдаване	637	0.19	Узбеки	1,634	0.08
Корейцы	1,815	0.19	Коряки	618	0.19	Казахи	1,296	0.06
Чуваши	1,700	0.18	Башкиры	530	0.16	Марийцы	1,151	0.06
Казахи	1,525	0.16	Удмурты	485	0.15	Удмурты	1,130	0.05
Киргизы	1,454	0.15	Алеуты	440	0.13	Поляки	1,060	0.05
Долганы	1,272	0.13	Казахи	323	0.10	Евреи	1,059	0.05
Узбеки	1,207	0.13	Марийцы	279	0.08	Удэгейцы	918	0.04
Таджики	1,105	0.12	Поляки	266	0.08	Буряты	880	0.04
Юкагиры	1,097	0.12	Грузины	257	0.08	Грузины	870	0.04
Ингуши	1,000	0.11	Осетины	255	0.08	Лезгины	822	0.04
Китайцы	891	0.09	Узбеки	254	0.08	Таджики	743	0.04

출처: Национальный состав населения Республики Саха (Якутия). http://www.wgeo.ru/russia/table.shtml?id=33&code=14 (2006년 2월 26일 검색); Национальный состав населения Камчатской области. http://www.wgeo.ru/russia/table.shtml?id=33&code=41 (2006년 2월 26일 검색); Национальный состав населения Приморского края. http://www.wgeo.ru/russia/table.shtml?id=33&code=25 (2006년 2월 26일 검색).

2) 세 연방주체의 권력구조상의 특징과 집행권력

극동지구 세 연방주체의 권력구조, 연방주체 수장의 위상, 권한, 역할 등에 대한 규정을 살펴볼 수 있다. 특히 전체 권력구조에서 연방주체 수장이 갖는 위치는 지방수준에서 집행권력으로 권력이 집중되는 경향을 파악하기 위한 척도가 된다.

사하(야꾸찌야) 공화국은 민족원칙 연방주체들 일반에서 나타나는 바처럼 대통령제를 도입하고 있다. 공화국의 기본법은 공화국 수장을 공화국 대통령으로 규정한다. 공화국 대통령은 공화국의 민족적-국가적 지위와 영토적 완전성, 공화국의 헌법과 법률의 준수, 그리고 공화국이 채택한 대외적 의무의 준수를 보장한다. 연방 국가권력기관, 다른 연방주체들, 독립국가연합 참여국들과의 관계에서 공화국을 대표한다. 사하(야꾸찌야) 공화국의 이름으로 협상을 진행하며 조약에 서명한다. 연방 집행권력기관에 사하(야꾸찌야) 공화국의 대표자를 임명하고 소환한다.

공화국 대통령은 집행권력의 수장이다. 공화국 대통령은 공화국의 국가정책의 주요방향을 정하고 공화국의 사회-경제적 발전 프로그램과 국가예산안의 제출 권한 등을 갖는다. 공화국 정부구조의 결정, 정부회의의 주재, 집행권력기관 지도자들의 임면, 국회의 동의하에 공화국 정부의장과 부의장, 일부 장관의 임명, 통화기금 및 공화국 귀금속창고에 보관되는 귀금속 보유에 관한 결정 권한 등도 갖고 있으며, 공화국 검찰총수 후보, 공화국 인권관련 전권대사 후보의 추천 등이 가능하다.

입법권력과의 관계를 보면, 공화국 대통령에게는 입법발의권의 실현, 특별규칙의 발포와 공화국 법률의 승인 혹은 거부권한 등이 부여되어 있다. 다만 공화국 대통령의 권한은 공화국의 헌법적 구조의 변경을 위해 활용될 수 없다는 규정이 달려 있다. 공화국 선거관리위원회 위원 절반의 임명, 법률이 정한 경우 국회를 해산할 수 있는 권한 등도 갖고 있다. 공화국 대통령에 대한 불신임은 관련 법원의 결정을 기반으로 공화국 인민대의원의 정해진 수 3분의 1 이상이 발의하고 정해진 수 3분의 2 이상이 찬성하면 가능하다. 반면, 공화국과 그 주민을 위해 행해진 공화국 대통령의 활동은 죄를 물을 수 없다고 규정하고 있다.[20]

깜차트까주의 집행권력은 상당수 주의 지위를 갖는 연방주체들과 다르지 않게 지사제도를 도입하고 있다. 주의 국가권력은 입법, 집행, 사법으로의 분립을 기반으로 하며 주인민대의원회의, 주행정부, 주치안판사 및 헌장재판소로 구성된다. 깜차트까주의 최고공직자는 주지사이고, 입법권력을 실현하는 것은 주인민대의원회의이다. 집행권력은 주지사의 지도하에 있는 주정부이고, 사법권력을 실현하는 것은 연방의 단일한 사법체계에 들어가는 법원이다.

깜차트까주 헌장은 주지사는 주의 최고지도자로서 주 집행권력을 조직한다고 규정하고 있다. 주지사는 단독관리제의 원칙하에 주행정부의 활동을 지도하고 그 권한실현에 책임을 진다. 주지사는 주의 최고공직자이고 주행정부를 지휘한다. 그 임기는 5년이다. 주지사는 주의 법률 "깜차트까주 행정부 구조에 관하여" 및 인민대의원회의가 승인한 주운영구도에 따라 주행정부를 구성하며 주행정부의 활동을 지도한다. 연방주체들의 국가권력기관, 연방 국가권력기관, 지방자치기관들과의 상호관계, 대외경제적 관계의 실현에서 깜차트까주를 대표하며 깜차트까주의 이름으로 조약과 협약에 서명할 수 있다. 주예산 및 그 집행결산, 주의 사회경제적 발전계획안과 프로그램, 주운영구도 및 주행정부 구조를 인민대의원회의의 승인에 부친다. 인민대의원회의가 심의해야 하는 지출을 제외하고 주예산의 집행에서 예산자원의 관리기능을 실현한다.

주지사는 주인민대의원회의에서 입법발의권을 갖는다. 인민대의원회의의 비정례회의 소집을 요구할 수 있고 협의권을 갖고 거기에 참석할 수 있으며 또한 새로이 선출된 인민대의원회의의 첫 번째 회의를 주헌장이 정한 기한보다 일찍 소집할 수 있다. 서명으로 그 승인을 확인함으로써 주법률을 공표한다. 인민대의원회의가 채택한 주법률을 거부하고 그 거부의 기반을 첨부하거나 아니면 그 수정 및 보완안을 제안하면서 인민대의원회의에 돌려보낼 수 있다. 연방대통령의 명령, 연방정부의 명령의 안을 연방대통령, 연방정부의 심의에 상정할 수 있다. 깜차트까주 지방자치기관의 법률을 법원에서 정정하고 또한 인민대의원회의가 채택한 깜차트까주의 법률과 다른 법규가 러시아연방 헌법에 합치하는지에 관해 연방 헌법재판소에 제소할 수 있다.

---

20) Конституция (основной закон) Республики Саха (Якутия). http://iltumen.ya1.ru/status.php?page=const_05 (2004년 5월 29일 검색).

주지사에 대해 주인민대의원회의는 다음의 경우에 불신임을 표명할 수 있다. 상위법과 어긋나는 법규를 주지사가 발포하고 이에 관해 사법적 결정이 정한 기한내에 해당사항을 없애지 않았을 경우, 그리고 연방헌법과 연방법률, 주헌장과 주법률에 대한 다른 심각한 위반을 범한 것으로 해당법원이 인정하고 이것이 시민의 권리와 자유에 대한 심대한 위반을 초래한 경우이다. 주지사의 불신임결정은 인민대의원회의의 정해진 의원수 3분의 1 이상의 의원들에 의해 발의되고 비밀투표로 3분의 2 이상의 찬성으로 채택된다. 주지사에 대한 인민대의원회의의 불신임 결정은 즉각적으로 주지사와 그가 지휘하는 주행정부의 사임을 수반한다. 주지사가 임기만료이전 권한이 중지되는 경우 연방법령, 주헌장과(혹은) 주법률에 의해 권한을 위임받은 기관 혹은 공직자는 비정례적인 주지사 선거를 지정한다. 이 선거는 주지사의 임기만료이전 권한중지일로부터 120일 이내에 실시된다.[21)]

극동지구의 중심지역 가운데 하나인 연해변강주의 집행권력은 지사제도를 근간으로 한다. 연해변강주의 입법권력은 입법회의에 의해 실현되며 집행권력은 변강주지사와 그가 구성하는 기관 및 그가 지명하는 집행권력의 공직자들이 실현한다. 사법권력은 변강주 법원에 의해 실현되며 연방의 단일한 사법체계에 들어간다. 준법기관인 검찰은 연방의 중앙집중화된 검찰체계에 들어간다.

연해변강주 헌장에서 특징적인 것은 변강주 집행권력기관과 연방 집행권력기관의 협력관계에 관한 규정이 명문화되어 있다는 점이다. 연해변강주 집행권력기관은 연방집행권력기관과의 협약에 따라 그 권한의 일부를 실현할 수 있으며 권한의 이관에는 필요한 물질적, 재정적 그리고 다른 재원마련을 수반한다. 또한 변강주 집행권력기관은 협약에 의해 연방 집행권력기관에 자신의 권한 일부를 유효한 법령이 정한 절차에 따라 이관할 수 있다. 연방과 변강주 집행권력기관들은 변강주 영토에서 연방 국가프로그램의 구성과 실현에 관해서 그리고 상호이해가 걸린 다른 과제를 공동으로 해결하기

21) Устав Камчатской области. http://constitution.garant.ru/DOC_ 25897068.htm (2004년 5월 29일 검색); Закон Камчатской области. “Об органах государственной власти Камчатской области.” http://www.sovet.kamchatka.ru/loys/1.html (2005년 11월 5일 검색).

위해서 협약을 체결할 수 있다. 변강주 영토에서 연방의 국가적 프로그램의 실현에 소요되는 지출은 연방예산으로 충당된다.

연방의 관할 그리고 연방과 변강주의 공동관할 항목에서 연방과 변강주의 집행권력기관들은 연방의 단일한 집행권력체계를 구성한다. 연방 집행권력기관은 자신의 권한을 실현하기 위해 변강주에 지역기관을 설치하고 관련 공직자를 임명할 수 있다. 변강주 국가권력기관은 변강주 영토에 소재하는 연방 국가권력기관 및 그 체계에 속한 기관들과 상호관계를 세울 수 있는데, 그 기반은 그 권능에 속하는 문제들의 해결에서 독자성을 고려한 협력과 활동조절이다. 또한 연방권력기관의 변강주 영토에서의 권한실현에 협력한다.

연해변강주에서 국가권력을 실현하는 최고 공직자는 변강주지사이다. 변강주지사는 변강주 집행권력을 구성하고 그것을 지휘한다. 연방, 연방주체, 지방자치기관 및 다른 주체들과의 관계에서 변강주를 대표한다. 변강주지사는 변강주 정부에 필요한 활동 일부의 이행을 자신에게 속한 공직자들에게 위임할 수 있으며, 이 경우 이 인물들의 활동에 대한 책임을 진다.

변강주 정부의 대표성 실현과 관련하여 변강주지사는 변강주 정부와 입법회의에 발송문과 함께 호소할 수 있다. 포상제를 실행하고 변강주 법률에 따라 다른 포상책을 결정한다. 연방 및 연방주체 국가권력기관, 지방자치기관과 다른 주체들과의 협상을 진행하고 협약(조약)을 체결한다. 변강주의 이름으로 그리고 그 이해에서 다른 활동들을 한다. 변강주지사는 변강주에서 실현되는 입법활동에 참여하며 입법발의권을 갖는다. 변강주 법률에 서명하고 공표한다.

연해변강주 집행권력의 수장으로서 변강주지사는 집행권력의 조직과 권한 실현에 책임을 진다. 집행권력 수장의 권한을 실현하면서 변강주지사는 법령에 따라 변강주의 사회경제적 정책의 기본방향을 규정한다. 연해변강주의 상황에 관해서, 그리고 변강주의 사회경제적 정책의 기본방향에 관해서 연례 발송문을 입법회의에 보낸다. 변강주 예산작성업무를 조직하고 예산을 변강주 입법회의에 제출하며 입법회의가 승인한 예산집행을 보장하고 집행결산을 입법회의에 제출한다. 변강주 국가소유재산을 운영하고 변강주 영토에서 문화, 학문, 교육, 보건, 사회보장, 환경 및 자연활용분야의 운영을 지원한다. 변강주 영토에서 법질서의 지지와 법률의 이행을 지원한다. 연방 집행권력기관이 정한 연방프로그램과 법규가 연방주체로서 연해변강주의 권리에 어긋나지 않는다면 그리고 연방의 권능영역에 들어가지 않는다면 그 프로그램과 법규의 현실화를 지원한다. 변강주 입법회의에 의해 승인된 프로그램의 현실화를 지원한다. 변강주 법률이 정한 구조와 절차에 따라 변강주 행정부를 구성한다. 자신에 의해 발포된 법규의 준비를 위한 협의기관을 집행권력의 공직자들 가운데서 구성한다. 변강주지사는 권한실현을 위해 명령을 발포하며 이 명령들은 연방헌법과 연방법률, 변강주 헌장과 변강주 법률에 위배되서는 안된다.

연해변강주 지사는 4년 임기이며 보통 평등 직접 선거권을 기반으로 비밀투표로 선거공고일 현재 30세 이상의 러시아연방 시민들 가운데서 선출된다. 동일한 인물이 두 번을 초과하여 연속으로 연해변강주 지사의 직위를 차지할 수 없다.

연해변강주 입법회의는 변강주지사가 연방헌법과 연방법률, 변강주 헌장과 변강주 법률에 위배되는 규칙을 발포했을 경우, 그리고 관련 법원이 이러한 위반을 인정하고 법원의 결정이 발효된 날로부터 한달의 기간동안 그것을 없애지 않을 경우 그에 대한 불신임을 표명할 수 있다. 또한 연방헌법과 연방법률, 연방대통령의 명령, 연방정부의 명령, 변강주 헌장과 변강주 법률에 대한 다른 심대한 위반이 있고, 이것이 시민의 권리와 자유에 대한 막대한 침해를 초래했을 경우에도 불신임 표명이 가능하다. 주지사에 대한 불신임 결정은 입법회의의 정해진 의원수 3분의 1 이상의 발의로 정해진 의원수 3분의 2 이상에 의해 채택된다. 불신임 결정은 변강주지사와 그가 지휘하는 변강주 행정부의 즉각적인 사퇴를 수반한다. 권한실현문제와 관련하여 발생한 입법회의와 지사 사이의 분쟁은 변강주 법률이 정한 협의절차에 따라 아니면 사법적 절차에 따라 해결된다.22)

세 연방주체의 기본권력구조를 보면, 사하(야꾸찌야) 공화국은 대통령제를, 깜차트까주와 연해변강주는 지사제도를 도입하고 있다. 연방주체의 최고 공직자로서 연방주체 수장의 지위는 세 연방주체 모두에서 확고하게 나타나지만, 사하(야꾸찌야) 공화국의 경우 정부의장을 따로 두고 공화국 헌법의 수호와 공화국 대표의 권한을 보다 강조하며 입법기관인 국회의 주요한 역할파트너로 정부의장 산하의 공화국 정부를 둠으로써 공화국 대통령의 위상

---

22) Устав Приморского края. http://www.primorsky.ru/ustav/1[3,5].html (2005년 5월 29일 검색).

을 반보(半步)정도 격상시키고 있다. 물론 집행권력의 수장으로서의 역할도 잊지 않고 있지만, 공화국 대통령이 독자적인 기구로 활동할 수 있는 기반은 확실하게 열어놓고 있다. 깜차트까주와 연해변강주의 지사제도는 공화국 지위를 갖지 않는 대다수 연방주체들의 일반적 모형을 따르고 있다.

연방주체의 최고지도자로서의 규정은 공통적이지만, 전체 권력관계에서 그 의미는 조금씩 차이가 있다. 사하(야꾸찌야) 공화국과 연해변강주의 경우 연방주체 수장으로서의 위상이 보다 강조되는데 반해 깜차트까주는 보다 실질적으로 주행정부를 지휘하는 역할에 보다 강조점을 둔다. 물론 이러한 경우에도 주의 대표로서의 역할을 무시하는 것은 아니다. 다만 삼권 사이의 분립관계를 고려할 때 연해변강주에서 변강주지사의 위상을 좀더 강조하는 경향이 드러난다.

세 연방주체 모두에서 연방주체 수장은 곧바로 집행권력의 수장으로 규정된다. 연방주체 일반에서 나타나는 집행권력으로의 권력집중 경향을 보여주는 것으로서 이미 소비에트 시기, 개혁정책의 초기의 상황을 탈피하고 있다. 연방의 권력구조의 변천과 맞물리면서 지방에서도 집행권력을 중심으로 하는 권력구조가 성립되고 있는 것이다. 세 연방주체에서 입법권력기관의 변화가 다른 지역들에 비해 빠른 것은 아니다. 실제 사하(야꾸찌야) 공화국은 국회(일 뚜멘),[23] 깜차트까주는 인민대의원회의이고 연해변강주는 입법회의로 규정되고 있다. 세 연방주체 입법권력기관들 사이에서의 유사성을 찾기는 힘들지만 전체 운영구조에서 소비에트로 대변되는 집행권력의 산출구조로서의 역할은 남아있지 않다. 오히려 이전시기의 형식적인 대의기관의 유산이 보여질 정도이고 이는 곧바로 집행권력으로의 권한집중을 뒷받침하는 상황으로 이어지기도 한다.

집행권력 수장으로서 집행권력기관의 구조 및 성원의 결정, 사회경제적 프로그램의 결정과 실행, 예산안의 결정과 실행에서 중요한 역할을 부여받고 있다. 더불어 각 지역의 상황에 맞추어 특징적인 내용들이 기본법에 명시되는데, 사하(야꾸찌야) 공화국의 경우 통화기금 및 공화국 귀금속 창고에 보관되는 귀금속 보유에 관한 결정권한이 부여되어 있다. 사하(야꾸찌야) 공

23) 공화국의 최고 입법(대의) 및 통제기관은 국회로서 임기만료이전 그 활동이 중단되었던 사하(야꾸찌야) 공화국 최고소비에트 활동의 합법적 후신이다. 국가회의의 활동절차는 공화국 헌법, 공화국의 법률 "사하(야꾸찌야) 공화국의 국회(일 뚜멘)에 관하여"(1994년 4월 22일부터 발효), 양원의 내규로 정해진다.

화국의 재원과 관련한 특수성이 반영되고 있는 것이다.

연방주체 수장의 입법권과 관련, 사하(야꾸찌야) 공화국의 경우에도 공화국의 헌법적 구조의 변경에 관한 권한은 부여되지 않는다. 다른 두 연방주체의 경우 입법기관과의 관계에서 집행권력 수장으로의 권한집중 정도는 사하(야꾸찌야) 공화국의 경우보다 낮다고 하겠다. 연방주체 수장의 법률공표 및 거부권한, 입법발의권은 세 연방주체에서 인정된다.

사하(야꾸찌야) 공화국의 경우는 공화국 대통령에 대한 탄핵가능성과 대통령에 의한 국회해산권이 부여되어 있다. 공화국과 그 주민을 위해 행해진 공화국 대통령의 활동에 대한 면책권을 부여하고 있는 것이 특징적이다. 깜차트까주와 연해변강주는 각각 입법권력기관에 의한 주지사와 변강주지사의 불신임 가능성이 부여되어 있다.

3) 세 연방주체 집행권력기관의 구조

연방주체 최고 집행권력기관은 사하(야꾸찌야) 공화국의 경우는 공화국 정부, 깜차트까주와 연해변강주는 각각 주행정부와 변강주 행정부이다. 사하(야꾸찌야) 공화국의 경우는 연방주체 수장과 분리되는 정부의장을 따로 두며, 나머지 두 연방주체는 연방주체 수장은 곧바로 주/변강주 행정부 수장을 의미한다.

대통령제를 도입하고 있는 사하(야꾸찌야) 공화국에서는 공화국 대통령과 동시에 공화국 부통령이 선출된다. 또한 정부의장 직위를 따로 두고 있다. 이들이 공화국 집행권력의 최고지도부를 형성한다. 공화국 정부는 지도부, 부, 국가위원회, 위원회 및 부서 등으로 이루어진다. 공화국 정부의 지도부는 정부의장, 정부 수석부의장, 부의장 들로 구성되며, 공화국 대통령이 그들을 임면한다. 공화국 정부는 대외관계부, 내무부, 청년, 사회체육 및 체육에 관한 부, 주택-공공생활 및 에너지부, 보건부, 문화 및 정신적 발전부, 운송, 통신 및 정보화부, 교육부, 환경보호부, 산업부, 농업부, 건설 및 건축부, 노동 및 사회보장부, 소유관계부, 재정부, 경제발전부, 연방법무부의 사하(야꾸찌야) 공화국 관할 국, 민간방위, 비상사태 및 자연재해 대비에 관한 부, 기업활동, 여행의 발전과 주민의 취업문제에 관한 부, 학문 및 전문교육부 등을 두고 있다.[24]

---

24) Конституция (основной закон) Республики Саха (Якутия).

[표 5] 사햐(야꾸찌야) 공화국 정부의 구조

◦ 지도부
◦ 부(министерства)
◦ 국가위원회
◦ 위원회와 부(департаменты)
◦ 연방에 예속되는 구조
◦ 사하공화국의 상설 및 상무대표부

깜차트까주의 집행권력은 주지사와 행정부 구조로 되어 있다. 깜차트까주의 최고 공직자는 깜차트까주 지사이며 집행권력을 실현하는 것은 주지사의 지도하에 있는 깜차트까주 정부이다.

주행정부는 상설적으로 활동하는 깜차트까주의 최고 집행 국가권력기관으로서 주지사가 지휘한다. 주행정부는 법인의 권리를 가지며 문장이 들어간 직인, 스탬프, 자신의 명칭이 들어간 용지, 은행구좌를 갖는다. 주행정부는 연방헌법, 연방법률 및 연방의 다른 법규, 주헌장, 주법률 및 다른 법규를 기반으로 그리고 그것을 주의 영토에서 이행하는 데에서 집행-운영기능을 실현한다. 주행정부의 재정은 분절된 항목으로 책정된 주예산의 자금으로 실현된다.

깜차트까주 행정부에는 다음이 들어간다. 주지사, 수석 부지사 및 부지사, 주행정부의 구조적 하위부서 - 깜차트까주의 국가 운영기관, 주행정부 활동을 지원하는 기관 (주행정부 기구), 주행정부 구조에서 주행정부의 구조적 하위부서들, 즉 깜차트까주 국가 행정기관들 (국, 상설위원회, 분과, 과, 비상설위원회, 감독국, 대표부 등) 등이다. 주행정부 활동의 조직적, 법적, 물질적-기술적인 지원을 위해 주행정부 기구가 세워진다. 주행정부 기구의 구조와 구성원은 주예산이 정한 자금 범위내에서 주지사가 독자적으로 정한다.

깜차트까주 행정부는 주의 복합적인 사회경제적 발전에 관한 정책을 개발하고 실현하며, 주의 통일적인 국가재정, 학문, 교육, 보건, 사회보장 및 환경정책의 실행에 참여한다. 주행정부는 자신의 권한영역에서 인간과 시민의 권리와 자유의 보장과 보호 및 현실화, 소유재산과 공공질서의 보호, 범죄와의 투쟁에 관한 정책을 실현한다. 주지사가 인민대의원회의에 주예산안, 그리고 주의 사회경제적 발전프로그램의 안을 제출할 수 있도록 개발한다. 주

예산안의 집행을 보장하고 주예산의 집행에 관한 결산과 주의 사회경제적 발전프로그램의 이행에 관한 결산을 주지사가 인민대의원회의에 제출할 수 있도록 준비한다. 주헌장과 주법률에 따라 주의 소유재산을 운영하고 관리한다. 깜차트까주에서 시구성의 지방자치기관, 선출직 및 다른 공직자들에게 그들이 발포한 법규가 연방법령에 따르도록 제안할 수 있다. 만일 이러한 법규가 상위법에 어긋날 경우 이를 법원에 제소할 수 있다. 주택건설, 공동경제 대상물, 에너지, 운송, 통신의 발전에 관한 정책을 실현하고 유통, 주민생활 서비스의 조직화 발전을 위한 여건을 마련하고 연방법령에 따라 소비자의 권리보호에 관한 정책을 채택한다. 주행정부의 구조적 하위부서의 지도부는 자신의 권한영역에서 명령을 발포한다.

깜차트까주 행정부는 인민대의원회의, 치안판사 및 헌장재판소와 마찬가지로 독자적으로 자신의 권한을 실현한다. 깜차트까주의 권력기관과 지방자치기관 사이의 상호관계는 다음에 의해서 실현된다. 지방자치문제에 관한 주법률의 채택과 그 집행에 대한 주의회로부터의 통제, 합동, 자문, 협의 및 다른 상설적 혹은 한시적으로 활동하는 업무기관의 설치 등이다. 주의 국가권력기관은 법률에 고정된 지방자치 권리를 제한하는 결정을 채택하거나 발효시킬 수 없다. 지방자치기관은 주의회에서 입법발의권을 갖는다. 지방자치기관의 입법발의는 문서가 등록된 시점부터 3개월동안 국가권력기관이 반드시 심의해야 한다. 연방 및 주법률에 의해 지방자치기관에는 부분적인 국가권한의 이행이 부여될 수 있다. 이는 반드시 충분한 물질적, 재정적 자원을 지방자치기관에 이관하는 것을 수반한다. 지방자치기관에 부여된 국가권한의 실현은 관련 국가권력기관에 의해 통제된다.[25)]

연해변강주의 최고 집행권력기관은 변강주 행정부이다. 변강주의 운영구도, 변강주 행정부의 구조와 형성절차는 변강주 법률로 정해진다. 변강주지사는 직위에 취임한 후 30일 이내에 해당 법률안을 연해변강주 입법회의에 상정한다. 변강주지사는 변강주 집행권력기관과 공직자의 활동에 대한 통제를 실현하며 그 법규를 폐기할 권리를 갖는다. 지사에 의해 직위에 임명된 변강주 집행권력기관의 공직자는 새로 선출된 변강주지사앞에 자신의 권한

---

25) Закон Камчатской области. “Об органах государственной власти Камчатской области.”

을 중지한다.

연해변강주 입법회의는 변강주 행정부 구성에 참여한다. 변강주의 수석부지사, 재정문제에 관한 부지사, 변강주 예산의 출납 집행을 실현하는 재정운영 및 기관의 장들, 변강주 자산기금의 장의 후보에 대해서 입법회의는 지사의 추천에 대해 동의한다. 입법회의는 그 임명에 참여한 집행권력기관의 지도자들에 대한 불신임을 표명할 수 있다. 지적된 지도자들의 불신임 결정의 채택은 그들의 즉각적인 사퇴를 수반한다.[26]

[표 6] 연해변강주 행정부의 구조

- 지사, 부지사, 변강주 행정부 기구
- 변강주 집행권력기관
  - 부(департаменты)
    도로산업부, 주택공영 산업 및 연료자원부, 보건부, 교육 및 학문부, 사회적 관계 및 정보부, 수산업부, 통신 및 정보화부, 농업 및 생필품부, 건설 및 건축부, 운송부, 재정부, 법무부
  - 국(управления)
    민간방위 및 비상사태에 관한 핵심 국, 회계 및 결산국, 국가근무 및 임원 인사국, 시민의 신분결정서 기록국, 문화국, 임업국, 사회보장국, 기업의 재정회복국
  - 위원회
    행정위원회, 외국투자위원회, 국제적 협력 위원회, 산업에 관한 위원회, 연료-에너지 복합체에 관한 위원회, 상업 및 소비자권리보호에 관한 위원회, 노동 및 인구정책에 관한 위원회, 여행에 관한 위원회, 국가재산 운영에 관한 위원회, 가격구성 및 가격통제에 관한 위원회, 자연자원 및 환경위원회, 경제발전위원회
  - 분과
    이동분과, 치안판사 활동의 조직적 지원에 관한 분과
  - 기타
    국가주택감독국, 지역에너지위원회, 연방정부에 파견된 연해변강주 행정부 대표부, 변강주지사의 의전담당, 비상사태에 관한 위원회, 미성년문제에 관한 위원회, 허가심의위원회

세 연방주체에서 최고 집행권력기관의 기본축은 최고지도부와 집행-운영을 담당하는 기관들이다. 최고지도부는 다시 대통령과 지사로 나뉘어지고

26) Устав Приморского края.

있다. 집행-운영을 담당하는 기관들의 구조는 연방주체에 따라 조금씩 다른데, 공화국 체제를 갖춘 사하(야꾸찌야) 공화국은 부, 국가위원회 등이 핵심적으로 설정되는데 비해, 깜차트까주와 연해변강주는 부, 국, 위원회 등을 두고 있다. 일단 위계상으로 차별성을 보인다고 할 수 있다. 집행-운영기관에 구체적으로 설치되는 내용은 연방주체의 상황에 따라 달라질 수밖에 없다. 분화와 운영의 정도는 대체로 인구규모에 걸맞는다고 할 수 있다.

◆ 부록 1: 국가권력 및 지방자치기관의 근무자수

러시아연방 전체수준에서 국가권력 및 지방자치기관의 근무자수가 변화하는 추이를 살펴볼 수 있다. 특징적인 것은 1990년대 중반에는 연방주체 수준의 국가기관의 근무자수가 차지하는 비중이 상당한 정도에 이르렀지만 후반에는 상대적으로 지방자치 수준의 근무자수가 차지하는 비중이 급격히 증대한다는 점이다. 수준별로 보면, 연방수준보다는 지역수준에서 그 증가폭이 크다.

지역별 국가권력기관 및 지방자치기관 근무자들의 수를 보면, 연방 전체수준에 비해 극동지역의 경우가 많음을 알 수 있다. 연해변강주의 경우 주민 1000명당 9명으로서 비교적 연방수준에 근접해 있다. 특징적인 것은 사하(야꾸찌야) 공화국의 경우 영토규모가 큼에도 불구하고 그 수가 많지 않으며, 오히려 깜차트까주의 경우와 비슷하다는 점이다. 이는 꼬랴크 자치구의 경우와 비교될 수 있다.

[표 7] 국가권력 및 지방자치기관 근무자수

1. 단위: 천명

	근무자수 - 총	기관내역							
		입법	집행	기관내역				사법권력 및 검찰	다른국가기관
				연방	연방주체 및 지방자치	내역			
						연방주체	지방자치		
전체: 1994	1004.3	7.1	894.4	379.9	514.5	…	…	102.6	0.1
1995	1061.8	8.8	945.1	416.2	528.9	…	…	107.3	0.6
1996	1093.0	10.5	971.3	433.0	538.3	410.2	128.1	110.0	1.2
1997	1108.9	11.1	984.5	442.5	542.0	391.9	150.1	111.5	1.8
1998	1102.8	11.0	983.9	409.9	574.0	187.7	386.3	105.6	2.3
1999	1133.7	14.5	1006.5	412.8	593.7	181.0	412.7	110.1	2.6
2000	1163.3	15.5	1029.5	404.7	624.8	179.8	444.9	115.2	3.1
내역: 연방수준 1994									
1995	39.7	3.5	33.8	33.8	-	-	-	2.2	0.2
1996	37.9	3.7	31.2	31.2	-	-	-	2.4	0.6
1997	37.5	3.9	30.4	30.4	-	-	-	2.5	0.7
1998	35.9	3.1	28.9	28.9	-	-	-	3.0	0.9
1999	38.7	3.8	30.9	30.9	-	-	-	3.0	1.0

2000	38.8	4.2	30.3	30.3	-	-	-	3.2	1.2
지역수준 1994	965.0	4.0	860.6	346.1	514.5	…	…	100.4	0.0
1995	1022.1	5.3	911.3	382.4	528.9	…	…	105.1	0.3
1996	1055.1	6.8	940.1	401.8	538.3	410.2	128.1	107.6	0.6
1997	1071.4	7.2	954.1	412.1	542.0	391.9	150.1	109.0	1.1
1998	1066.9	7.9	955.0	381.0	574.0	187.7	386.3	102.6	1.4
1999	1095.0	10.6	975.6	381.9	593.7	181.0	412.7	107.1	1.6
2000	1124.5	11.3	999.2	374.4	624.8	179.8	444.9	112.0	1.9

2. 전년도 대비 %

	근무자 수-총	기관내역							
		입법	집행	기관내역				사법권력 및 검찰	다른 국가기관
				연방	연방주체 및 지방자치	내역			
						연방주체	지방자치		
전체: 1994									
1995	106	123	106	110	103	…	…	105	4배
1996	103	119	103	104	102	…	…	103	2배
1997	101	106	101	102	101	96	117	101	148
1998	99	99	99.9	92	106	48	2.6배	95	129
1999	103	106	102	101	103	96	107	104	112
2000	103	107	102	98	105	99	108	105	119
내역: 연방수준 1994									
1995	101	111	99.9	99.9	-	-	-	100	2배
1996	95	106	92	92	-	-	-	110	2.5배
1997	99	105	97	97	-	-	-	102	119
1998	96	78	95	95	-	-	-	120	129
1999	108	126	107	107	-	-	-	99	109
2000	100.4	108	98	98	-	-	-	108	117
지역수준 1994									
1995	106	133	106	111	103	…	…	105	16배
1996	103	128	103	105	102	…	…	102	1.8배
1997	102	107	102	103	101	96	117	101	1.8배
1998	99.6	110	100.1	92	106	48	2.6배	94	129
1999	103	98	102	100.2	103	96	107	104	115
2000	103	107	102	98	105	99	108	105	119

3. 전체에서의 %

	근무자 수 - 총	기관내역							
		입법	집행	기관내역				사법권력 및 검찰	다른 국가기관
				연방	연방주체 및 지방자치	내역			
						연방주체	지방자치		
전체: 1994	100	0.7	89.1	37.8	51.3	…	…	10.2	0.0
1995	100	0.8	89.0	39.2	49.8	…	…	10.1	0.1
1996	100	0.9	88.9	39.6	49.3	37.5	11.8	10.1	0.1
1997	100	1.0	88.8	39.9	48.9	35.3	13.6	10.0	0.2
1998	100	1.0	89.2	37.2	52.0	17.0	35.0	9.6	0.2
1999	100	1.3	88.8	36.4	52.4	16.0	36.4	9.7	0.2
2000	100	1.3	88.5	34.8	53.7	15.5	38.2	9.9	0.3
내역: 연방수준 1994	100	8.0	86.0	86.0	-	-	-	5.7	0.3
1995	100	8.8	85.2	85.0	-	-	-	5.6	0.6
1996	100	9.7	82.2	82.2	-	-	-	6.5	1.6
1997	100	10.3	81.1	81.1	-	-	-	6.7	1.9
1998	100	8.5	80.6	80.6	-	-	-	8.3	2.6
1999	100	10.0	79.8	79.8	-	-	-	7.6	2.6
2000	100	10.8	77.9	77.9	-	-	-	8.3	3.0
지역수준 1994	100	0.4	89.2	35.9	53.3	…	…	10.4	0.0
1995	100	0.5	89.2	37.4	51.8	…	…	10.3	0.0
1996	100	0.6	89.1	38.1	51.1	38.9	12.1	10.2	0.1
1997	100	0.7	89.0	38.4	50.6	36.6	14.0	10.2	0.1
1998	100	0.8	89.5	35.7	53.8	17.6	36.2	9.6	0.1
1999	100	1.0	89.1	34.9	54.2	16.5	37.7	9.8	0.1
2000	100	1.0	88.8	33.3	55.5	16.0	39.5	10.0	0.2

4. 지역별 국가권력기관 및 지방자치기관 근무자수 (2000년 말, 명)

	근무자 수	입법 권력	집행권력 및 지방자치	기관 분류			사법권력 및 검찰	다른 국가 기관	주민 1,000명당
				연방	연방주체	지방자치			
연방	1,163,343	15,515	1,029,455	404,699	179,840	444,916	115,246	3,127	8
극동지구	75,637	943	66,467	25,632	5,398	25,437	8,114	113	-
사하 (야꾸찌야)	11,878	168	10,642	2,841	7,801		1,059	9	12
연해 변강주	18,962	270	16,736	6,630	1,885	8,221	1,946	10	9
깜차트까주	5,246	106	4,476	2,152	879	1,445	635	29	12
(꼬랴크 자치구)	1,147	26	1,007	310	402	295	107	7	39

출처: Российский статистический ежегодник: Стат.сб. / Госкомстат России. М., 2001. С. 43-46.

◆ 부록 2: 깜차트까주 국가직위들 가운데 "A" 범주

다음은 깜차트까주 법률 "깜차트까주의 국가공무에 관하여"에 나오는 깜차트까주 국가직위들 가운데 "A"범주에 속하는 것들이다.

[표 8] 깜차트까주 국가직위들 가운데 "A" 범주

깜차트까주 지사
깜차트까주 인민대의원회의 의장
깜차트까주 인민대의원회의 수석 부의장
깜차트까주 수석 부지사
깜차트까주 인민대의원회의 부의장
깜차트까주 부지사
깜차트까주 부지사 - 분과(위원회, 국)의 장
인민대의원회의 부의장 - 상설위원회 위원장
깜차트까주 인민대의원회의 상설위원회 위원장
깜차트까주 인민대의원회의 상설위원회 부위원장
상설적 기반에서 일하는 깜차트까주 인민대의원회의 대의원
깜차트까주 선거관리위원회 위원장
깜차트까주 선거관리위원회 부위원장
깜차트까주 선거관리위원회 비서
지구별 선거관리위원회 위원장
지구별 선거관리위원회 비서
깜차트까주 통제-예산위원회 위원장
깜차트까주 통제-예산위원회 부위원장
깜차트까주 통제-예산위원회 감사

출처: Закон Камчатской области. "О государственной службе Камчатской области." http://www.sovet.kamchatka.ru/loys/1.html (2005년 11월 5일 검색).

4. 극동지구 연방주체의 정치적 성향과 집행권력의 지도부

1) 세 연방주체의 정치적 성향: 연방대통령 선거

극동지구 세 연방주체의 정치적 성향에 대한 고찰은 여러 차원에서 진행될 수 있지만, 여기에서는 주로 연방 집행권력 수장의 선출에 나타난 연방주체 유권자들의 성향을 중심으로 살펴본다.

[표 9] 1993년까지 세 연방주체의 국민투표 및 대통령선거결과

		사하	깜차트까	연해	연방
유권자수	1993년 12월 12일	625.4 천명	287.0 천명	1549.8 천명	
	1995년	588.3 천명	264.9 천명	1472.1 천명	
유권자의 적극성, %	1991 - 대통령 선거	76.65	72.77	71.65	76.66
	1993 - 국민투표	70.43	60.22	55.13	64.08
	1993 - 국민투표 및 선거	59.41	44.09	50.39	54.34
1991년 국민투표, %	소연방 유지 찬성	76.7	64.36	64.13	71.34
	러시아연방 대통령직 도입 찬성	59.81	71.65	69.42	69.85
1993년 국민투표, %	대통령에 대한 신임	68.14	70.34	64.25	58.76
	대통령의 헌법안 승인	60.70	61.45	56.64	53.04
1991년 대통령 선거, 후보별지지, %	옐친	44.9	60.18	61.45	57.3
	쥐리놉스끼	6.68	5.31	5.53	7.81
	뚤레예프	12.82	4.41	3.98	6.81
	릐쉬꼬프	24.73	16.48	15.6	16.85
	마카쇼프	3.33	4.74	5.54	3.74
	바까찐	3.72	3.45	3.89	3.42

출처: Аналитическое управление Президента Российской Федерации. Российские регионы накануне выборов-95. М.: Юрид.лит., 1995. С. 44-45, 56-57, 94-95.

세 연방주체 유권자 수가 많은 것은 아니다. 사하(야꾸찌야) 공화국의 경우 1993년 12월 12일 유권자 수는 62만 5천 4백명, 1995년 말 선거에서는 58만 8천 3백명으로 집계된다. 2004년 선거에서는 57만 1천 47명이었다. 깜차트까주는 사하(야꾸찌야) 공화국에 비해 절반 정도인데, 1993년 12월 12일의 경우

28만 7천명, 1995년 말에는 26만 4천 9백명이었다. 2004년에는 26만 1백 79명이었다. 연해변강주는 1993년 12월 12일에는 154만 9천 8백명, 1995년 말에는 1백 47만 2천 1백명이었다. 2004년에는 1백 49만 6천 4백 68명이었다.[27] 연해변강주는 연방수준의 의회선거에서는 세 개의 선거구가 있다. 극동지역에서는 정치적 비중이 높다. 유권자수의 증감을 보면 대체로 일정수준을 유지하며 급격한 변동양상은 보이지 않는다.

1993년 투표까지 세 연방주체 유권자들이 보여준 성향은 다음과 같다. 유권자들의 적극성을 표현하는, 투표참여율을 보면 연방 평균수준에 비해 높다. 사하(야꾸찌야) 공화국의 투표율이 가장 높고 깜차트까주와 연해변강주 유권자들은 1993년 투표에는 상대적으로 낮은 참여율을 보인 것이 주목할 만하다. 당시 극동지역의 상황을 보여주는 것이라고 할 수 있다.

정치적 지지성향을 보면 개혁적 성향의 세력들의 기반이라기보다는 기존의 체제를 유지하는 데에 더 큰 관심이 있음을 알 수 있다. 다만, 1991년 러시아연방에 대통령직위를 도입하는 것에 대한 찬성비율이 사하(야꾸찌야) 공화국의 경우 연방수준보다 낮았던 것에 반해 1993년 국민투표에서 대통령에 대한 신임 정도는 훨씬 높게 나타났다. 대통령의 헌법안에 대한 승인을 찬성한 정도도 훨씬 높다. 깜차트까주와 연해변강주의 경우도 비율에서의 차이는 어느정도 있지만 전체적인 경향은 크게 다르지 않다. 이는 새로운 권력구조에 대한 승인이라는 측면보다는 대체로 연방주체 유권자들이 연방 수준에서 전개되는 갈등과 권력구조 재편에 적극적으로 개입하기 보다는 비교적 수동적으로 순응하는 경향을 보인 것으로 풀이할 수 있다.

이를 더욱 뒷받침하는 것이 1991년 대통령 선거와 1993년 12월 국민투표 및 선거 결과이다. 1991년 당시 옐친에 투표한 비율은 사하(야꾸찌야) 공화국의 경우는 연방 수준에 비해 낮았고, 깜차트까주와 연해변강주는 약간 높았다. 릐쉬꼬프에 대한 지지율은 반대로 사하(야꾸찌야) 공화국에서는 가장

27) 1993, 1995년 유권자수: Аналитическое управление Президента Российской Федерации. Российские регионы накануне выборов-95. М.: Юрид.лит., 1995. С. 44-45, 56-57, 94-95. 2004년 유권자수: Сводная таблица о результатах выборов (данные избирательных комиссий субъектов Российской Федерации и территориальных избирательных комиссий). http://pr2004.cikrf.ru/etc/svod.otchet.xls.

높고 다른 두 연방주체에서는 연방 수준에 근접한다. 기존 체제에 대한 지지 정도를 어느정도 보여주는 것이라고 할 수 있다.[28)]

[표 10] 1996년 연방대통령 선거: 주요 두후보의 득표결과

	1996년(1차)				1996년 (2차)			
	옐친		쥬가노프		옐친		쥬가노프	
	표수	%	표수	%	표수	%	표수	%
연방	26665495	35.28	24211686	32.03	40203948	53.83	30102990	40.30
사하	228398	51.85	90529	20.55	274570	64.65	126888	29.87
연해	308747	29.55	256574	24.56	524428	52.26	395463	39.41
깜차	57435	34.29	31307	18.69	99980	61.81	47664	29.47

출처: Выборы Президента Российской Федерации. 1996. Электоральная статистика. М.: Издательство "Весь Мир", 1996. С. 151-171; 강혜련, 『러시아지방의 정치적 특성과 유형화』, 78-79쪽.

1996년 연방대통령 선거결과를 보면, 사하(야꾸찌야) 공화국의 옐친지지율이 흥미롭다. 1차에서 사하(야꾸찌야) 공화국은 51.85%, 깜차트까주는 34.29%, 연해변강주는 29.55%로 연방 전체의 35.28%에 이르는 것은 사하(야꾸찌야) 공화국뿐이다. 그것도 사하(야꾸찌야) 공화국은 연방 전체수준을 훨씬 상회하는 높은 지지율을 보이고 있다. 쥬가노프에 대한 지지율은 세 연방주체에서 모두 낮은데, 깜차트까주의 경우가 특히 낮다. 사하(야꾸찌야) 공화국을 제외한 두 연방주체에서는 이념적 지형으로 대립되는 두 정치세력 공히 연방전체 수준보다 낮은 지지율을 보이는 것이 특징적이다. 극동지구

28) 그렇지만 1993년 국가두마선거 정당별 투표결과 세 연방주체 모두에서 러시아 자유민주당의 득표율이 가장 높다. 러시아공산당이 깜차트까주와 연해변강주에서 10%에 미치지 못하는 득표율을 올린 것이 보여지고 '러시아의 선택'이 비교적 높은 득표율을 보이고 있다. Российские регионы накануне выборов-95. С. 44-45, 56-57, 94-95. 두가지 측면이 관심의 대상이 될 수 있다. 첫째, '러시아의 선택'에 대한 지지정도가 연방 수준 정도에 머물고 있다는 점이다. 둘째, 사하(야꾸찌야) 공화국에서는 러시아 자유민주당의 돌풍이 상대적으로 약했다는 점이다. 이는 사하(야꾸찌야) 공화국의 정치세력들간의 힘의 분할과 더불어 사하(야꾸찌야) 공화국의 정치적 지형이 극동지역의 다른 지역과 판이하게 다름을 보여준다. 극동지역의 전체적인 상황은 연방의 전체적인 세력구도가 관통되는 가운데에서도 이전 체제의 유지에 대한 지지 의사가 비교적 강하게 나타남을 볼 수 있다.

가 전형적으로 보수적인 지역임을 감안하면 이는 더욱 두드러지는 현상인데, 지배구조에 대한 이 지역 유권자들의 비우호적 정서와 맞닿아 있으면서 옐친집권 중기를 강타한 개혁의 전반적 문제점들이 특히 극동지역에서 심하게 노출되었음을 상기할 수 있다.

반면 2차투표 결과를 보면, 옐친에 대한 지지율은 연방전체 수준보다 훨씬 높고 쥬가노프에 대해서는 훨씬 낮다. 연해변강주 정도가 연방전체 수준에 근접하면서 비교적 규모가 큰 도시들을 중심으로 하는 연방주체들의 정치적 지지성향과 주요하게 연관됨을 알 수 있다. 사하(야꾸찌야) 공화국과 깜차트까주의 경우는 연해변강주와 대비되면서 연방전체 수준보다 비교적 큰 폭의 차이를 보인다. 현존질서의 유지에 대한 전형적인 지지의사가 깔려 있음을 알 수 있다. 쥬가노프에 대한 지지의 폭이 연방전체 수준보다 10%이상 낮은 것이 이채롭다.

[표 11] 2000년 연방대통령 선거의 후보별 득표율 (%)

후보명	싸하공화국	깜차트까주	연해변강주	연방
지리노프스끼	3.0	6.1	5.9	2.7
쥬가노프	30.2	28.2	36.4	29.3
푸친	52.5	48.7	40.1	52.8
찌또프	0.8	1.2	1.6	1.5
뚤레예프	4.3	3.7	2.6	3.0
야블린스끼	4.4	6.3	8.0	5.8
모든 후보에 대한 반대	1.7	2.4	1.9	1.9
투표율	69.9	63.7	63.1	

출처: Приложение. Результаты голосования на президентских выборах 2000г. по регионам // Президентские выборы 2000 года в России / Под ред. Майка Макфола, Николая Петрова и Андрея Рябова. М.: Московский Центр Карнеги, 2000; Выборы-2000 в цифрах и событиях. http://www.nns.ru/Elect-2000/result (2005년 5월 13일 검색); 권세은 외, 『극동연방지구』 (서울: 경희대 출판국, 2006), 19, 80-81, 145쪽.

2000년 3월 연방대통령 선거결과를 보면, 사하(야꾸찌야) 공화국에서 푸친에 대한 지지율이 가장 높은데, 연방수준에 근접하고 있다. 다른 두개의 연방주체에서는 연방수준보다 낮으며 특히 연해변강주에서 푸친과 쥬가노프의 득표율 차이는 4%가 채 되지 않는다.

[표 12] 2004년 연방대통령 선거: 주요 두후보의 득표결과

	2004년			
	푸친		하리또노프	
	표수	%	표수	%
연방	49565238	71.31	9513313	13.69
사하	326711	69.76	53061	11.33
연해	585850	59.37	167576	16.98
깜차	108057	71.82	13910	9.25

출처: Выборы Президента Российской Федерации 14 марта 2004 года. Сводная таблица о результатах выборов Президента Российской Федерации. http://pr2004.cikrf.ru/ etc.svod.xls (2004년 5월 9일 검색); 강혜련, 『러시아지방의 정치적 특성과 유형화』, 78-79쪽.

2004년 연방대통령 선거결과에서 푸친에 대한 지지정도를 보면, 깜차트까주 정도가 연방수준에 미치고 있고 사하(야꾸찌야) 공화국은 거의 근접하며 연해변강주는 비교적 차이가 벌어진다. 하리또노프에 대한 지지는 연해변강주에서 조금 높게 나타나고 깜차트까주에서 가장 높다. 전체적으로 큰 차이를 보기는 어렵지만 비교적 규모가 큰 연해변강주의 정치적 성향이 기존 집권세력에서 자유로운 부분이 있음을 알 수 있다.

집권세력에 대한 지지의 정도를 살펴보면, 대체로 사하(야꾸찌야) 공화국, 깜차트까주, 연해변강주 순으로 높음을 알 수 있다. 1990년대 초반에는 깜차트까주에서 개혁을 표방하는 집권세력에 대한 지지가 높았으며 이후 사하(야꾸찌야) 공화국에서 높아졌다. 위의 표들에서 나타난 지지정도 순으로 간략히 정리하면 다음과 같다.

1996:	(옐친)	사하 - 깜차 - 연해
	(쥬가노프)	연해 - 사하 - 깜차
2000:	(푸친)	사하 - 깜차 - 연해
	(쥬가노프)	연해 - 사하 - 깜차
2004:	(푸친)	깜차 - 사하 - 연해
	(하리또노프)	연해 - 사하 - 깜차

* 사하: 사하(야꾸찌야) 공화국, 연해: 연해변강주, 깜차: 깜차트까주

각 연방주체별로 집권세력에 대한 지지정도의 변화를 보면, 사하(야꾸찌야) 공화국에서는 51.85%(1996년 1차투표), 52.5%(2000년), 69.76%(2004년) 등이다. 개혁 초기부터 일관되게 집권세력에 대한 지지율이 50%를 상회하는 결과를 보인다. 오히려 2004년 선거에서 연방전체 수준에 약간 미치지 못하는 지지율이 이상할 정도이다. 깜차트까주와 연해변강주의 경우는 사하(야꾸찌야) 공화국과 조금 다른 결과를 내놓는다. 깜차트까주의 선거결과는 34.29%(1996년 1차투표), 48.7%(2000년), 71.82%(2004년)로 그 증가폭이 크게 나타나지만 대체로 연방전체 수준의 변화와 유사한 경향을 보인다. 연방수준의 선거결과와 가장 근접하고 있다. 연해변강주는 29.55%(1996년 1차투표), 40.1%(2000년), 59.37%(2004년)로 가장 낮은 지지정도를 보이고 있다. 물론 이러한 지지율도 낮다고 보기는 힘들지만 극동지구 전체적 성향에서 비교적 집권세력에 대한 지지의 정도가 낮은 것은 인구규모를 고려해서 생각해볼 수 있는 부분이다.

쥬가노프, 하리또노프로 이어지는 대표적인 반대세력 후보에 대한 지지정도는 또 다르게 나타난다. 사하(야꾸찌야) 공화국에서는 20.55%(1996년 1차투표), 30.2%(2000년), 11.33%(2004년)으로서 세 연방주체 가운데서는 중간의 위치를 차지한다. 깜차트까주에서는 18.69%(1996년 1차투표), 28.2%(2000년), 9.25%(2004년)으로서 일관되게 연방전체 수준에 못 미치는 지지율을 보이면서, 또 세 연방주체 중에서 가장 낮다. 낮은 가운데서 변동의 폭은 크게 나타나는 특징을 갖고 있다. 연해변강주에서는 24.56%(1996년 1차투표), 36.4%(2000년), 16.98%(2004년)로서 세 연방주체 중에서는 가장 높으며 연방전체 수준에 비해서도 높다.

전체적으로 보수적 성향으로 분류될 수 있지만, 정치적 지지성향이라는 측면에서 사하(야꾸찌야) 공화국과 깜차트까주는 연방차원에서는 개혁과정 이후 집권한 세력에 대한 절대적인 지지의 기반으로 작용하고 있다. 연해변강주는 비교적 규모가 큰 연방주체에 걸맞게 상대적으로 집권세력에 대한 지지가 다른 두 연방주체에 비해 낮긴 하지만 물론 그 정도가 절대적 기준에서 낮은 것은 아니다. 반대세력에 대해서 연해변강주가 비교적 여지를 주고 있는 것이 특징적이다.

2) 집행권력 지도부의 선출과 특성

연방대통령 선거에 나타난 지역의 정서가 지역차원의 수장선거에서는 어떻게 변화되고 있는지가 중요한 관심사가 될 수 있다. 세 연방주체에서는 공히 집행권력 수장은 주민들에 의해 직접 선출된다고 규정하고 있다.

사하(야꾸찌야) 공화국은 1922년 4월 22일 야꾸츠크 변강주에서 자치공화국의 지위를 얻었고 그 70년 후 사하(야꾸찌야) 공화국 헌법이 효력을 발휘했다. 1993년 니꼴라예프(Николаев М.Е.)가 첫 번째 대통령으로 선출되었고 1995년 12월 22일 재선되었다. 2001년 12월 23일 사하(야꾸찌야) 공화국 대통령 선거가 성립되었고 7명이 입후보하여 2차투표까지 갔다. 1차 투표에서는 등록된 유권자의 68.17%가 참여했고 쉬띄로프(Штыров В.А.)와 뚜무소프(Тумусов Ф.С.)가 각각 45.54%, 17.00%의 득표율로 2차투표까지 갔다. 2002년 1월 13일 두 후보를 대상으로 결선투표가 실시되었고 여기에는 등록된 유권자의 75.68%가 참여했다. 사하(야꾸찌야) 공화국 대통령으로 쉬띄로프가 59.32%의 득표율로 당선되었다.[29)]

깜차트까주의 경우를 보면, 2000년 12월 3일 주지사 선거가 있었고 8명이 입후보했다. 등록된 유권자의 52.98%가 투표에 참여했고 신첸꼬(Синченко Б.П.)와 마쉬꼬프쩨프(Мацковцев М.Б.)가 각각 27.64%, 20.49%로 최다득표를 했다. 12월 17일에는 두 후보를 대상으로 결선투표가 실시되었고 마쉬꼬프쩨프는 45.91%, 신첸꼬는 42.35%의 득표율을 보였다. 등록된 유권자의 45.68%가 투표에 참여했고 깜차트까주 지사로 마쉬꼬프쩨프가 당선되었다.[30)]

연해변강주에서는 2001년 5월 27일 나즈드라쩬꼬(Наздратенко Е.И.)의 사임으로 변강주지사선거가 있었다. 13명이 입후보했고 두 번의 투표가 실시되었다. 1차투표에서는 다르낀(Дарькин С.М.)과 체레브꼬프(Черевков И.Е.)가 각각 23.94%, 20.02%로 최다득표를 했다. 체레브꼬프는 사퇴했고 그 다음으로 14.12%를 득표한 아빠나센코(Апанасенко Г.В.)가 그 지위를

---

29) Регионы - Губернаторские выборы в 2001 году - Республика Саха (Якутия). http://i1600.100mb.ru/~grankin/archiv/reg14el.htm; 권세은 외, 『극동연방지구』, 82-83쪽.

30) Регионы - Губернаторские выборы в 2000 году - Камчатской области. http://i1600.100mb.ru/~grankin/archiv/reg41el.htm; 권세은 외, 『극동연방지구』,20-21쪽.

승계하여 결선투표에 나갔다. 6월 17일 결선투표에서 아빠나센코는 24.28%, 다르낀은 40.17%를 획득했다. 등록된 유권자의 36.00%가 투표에 참가했고 연해변강주 지사로 다르낀이 선출되었다.[31)]

여러 한계로 인해 지역수준의 선거결과를 자세하게 분석하기는 힘들지만 다음의 측면은 논의될 수 있다. 첫째, 유권자들의 정치적 적극성과 관련한 투표율로서 위에서 기술한 선거들을 보면 유권자들의 적극성을 일률적으로 높이 평가하기는 힘들지만 사하(야꾸찌야) 공화국과 깜차트까주에서는 등록된 유권자의 과반수가 넘는 투표참여율을 보인 점은 지적할 만하다. 연해변강주에서는 36%의 투표율을 보인다. 선거일의 특성을 고려한다 하더라도 두 연방주체의 투표율은 지방수준의 선거에서 낮다고 보기는 힘든 것이다.

세 연방주체 수장에 대한 지지율을 보면, 세 연방주체 모두 결선투표까지 시행되었다는 것, 그리고 사하(야꾸찌야) 공화국을 제외하고는 상위 두후보의 득표차가 많이 벌어지지 않는다는 점이 지적될 수 있다. 사하(야꾸찌야) 공화국에서는 비교적 집행권력의 교체선출이 여유가 있었던 것으로 보여지며, 나머지 두 연방주체에서는 경쟁의 정도가 치열한 것으로 보이는데, 특히 깜차트까주의 경우 결선투표에서까지 득표차가 많이 나지 않았던 것이 주목된다.

집행권력의 수장을 중심으로 하는 세 연방주체 지도부의 특성은 연방차원의 선거에서 보여주는 성향과 상관없이 지역수준에서의 구체적인 정치적 선택의 방향을 보여준다. 1990년 초반부터 현재에 이르기까지 각 연방주체의 집행권력 수장의 인적 사항을 고찰할 수 있다. 개별적 특성을 세밀하게 보기는 힘들지만 사회적 배경, 정치적 성향과 정책노선 등을 대략적으로 살펴볼 수 있다.[32)]

사하(야꾸찌야) 공화국의 현대통령은 쉬띄로프이다. 1953년생으로서 야꾸

---

31) Регионы - Губернаторские выборы в 2001 году - Приморский край. http://i1600.100mb.ru/~grankin/archiv/reg25el.htm; 권세은 외, 『극동연방지구』, 146-147쪽.

32) 집행권력의 지도부를 구성하는 것이 단순히 집행권력의 수장만은 물론 아니다. 대체로 집행권력의 수장 및 부수장, 연방주체 최고집행권력기관의 고위공직자들, 지방자치단위 집행기관의 장 등이 여기에 해당된다. 주지사, 부지사는 물론, 주장관, 시장과 라이온의 수장이 해당될 수 있다. 그렇지만, 이러한 인물들에 대한 보다 구체적인 자료들을 구하는 것은 아직까지 쉽지 않으며, 이런 관계로 이 글에서는 주로 연방주체 수준의 집행권력 수장에 초점을 맞추었다.

찌야 자치소비에트 사회주의공화국 한듸가 똠폰스크 라이온의 촌락에서 태어났다. 1975년 극동 기계연구소를 엔지니어-건설 전공으로 마쳤다. 경제학 박사이다. 1991년 야꾸찌야-사하 공화국의 건설 및 투자부 장관으로 임명되었고 동년 11월 사하(야꾸찌야) 공화국의 부통령으로 선출되었다. 1992-1996년 사하(야꾸찌야) 공화국 정부의 부통령이자 정부의장이었고, 1996년부터 2002년까지 '러시아 사하 다이아몬드 (АЛРОСА)'의 사장이었다. 1997년 12월부터 2002년 1월까지 사하(야꾸찌야) 공화국 국회 인민대의원이었고 2002년 1월 13일부터 사하(야꾸찌야) 공화국 대통령으로 선출되었다. 2002년 1월 27일 취임했다.[33]

쉬띠로프 이전에 사하(야꾸찌야) 공화국의 대통령은 니꼴라예프였다. 1937년 11월 13일 야꾸찌야의 오르드조니키제 라이온의 한 촌락에서 출생했다. 1961년 옴스크 수의학연구소를 마쳤고 1971년에는 소련공산당 중앙위원회 산하의 최고당학교를 마쳤다. 대학졸업이후 야꾸찌야의 쥐간스크 라이온의 핵심 수의사로 일했다. 그 후 꼼소몰 업무로 옮겼으며 쥐간스크 라이온 꼼소몰의 제1서기, 꼼소몰의 야꾸츠크 주위원회의 꼼소몰기관 분과의 장이 되었다. 1963년에 소련공산당에 입당했다. 최고당학교에서 학업을 마치면서 당 업무를 맡게 되었다. 비서였고, 1973년부터는 소련공산당 베르흐네빌류이스크 라이온 위원회의 제1서기였다. 1975년에 야꾸찌야 각료회의 부의장으로 임명되었다. 1979년부터 1985년에 걸쳐 공화국의 농업장관이었다. 1985년에서 1989년에는 소련공산당 야꾸찌야 주당 위원회 비서였다. 제9-11기 야꾸찌야 최고소비에트 의원으로 선출되었다. 1989년 12월 8일 야꾸찌야 최고소비에트 상임위원회 위원장으로 선출되었다. 1990년 3월 4일 니꼴라예프는 야꾸찌야 자치소비에트 사회주의공화국의 인민대의원으로 선출되었다. 1990년 4월 25일에는 제12기 야꾸찌야 자치소비에트 사회주의공화국 최고소비에트의 의장으로 선출되었다. 1990년 3월 4일에는 오르드조니키제 지역구에서 러시아 사회주의공화국의 인민대의원으로 선출되었다. 헌법위원회의 성원이었다. <주권과 평등> 분파에 들어갔다. 1991년 12월 20일 야꾸찌야 대통령으로 선출되었다. 1993년 12월 12일 야꾸찌야 선거구에서 러시아연방 연방회의 성원으로 선출되었다. 연방문제, 연방조약 및 지역정책에 관한

---

33) Президент РС(Я). http://www.sakha.gov.ru/main.asp?c=1 (2005년 11월 검색).

위원회의 위원이었다. 1995년 1월에는 야꾸찌야 시민들이 체첸전을 위한 소집의 경우 전쟁에 참여하는 것을 거부하는 것을 가능케 하는 명령에 서명했다. 1996년 1월부터 연방문제, 연방조약 및 지역정책 위원회의 위원이었고 부위원장의 직위를 맡았다. 1996년 12월 22일 다시 야꾸찌야의 대통령으로 선출되었다. 그렇지만 2001년 12월에 중앙선거관리위원회는 지역의 법령에 의해 대통령직의 임기는 두 번의 선출로 제한된다는 데에 기반하여 등록을 거부했다. 2002년 2월부터 연방회의에서 사하(야꾸찌야) 공화국의 집행권력의 대표자이다. 연방회의의 부의장이 되었고 지방자치문제에 관한 위원회의 위원이다. 1999년 가을부터 <메드베드>의 당원이다.[34)]

현재 깜차트까주 지사는 마쉬꼬프쩨프로서 1947년생이다. 레닌그라드 항공기건조연구소를 마쳤다. 1990-1991년 소련공산당 뻬뜨로빠블롭스크-깜차트끼 시당위원회 비서였고, 1991-1994년 뻬뜨로빠블롭스크-깜차트끼 시인민대의원회의 의원이었다. 1994-1995년 연방국가두마 실레즈뇨프(Селезнев Г.)의 보좌역이었다. 1995년 4월 12일 깜차트까주 입법회의 의장으로 선출되었고, 1997년까지 이 직위를 차지하면서 연방회의 성원으로 들어갔다. 2000년 12월 깜차트까주 지사로 선출되었다. 2차투표에서 45.91%의 지지율을 보였다. 2004년 12월 다시 깜차트까주 지사로 재선에 성공했다.[35)]

이전 깜차트까주 집행권력의 수장은 비류꼬프였다. 1990년 집행위원회 위원장, 1991년 행정부 수장, 1996년부터 2000년까지 주지사로 있었다. 1933년 10월 19일 아스뜨라한시에서 출생했고 아스뜨라한 수산업기술연구소의 수산업 학부를 기계기사 전공으로 1956년에 마쳤다. 깜차트까의 수산업체에서 일했고 '깜차트까 수산업'의 대표가 되었다. 1977-1979년에는 소련공산당 깜차트까주 당위원회의 비서가 되었다. 1979-1980년에는 깜차트까주 집

---

34) Федеральная и региональная элита России. 2003: Кто есть кто в политике и экономике. Ежегодный биографический справочник / Гл. ред.-сост. А.А. Мухин. М.: Центр политической информации; Издательство ГНОМ и Д, 2003. С. 346.

35) Справочник - Региональная власть - Камчатская область. Машковцев Михаил Борисович. http://www.informprom.ru/about.html?442 (2006년 5월 23일 검색); Машковцев Михаил Борисович губернатор Камчатской области. http://www.ako.kamchatka.ru/ (2006년 5월 23일 검색).

행위원회의 위원장이었고, 1980-1987년에는 국립설계수산업연구소 깜차트까 지부의 핵심전문가였다. 1987-1989년에는 깜차트까주 농산업체 부위원장, 1989-1990년에는 '깜차트까 식품산업' 대표이사였다. 1990년부터는 깜차트까주 집행위원회 위원장, 1991년부터는 행정부의 수장, 1996년 12월에는 깜차트까주 지사로 선출되었다. 직위에 따라 러시아연방 연방회의에 들어갔으며 예산, 조세정책, 재정, 통화, 관세 조절, 은행활동에 관한 위원회의 위원이었다. 2000년 10월에는 12월에 예정된 정례적인 주지사 선거참여에 대한 거부의사를 발표했다. '우리집-러시아'의 소비에트의 성원이었다. 깜차트까주 인민대의원회의 의원으로 선출되었고(1970-1982, 1990), 러시아 사회주의공화국 최고소비에트 대의원이었다(1980-1981).[36)]

현재 연해변강주 지사 다르낀은 1963년생으로서 해양기술 전문가이다. 1989년 '달리징'회사에서 조직담당 부이사장이었고 1991년에는 기업 '롤리즈'를 지휘하면서 연해변강주 지사로 선출될 때까지 있었다. 기업활동의 초기에는 조선에 전념했고 그 후에는 어로작업이 되었다. 1999년 극동 국립경제 및 비즈니스 아카데미를 '재정 및 신용, 경제' 전공으로 마쳤다. 1998년 파산한 기업－우스리스크 유가공콤비나트－의 이사회를 이끌었고 '롤리즈'의 지도부를 떠났다. 2001년 6월 연해변강주 지사의 재선거에서 40.17%의 득표율로 지사로 당선되었다. 2001년 6월 25일 공식적으로 연해변강주 지사의 직위에 취임했다.[37)]

다르낀 이전의 연해변강주 지사는 나즈드라쩬꼬이다. 1949년 2월 16일 사할린주 북쿠릴시에서 태어났다. 1952년에 가족과 함께 연해주로 이주했고 1961년부터 달네고르스크시에 살았다. 러시아족이다. 달네고르스크 야간 산업기술학교를 졸업했고, 1983년에는 극동 기술연구소를 경제학 전공으로 마쳤다. 노동활동은 <극동 중합금속>에서 기계조립공으로 시작했다. 1968-1970년에는 태평양함대에 근무했다. 동원해제이후 1975년까지 '보르'의 용접공, 전기용접공으로 일했다. 1975-1980년에는 '보르'의 숙련기사, 분과의 장이었다.

---

36) Бирюков Владимир Афанасьевич. http://www.c-society.ru/obj/main.php?ID=222665&ar2=150&ar3=15 (2006년 4월 24일 검색).

37) Даркин Сергей Михайлович. http://www.primorsky.ru/ administration/?s=10 (2005년 11월 4일 검색).

1980년에는 공장 '보스톡'에 있었는데, 여기에서는 기사로서 공장의 생산담당 의장, 공장의 의장이었다. 1983년에는 탄광의 이사 나즈드라쩬코는 탄광을 노력집중적인 작업방식으로 이끌었다. 1990년에 공장 '보스톡'은 연해산악산업체 '보스톡'으로 개편되었고, 이후에는 '극동다(多)금속'으로 바뀌었다. 여기에서 나즈드라쩬코는 부사장이 되었고 이후에는 사장이 되었다. 1990년 3월에는 2차투표에서 까발레롭스끼 지역구에서 러시아 사회주의공화국 인민대의원으로 선출되었다. 1992년 8월에는 지역의 대형 연합기업인 '연해 생산자 주식회사'의 설립자들 가운데 하나가 되었다. 1993년 5월에는 연해변강주 행정부의 수장으로 임명되었다. 1993년 12월 12일 연해변강주에서 연방회의 의원으로 선출되었다. 안보 및 방위문제에 관한 위원회의 위원이었다. 1995년 12월 17일 연해변강주 행정부의 수장으로 선출되었는데, 투표참여 유권자 60%의 지지를 받았다. 1996년 1월부터 직위에 의해 러시아연방 연방회의 소속으로 들어갔고 안보 및 방위문제에 관한 위원회의 위원이 되었다. 1999년 12월 19일 다시 변강주의 지사로 선출되었다. 1999년부터 '골로스 러시아'의 성원이었고 1999년 가을부터는 '메드베드'의 성원이었다. 2001년 2월에 변강주지사 직위를 사퇴했다. 2001년에 어업에 관한 러시아연방 국가위원회의 위원장이 되었다. 1994년 10월에 홍수때의 구조활동의 지도에 대한 공로로 '개인적 용맹성에 대하여' 훈장을 받았다.38)

집행권력 수장에 대해서는 몇 가지 측면이 드러난다. 첫째, 역대 집행권력 수장의 변화에 대한 것인데, 초반기의 상황에서 대체로 연임에 성공한 것으로 보여진다. 연해변강주 정도가 예외일 뿐 나머지의 경우 집행권력의 초대 수장은 대체로 2000년까지 10년 가까이 장기집권하고 있다. 연해변강주에서도 연임에 성공했지만 사퇴했다. 이는 러시아 지방권력의 현주소를 보여주는 대표적인 특징이다.

둘째, 세 연방주체 집행권력 수장들의 정치적 경력에서 나타나는 바, 극동지역에서도 역시 1990년대 초반의 정치적 변동기가 지역엘리트 교체의 중요한 시기였음을 보여준다. 사하(야꾸찌야) 공화국과 깜차트까주의 경우 전형적으로 연방주체 수준의 당위원회, 집행위원회의 경력을 바탕으로 1980년대 후반 - 1990년대 초반 연방주체의 수장으로 상승하게 된다. 연해변강주의

38) Федеральная и региональная элита России. С. 333-334.

경우는 이와는 다른데, 산업부문의 경력을 바탕으로 정치에 입문하는 전형적인 사례에 속한다.

셋째, 첫 번째 수장들의 장기집권에 이어 연방주체 수장으로 등장한 인물들의 사회적 배경은 이전과는 다르다. 세 연방주체의 수장 모두 엔지니어로 사회적 경력을 출발한 공통점이 있으며 사회적 경력을 쌓아가는 과정에서 보다 전문화된 교육을 받았다. 사하(야꾸찌야) 공화국은 지역의 핵심기업인 '러시아 사하 다이아몬드'의 경영자였다는 점이 눈에 띄며, 연해변강주는 해양관련 기업가출신인 것이 두드러진다. 정치적 경력은 대체로 1990-1991년에 본격적으로 시작되며 2000년을 전후하여 연방주체 수장직위에 올랐다.

넷째, 연방주체 수장들을 상호 비교할 경우 연령상으로 연해변강주 → 사하(야꾸찌야) 공화국 → 깜차트까주 순으로 연령이 높아진다. 연해변강주 지사는 40대 초반으로 가장 젊고 주로 민간-국영 경제구조를 경유하면서 상대적으로 시대적 흐름에 밝을 것으로 관측되지만, 이전 변강주지사와 비교하여 그 정치적 비중이 높으리라고 보기는 힘든 것이 사실이다. 극동지역의 중심지역 가운데 하나로서 연해변강주의 역할을 극대화시킬 수 있을 것인가는 일견 의문을 가질 수 있는 것이다. 깜차트까주 지사는 러시아공산당과 연계를 가지고 있다는 점이 두드러지며 사하(야꾸찌야) 공화국은 이전 공화국 대통령이 구성하는 정부에서 성장한 인물이라는 점이 주목될 수 있다. 이전 지도부와의 연속성이라는 측면은 사하(야꾸찌야) 공화국이 가장 강하다고 할 수 있다.

5. 맺음말: 세 연방주체 집행권력의 특성비교

세 연방주체 집행권력의 특성을 대략적으로 비교해볼 수 있다. 세 연방주체에서 집행권력이 확립되는 과정은 나라 전체의 변화와 무관하지 않다. 1990년대 초반의 제도형성 시기에 세 연방주체는 각기 자신의 위상에 맞는 집행권력 체제를 선택했고 이후 기본법을 비롯한 연방주체 단위의 법령마련 등을 통해서 제도정착을 꾀하게 된다. 당연히 그 과정에서 수정과 보완의 단계를 거치며 이는 권력구조와 관련해서도 예외는 아니다. 1990년대 말부터는 연방정부의 정책강화와 더불어 지방의 상당수 지도부가 교체되며 세 연방주체에서도 2000년대 들어 지도부가 전부 새로운 인물로 교체되었다.

세 연방주체 집행권력의 구조를 보면, 복합성과 분화의 정도는 민족원칙 연방주체인 사하(야꾸찌야) 공화국에서 가장 발전되어야 하나 실제에 있어서는 인구규모가 큰 연해변강주 → 사하(야꾸찌야) 공화국 → 깜차트까주로 이어진다. 제도적 측면에서 사하(야꾸찌야) 공화국은 대통령제를 도입하고 정부의장 직위를 따로 두고 있으며 정부구조를 부, 국가위원회 등으로 구성하고 있다. 연방주체 내부적 권력관계에서 연방주체 수장의 위상은 가장 높다고 할 수 있다. 반면 연해변강주와 깜차트까주는 지사제도를 도입하며 연방주체 수장으로서의 위상이 강조되기 보다는 집행권력의 수장으로서의 위상규정이 훨씬 강하다. 입법권력과의 관계는 비교적 대등한데 사하(야꾸찌야) 공화국에 비해서는 내부적 권력관계에서의 위상이 입법권력에 비해 월등하다고 보기는 힘들다. 최고 집행권력기관은 행정부이고 그 구조는 부, 국, 위원회, 분과 등으로 이루어져 있다.

정치적 상황에 대응하는 보수성과 관련하여, 사하(야꾸찌야) 공화국과 깜차트까주는 모두 보수적 성향으로 분류된다. 사하(야꾸찌야) 공화국에서는 이러한 보수성은 특히 집행권력의 배경으로 작용하면서 지도부의 전권적 권한행사를 가능케 함을 알 수 있다. 보수성의 저변에는 집행권력으로의 권한집중이 숨어있는 것이다. 깜차트까주 역시 보수적이지만 의외로 입법권력의 역할이 기대되는 것으로 나타난다. 사하(야꾸찌야) 공화국과 깜차트까주 집행권력의 보수성은 그 내용을 달리하는 것이다. 연해변강주 집행권력은 상황변화에 비교적 개방적, 진보적으로 대응하는 것으로 보인다. 그럼에도 불구하고 극단의 지역에 위치하면서 전반적으로는 극동지역의 보수적 성향에서 크게 벗어나지 않는다. 결국 집행부로의 권한집중 정도는 사하(야꾸찌야) 공화국에서 가장 강하고 그 다음이 연해변강주, 깜차트까주 순이다.

집행권력에 대한 유권자들의 연방수준의 선택과 지방수준의 선택 사이의 괴리와 동일성의 문제는 지역 집행권력 지도부의 특성과 더불어 실제적인 정치적 특성을 보여주는 핵심적 계기이다. 연방대통령 선거에서 나타나는 정치적 지지성향을 보면, 사하(야꾸찌야) 공화국과 깜차트까주는 집권세력에 대한 지지의 정도가 높고 연해변강주는 상대적으로 낮다. 반대세력의 후보에 대한 지지는 사하(야꾸찌야) 공화국은 중간정도 수준, 깜차트까주에서는 낮고 연해변강주에서는 비교적 높다. 지역수준에서 선출된 지도부를 보면, 사하(야꾸찌야) 공화국과 깜차트까주는 개혁초기 및 현재에 이르기까지 주로 당과 국가구조에서 성장한 인물들이 연방주체 수장이 되었고 전체적으로 보수적인 색채를 띤다. 연해변강주는 이와는 조금 다른데 산업부문의 경력을 바탕으로 하는 인물, 해양관련 기업가출신이 이어지면서 지역수준에서는 상대적으로 진보적이고 실용주의적인 인물들이 연방주체 수장이 되었음을 알 수 있다.

세 연방주체를 비교해보면 집행권력의 경우 연방수준의 선택과 지역수준의 선택은 상당히 달리 나타남을 알 수 있다. 사하(야꾸찌야) 공화국과 깜차트까주는 연방수준에서는 집권세력에 대한 지지, 지역수준에서는 보수적인 색채의 지도부 선택이라는 결과를 보여주고 있다. 반면 연해변강주는 연방수준의 집권세력에 대한 지지에서 비교적 자유롭고 반대세력에 대해서도 여지가 있으면서 상대적으로 진보적이고 실용주의적이면서 다른 두 연방주체의 경우보다 좀더 개혁적 색채를 띠는 인물들을 지도부로 두고 있다. 러시아 지방의 정치적 특성의 한 단면을 보여주는 것이다.

참고문헌

강혜련. 『러시아지방의 정치적 특성과 유형화』. 서울: 오름, 2005.

강혜련. “민족원칙 연방주체들의 정치갈등구조: 다게스탄 공화국과 깔믜끼야 공화국을 중심으로.” 『러시아어문학연구논집』, 2006년 제21집.

권세은 외. 『극동연방지구』. 서울: 경희대 출판국, 2006.

한국지방자치법학회. 『지방자치법주해』. 서울: 박영사, 2004.

Аналитическое управление Президента Российской Федерации. Российские регионы накануне выборов-95. -М.: Юрид.лит., 1995.

Выборы Президента Российской Федерации. 1996. Электоральная статистика. - М.: Издательство ≪Весь Мир≫, 1996.

Институт губернатора в России: традиции и современные реальности / Под ред. Н.С. Слепцова - М.: РАГС, 1997.

Регионоведение: учебное пособие / Отв. ред. Ю.Г. Волков. - Ростов н/Д: Феникс, 2002.

Российский статистический ежегодник: Стат.сб. / Госкомстат России. - М., 2001.

Федеральная и региональная элита России. 2003: Кто есть кто в политике и экономике. Ежегодный биографический справочник / Гл. ред.-сост. А.А. Мухин. - М.: Центр политической информации; Издательство ГНОМ и Д, 2003.

Бирюков Владимир Афанасьевич. http://www.c-society.ru/obj/main.php?ID=222665&ar2=150&ar3=15 (2006년 4월 24일 검색).

Даркин Сергей Михайлович. http://www.primorsky.ru/administration/?s=10 (2005년 11월 4일 검색).

Закон Камчатской области “Об органах государственной власти Камчатской области.” http://www.sovet.kamchatka.ru/loys/1.html (2005년 11월 5일 검색).

Закон Камчатской области. “О государственной службе Камчатской области.” http://www.sovet.kamchatka.ru/loys/1.html(2005년 11월 5일 검색).

История - Приморский край.http://socarchive.narod.ru/bibl/polros/Prim-kr/istor-primk.html.

Источник: Якутия - Россия: 370 лет вместе / Сост. В.И. Пестерев, Е.С. Шишигин. Под ред. И.И. Шабалиной. - Якутск: Бичик. 2002. Якутия в годы Советской власти (1918-1991). Страницы истории и современность Якутии. http://sakha.gov.ru/print.asp?c=2863 (2004년 5월 8일 검색).

Камчатская область. http://www.wgeo.ru/russia/reg41.shtml (2006년 2월 26일 검색).

Конституция (основной закон) Республики Саха (Якутия). http://iltumen.ya1.ru/status.php?page=const_05 (2004년 5월 29일 검색).

Машковцев Михаил Борисович губернатор Камчатской области. http://www.ako.kamchatka.ru/ (2006년 5월 23일 검색).

Национальный состав населения Камчатской области. http://www.wgeo.ru/russia/table.s html?id=33&code=41 (2006년 2월 26일 검색).

Национальный состав населения Приморского края. http://www.wgeo.ru/russia/table.s html?id=33&code=25 (2006년 2월 26일 검색).

Национальный состав населения Республики Саха (Якутия). http://www.wgeo.ru/russia/table.shtml?id=33&code=14 (2006년 2월 26일 검색).

Полномочный представитель. Коллегиальные органы. http://www.dfo.ru/plenipotentiary/kollegi (2005년 11월 검색).

Полномочный представитель. Статус и полномочия. http://www.dfo.ru/plenipotentiary/status (2005년 11월 검색).

Полномочный представитель. Структура аппарата. http://www.dfo.ru/plenipotentiary/apparat (2005년 11월 검색).

Полномочный предствавитель Президента РФ в ДФО. Федеральные органы власти на территории округа. http://www.dfo.ru/area/authority (2006년 1월 16일 검색).

Положение о Полномочном Представителе Президента Российской Федерации в федеральном округе. http://www.dfo.ru/?link=2001 (2005년 3월 18일 검색).

Президент РС(Я). http://www.sakha.gov.ru/main.asp?c=1 (2005년 11월 검색).

Приморский край в советский период. http://www.fegi.ru/PRIMORYE/HISTORY/soviet.htm (2004년 5월 9일 검색).

Приморский край. http://www.wgeo.ru/russia/reg25.shtml (2006년 2월 26일 검색).

Регионы - Губернаторские выборы в 2000 году - Камчатской области. http://i1600.100mb.ru/~grankin/archiv/reg41el.htm.

Регионы - Губернаторские выборы в 2001 году - Приморский край. http://i1600.100mb.ru/~grankin/archiv/reg25el.htm.

Регионы - Губернаторские выборы в 2001 году - Республика Саха (Якутия). http://i1600.100mb.ru/~grankin/archiv/reg14el.htm.

Республика Саха (Якутия). http://www.wgeo.ru/russia/reg14.html (2006년 2월 26일 검색).

Справочник - Региональная власть - Камчатская область. Машковцев Михаил Борисович. http://www.informprom.ru/about.html?442 (2006년 5월 23일 검색).

Указ Президента Российской Федерации. "О Полномочном Представи теле Президента Российской Федерации в федеральном округе." http://www.dfo.ru/?link=2001 (2005년 3월 18일 검색).

Устав Камчатской области. http://constitution.garant.ru/DOC_25897068.htm (2004년 5월 29일 검색).

Устав Приморского края. http://www.primorsky.ru/ustav/1[3,5].html (2005년 5월 29일 검색).

Федеральный закон. "Об общих принципах организации законодатель ных (представительных) и исполнительных органов государств енной власти субъектов Российской Федерации." http://www.ykt.ru/izbirkom/zakon/obprinc.htm (2004년 8월 9일 검색).

제 4 장

러시아 극동지구 연방주체들의 입법권력기관 : 위상 및 구조*

강혜련(연세대)

1. 머리말

극동지구는 러시아연방 전체 면적 가운데 36.40%를 점하지만 인구는 4.91%에 불과하다. 7개 연방지구 가운데 최대지구이며 하나의 공화국, 두개의 변강주, 네 개의 주와 두개의 자치구, 한개의 자치주로 구성된다. 연방주체의 행정적 지위는 다른 연방지구에 비해 가장 복잡하다.

영토와 인구를 보면, 러시아연방의 동부지역, 즉 아시아지역 전반에 나타나는 인구분포의 산재성이 극동에서도 명확하게 드러난다.[1] 이는 기후를 비

---

* 이글은 『동북아문화연구>』(2005년, 제 10호) 에 게재된 것으로서, 게재과정에서 삭제되었던 내용을 보완했다.

1) 극동지역에서 인구규모가 가장 큰 주는 연해변강주와 하바롭스크 변강주이며, 아무르주와 사하(야꾸찌야) 공화국이 그 뒤를 잇고 있다. 사하 공화국은 영토가 가장 큰 연방주체로서 러시아연방의 18.17%, 극동연방지구 전체 면적의 49.92%에 달한다. 그렇지만 동토(凍土)지역으로서 인구는 98만 6천명으로 인구밀도가 0.3에 불과하다. 사할린주와 깜차트까주는 각각 극동연방지구 전체인구의 8.32%, 5.40%를 차지한다. 주들 가운데 인구가 가장 적은 곳은 마가단주로서 23만 4천명의 주민을 두고 있다. 이보다 인구밀도가 더 낮은 곳은 꼬랴크 자치구와 추꼬트까 자치구로서 0.1로 나타난다. 꼬랴크 자치구는 인구가 불과 2만 9천명, 추꼬트까 자치구는 7만 5천명에 지나지 않는다. 이에 비해 두 자치구의 영토는 큰데, 극동연방지구에서 차지하는 비율이 각각 4.85%, 11.87%이다. 인구밀도가 비교적 높은

롯한 자연지리적 특성에 기인하는 바 크다. 대체로 민족단위의 연방주체에서 인구밀도가 낮고 영토가 크다는 점이 특징적이다.[2] 유대인 자치주 정도가 예외일 뿐 사하(야꾸찌야) 공화국, 꼬랴크 자치구, 추꼬트까 자치구 등은 이에 해당된다.

인종구성에서 다민족적 구성이라는 러시아 일반의 특성이 관철됨에도 불구하고 러시아족이 절대다수를 차지한다. 명목민족이 있는 연방주체들의 경우를 보더라도 사하(야꾸찌야) 공화국, 꼬랴크 자치구, 유대인 자치주, 추꼬트까 자치구에서 러시아족의 비율은 과반수 이상을 차지하며 명목민족이 거의 유명무실한 경우도 있다.[3] 민족적 단위가 아닌 지역적 특성을 중심으로 구획된 연방주체들의 경우 러시아족이 절대다수를 차지하지만 그 편차는 조금씩 다르다. 다른 연방주체들에서 러시아족 비율이 80%를 상회하는데 비해 마가단주에서는 75.2%이다. 러시아족 다음으로는 우크라인족이 극동지역 연방주체들에서 5-15% 정도의 비율을 점하면서 주요민족의 위치를 갖고 있다. 사할린주에서는 고려인이 5.0%를 차지하고 있기도 하다.

극동지역의 영토 및 인구분포상의 특성은 무엇보다도 대의권력의 존재양식에 근본적인 영향을 끼친다. 이 글은 극동지역 입법권력기관에 대해 다음의 문제들을 보다 구체적으로 밝히는 데에 그 목적이 있다. 첫째, 지역 입법권력의 존재양식을 보기 위한 기본틀의 마련이다. 수평적 차원에서 연방주체별 입법권력기관에 대한 고찰 및 상호비교가 주요초점이다. 이는 수직적으로 연방 - 연방주체 - 지방자치로 이어지는 권력기관체계를 전제로 한다. 둘째, 보다 구체적으로는 극동지역 열개 연방주체의 입법권력기관을 고찰한다.

사할린주나 연해변강주에 비해 영토는 훨씬 크다. Российский статистический ежегодник: Стат.сб. / Госкомстат России. М., 2001. С. 41-43, 82-86.

2) 이는 러시아 남부연방지구의 민족단위 연방주체들의 인구밀집상황과 비교하면 대조적이다. 강혜련, 『러시아지방의 정치적 특성과 유형화』 (서울: 오름, 2005), 32쪽의 [표4] 참조.

3) 실제 유대인 자치주에서 유대인은 4.2%에 불과하고 러시아족이 83.2%를 점하는 것으로 나타난다. 추꼬트까에서도 명목민족인 축치족은 10% 미만으로 집계되며 러시아족이 점하는 비율은 66.1%, 우크라인족이 차지하는 비율은 16.8%이다. 비교적 명목민족의 비율이 높은 연방주체가 사하 공화국과 꼬랴크 자치구로서 각각 33.4%, 16.4%(북부민족 전체는 25.1%)이다. Российский статистический ежегодник. 2001. С. 95.

극동지역이라는 특수적 공간을 연구대상으로 하며, 연방주체 각각에 대한 고찰, 이의 상호비교 및 종합적 특성의 도출이 목표이다. 셋째, 단초적 수준이긴 하지만 시기별 변동상황에 대한 간략한 논의를 전제하면서 현재의 상황을 고찰하고자 시도한다. 옐친집권이후 푸친에 이르기까지 개혁 초기 입법권력기관에 대한 규정과 현재의 변동상황에 대한 논의가 전체적으로 전제된다. 넷째, 궁극적으로 극동지역 연방주체들의 입법권력기관의 구조 및 역할, 변동상황을 종합하여 제도적 수준에서나마 그 특성을 정리고자 한다.

이 글은 주로 연방주체의 입법권력기관에 대한 제도적 규정을 주요한 분석대상으로 한다. 각 연방주체 내부의 실제적인 권력관계, 제도적 규정의 현실적 작동 등이 관심의 대상이 되지 않는 바는 아니지만, 가능한 선에서만 논의에 포함시키며, 일차적으로 연방주체의 기본법(헌법, 헌장)을 논의의 중심으로 할 것이다.

2. 러시아연방 입법권력기관의 기본구도

지역권력과 중앙권력의 관계는 어느 경우에나 권력의 존재양식과 성향, 권력작동에서 민주주의의 문제를 판단하는 기준이 된다. 러시아도 예외가 아니며, 보다 근본적으로는 행정구역의 개편에서부터 일반대중이 체감하는 지역/현지 주민자치에 이르기까지 민주주의의 구체적인 실현과 관련된 입법권력의 수준별 존재 및 활동은 관심의 대상이 된다.

연방주체 입법권력기관은 소비에트 시기를 그 전사(前史)로 한다. 이는 다음의 두가지 측면을 일차적으로 고려해야 함을 의미한다. 첫째, 수준별 분류에서 연방주체의 설정은 소련과 차이를 갖는다는 점이다. 소비에트 시기 입법권력기관인 인민대의원회의는 소련 최고소비에트, 연방공화국 최고소비에트, 자치공화국 최고소비에트, 변강주, 주 인민대의원회의, 자치주와 자치구의 인민대의원회의, 라이온, 도시, 도시 라이온, 촌락 및 농촌 인민대의원회의로 이어지는 단일한 국가권력기관체계를 구성했다. 소련 최고소비에트, 연방공화국 최고소비에트와 자치공화국 최고소비에트의 권한임기는 5년이었다. 소련의 몰락을 전후하여 각 연방공화국의 독립, 러시아연방에서 자치공화국의 공화국으로의 승격과 같은, 연방구성에서 변화가 있었다. 연방을 구성하는 기본단위로서 공화국의 위상은 제도적 수준에서도 약화되고 현러시아에서 공화국은 주와 변강주와 동등한 연방주체의 한 유형으로 위치지어진다.

둘째, 대의기관의 위상에서 근본적인 차이를 갖는다는 점이다. 소련에서 국가권력기관은 곧바로 소비에트를 지칭하는 것이었다. '공산당-국가권력-대중조직'이라는 소련의 기본적인 권력구도를 상기하면, 현러시아에서 입법권력기관의 위상변화를 실감할 수 있다.

소비에트 시기 지역의 국가권력 및 운영기관은 변강주, 주, 자치주, 자치구, 라이온, 도시, 도시의 라이온, 촌락, 농촌의 거주지에 있는 해당 인민대의원회의였다. 소련헌법은 "지역 인민대의원회의는 국가 일반의 이해와 소비에트 영토에 거주하는 주민의 이해에서 나오는 지방적 의미의 문제를 결정하며, 상위 국가기관의 결정을 실천하고 하위 인민대의원회의의 활동을 지도하며, 공화국 및 전연방적 의미의 문제들에 대한 논의에 참여하고, 거기에서 자신의 제안을 상정한다"고 규정하고 있다. 인민대의원회의 집행 및 운영기관은 의원들 가운데서 선출되는 집행위원회였다. 집행위원회는 일년에 한번 이상 소비에트에서 그리고 노동자집단의 회의에서, 또한 지역 주민들의 거주지에서 결산보고해야 할 의무가 있었다. 지역 인민대의원회의 집행위원회는 직접적으로 소비에트 및 그 선출자들에게 그리고 상위의 집행 및 운영기관에 예속되었다.4)

현러시아 지역 대의기관의 전신(前身)인 소련의 모든 지역 소비에트의 권능은 다음과 같은 특성을 가졌다. 주(변강주) 소비에트는 지역 권력기관체계에서 최고수준에 해당되었다. 그 활동은 대규모 영토에 걸쳐 있었으며, 광범위한 권한과 풍부한 물질적 기반을 점유했다. 농업과 산업을 지도했으며 세분화된 운영기구를 두었다. 그 다음 행정단위에 따라 라이온 소비에트, 도시 및 농촌 소비에트가 구성되었다. 라이온 소비에트는 농업협동조합 규칙의 정확한 집행을 감독하고 토지이용에 관한 규칙을 집단농장에 정해주고 또 국가의 토지등록 장부를 관리했다. 도시 소비에트는 도시지역의 국가권력기관으로서, 산업발전을 지도했고 도시의 기업, 기관 및 조직에 관한 모든 문제들을 결정했다. 농촌 소비에트는 농업, 문화 및 생활상의 공공용역을 지도했고, 하위기관들의 활동을 감독했다. 또한 집단농장들의 적절한 의무이행을 지원했다. 지역 소비에트들은 전체회의라는 형식으로 자신의 업무를 실현했다. 변강주, 주 소비에트 전체회의는 일년에 4번이상 소집되었고, 구와 라이온 소비에트 전체회의는 일년에 6번이상, 라이온으로 분할되는 도시에서는 일년에 4번이상 소집되었다.5)

소연방의 붕괴와 더불어 독립한 러시아에서 연방제를 구성하는 가장 중요한 주역으로 설정된 것은 연방주체이다. 러시아에서는 연방주체 수준까지는 국가권력체계에 포함시키며 그 하부단위에서 지방자치의 개념을 이용한 정치적 양식으로 규정하고 있다. 러시아연방 헌법에 따르면, 연방수준에서 국가권력을 실현하는 것은 연방대통령, 연방의회(연방회의와 국가두마), 연방정부 및 연방법원이다. 연방주체 수준에서는 연방주체에 의해 구성된 국가

---

4) Конституция (Основный Закон) Союза Советских Социалистических Республик. http://www.hist.msu.ru/ER/Etext/cnst1977.htm (2005년 5월 28일 검색).

5) Коржихина Т.П. Советское государство и его учреждения: ноябрь 1917г. - декабрь 1991г.: Учеб. для вузов по спец. "История". М.: РГГУ, 1994. С. 218-221.

권력기관(органы государственной власти)이 국가권력을 실현한다. 연방 국가권력기관과 연방주체 국가권력기관 사이의 관할과 권한사항의 분리는 연방헌법, 연방조약 및 다른 조약들에 의해 실현된다.6)

연방주체 수준의 국가권력기관을 구성하는 것은 연방주체의 입법(대의) 국가권력기관, 연방주체의 최고 집행 국가권력기관, 그리고 연방주체의 헌법(헌장)에 따라 구성되는 연방주체의 다른 국가권력기관들이다.7) 공화국, 변강주, 주, 연방특별시, 자치구, 자치주와 같은 연방주체들의 경우, 공화국은 독자적인 헌법과 법령을, 다른 연방주체들은 헌장과 법령을 갖는다.8) 러시아연방 헌법에서는 이러한 연방구성(федеративное устройство)은 국가적 완전성, 국가권력체계의 단일성, 연방 국가권력기관과 연방주체 국가권력기관들 사이의 관할과 권한사항의 분리, 러시아연방에서 시민들의 평등과 자결을 기반으로 한다고 밝히고 있다.9)

연방주체 하위 수준의 권력기관은 국가권력기관체계에는 속하지 않으며 지방자치기관(органы местного самоуправление)으로 규정된다. 자신의 권한영역에서 독자성을 갖는다. 연방헌법은 "러시아연방에서는 지방자치가 인정되고 보장된다. 자신의 권한영역에서 지방자치는 독자적이다. 지방자치기관은 국가권력기관 체계에 들어가지 않는다"고 규정하며, "국민은 자신의 권력을 직접, 그리고 국가권력기관과 지방자치기관을 통해서 실현"한다고 명시하고 있다.10)

---

6) Конституция Российской Федерации // Конституционное право России: Сборник конституционно-правовых актов / Отв.ред. О.Е. Кутафин, Сост. Н.А. Михалева. М.: Юристъ, 1998. С. 8-39. 러시아연방 헌법, 제10-12조.

7) Об общих принципах организации законодательных(представительных) и исполнительных органов государственной власти субъектов Российской Федерации. http://www.ykt.ru/izbirkom/zakon/obprinc.htm (2004년 8월 9일 검색).

8) 러시아연방 헌법 제68조에 의하면 러시아연방의 국가언어는 러시아어이다. 공화국은 자신의 국가언어를 정할 수 있다. 공화국의 국가권력기관, 지방자치기관, 국가기구에서 이 언어는 러시아어와 함께 사용될 수 있다. 또한 제68조와 제69조에 따르면, 러시아연방의 모든 민족에게 민족어의 보존, 그 학습과 발전을 위한 조건을 마련할 권리를 보장한다. 러시아연방은 국제법과 러시아연방의 국제조약의 일반적으로 인정되는 원칙과 규준에 따라 토착 소수민족들의 권리를 보장한다.

9) 러시아연방 헌법, 제5조.

10) 러시아연방 헌법 제3조, 제10-12조.

연방법률에 따르면, 지방자치는 주민들이 독자적으로 그리고 자신의 책임하에 직접 혹은 지방자치기관을 통해 주민의 이해, 그 역사적 그리고 지방의 다른 전통에서 나오는 지방적 의미의 문제들을 해결하기 위한 활동이다. 국민들의 권력의 표현으로서 지방자치는 러시아연방의 헌법적 구조를 구성하는 기반 가운데 하나이다. 지방자치의 단위는 시구성(муниципальное образование)으로 설정된다. 시구성은 도시, 농촌, 전체지역이 통합된 일부의 촌락, 촌락의 부분, 지방자치가 실현되는 영역에 들어가는 것으로 연방법률이 정한 다른 거주지역을 의미하며, 독자적인 소유재산, 예산 및 선출직 지방자치기관을 갖는다. 이 가운데 대의 지방자치기관(представительный орган местного самоуправления)은 시구성에서 주민들의 이름으로 그 이익을 대변할 권리를 갖는, 선출직 지방자치기관을 의미한다.[11)]

러시아연방의 일반적 권력구조와 연관시켜 입법기관의 기본적인 구도를 보면 다음과 같이 나타난다.

[표 1] 러시아연방 입법권력기관의 기본구도

	수준별	연방 일반	극동지역
I	연방수준	연방의회	상원: 연방주체별 대표자들 하원: 연방주체에서 선출된 의원들
	(연방지구 수준)	(협의체)	(극동 및 자바이칼 러시아연방 주체들의 입법(대의) 국가권력기관 협의회)*[1)]
II	연방주체 수준	연방주체 입법(대의) 국가권력기관	연방주체별로 두마, 인민대의원회의, 입법회의, 국회 등
III	연방주체 하위・시구성	대의 지방자치기관	도시, 라이온, 촌락 등의 대의기관

*1) 이 협의회는 1995년 세워졌다. 지역의 사회-경제적 발전을 위한 지식 능력, 조직적, 재정적 그리고 다른 자원들의 결합을 추구하는 것이 주요내용이다. 창설자는 사하(야꾸찌야) 공화국, 연해변강주, 하바롭스크 변강주, 아무르주, 사할린주, 마가단주, 치타주, 유대인 자치주, 아긴 부랴찌야 자치구, 꼬랴크 자치구의 입법(대의) 국가권력기관들이다. 극동연방지구 가운데 깜차트까주와 추꼬트까 자치구가 포함되지 않은 대신 치타주와 아긴 부랴찌야 자치구가 들어가 있다. 이에 관해서는, Законодательное собрание Ил Тумен. Органы власти Республики Саха (Якутия). http://www.sakha.ru/sakha/gov/html/il2men.htm.(2004년 5월 8일 검색).

11) Об общих принципах организации местного самоуправления в Российской Федерации / Муниципальное право Российской Федерации: Хрестоматия // Сост. Белоусова Е.В. М.: Юристъ, 1999.

연방주체 입법권력기관은 각기 다르게 규정된다. 아무르주와 깜차트까주는 상설적으로 활동하는 최고의, 단일한 입법권력기관으로 각각 주인민대의원회의를 규정하고 있다. 아무르주 헌장은 주인민대의원회의는 연방 및 주의 법령에 따라 주의 관할사항에 관해 그리고 연방과 주의 공동 관할사항에 관해 법률 및 다른 법규의 채택으로 자신의 권한을 실현한다고 규정하며, 주인민대의원회의 의장에게 혹은 다른 공직자에게 자신의 권한을 위임할 수 없다고 못박고 있다. 깜차트까주 헌장은 주인민대의원회의는 권력분립, 준법성, 공개의 원칙을 기반으로 자신의 활동을 실현한다고 규정하고 있다. 그런가 하면, 마가단주와 사할린주에서는 주두마가 상설적으로 활동하는 최고의, 단일한 입법권력기관으로 설정된다.12)

극동지역 입법권력기관에 대한 기본적인 규정은 다음과 같다.

[표 2] 극동지역 연방주체들의 입법기관

연방주체	입법권력기관	의원수	임기
아무르주	아무르주 인민대의원회의	36명	4년
깜차트까주	깜차트까주 인민대의원회의	39명	5년
마가단주	마가단주 두마	25명	5년
사할린주	사할린주 두마	27명	4년
연해변강주	연해변강주 입법회의	39명	4년
하바롭스크 변강주	하바롭스크 변강주 입법두마	25명	4년
사하(야꾸찌야) 공화국	사하(야꾸찌야) 공화국 국회(일 뚜멘) (양원제: 공화국회의, 대표자회의. 각 35명씩)	70명	5년
꼬랴크 자치구	꼬랴크 자치구 두마	12명	4년
추꼬트까 자치구	추꼬트까 자치구 두마	13명	5년
유대인 자치주	유대인 자치주 입법회의	15명	4년

출처: Устав Камчатской области. http://constitution.garant.ru/DOC_25897068.htm (2004년 5월 29일 검색); Устав Корякского автономного округа. http://www.legislature.ru/ruconst/koryaka0.html (2004년 5월 29일 검색); Устав Магаданской области. http://www.magadan.ru/laws/ustav.shtml (2004년 5월 29일 검색); Конституция (Основной Закон) Республики Саха (Якутия). http://iltumen.ya1.ru/status.php?page=constitution (2004년 5월 29일 검색); Устав Сахалинск

12) Устав Магаданской области. http://www.magadan.ru/laws/ustav05.shtml. Глава 5. Законодательный (представительный) орган государственной власти Магаданской области.

ой области. http://www.adm.sakhalin.ru/?id=58 (2004년 5월 29일 검색); Устав (Основной Закон) Амурской области. http://www.amurobl.ru/index.php?r=3 (2004년 5월 8일 검석); Устав Приморского края. http://www.primorsky.ru/ustav/ (2004년 5월 29일 검색); Устав Еврейской автономной области. http://www.legislature.ru /regions/79.html (2004년 5월 29일 검색); Устав Чукотского автономного округа. http://chukotka.cikrf.ru/ (2004년 5월 29일 검색); Устав Хабаровского края. http://constitution.garant.ru/DOC_25406546.htm#sub_para_N2000 (2004년 5월 29일 검색).

3. 극동지역 연방주체들의 입법권력기관의 위상과 권한

1) 입법권력기관의 변동상황

연방주체 국가권력기관의 조직화와 관련된 연방법률은 1999년에 제정되었다. 이는 지방에 대한 중앙의 지속적인 장악노력을 보여주는 한편으로, 연방주체 내부적인 권력구조의 정비와도 연관된다. 이전까지는 연방헌법, 연방조약, 중앙정부와 연방주체 정부와의 쌍무간 협약이 기본적인 토대가 되었다. 그 결과 옐친집권 시기였던 1990년대 연방주체 입법권력기관의 변화는 상대적으로 편차를 드러냈으며, 상당수 연방주체들의 권력구조 변화는 중앙권력의 변화에 비해 완만한 것이었다.[13)]

사하(야꾸찌야) 공화국의 경우 공화국의 최고 입법(대의) 및 통제기관은 국회(일 뚜멘)로서, 사하(야꾸찌야) 공화국 최고소비에트의 합법적 후신이다. 제1대 국회(일 뚜멘)의 조직적인 회의는 1994년 1월 25일에 성립되었다. 1993년 12월 12일 56명의 의원이 선출되었는데, 공화국회의는 35명, 대표자회의는 21명이었다. 이 선거는 공화국 대통령에 의해 승인된 문서 "입법회의에 관한 사항"에 따라 진행되었다. 제2대 국회(일 뚜멘)의 대의원 선거는 1997년 10월 28일 진행되었다. 대표자회의의 첫 번째 조직적 회의는 1998년 1월 22일에, 공화국회의의 회의는 1월 23일에 열렸다.

제1대 국회(일 뚜멘)부터 공화국의 국가구성, 정치적, 사회-경제적 그리고 정신적 생활의 새로운 요구에 부응하는 법률, 법규에 관한 법률안 작업이 진행되었다. "러시아 연방 국가권력기관과 사하(야꾸찌야) 공화국 국가권력기관들 사이의 관할과 권한사항의 분리에 관하여", "사하(야꾸찌야) 공화국에서 국가 소유재산 운영에 관하여", "북부의 토착 소수민족들의 법적 지위에

---

13) 연방주체 입법권력기관들의 변화를 시기적으로 보면, 1990-1994년까지는 대체로 구소련 시기의 제도적 위상과 일정하게 차별성을 두는 소비에트의 재구성, 1994-1997년까지는 각 연방주체별로 제도적 정비를 통한 입법권력기관의 새로운 편성이 이루어진다. 1999년을 기점으로 연방법령이 정비되면서 연방주체 권력구조의 개편이 요구되는데, 입법권력기관의 경우 그 영향을 집행권력을 비해 상대적으로 크게 받지는 않는다. К 10-летию краевого парламента. Итожим прожитое. http://www.duma.khv.ru/kraiduma/press/parlament_page/k_10.htm (2005년 5월 30일 검색).

관하여", "토지구조 및 토지건설 업무에 관하여", "영화제작에 관하여", "농업조합에 관하여", "교사에 관하여", "사하(야꾸찌야) 공화국 민족들의 민족적 문화적 자산의 특히 가치있는 대상에 관하여" 등의 법률들이 제정되었다.

1994년 9월 22일 양원 공동회의의 명령에 의해 러시아연방 연방의회에 사하(야꾸찌야) 공화국 국회(일 뚜멘)의 상설 대표자 기구가 세워졌다. 또한 국회(일 뚜멘)는 극동 및 자바이칼 연방주체들의 입법(대의) 국가권력기관들의 협의회에 소속되어 있으며, 부랴찌야 공화국의 인민후랄, 바쉬꼬르또스딴의 국회-꾸룰타이, 따따르스딴의 국회 및 모스크바시 두마와 협력에 관한 협약을 체결했다.[14)]

사할린주에서는 1993년 10월 9일 발효된 연방대통령 명령 "러시아연방에서 대의권력기관 및 지방자치기관의 개혁에 관하여"와 사할린주 지사의 명령 "사할린주의 주단위 및 소규모 인민대의원회의의 개혁에 관하여"에 의해 주 인민대의원회의의 활동이 중지되었다. 1993년 10월 22일 발효된 연방대통령 명령 "러시아연방 주체에서 국가권력 조직의 기본적 단계에 관하여"에 따라 1994년 2월 16일 발포된 사할린주 지사의 명령으로 주의 입법(대의) 국가권력기관, 즉 주두마에 관한 한시적 사항이 승인되었다. 주두마는 보통 평등 직접 선거권을 기반으로 2년 임기로 주민들이 선출하는 16명으로 구성된다는 것이 정해졌다.

1994년 3월 27일 사할린주에서는 제1대 사할린주 두마선거가 성립되었다. 남사할린시에서는 1994년 3월 선거 그리고 1994년 7월 재선거가 성립되지 못했고, 따라서 제1대 주두마는 12명의 의원으로 구성되었다. 제1대 두마에서 지방자치 국가권력의 기반을 입법적으로 조절할 수 있는 전제가 마련되었다. 주헌장이 채택되었고, 주법률에 의해 주두마 의원, 지방자치 대의기관의 지위가 규정되었다. 의원들의 임기만료이전 권한중지와 관련하여 1996년 6월 제1기 사할린주 두마는 업무를 중단했다.

제2대 사할린주 두마는 1996년 10월 20일 선출되었다. 주헌장에 따라 주두마는 27명의 의원으로 구성되었고 전원 선출되었다. 이 가운데 19명은 직업적 기반에서 일했다. 8개의 상설 위원회, 4개의 의원그룹이 구성되었고,

---

14) Законодательное собрание Ил Тумен. Органы власти Республики Саха (Якутия). http://www.sakha.ru/sakha/gov/html/il2men.htm (2004년 5월 8일 검색).

두마 소비에트가 세워졌다. 두마의 통제기능 실현을 위해 통제-예산위원회가 형성되었고, 이 위원회의 업무를 위한 입법적 기반이 마련되었다. 제3대 사할린주 두마는 2000년 10월 22일 선출된 27명으로 구성되었고, 이 가운데 15명이 상설적 기반에서 일했다. 제3대 주두마에는 8개의 상설적 위원회가 구성되어 활동했고, 의원분파 "단결"이 등록되었다. 27명 가운데 11명은 제2대 두마의원들이 다시 선출된 것으로 나타났다.15)

옐친집권 시기 각 연방주체별로 입법권력기관의 변화는 차이를 드러내지만, 그 가운데서도 몇가지 전기는 동일하다는 점이 지적될 수 있다. 소비에트 시기 연방주체 단위의 대의기관, 즉 주인민대의원회의의 변화와 관련된 연방 차원의 법령의 발포와 이에 연관된 입법권력기관의 정비이다. 대략적으로 1992-1993년에 걸쳐 구체적으로 실행되는데, 공화국의 경우는 1991-1992년에 주권선언을 비롯한 독자적인 움직임을 보인다. 1993년 연방대통령의 명령을 기점으로 하여 각 연방주체들에서 선거가 진행되고 이 시기를 전후하여 연방주체 입법권력기관의 구성이 이루어진다. 1996-1997년 연방주체들의 법령의 정비와 함께 제2대 입법권력기관 구성을 위한 선거가 실시된다.

추꼬트까 자치구 두마는 1995년 9월 17일 러시아연방 대통령 명령 "러시아 연방주체의 국가권력기관과 지방자치기관 선거에 관하여"에 따라 1996년 12월 22일 제2대 두마의원선거를 지정했다. 유대인 자치주의 경우를 보면, 제1대 입법회의 선거는 1994년 3월 13일 실시되었다. 그 임기는 2년이었다. 1995년 11월에 러시아연방 대통령 명령 "러시아 연방주체 대의기관의 권한연장에 관하여"에 따라 1997년 10월에 의원선거를 실시할 것을 결정했고, 1997년 1월 16일 결정에 의해 입법회의 의원선거와 대의 지방자치기관의 의원선거를 동시에 1997년 10월 26일에 실시했다. 1997년 10월 26일 선거는 유대인 자치주 법률 "유대인 자치주의 입법회의 의원선거에 관하여"에 따라 진행되었다.16)

---

15) История Сахалинской областной Думы. http://www.duma.sakhalin.ru/SOD4/Russian/History.html (2005년 5월 29일 검색).

16) Выборы в законодательные (представительные) органы государственной власти субьектов Российской Федерации. 1995-1997. Электоральная стат истика. М.: Издательство "Весь Мир", 1998. С. 568 (추꼬트까 자치구), 524 (유대인 자치주).

[표 3] 극동지역 연방주체들의 제2대 입법권력기관 선거일 및 및 선거관련 법령 (1995-1997년)

연방주체	선거관련 법령. 제정일자	선거일
아무르주	아무르주 인민대의원회의 대의원 선거에 관하여. 1996.5.31.	1997.3.23.
깜차트까주	깜차트까주 입법(대의) 국가권력기관 의원 및 깜차트까주 행정부 수장 선거에 관하여. 1996.09.17.부터 깜차트까주 법률로 상정된 수정 및 보완안. 1995.11.13.	1997.11.30.
마가단주	마가단주 두마의원 선거에 관하여. 1997.2.5.	1997.5.18.
사할린주	사할린주 두마의원 선거에 관하여. 1996.1.11.	1996.10.20.
연해변강주	연해변강주 두마의원 선거에 관하여. 1997.6.11.	1997.12.7.
하바롭스크 변강주	하바롭스크 변강주 입법두마 의원 선거에 관하여. 1995.12.27.	1997.12.7.
사하(야꾸찌야) 공화국	사하(야꾸찌야) 공화국 국회(일 뚜멘)의 인민대의원 선거에 관하여. 1997.9.23.	1997.12.28.
꼬랴크 자치구	꼬랴크 자치구 두마의원 선거에 관하여. 1995.1.19.	1996.11.17.
추꼬트까 자치구	추꼬트까 자치구 두마의원 선거에 관하여. 1996.8.19.	1996.12.22.
유대인 자치주	유대인 자치주 입법회의 의원 선거에 관하여. 1997.6.25.	1997.10.26.

출처: Выборы в законодательные (представительные) органы государственной власти субьектов Российской Федерации. 1995-1997. Электоральная стат истика. М.: Издательство "Весь Мир", 1998. С. 19-22, 41-43.

연방법령의 정비와 함께 연방주체 수준에서는 그 지위 및 상황에 따라 권력구조의 입법적 토대가 마련된다. 연방주체 입법권력기관들은 초기 기본법을 비롯하여 연방주체의 새로운 권력구조의 틀을 마련하기 시작하는데, 이 과정에서 중앙권력과의 의견불일치가 적지 않게 목격된다. 이는 연방주체의 독자성을 강조하는 측면도 있지만 보다 근본적으로는 연방주체 내부적인 권력구조의 재편과 연관된다.[17]

17) 관련하여 주목되는 것이 지역 지배구조의 변화, 정치적 성향의 변화에 대한 문제이다. 짜르시대의 엘리트 충원관성이 1990년대에도 여전히 남아있다고 '비관적으로' 말하듯이, 즉 소비에트 시기의 지배구조가 소련의 몰락이후에도 여전히 남아있는 것이다. 연방주체 내부적인 권력구조 재편의 어려움은 이와 연관된다. 또한 연방주체 입법권력기관의 정착시도는 지역의 정치적 분위기와 곧바로 연관되며, 이는 선거의 진행, 유권자들의 의식과 밀접하게 관련된다. 소비에트적 관행의 잔존은 이와 관련하여 중요한 변수가 되는데, 극동지역의 경우 아직까지 근본적인 변화의 조짐이

2) 입법권력기관의 구성

극동지역 열개의 연방주체 전체 인구는 670만명 정도이다. 연방주체별 인구분포의 성격이 다르게 나타나며, 이에 토대를 두는 입법권력기관의 구조와 역할도 일정한 차별성을 갖는다. 극동지역 연방주체 입법권력기관들은 대체로 4-5년의 임기를 가지며, 성원수는 적게는 꼬랴크 자치구의 12명에서 많게는 사하 공화국의 70명까지 차이가 있다. 인구수가 적은 연방주체들의 입법기관은 12명에서 15명이며, 극동지역의 가장 전형적인 연방주체들의 입법기관 성원수는 25명에서 39명까지 분포되어 있다.[18]

연방주체 입법기관은 그 성원으로 정해진 의원수 3분의 2 이상이 선출되면 구성된다. 선출은 각 연방주체별로 다른 제도를 채택하는데, 대체로 선거구별 다수득표제를 원칙으로 하며, 일부는 비례대표제에 의해 뽑기도 한다. 아무르주의 인민대의원은 대표성의 단일한 규준을 기준으로 주의 영토에서 구성되는 선거구별로 다수득표제의 여건에서 비밀투표하에 보통 평등 직접 선거권을 기반으로 선출된다. 마가단주에서는 주두마의원의 절반 이상을 선거집단, 선거블록이 제시하는 의원후보 명단에 투표하는, 단일 선거구에서 비례대표로 선출하고 나머지는 소선거구제로 선거구별로 선출한다.

연방주체 입법기관의 해산은 연방법률에 의거하여 각 연방주체들의 기본법에서 정해지고 있다. 아무르주의 경우 임기가 끝나기 전에 주인민대의원회의가 해산되는 것은 임기가 끝날 때까지 자체 해산에 관한 주인민대의원회의 결정의 채택, 해당 회기 주인민대의원회의의 구성불가능성에 관한 주법원 결정의 효력발생 등에 의해서이고, 또한 연방법률이 정한 절차에 따라 그리고 그 기반에 의거하여 주인민대의원회의가 해산될 수 있다고 명시하고 있다. 자체 해산에 관한 결정은 정해진 인민대의원수 3분의 2 이상에 의해 채택된다. 임기만료이전 권한이 중지되는 경우 인민대의원 선거는 권한중지 결정이 효력을 발생한 날로부터 6개월내에 진행된다.

있는가에 대해서는 여전히 의문을 갖게 된다.

18) 연방주체의 입법권력기관에서 의원수는 그 주민보다는 지역의 행정적 지위에 더 연관된다고 본다. Выборы в законодательные (представительные) органы государственной власти субьектов Российской Федерации. 1995-1997. Электоральная статистика. М.: Издательство "Весь Мир", 1998. С. 9.

마가단주에서는 마가단주 두마에 의한 자체 해산 결정의 채택, 마가단주 두마의원들의 구성불가능성에 관한 주법원 결정의 효력발생에 의해 임기만료이전 권한이 중지될 수 있으며, 또한 마가단주 지사에 의해서 그리고 연방대통령의 경고 불이행과 관련되어서도 해산될 수 있다. 임기만료이전 주두마가 해산되면 두마선거는 권한중지 결정이 효력을 발생한 날로부터 120일 이내에 실시된다.

사할린주를 보면, 입법기관으로서 주두마의 권한은 새로운 회기의 주두마 업무가 시작되는 시점부터 중단된다. 주두마는 자체 해산의 결과 그 권한이 중지될 수 있다. 주두마는 정해진 의원수 3분의 1이상의 서면 요구에 의해 자체 해산에 관한 문제를 심의할 수 있으며, 자체 해산에 관한 명령은 정해진 의원수 3분의 2 이상의 찬성으로 채택된다. 주두마의 권한은 의원들에 의한 권한중지의 경우를 포함하여 해당 회기 주두마의 구성불가능성에 관한 주법원 결정이 효력을 발생하는 경우 임기만료이전 중지된다. 주두마는 연방헌법과 연방법률, 주헌장에 모순되는 법규를 채택했을 경우, 그리고 그러한 위반을 관련 법원이 확정하고 법원의 결정이 효력을 발생한 날로부터 모둔된 법규를 없애지 않으면 사할린주 지사에 의해 해산될 수 있다. 주두마는 주의 영토에서 전시 혹은 비상사태가 유효한 기간에는 자체해산에 관한 결정을 채택할 수 없다.[19)]

입법기관의 구성과 해체에서 다음과 같은 특징이 드러난다. 첫째, 입법기관 구성의 기준이 되는 선출과 관련해서는 연방법률에 의거하면서 각각 약간씩의 차이를 두고 있다. 선거구의 획정, 성원수, 임기, 피선거권자의 연령 등은 연방주체별로 차이를 둔다. 둘째, 입법기관의 해산은 자체해산 결정, 주법원 판결의 효력발생이라는 측면에서는 공통적이며, 연방대통령의 경고불이행, 주지사에 의한 해산, 주민소환에 의한 해산 등에 대해서는 각기 차별성을 둔다. 아무르주 인민대의원회의의 경우 주지사에 의한 해산이 주헌장에 명확히 규정되지 않고 있다. 연방대통령의 경고불이행도 연방법률에 의거하여 규정되고 있지만, 실제적인 실효를 거두는 데에는 여러단계를 거치는 것이 일반적이다.

---

19) Устав Магаданской области; Устав Сахалинской области; Устав (Основной Закон) Амурской области.

3) 입법기관의 권한

연방주체 입법권력기관의 권한은 입법분야, 예산 및 재정에 대한 통제분야, 집행 및 사법권력에 대한 견제 및 통제분야, 선거 및 대의분야, 연방주체의 행정-영토적 구성과 대외적 관계 등으로 나눌 수 있다. 입법기관은 연방주체의 기본법, 법률, 명령의 형식으로 자신의 권한을 실현한다.

① 입법분야

입법분야에서 연방주체 입법권력기관은 기본법과 그 수정안의 채택, 연방주체와 연방 국가권력기관 사이의 권한의 분리문제 등을 다룬다. 그리고 관련되는 다른 기관과 공동으로 주헌장, 주법률 및 입법권력기관이 채택한 다른 법규의 준수와 집행을 실현한다. 이는 연방주체 입법권력기관의 가장 고유한 기능이다. 기본법과 그 수정안의 채택은 연방주체의 지위에 따라 구체적인 절차에서 차이가 있으며, 연방주체와 연방 국가권력기관 사이의 분리/이관되는 권한의 내용 역시 연방주체별로 일정한 차이가 있다.[20)]

입법권력기관의 입법적 조절과 관련된 또다른 사항은 법률의 해석에 관한 것이다. 사할린주의 경우를 보면, 주두마의 명령으로 주법률을 해석하고 주의 헌장재판소가 구성될 때까지 주헌장을 해석한다는 규정을 두고 있다.

② 예산 및 재정에 대한 통제분야

연방주체 입법권력기관의 가장 중요한 역할 가운데 하나는 예산 및 재정부문에 관한 것이다. 입법권력기관은 집행권력의 수장이 제출한 연방주체의 예산 및 그 집행결산, 연방주체의 사회-경제적 발전 프로그램을 승인한다. 또한 관련되는 다른 기관들과 함께 연방주체 예산의 집행, 연방주체의 예산외 기금의 예산집행, 연방주체 소유재산의 관리절차 준수에 대한 통제를 실현한다.

아무르주의 경우 주헌장에서 주인민대의원회의가 법률로 주의 통제-예산위원회의 법적 지위 및 활동절차를 정한다고 명시하고 있다. 명령으로 주의

---

20) 공화국의 경우 헌법 채택 및 개정을 위해 다른 절차를 정하는 경우가 있다. 남부연방지구의 공화국들에서 자주 발견되며, 극동지역에서는 이러한 경우가 발견되지 않는다.

통제-예산위원회의 위원장, 부위원장 및 감사 등을 임명하며 주인민대의원회의와 주의 통제-예산위원회의 지출예산을 승인한다.

연방주체가 징수하는 세금, 납부금, 연방주체 소유재산의 관리에 대한 통제 역시 입법권력기관의 주요한 역할 가운데 하나이다. 사할린주 헌장에서는 주두마가 연방법률에 의해 주 관할로 정해지는 세금과 납부금, 그 징수절차를 입법권력기관이 정한다고 규정하고 있다. 명령으로는, 주의 재산기금에 관한 사항을 승인하고 주지사가 제출한 주의 단일 기업의 설립과 여기에 주 헌장의 기금을 분배하는 것에 관한 결정을 내린다. 결정의 형식은 일정한 차이가 있지만 그 내용은 아무르주 인민대의원회의에서도 크게 다르지 않다. 연방법률이 주 관할로 정한 세금과 납부금, 그 징수절차를 법률로 정하고 주의 예산외 그리고 통화기금의 구성과 활동절차, 이 기금의 자금지출에 관한 결산을 승인한다.

소유재산의 관리에 대한 통제에서, 사할린주 두마는 법률로 산업체, 조합, 다른 조직적-법적 형태의 기업의 자본에서 사할린주의 몫(지분, 주식)을 포함하여 사할린주 국가소유재산의 운영 및 관리절차를 정한다. 아무르주에서도 마찬가지이며, 아무르주 인민대의원회의는 또한 관련되는 다른 기관과 함께 주의 사회-경제적 발전 프로그램의 집행, 주예산, 주의 예산외 그리고 통화기금의 예산집행, 주의 국가권력기관에 이관된 연방예산 자금의 특별집행, 주 소유재산 및 주 국가권력기관에 그 운영이 이관된 연방 및 다른 소유재산의 운영과 관리절차의 준수를 실현한다.[21]

③ 집행 및 사법권력에 대한 견제 및 통제분야

집행 및 사법권력에 대한 견제 및 통제분야에서 연방주체 입법권력기관의 역할은 연방주체 집행 국가권력기관의 기본구조 및 운영구도 승인, 주요 공직자의 임면권 행사, 집행권력 수장이 추천한 주요 공직자의 임명동의안 채택이 핵심을 이룬다. 마가단주 두마는 법률로 주의 집행 국가권력기관의 구조를 정한다. 사할린주는 주두마가, 아무르주는 주인민대의원회의가 주의 운영구도를 승인하고 주행정부의 구조를 규정한다.

---

21) Устав Сахалинской области; Устав (Основной Закон) Амурской области.

사법권력과의 관계에서 연방주체 입법권력기관의 가장 중요한 역할은 연방주체 헌장(헌법)재판소의 구성 및 판사들의 임명이다. 사할린주 두마, 아무르주 인민대의원회의는 법률로 주 헌장재판소의 구성과 활동절차를 정한다.

집행권력과의 관계에서 중요한 변수로 작용하는 것이 집행권력의 수장에 대한 불신임 표명이다. 연방주체의 기본법에서는 연방법률이 정한 절차 및 그 기반에 의거하여 집행권력 수장을 비롯한 주요공직자에 대한 불신임 표명절차를 정하고 있다. 사할린주 두마는 법률로 주지사에 대한 불신임 표명절차를 정하며, 명령으로 주지사, 수석 부지사에 대한 불신임 결정을 정식화할 수 있다. 아무르주 인민대의원회의, 마가단주 두마는 명령으로 주행정부 수장에 대한 불신임을 표명할 수 있으며, 또한 각각이 그 임명에 동의하는 집행권력기관의 지도자들에 대한 불신임 결정을 할 수 있다고 밝히고 있다. 이와 더불어 마가단주 헌장은 주두마가 연방법률이 정한 경우 연방 집행권력기관의 지역 지도자들의 임명에 동의안을 낼 수 있다고 정하고 있다.

주요공직자의 임면은 주로 명령의 형식으로 실현된다. 사할린주 두마는 사할린주 재산기금의 장의 임면, 주지사가 추천한 수석 부지사의 임명동의, 주 헌장재판소 판사의 임명, 주 검찰, 주법원의 의장과 부의장, 주 중재법원의 의장과 부의장, 주 법원의 판사, 주 중재법원의 판사, 주 라이온 법원의 판사, 연방 최고법원 산하 법원국 사할린주 운영의 장에 대한 임명동의의 권한을 갖는다. 아무르주 인민대의원회의는 주행정부의 수석 부수장, 주의 재정 및 소유재산 운영을 담당하는 기관의 장 임명동의의 권한을 갖는다. 마가단주 두마는 마가단주 선거관리위원회의 위원들, 치안판사, 주 헌장재판소의 판사 임면, 주의 수석 부지사, 특별 경제구역 행정부 수장 등의 임명동의 권한을 갖는다.[22)]

④ 선거 및 대의분야

선거 및 대의분야에서 연방주체 입법권력기관의 역할은 각종 선거 및 주민투표의 실시, 대의기관의 운영절차와 연관된다. 연방주체 입법권력기관들은 법률로 입법권력기관의 조직 및 활동절차를 정하고 자신의 권한영역에서

---

22) Устав Магаданской области; Устав Сахалинской области; Устав (Основной Закон) Амурской области.

지방자치기관의 활동절차를 정한다. 또한 법률로 연방주체 입법권력기관 선거, 집행권력의 수장 선거, 연방주체 지방자치기관 선거, 연방주체 단위와 하위단위 주민투표의 진행절차를 정하고, 명령의 형식으로 그 일자를 지정한다.

사할린주 헌장은 덧붙여서 주연방법률이 정한 근거하에 대의 지방자치기관을 해산하고 그 선거를 지정할 수 있다고 규정하고 있다. 또한 법률로 주두마가 사할린주 유권자들에 의한 주두마의원의 소환, 주지사의 소환절차를 정한다고 규정하고 있다. 마가단주 헌장은 대의기관의 운영과 관련하여, 마가단주 두마의 구성, 형성, 활동, 그 권한 및 책임, 마가단주 집행권력기관의 연방 국가권력기관과의 상호작용 절차를 법률로 조절한다고 밝히고 있다. 명령으로 주두마의 내규를 채택하고 그 내부적인 관리문제를 정한다.23)

⑤ 연방주체의 행정-영토적 구성과 대외적 관계

연방주체의 행정-영토적 구성과 대외적 관계에서 연방주체 입법권력기관의 가장 중요한 역할은 연방주체의 행정-영토적 구성 및 그 경계변경, 연방주체의 대외적 조약체결 및 파기 결정과 관련된다. 연방주체 입법권력기관은 법률로 연방주체의 행정-영토적 구성과 그 변경절차를 정하며, 명령으로 경계변경에 관한 다른 연방주체들과의 협약을 승인한다.

대외적 관계에서는 연방주체 입법권력기관이 법률로 연방주체의 조약체결과 파기를 승인한다. 마가단주 헌장은 입법권력기관이 권한분리에 관한 조약의 안을 승인하는 것은 명령의 형식으로 가능하다고 규정한다. 사할린주 역시 주두마가 법률로 주의 조약체결과 파기를 승인하며, 명령으로 연방대통령, 연방정부, 연방의회에 파견하는 주대표부의 조직과 활동절차를 정한다. 또한 법률로 주두마에 있는 북부 토착 소수민족 대표자의 지위를 정한다.24)

극동지역 연방주체들의 입법권력기관의 권한과 관련하여 다음을 특기할 수 있다. 첫째, 기본 준거점으로 삼고 있는 연방법률에 의거하여, 전체적으로 권한의 정도가 조절되고 있다는 점이다. 연방주체별 차이가 그 기본법에서도 차이가 드러나지 않는 것은 아니지만, 이전의 상황에 비해 권한의 내용

23) Устав Магаданской области; Устав Сахалинской области.

24) Устав Магаданской области; Устав Сахалинской области.

은 상당히 근접한 것으로 나타난다. 일단 극동지역에서는 입법권력기관의 역할에 관한 기본적인 합의점은 형성되었다고 볼 수 있는 것이다.

둘째, 연방주체마다 특성이 조금씩 다르게 나타나지만 그 권한에서 입법분야, 선거 및 대의분야, 행정-영토적 구성 및 대외적 관계는 기본적으로 전제된다. 그 외에 상시적으로 입법권력기관이 역할하는 것은 예산과 재정관련 분야, 집행 및 사법권력에 대한 견제라고 할 수 있다.

셋째, 중앙권력과는 권한 및 역할에서 근본적인 차별성이 보여진다. 정치적 역할보다는 실무적인 전문성이 상대적으로 더 요구된다. 이와 관련하여, 연방주체에 소재한 연방 국가권력기관들의 활동 및 연방주체 국가권력기관들과의 상호관계가 관심의 대상이 될 수 있다. 입법권력기관의 경우 연방회의에 대표자 1인을 파견하는 것 이외에 연방지구별 협의회 조직에의 참여 등은 가시적으로 드러나는 협력관계 방식이다. 그렇지만, 연방주체내의 다른 연방 국가권력기관과 상호관계는 주로 집행권력의 문제로 치부되는 경향이 있다.[25)]

4) 입법기관의 성원

연방주체 입법권력기관의 성원은 그 선출 및 활동에서 연방주체별로 차이를 드러낸다. 의원의 지위 및 선출절차는 연방법률에 의거하여 주법률로 정해진다. 입법권력기관 성원의 기본적인 지위는 연방법률로 정해진다.

아무르주 인민대의원회의의 인민대의원으로는 선거권을 갖고 있고 21세에 다다른 러시아연방 시민이 선출될 수 있다. 인민대의원은 한번이상 연속으로 선출될 수 있다. 마가단주 두마의원 역시 21세에 다다르고 연방법률, 주헌장 및 주법률에 따라 피선거권을 갖는 러시아연방 시민이면 당선될 수 있다.

아무르주 인민대의원은 상설적인 유급의 기반으로 활동하는 경우와 주요

---

25) 예를 들면, 지역의 환경문제와 관련해서 연방주체 입법권력기관이 어떤 역할을 하는지 주목해볼 수 있다. 만일 그 주요대상이 연방 국가권력기관 산하의 기업이거나 기관일 때 연방주체 입법권력기관의 역할과 실제적인 효과는 어떠한 것인지 관심을 가져볼 수 있다. 문제제기 집단의 존재여부, 법령을 비롯한 기본정책의 결정과정과 결정내용, 그 집행에 대한 통제 및 주민의견 수렴 등에서 입법권력기관이 주도적 역할을 하고 있는가는 여전히 의문시될 수밖에 없다.

활동의 중단없이 활동하는 경우로 나뉜다. 상설적 기반에서 활동하는 의원수는 주인민대의원회의의 명령으로 정해진다. 상설적 기반에서 활동하는 인민대의원의 금전적 보수, 비상설적 기반에서 일하는 의원들의 권한이행에 드는 지출의 보상절차는 주법령으로 정해진다.[26]

깜차트까주 인민대의원회의는[27] 직업적으로 상설적인 기반에서 일하는 인민대의원수는 21명을 넘을 수 없다. 직업적인 상설적 기반에서 일하는 의원들 가운데는 인민대의원회의 의장, 인민대의원회의 수석 부의장, 인민대의원회의 부의장이 포함되며 인민대의원회의 상설위원회의 위원장, 위원회의 위원장, 상설위원회의 부위원장, 인민대의원들은 전체 21명을 넘지 않는 선에서 직업적으로 상설적 기반에서 일할 수 있다.[28]

입법권력기관 성원의 지위와 관련하여 아무르주의 경우를 보면, 인민대의원들은 면책특권을 가지며, 그 임기동안 연방법률이 달리 정하지 않았다면 연방의회 국가두마의원, 판사가 될 수 없고 연방, 주의 다른 국가직위를 가질 수 없다. 상설적 기반에서 일하는 의원들은 연방법령이 달리 정하지 않았다면 교육, 학문과 같은 창조적 활동을 제외한 다른 유급활동에 종사할 수 없다.

마가단주나 사할린주 두마의 경우도 거의 동일하다. 마가단주의 경우, 덧붙여서 연방의회 연방회의의 성원, 마가단주 두마에서 국가직위 범주 A를 제외한 연방주체의 국가직위, 시의 선출직과 시업무의 직위를 차지할 수 없다고 규정하고 있다. 또한 마가단주 두마의원은 의원활동의 실현에 관련되지 않은 활동에 그 지위를 활용할 수 없다고 강조된다. 주두마 의원의 지위, 의원활동의 보장, 그 권한임기, 선거의 준비 및 진행절차, 의원 소환의 기반

---

26) Устав (Основной Закон) Амурской области.

27) 깜차트까주 인민대의원회의는 1997년 12월 24일까지 입법회의로 불려졌다. Выборы в законодательные (представительные) органы государственной власти... С. 307.

28) Закон Камчатской области. “О рабочих органах Совета народных депутатов Камчатской области и количестве народных депутатов Совета народных депутатов Камчатской области, работающих на профессиональной постоя нной основе”. http://www.sovet.kamchatka.ru/bases/2.html (2005년 5월 29일 검색). 깜차트까주 인민대의원들의 지위에 대해 보다 상세한 것은, Закон Камчатской об ласти. “О статусе депутата Совета народных депутатов Камчатской обла сти”. http://www.sovet.kamchatka.ru/bases/3.html(2005년 5월 29일 검색).

과 절차의 확립, 그 권한의 임기만료이전 중지를 위한 다른 기반의 확립은 연방법률, 주헌장 및 주법률로 조절된다. 사할린주 두마의 경우는 주두마의원은 주법률이 정한 절차에 따라 그리고 그 기반에 의해 주민들이 소환할 수 있다고 밝히고 있다.[29)]

---

29) Устав Магаданской области; Устав Сахалинской области. 연방 전체를 보면, 러시아연방의 모든 주체에서 입법권력기관의 의원은 부분적으로만 상설적 기반에서 일한다. 상설적으로 일하는 평균적인 의원수는 25% 정도를 구성한다. 모스크바 시두마와 꼬랴크 자치구 두마에서만 모든 의원이 상설적 기반에서 일한다. 또한 양원제를 두고 있는 경우는 양원 가운데 하나에서 전 의원이 상설적 기반에서 일한다. 바쉬꼬르또스딴 공화국의 입법회의 39명, 까바르드-발까리야 공화국 공화국회의의 35명, 사하(야꾸찌야) 공화국 국회의 대표자회의 32명, 그리고 스베르들롭스크주 입법회의 주두마의 14명. 그리고 이들 의회에서는 두 번째 원에서는 1-2명, 보통은 의장이고, 간혹 부의장이 상설적 기반에서 일한다. 유대인 자치주의 입법회의에서는 전부해서 1명이 상설적 기반에서 일하며, 노보고로드, 뻰자, 랴잔, 뜨베르주와 꼬미-뻬르먀크 자치구에서는 두명씩 상설적 기반에서 일한다. Выборы в законодательные (представительные) органы государственной власти... С. 13.

4. 극동지역 연방주체들의 입법권력기관의 구조

1) 전체 조직구조

연방주체 입법권력기관의 조직구조는 전체회의, 상임위원회, 의장단, 상설 및 비상설 위원회, 입법기관 기구 등으로 구성된다. 깜차트까주의 경우는 주 인민대의원회의의 구조를 세가지 층으로 나누고 있다. 첫째는, 의원들 가운데 선출되는 주인민대의원회의의 의장, 수석 부의장과 부의장들이다. 둘째는, 그 수와 명칭이 주법률로 정해지는 주인민대의원회의 업무기관들이다. 여기에는 상임위원회, 상설적인 위원회 및 위원회 등이 포함된다. 셋째는, 주인민대의원회의 기구로서 주인민대의원회의의 활동을 지원한다.[30)]

기본적인 골격이 유사함에도 불구하고 연방주체별로 구체적인 조직구조는 어느정도 차이가 있다. 다음은 하바롭스크 변강주의 입법두마, 사할린주의 두마, 깜차트까주의 인민대의원회의의 전체적인 구조를 보여준다.

[표 4] 하바롭스크 변강주 입법두마의 구조

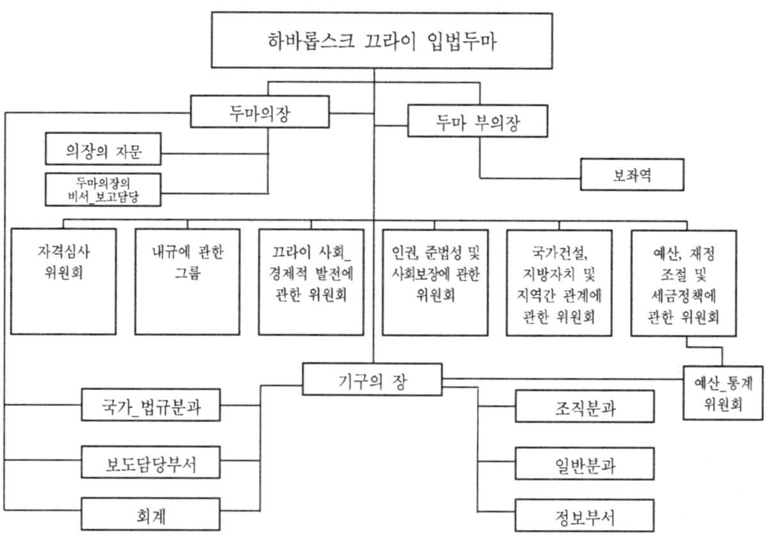

출처: http://www.duma.khv.ru/kraiduma/shema/shema(rus).htm (2005년 5월 15일 검색).

30) Устав Камчатской области.

[표 5] 사할린주 두마의 구조

사할린주 두마 (정례회의)
두마의장
두마 부의장, 위원회의 위원장
두마 부의장, 위원회의 위원장
두마 부의장, 위원회의 위원장
사회정책에 관한 위원회
경제정책 및 예산에 관한 위원회
국가건설, 법규 및 지방자치에 관한 위원회
통제-회계 위원회
주두마 산하의 북부 소수민족들의 대표자
사할린주 두마의 기구
계약을 기반으로 하는, 선거구에서의 의원보좌역

출처: Структура Думы. http://www.duma.sakhalin.ru/SOD4/Russian/Structure.html (2005년 6월 16일 검색).

[표 6] 깜차트까주 인민대의원회의의 구조

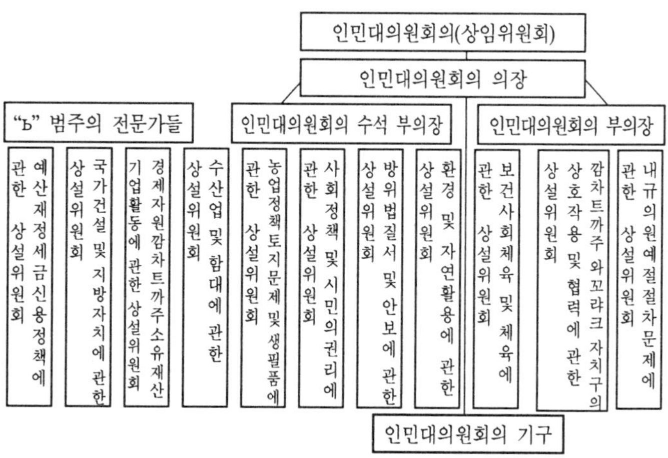

출처: http://www.sovet.kamchatka.ru/structure/1.html (2005년 5월 29일 검색).

2) 전체회의 형식 및 상위구조

가. 전체회의의 형식

연방주체 입법권력기관은 회의를 통한 권한실현을 강조한다. 입법권력기관의 권한은 새로운 회기의 입법권력기관의 업무가 시작되는 시점부터 중단된다. 입법권력기관의 권한은 자체해산의 결과 중지될 수 있다.

아무르주 인민대의원회의 첫 번째 회의는 그 선출이후 25일 이내에 소집된다. 첫번째 회의는 주인민대의원회의 의장이 선출되기까지 연령상 최고령 의원이 개회하고 주관한다. 주인민대의원회의 의장이 선출된 이후 그에게는 회의의 주관에 관한 권한이 이관된다. 마가단주의 경우 새로운 회기 주두마의 첫번째 회의는 구성가능한 성원이 선출된 투표일로부터 15일째 되는 날 이전 회기 주두마 의장에 의해 정해진다. 사할린주 두마의 첫번째 회의는 선거일로부터 16일 이내에 사할린주 선거관리위원회 위원장이 소집한다. 깜차트까주 인민대의원회의는 정해진 의원수 3분의 2 이상이 선출되면 구성될 수 있다. 새로 선출된 인민대의원회의는 선출시기부터 3주 이내에 첫번째 회의를 소집한다.[31)]

하바롭스크 변강주 입법두마는 그 업무형식으로 입법두마의 회의, 두마위원회, 의원집단의 활동, 의원청취, 면담, 유권자들에 의한 결산 등을 들고 있다. 두마의 회의는 업무의 주요한 형식이다. 두마의 첫 번째 회의는 선거일로부터 35일 이내에 소집된다. 이 회의는 하바롭스크 변강주 선거관리위원회 위원장이 개회한다. 두마의장이 선출될 때까지 최고령 의원이 주관한다. 두마회의는 두마의 정해진 의원수 3분의 2 이상이 참석하면 성립가능하다. 두마회의의 진행기한, 그 논의에 상정된 법률안과 사안들의 명칭은 두마에 의해 승인된 업무계획에 의해 규정된다. 두마의 비정례회의는 두마의장의 발의로, 그의 부재시에는 두마의장의 의무를 이행하는 두마 부의장의 발의로, 변강주지사 혹은 선출된 의원수 3분의 1 이상의 발의로 소집된다.[32)]

---

31) Устав Камчатской области; Устав Сахалинской области; Устав (Основной Закон) Амурской области.

32) Закон Хабаровского края. "О Законодательной Думе Хабаровского края". http://www.duma.khv.ru/kraiduma/law/duma/LAWDUMA.HTM (2005년 5월 30일 검색).

사할린주 두마를 보면, 그 활동의 주요한 조직적-법적 형식으로 정례회의의 형태로 진행되는 주두마의 전체회의, 주두마 소비에트의 회의, 주두마의 상설적, 한시적 위원회의 회의, 의원 청취, 의원집단의 회의 등을 들고 있다. 주두마의 전체회의 및 회의는 정례, 비정례, 비상회의로 열리며, 주두마 의장에 의해 소집된다. 주두마의 정례 전체회의는 대체로 전반기는 1월 15일부터 6월 30일까지, 후반기는 9월 1일부터 12월 20일까지의 기한에 열린다. 주두마의 정례회의는 매월의 첫번째 그리고 세번째 목요일에 진행되며, 회의가 길어질 경우 첫번째, 세번째 금요일까지 연장된다. 주두마의 결정은 그 회의에서 공개 혹은 비밀투표로 채택된다. 주두마 회의에서 공개투표는 전자투표체계를 이용해서 혹은 거수로 실현된다.[33)]

나. 상임위원회 및 평의회

연방주체 입법권력기관의 상위구조는 상임위원회, 평의회 그리고 의장단의 역할과 관련된다. 상임위원회나 평의회를 따로 설정하지 않는 연방주체 입법권력기관들도 적지 않다. 이 경우 의장단의 역할이 상위구조로서 중요성을 갖는다. 극동지역 연방주체들을 보면, 깜차트까주 인민대의원회의는 상임위원회를, 사할린주, 연해변강주는 평의회를 각각 두고 있다.[34)] 그런가 하면 하바롭스크 변강주에서는 이러한 구조를 두지 않는다.

상임위원회의 역할을 전형적으로 보여주는 것은 깜차트까주 인민대의원회의의 경우이다. 깜차트까주 인민대의원회의 상임위원회(Президиум Совета народных депутатов Камчатской области)는 상설적으로 활동하는 최고의 인민대의원회의 업무기관이다. 상임위원회를 구성하는 것은 주인민대의원회의 의장, 수석 부의장, 부의장, 상설위원회의 위원장, 위원회의 위원장이다. 상임위원회를 지휘하는 것은 주인민대의원회의 의장이다.[35)]

33) История Сахалинской областной Думы. http://www.duma.sakhalin.ru/ SOD4/Russian/History.html (2005년 5월 29일 검색).

34) 사할린주 두마는 평의회를 두고 있는데, 두마 평의회는 주두마의 상설적으로 활동하는 협의적 업무기관으로서 주두마의 권한임기로 구성된다. 두마 평의회에는 주두마의 의장, 부의장, 상설위원회 위원장이 들어간다. 두마 평의회 회의는 매월 두 번째, 네 번째 금요일에 진행된다. История Сахалинской областной Думы. http://www.duma.sakhalin.ru/SOD4/Russian/History.html (2005년 5월 29일 검색).

[표 7] 깜차트까주 인민대의원회의 상임위원회의(2005년 5월 현재)

	직 위	이 름
의장 및 부의장	깜차트까주 인민대의원회의 의장	또끄만쩨프 (Токманцев Н.Я.)
	깜차트까주 인민대의원회의 수석 부의장	보나렌꼬 (Бондаренко В.А.)
	깜차트까주 인민대의원회의 부의장	가지예프 (Гагиев М.А.)
상설위원회 위원장	경제, 자원, 깜차트까주 소유재산, 기업활동에 관한 깜차트까주 인민대의원회의 상설위원회 위원장	두라체프 (Драчев В.З.)
	수산업 및 함대에 관한 깜차트까주 인민대의원회의 상설위원회 위원장	그린(Гринь Ю.Н.)
	예산, 재정, 세금, 신용정책에 관한 깜차트까주 인민대의원회의 상설위원회 위원장	메쉐랴꼬프 (Мещеряков Н.И.)
	국가건설 및 지방자치에 관한 깜차트까주 인민대의원회의 상설위원회 위원장	야로바야 (Яровая И.А.)
	농업정책, 토지문제 및 생필품에 관한 깜차트까주 인민대의원회의 상설위원회 위원장	보이쩨홉스키 (Вой цеховский В.К.)
	깜차트까주와 꼬랴크 자치구의 상호작용 및 협력에 관한 깜차트까주 인민대의원회의 상설위원회 위원장	뻬뜨로프 (Петров А.В.)
	사회정책 및 시민의 권리에 관한 깜차트까주 인민대의원회의 상설위원회 위원장	차이까 (Чай ка С.Л.)
	환경 및 자연활용에 관한 깜차트까주 인민대의원회의 상설위원회 위원장	꾸르낀 (Куркин В.В.)
	보건, 사회체육 및 체육에 관한 깜차트까주 인민대의원회의 상설위원회 위원장	그라체프 (Грачев Л.А.)
	방위, 법질서 및 안보에 관한 깜차트까주 인민대의원회의 상설위원회 위원장	빠블로프 (Павлов С.А.)

출처: Президиум СНД КО. http://www.sovet.kamchatka.ru/structure/5.html (2005년 5월 29일 검색).

상임위원회 업무의 주요형식은 회의(заседание)이다. 상임위원회의 회의는 상임위원회의 정해진 구성원의 3분의 2 이상이 참석하면 성립된 것으로 인정된다.

35) Президиум СНД КО. http://www.sovet.kamchatka.ru/structure/5.html (2005년 5월 29일 검색).

전체회의 사이의 기간 동안 상임위원회는 다음을 제외하고 인민대의원회의의 모든 권한을 실현한다. 법률 및 다른 법규의 채택, 파산 위원회 소속으로 인민대의원회의 대표자의 파견에 관한 결정의 채택, 인민대의원회의 지출예산의 승인과 변경에 관한 결정의 채택, 연방법률, 주헌장 및 주법률에 따라 인민대의원회의의 권한으로 정해진 권한들은 제외된다.

상임위원회의 회의는 전체회의 사이의 기간에 2주일에 한 번씩 열린다. 상임위원회 성원의 3분의 1 혹은 인민대의원회의 의장의 발의로 상임위원회 비정례회의가 지정될 수 있다. 상임위원회 회의는 인민대의원회의 의장이 주관한다. 상임위원회의 결정은 상임위원회의 정해진 성원수 과반수 이상의 찬성으로 채택되며 상임위원회 회의문서로 정식화되고 인민대의원회의 의장이 서명한다. 그 권한영역에서 채택된 상임위원회의 결정은 인민대의원회의 모든 업무기관과 공직자들이 이행해야 한다.36)

다. 의장과 부의장

㉠ 의장과 부의장의 선출

연방주체 입법권력기관의 의장은 입법권력기관의 첫 번째 회의에서 그 성원들 가운데서 선출된다. 의장은 비밀투표에 의해 입법권력기관의 임기에 따라 의원들 가운데서 선출되며 새로운 회기의 의장이 선출될 때까지 자신의 권한을 유지한다. 부의장은 의장의 제안으로 의원들 가운데서 선출되며 의장의 명령으로 정해진 의무배치에 따라 기능을 이행한다. 의장의 부재시 혹은 그가 자신의 의무를 이행하지 못할 경우 의장의 기능을 대행한다.

마가단주 두마는 첫 번째 회의에서 주두마 의장, 두명의 수석부의장을 포함하여 부의장을 선출한다. 의장과 부의장은 선출된 의원수의 다수득표로 선출된다. 아무르주 인민대의원회의의 의장 역시 선출된 의원의 과반수 이상의 찬성으로 선출된다. 부의장은 비밀투표로 선출되지만, 주인민대의원회의는 공개투표로 선출한다는 결정을 내릴 수 있다.

연방주체 입법권력기관의 의장과 부의장은 비밀투표에 의해 선출된 의원의 다수득표로 임기만료이전 해임될 수 있다. 의장과 부의장의 자발적인 사

36) Закон Камчатской области. "Об органах государственной власти Камчатской области." http://www.sovet.kamchatka.ru/common/2.html (2005년 5월 29일 검색).

임은 서면공고로 가능하다. 입법권력기관이 의장과 부의장의 사임을 받아들이지 않을 경우 공고제출이후 일정기간 동안 자신의 권한을 중지할 수 있다. 아무르주와 마가단주의 경우는 두달의 기간을 두고 있다.[37)]

ⓛ 의장의 권한

연방주체 입법권력기관의 수장으로서 의장의 권한은 입법권력기관의 입법 및 통제활동의 조직, 입법권력기관 회의의 소집과 주관, 입법권력기관 기구의 전반적 지도, 입법권력기관의 재정 및 신용의 관리, 입법권력기관의 대표 등이다.[38)] 의장은 자신의 권능문제에 관해 명령을 발포한다.

마가단주 두마의 의장은 주두마의 회의를 소집하고 그 진행시간과 장소, 의제의 안을 의원들과 주민들에 알린다. 주두마 회의 및 거기에 상정되는 문제들의 준비를 지도한다. 주두마 회의를 주관하고 내규에 따라 그 질서를 관리한다. 주두마의 명령, 회의문서 및 다른 문서들에 서명한다. 의장은 입법권력기관의 대외적 대표자인데, 아무르주 인민대의원회의 의장은 업무의 공개성을 보장하고 여론을 고려하는 방책을 취한다. 시민의 면담, 청원, 호소 및 공고의 심의를 조직하며 주민들, 노동집단, 국가권력기관 및 지방자치기관과의 관계에서 주인민대의원회의를 대표한다. 주인민대의원회의의 이름으로 연방법령 및 주헌장이 정한 경우 사법기관에 소를 제기하는 것에 서명한다.[39)]

의장은 의원들의 권한실현에서 의원들에 협력하고 필요한 정보를 제공한다. 마가단주 두마는 주두마의 상설위원회, 의원집단의 활동을 조정한다. 아무르주 인민대의원회의 경우도 의장은 주인민대의원회의의 운영을 전반적으로 관리한다. 인민대의원들의 권한실현을 위한 활동에 협력하고 필요한 정보를 지원하며, 주인민대의원회의, 그 산하 기관 및 선거구에서 인민대의원들이 업무상 휴직하는 것을 심의한다. 주인민대의원회의가 채택한 법규 집행의 총계에 관한 정보를 인민대의원들에게 제공한다. 아무르주 인민대의원회의 의장은 주인민대의원회의 기구의 업무를 전반적으로 관장하며 그 기구의 구조적 하위부서의 지도자들을 임면한다. 이 기구의 전문가 및 보조적,

---

37) Устав Магаданской области; Устав (Основной Закон) Амурской области.

38) 이는 사할린주 헌장에서 간략히 제시되고 있다.

39) Устав Магаданской области; Устав (Основной Закон) Амурской области.

기술적 근무자들을 고용하고 해고하며, 연방법령에 따라 이 기구의 근무자들에 대한 처분권한을 갖는다.

입법권력기관의 의장은 또한 입법권력기관의 재정을 관리하는 책임을 진다. 아무르주 인민대의원회의 의장은 주인민대의원회의의 재정을 관리하는 책임을 진다. 신용조직에서 주인민대의원회의 구좌의 개폐 및 이 구좌에 대한 신용을 관리한다. 주인민대의원회의의 회의준비 및 진행, 상설위원회와 위원들의 업무, 주인민대의원회의 기구의 유지를 위해 주예산이 정한 지출, 그리고 주인민대의원회의의 다른 활동에 드는 지출을 관리한다. 법률이 정한 범위에서 재산을 관리한다.[40]

3) 상설, 비상설 위원회와 입법기관의 기구

가. 상설, 비상설 위원회

연방주체 입법권력기관은 업무기관을 둔다. 깜차트까주의 경우, 주인민대의원회의의 업무기관으로 정해지는 것은 상임위원회, 10개의 상설위원회와 하나의 위원회이다.[41] 마가단주 두마는 상설위원회 및 한시적 위원회의 구성, 의원들을 포함하는 공공위원회 및 업무집단의 구성을 규정하고 있다. 공공위원회와 업무집단은 주두마의원들이 지휘한다. 주두마활동의 조직적 문제를 심의하기 위해 두마 소비에트가 소집될 수 있다.[42]

하바롭스크 변강주 입법두마는 법률안 작업의 조직화, 사전적, 통제적 기능의 실현을 위해 의원들 가운데서 입법두마의 기관을 설치한다. 입법두마 기관으로는 상설위원회(комитеты) 및 자격심사 위원회, 내규에 관한 그룹, 상설 및 비상설 위원회(комиссии), 업무 의원집단, 협의를 위한 위원회 및 다른 기관 등이다. 하바롭스크 변강주 입법두마는 두마의원들 가운데서 선출되는 상설위원회를 주요기관으로 두고 있다.[43] 앞의 [표4]에서 보듯이 하

---

40) Устав (Основной Закон) Амурской области.

41) Закон Камчатской области. "О рабочих органах Совета народных депутатов Камчатской области и количестве народных депутатов Совета народных депутатов Камчатской области, работающих на профессиональной посто янной основе".http://www.sovet.kamchatka.ru/bases/2.html (2005년 5월 29일 검색).

42) Устав Магаданской области.

바롭스크 입법두마는 4개의 상설위원회를 두고 있다.

하바롭스크 입법두마의 상설위원회는 법률안의 준비 및 사전적 심의를 실현하고, 두마에 의해 진행되는 의원청취를 조직한다. 변강주 법률의 집행에 대한 통제기능을 실현하며 변강주 예산안의 해당부분에 관한 결정을 내리고 제안을 한다. 두마의 심의에 상정되는 문제의 준비 및 통제기능의 이행과 관련하여 두마, 그 의장의 위임을 이행한다. 변강주 주민의 이해에 관한 가장 중요한 문제들을 주민의 논의에 상정하는 것을 두마 혹은 그 의장에 제안한다. 해당 위원회가 관할하는 문제에 관계되는 변강주 정부의 구조적 하위부서, 다른 변강주의 기관, 조직들의 지도자들의 보고를 청취한다. 채택된 사회-경제적 그리고 다른 프로그램과 계획의 집행에 관해 변강주 정부의 정보청취에 관한 제안을 두마회의에 상정한다. 두마의 권능으로 있는 문제에 관한 질의와 함께 두마의장, 변강주지사, 그 구조적 하위부서의 지도자들에게, 그리고 변강주 영토에 소재한 다른 기관, 공공조직들에게 호소한다. 국가기관, 지방자치기관, 기업, 그리고 변강주 영토에 소재한 모든 소유형태의 조직들, 그 책임자에게 두마의 관할인 문제들에 관해 필요한 문서, 서면결정 및 다른 자료들의 제출을 요구할 수 있다.[44)]

깜차트까주 인민대의원회의의 경우, 10개의 상설위원회와 1개의 위원회를 두고 있다.[45)] 상설위원회를 구성하는 것은 깜차트까주 인민대의원회의의 내규에 따라 선출되는 상설위원회의 위원장과 부위원장, 그리고 인민대의원들이다. 인민대의원들은 상설위원회 위원장의 추천으로 인민대의원회의의 결정에 의해 상설위원회 소속으로 포함되며, 결정권을 갖는다.

---

43) 상설위원회의 수, 그 활동방향과 내용은 법률안 작업활동의 요구, 변강주에서의 상황, 대의 및 통제기능 실현의 필연성에서 출발하여 두마 자체에 의해 규정된다. Закон Хабаровского края. “О Законодательной Думе Хабаровского края”. http://www.duma.khv.ru/ kraiduma/law/duma/LAWDUMA.HTM (2005년 5월 30일 검색).

44) Закон Хабаровского края. “О Законодательной Думе Хабаровского края”. http://www.duma.khv.ru/kraiduma/law/duma/LAWDUMA.HTM (2005년 5월 30일 검색).

45) 앞의 [표6] 참조. 또한 다음을 참조할 것. “О рабочих органах Совета народных депутатов... Состав комитетов СНД КО. http://www.sovet.kamchatka.ru/structure/cnc/2.html (2005년 5월 29일 검색).

상설위원회의 결정에 의해 상설위원회 소속으로 협의권을 갖고 전문가집단이 들어갈 수 있다. 상설위원회 위원장의 추천으로 상설위원회 소속으로 포함되는, 법규, 경제 등 다양한 분야의 전문가들, 인민대의원회의의 권한임기로 상설위원회의 자문역 그룹 가운데서 상설위원회 활동의 법적 그리고 조직적 활동지원을 위해 인민대의원회의 기구의 장에 의해 상설위원회에 파견되는 상설위원회의 자문역들, 위원회 활동의 조직적, 기술적 지원을 위해 인민대의원회의 기구의 장에 의해 상설위원회에 파견되는 인민대의원회의 기구의 다른 전문가들 등이 그들이다.

한편, 주인민대의원회의 위원회에는 깜차트까주 인민대의원회의 내규에 따라 선출되는 위원회 위원장과 부위원장, 위원들로서 인민대의원들이 들어간다. 전문가집단을 제외하고 상설위원회의 인적 구성은 해당 상설위원회 및 위원회 위원장의 추천으로 인민대의원회의가 승인한다. 상설위원회 혹은 위원회의 소속으로 인민대의원이 들어가는 기반은 해당 상설위원회 혹은 위원회 위원장에게 내는 그의 서면공고이다. 인민대의원은 상임위원회를 예외로 하고 두개를 넘는 업무기관에서 일할 수 없다.[46] 아무르주 인민대의원회의는 인민대의원들이 하나의 상설위원회에 소속될 수 있다고 규정하고 있다. 한시적 위원회의 구성은 입법권력기관의 필요에 따라 가능하다. 아무르주 인민대의원회의는 상설위원회 이외에 그 활동에 관한 어떤 사안에 대해서도 한시적 위원회를 둘 수 있다고 규정한다. 한시적 위원회는 과제이행 이후에 주인민대의원회의의 결정에 의해 그 활동을 중단한다.[47]

상설위원회 혹은 위원회의 위원장(부위원장)은 인민대의원들 가운데서 주인민대의원회의 의장, 의원집단(분파 및 의원그룹)의 추천으로 선출된다. 인민대의원회의의 결정에 따라 상설위원회 혹은 위원회의 부위원장은 인민대의원들 가운데서 공개투표로 선출될 수 있다. 인민대의원회의의 상설위원회는 인민대의원회의에서 입법발의권을 갖는다. 인민대의원회의 위원회의 관할로 정해진 문제들에 관해 위원회는 결정을 채택한다. 위원회의 결정은 거기에 위원회 위원의 다수가 투표하면 채택된 것으로 인정된다.[48]

---

46) "Положение о постоянных комитетах и комиссии совета народных депутатов Камчатской области". http://www.sovet.kamchatka. ru/structure/cnc/1.html (2005년 5월 29일 검색).

47) Устав (Основной Закон) Амурской области.

하바롭스크 변강주의 경우를 보면 입법두마 상설위원회의 위원장은 위원회 업무를 조직하고, 그 회의를 주재한다. 위원회 회의를 소집하고 회의의 심의에 상정된 문제들의 준비를 조직한다. 위원회의 결정을 두마의 회의에 제출하거나 혹은 위원회 위원들 가운데서 다른 이에게 해당 결정을 제출하도록 위임한다. 위원회 위원들의 활동에 관련되는 자료와 문서를 위원회 위원들에게 보낸다. 위원회 회의에 업무참여를 위해 변강주의 국가기관과 지방자치기관 대표자들, 기업과 조직의 책임자들, 학자, 전문가들을 초청한다. 변강주 영토에 소재한 국가 및 공공기관, 지방자치기관, 기업 및 조직들과의 관계에서 위원회를 대표한다. 위원회 결정의 집행에 관한 업무를 조직한다. 위원회 결정의 집행, 위원회 권고의 심의결과, 그리고 두마활동에 관해 위원회 위원들에게 알린다. 위원회의 자문역들의 업무를 지도한다. 위원회 위원장은 위원회의 업무에 대한 개인적 책임을 진다. 그는 자신의 의무를 이행하지 못하는 경우 선출된 의원의 과반수 이상이 찬성하면 직무에서 해임될 수 있다.[49]

위원회들 이외에 입법권력기관에는 의원집단과 분파가 구성될 수 있다. 아무르주 인민대의원회의는 의원집단과 분파는 운동단체, 선거단체 혹은 정당 소속이라는 원칙에 의거해서 구성된다고 규정한다.[50] 하바롭스크 변강주 입법두마는 두마의원은 의원그룹과 분파로 결합될 수 있다고 밝히고 있으며 그 구성, 권한, 등록절차는 두마내규로 정하고 있다.[51]

나. 입법기관의 기구

연방주체 입법권력기관은 그 업무를 지원하기 위해 기구를 설치한다. 아무르주 인민대의원회의는 그 활동의 조직적, 법적, 물질적-기술적 지원, 조직적, 방법상의 그리고 법률적 지원을 위해 기구를 구성한다. 마가단주 두마 역시 주두마기구를 설치한다. 주두마 의장의 제안으로 주두마는 명령으로 주두마기구에 관한 사항을 승인하며 그 수장을 임면한다.[52] 하바롭스크 변

48) “Об органах государственной власти Камчатской области”.

49) “О Законодательной Думе Хабаровского края”.

50) Устав (Основной Закон) Амурской области.

51) “О Законодательной Думе Хабаровского края”.

강주 입법두마는 두마기구의 근무자들은 변강주의 국가공무원으로서 변강주 예산에서 지불되는 금전적 보수를 받으면서 국가공무에 관한 의무를 이행한다고 밝히고 있다. 두마 활동의 기술적 지원을 위해서는 국가공직으로 포함되지 않는 직위들이 그 인원으로 포함된다.[53)]

깜차트까주 인민대의원회의는 인민대의원회의 기구가 인민대의원회의의 결정에 의해 법인이 될 수 있다고 규정하고 있다. 인민대의원회의 기구는 연방법률 "러시아연방에서 국가공무의 기반에 관하여", 깜차트까주 법률 "깜차트까주 국가공무에 관하여", 그리고 인민대의원회의에 의해 승인된 "깜차트까주 인민대의원회의 기구에 관한 사항"에 따라 자신의 활동을 실현한다.[54)] 깜차트까주 인민대의원회의 기구의 구조는 다음과 같다.

[표 8] 깜차트까주 인민대의원회의 기구의 구조

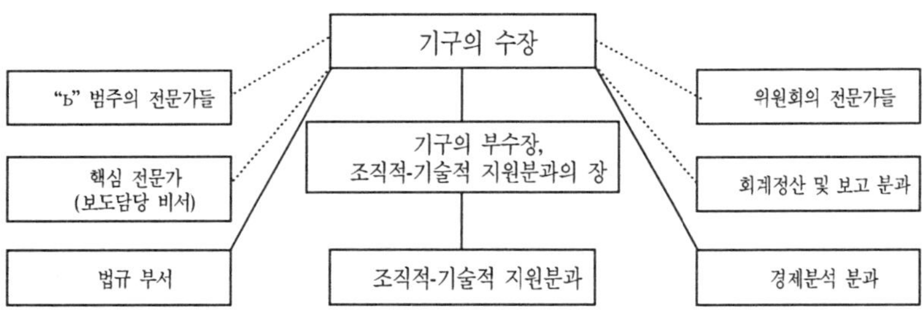

출처: Структура аппарата Совета народных депутатов Камчатской области. http://www.sovet.kamchatka.ru/structure/app/2.html (2005년 5월 29일 검색).

극동지역 연방주체들의 입법권력기관의 구조와 관련해서는 전체회의의 형식과 진행, 상임위원회와 평의회의 역할문제, 의장과 부의장으로의 권한집중 가능성, 상설위원회를 비롯한 위원회와 의원들의 실질적인 활동, 입법권력기관 기구의 활동 등이 초점이었고 다음과 같은 측면이 특기될 수 있다. 첫째, 연방법률에 의거하여 전체적인 구도가 유사하게 보이지만 현실에서의

52) Устав Магаданской области; Устав (Основной Закон) Амурской области.

53) "О Законодательной Думе Хабаровского края".

54) "Об органах государственной власти Камчатской области".

상황은 상당한 정도 차별성을 보이는 구조가 제도적으로 뒷받침되고 있다. 둘째, 관련하여 관심의 초점이 되는 것은 법률을 비롯한 법규의 결정과정에서 가장 주요하게 역할하는 기관, 기구의 문제이다. 이는 조직운영의 원리와 연관된다. 셋째, 연방주체별로 구조의 유사성을 중심으로 분류해볼 수 있는데, 극동지역의 경우 혼합되어 나타나는 것이 특징이다.

5. 입법권력기관의 특성

극동지역 연방주체들의 입법권력기관은 다른 지역에 비해 변동상황에 지극히 보수적으로 대처하는 특성을 보인다. 연방주체별로 편차가 없는 바는 아니지만, 입법권력기관의 명칭변경은 물론 그 존재양식에서 소비에트 시기의 성격이 강하게 배어있다.

극동지역 연방주체들의 입법권력기관은 자체의 변모와 관련되는 기본적인 흐름에서 세갈래로 나뉘어진다. 일차적으로 관심을 가질 수 있는 것은 여전히 인민대의원회의를 표방하는 연방주체들이다.[55] 아무르주와 깜차트까주가 여기에 해당되는데, 입법권력기관의 존재양식에서 가장 보수적으로 드러난다. 사하(야꾸찌야) 공화국의 경우, 공화국으로의 개편과 더불어 입법권력기관의 변화가 일어나지만 그것은 남부지역의 공화국들과 유사한 궤도를 그리며 전체적으로 지역의 보수적 특성을 반영하는 방향으로 이루어진다.

소비에트 시기 입법기관은 1918, 1936, 1977년 헌법에서 노동자, 농민, 병사 대의원회의 → 노동자 대의원회의 → 인민대의원회의로 바뀌는 과정을 겪었다. 이는 소연방 최고소비에트, 각 공화국의 최고소비에트 수준에서만이 아니라 지역수준에서도 마찬가지였다. 이러한 변화의 과정은 현러시아에 들어서 두마, 입법회의, 인민대의원회의 등으로 나뉘어지는 과정으로 이어진다.[56] 극동지역의 경우 그 변화의 과정은 각 연방주체별로 정치적 성향을 드러내는 한 계기가 되고 있다.

---

55) 명칭의 변화 자체가 의미가 있는가에 대한 의문을 제기할 수 있다. 그렇지만, 소비에트 민주주의라는 표현이 갖는 함의를 생각해보면, 그것이 입법권력기관 전체의 성향을 상징적으로 보여준다는 데에는 이의를 제기하기 힘들다.

56) 물론 지역 입법기관의 성격에서 '소비에트적' 성격이 배어있다는 것에 대한 가치평가는 여전히 어려운 상황이다. 다만, 그것이 지역의 정치적 특성, 일반 주민들의 의식을 보여주는 주요한 지표가 될 수 있다는 점은 인정될 수 있을 것이다.

[표 9] 극동지역 입법권력기관의 변화과정: 깜차트까주와 사하 공화국

	깜차트까주	사하(야꾸찌야) 공화국
소비에트 시기	1917년 가을부터 깜차트까에서 지방자치기관으로 노동자, 농민, 병사 소비에트가 세워지기 시작함. 1918년 7월까지 소비에트들은 존속. 이후 지속적인 업무를 진행한 것은 혁명위원회. 1919년 12월 제7차 전러시아 소비에트 대회의 결정 "소비에트 건설에 관하여"에 따라 러시아 사회주의공화국에서 행정-영토적 단위는 현, 향, 읍 등으로 불려짐. 깜차트까주는 현이 되었고 극동주 소속으로 들어감. 1926년 1월 소연방 중앙집행위원회의 명령으로 하바롭스크시를 중심으로 하는 극동 변강주가 구성되었고 깜차트까 지구는 거기에 들어감. 1926년 깜차트까 지구에는 농촌 소비에트 및 뻬뜨로빠블롭스크 도시소비에트의 첫 번째 민주적 선거가 진행되었고, 1927년 여러 수준의 소비에트 선거가 실시됨. 1928년 8월 깜차트까 지구 소비에트 대회가 열림. 지구 집행위원회를 선출했고 혁명위원회의 기능이 선출직 소비에트 권력기관으로 이관됨. 1932년 10월 20일 중앙집행위원회 및 각료회의의 명령으로 깜차트까주가 구성됨. 1936년 깜차트까주에서는 소비에트 대회들이 진행되었고, 소연방 헌법안 및 경제, 문화건설 문제들이 논의됨. 1938년 10월 깜차트까주는 13개 라이온, 꼬랴크 민족지구와 추꼬트까 민족지구와 함께 하바롭스크 변강주 소속으로	1920-21년 소비에트 야꾸찌야의 자치에 관한 문제가 등장. 1922년 4월 27일 전연방 중앙집행위원회 상임위원회는 "야꾸찌야 자치소비에트 사회주의공화국에 관하여" 명령을 채택. 1922년 첫 번째 민족 소비에트 정부가 세워짐. 1922년 11월 소비에트 대회가 열렸고, 여기에서 제1회 전야꾸찌야 소비에트 창립대회 대표단이 선출됨. 대회는 1922년 12월 27일부터 1923년 1월 19일에 걸쳐 진행됨. 1925년 초 제3차 야꾸찌야 자치공화국 소비에트대회에서 공화국 헌법이 승인됨. 1937년 3월 9일 제4차 비상 소비에트 대회는 새로운 야꾸찌야 자치소비에트 사회주의공화국 헌법을 승인. 1938년 3월 26일 러시아 사회주의공화국과 야꾸찌야 자치소비에트 사회주의공화국 최고소비에트 선거가 진행됨. 야꾸찌야 자치공화국 최고소비에트에는 130명의 대의원이 선출됨. 1939년 12월 24일 지역 소비에트 선거에 의해 1,450명의 대의원이 선출됨. 전야꾸찌야 소비에트 대회, 야꾸찌야 중앙집행위원회 대신, 새로운 헌법은 최고국가권력기관으로 야꾸찌야 자치소비에트 사회주의공화국 최고소비에트를 두었으며, 최고소비에트는 4년 임기로 공화국 시민들이 선출하는 것.

	들어갔으며, 1956년 1월에는 하바롭스크 변강주에서 분리되어 나와 러시아 사회주의공화국의 독자적인 주가 됨(1953년 추꼬트까는 마가단주로 들어감). 1977년까지 상설위원회와 집행위원회를 갖는 깜차트까주 노동자 대의원회의가 활동함. 소연방 헌법채택(1977년)이후 깜차트까주 인민대의원회의로 개명됨.	
현 러시아	1993년 10월 깜차트까주 인민대의원회의의 활동은 중단되었고, 주의 국가운영의 집행-운영 기능은 주행정부 수장에게 부여됨. 1993년 10월 사태는 당시의 지방자치체계에 큰 변화를 가져옴. 이 개혁의 기반은 연방대통령 명령, 그리고 1993년 12월 12일 국민투표로 채택된 연방헌법. 국민은 직접, 그리고 국가권력기관과 지방자치기관을 통해 자신의 권력을 실현한다는 가장 중요한 사항이 확립됨. 1993년 12월 22일 깜차트까주 행정부 수장은 "깜차트까주에서 대의 국가권력기관과 지방자치기관에 관하여" 명령을 발포. 깜차트까주 대의 국가권력기관의 새로운 명칭, 즉 깜차트까주 입법회의가 정해짐. 깜차트까주 입법회의 선거는 세단계로 진행됨. 첫 번째 단계인 1994년 3월 20일에 9명의 의원이 선출되었고, 두 번째 단계인 1994년 10월 23일에 다시 4명이,	1992년 4월 27일에 사하(야꾸찌야) 공화국 최고소비에트 비정례회의가 열렸고, 4월 4일 최고소비에트에서 채택된 공화국 헌법이 효력을 갖게 됨. 새로운 헌법에 따라서, 사하(야꾸찌야) 공화국은 주권국가, 러시아연방의 동등한 성원으로 공표됨. 정치적, 경제적 독자성을 실현하기 위해 전제되는 문서들이 채택됨. 공화국 헌법은 1990년 9월 27일 공화국의 국가주권에 관한 선언이 전제한 것을 계속 발전시켰으며 연방조약 및 러시아연방과 사하(야꾸찌야) 공화국 사이의 경제적 협약에 포함됨. 공화국의 최고 입법(대의) 국가권력기관은 국회(일 뚜멘)으로서 자신의 활동을 임기만료이전 중지한 공화국 최고소비에트의 합법적 후신. 국회(일 뚜멘)의 활동절차는 공화국 헌법, 공화국 법률 "사하(야꾸찌야) 공화국의 국회(일 뚜멘)에 관하여"에 의해 정해짐. 1993년 12월 12일 56명의 대의원이 선출

	세 번째 단계인 1995년 3월 26일 8명이 선출됨. 깜차트까주 입법회의의 첫 번째 정례회의는 1995년 4월 11일부터 13일에 걸쳐 열림. 깜차트까주 입법회의는 2년 반동안 존속했고 1997년 12월 24일 활동을 중단함. 깜차트까주의 새로운 입법(대의) 국가권력기관인 인민대의원회의(명칭변경은 주헌장의 수정을 통해)로 권한을 이관. 1997년 11월 30일 진행된 선거결과 깜차트까주 인민대의원회의가 구성됨. 첫 번째 투표에서 49명 가운데 43명, 즉 87.7%가 선출됨. 제3대 깜차트까주 인민대의원회의 대의원 선거가 2001년 12월 2일 성립됨.	되었고, 이들 가운데 35명은 공화국회의, 21명은 대표자회의에 속함. 제2대 공화국 국회(일 뚜멘) 인민대의원 선거는 1997년 12월 28일에 성립됨. 공화국 헌법을 기반으로 제2대부터 양원에 임기 5년의 각 35명씩 들어가는 대표성의 동등한 규준이 정해짐. 2002년 12월 29일 제3대 공화국 국회(일 뚜멘) 인민대의원 선거가 실시됨. 지금은 이미 단원제 의회.

출처: Из истории становления органов представителей власти Камчатской области. http://www.sovet.kamchatka.ru/common/3.html (2005년 7월 21일 검색); Исторический обзор. http://il-tumen.sakha.ru/history.php(2005년 7월 21일 검색).

이전 시기 입법권력기관의 기본구조에서 소비에트는 기본적으로 전체회의를 최상의 결정기구로 했다. 그와 더불어 소비에트의 주요한 내부적 기관은 1940년 대의원들의 실제적인 업무를 위해 등장한 상설위원회였고, 예산, 교육, 지역산업, 방위, 공동경제, 유통 및 농업, 보건에 관한 위원회 등이 있었다. 상설위원회는 경제, 문화 및 생활상의 모든 분야에서 당과 정부의 결정을 집행하는 것에 대한 통제를 목표로 했고, 초기에 이 형식은 충분히 발전되지 못했던 것이 사실이다.[57)]

57) 이 절의 소비에트에 관한 내용은 다음을 참조. Коржихина. Советское государство и его учреждения. С. 218-221. 1956년 말경 전국적으로 6만개의 지역 소비에트가 있는 것으로 집계되었는데, 50,443개의 농촌 소비에트, 2,464개의 촌락 소비에트, 1,590개의 도시 소비에트, 4,188개의 라이온 소비에트, 128개의 오블라스찌 소비에트가 포함되었다. 여기에는 150만 이

극동지역 입법권력기관의 구조가 전체적인 윤곽에서 소비에트 시기와 비교하여 근본적으로 달라졌다고 보기는 힘들다. 구조를 나타내는 도식에서 여전히 전체회의, 상설위원회 등의 역할과 권한은 중심적으로 위치지어진다. 그럼에도 불구하고 입법권력기관의 위상변화와 더불어 구조에서의 변화 역시 단선적으로 보기 어려운 측면이 있다. 이와 관련하여 핵심적인 부분이 전체회의의 역할이다.

1977년 소련헌법은 입법기관과 관련하여 명칭, 권한임기 등에서 일부 수정을 가했으며, 노동자대의원회의는 인민대의원회의로 개명되었다. 대다수 공화국에서 지역 소비에트들의 전체회의는 4번 이상 열려야 했다. 러시아 사회주의공화국, 까자흐 공화국, 아제르바이잔 공화국, 몰다비야 공화국에서는 그 기간이 각기 달랐다. 농촌, 촌락 및 유목민 부락을 단위로 하는 소비에트는 일 년에 6번 이상, 나머지는 일 년에 4번 이상 열렸다. 전체회의는 집행위원회가 소집했다.

전체회의의 형식성은, 여기에서 구체적인 문제가 제기되는 경우가 드물었고 논의가 주로 형식적으로 흘렀다는 점, 대의원들이 상정하는 제안은 거의 주목을 받지 못한 채 남았고 기업과 기관의 업무에 대한 비판은 그 결과가 없는 것이었다는 점, 소비에트 업무의 기본적 원칙들, 즉 공개성, 대의원들의 책임성이 지켜지지 않았다는 점 등에서 찾아볼 수 있다. 지역 소비에트의 대의원들은 대체로 선거 때에만 자신의 활동을 시민들에게 집계하여 보고했다. 스탈린의 개인숭배와 그에 연관되는 다른 현상들, 특히 운영의 행정-명령적 양식은 소비에트와 대의원들이 중요한 운영상의 결정을 내리는데 참여하는 것을 막았다. 소비에트 전권(全權)의 선언은 민주적인 대의제 민주적 기구가 사실상 전복됨으로써 쉽게 무시되었다. 이러한 현실은 일상생활에 뿌리내리게 되었으며 소비에트에 관한 법령이 민주화된 20차 당대회 이후에조차도 행정-명령적 체계는 말과 행동 사이의 간격을 심화시키면서 여전히 남아있었다.

전체회의의 형식화는 상임위원회를 위시한 핵심권력기구의 역할증대와 곧바로 맞물리는 것이었다. 극동지역 연방주체들의 입법권력기관을 보면, 지금도 상임위원회 혹은 평의회의 역할이 전체 조직구조에서 두드러진다. 극

상의 대의원들이 소속되었다.

동지역 연방주체들의 상당수 입법권력기관은 전체회의를 대신하는 업무기관의 형식으로 상임위원회 혹은 평의회를 두고 있다. 이들 기관은 전체회의가 형식화될 경우 입법권력기관의 권력중심으로 역할할 수 있는 가능성을 항상 갖고 있다. 사할린주와 마가단주는 두마로의 명칭변경에도 불구하고 두마 소비에트를 두면서 이러한 형식을 따르고 있다. 연해변강주의 경우도 전체회의와 더불어 평의회를 설치하고 있다.

전체회의의 형식화, 상임위원회를 비롯한 핵심기구로의 권한집중이라는 소비에트적 특성은 현재에 이르러 일정한 변화의 전기를 맞고 있는 것이 사실이다. 일관된 틀을 갖추고 있지는 않지만, 변동상황에서의 보수성을 뒷받침하는 조직적 특성은 전체회의의 형식화문제, 의장단으로의 권한집중문제, 위원회의 활동, 의원의 지위, 입법기관 기구의 역할강화와 관련된 문제들에서 나타난다. 비교적 변동상황에 적극적으로 대처하는 경우는, 전체 인구규모에 걸맞는 구조의 정착과 단순화에 연관된다. 하바롭스크 변강주 입법두마의 구조는 전체회의-의장단-위원회-기구라는 가장 단순한 구도로 설정되어 있다. 위원회 역시 자격심사 위원회, 내규에 관한 그룹을 제외하면 4개가 구성되어 있다. 입법두마의 성원이 4년 임기의 25명임을 감안할 때 다른 경우보다 전체회의의 역할이 강화되어 있음을 알 수 있다.[58)]

입법권력기관의 특성과 관련하여 가장 근본적인 측면은 전체 권력구조에서 그것이 갖는 위상과 연관된다. 소비에트 시기 집행위원회는 집행 및 운영기관으로서 소비에트에 예속되었다. 집행위원회는 국가운영의 연합기관으로서 자신의 영토에서 모든 경제 및 문화건설을 일상적으로 지도했다. 집행위원회는 지역산업, 농업, 교육을 지도했고 자신이 속한 소비에트 및 상위기관들의 결정을 실행하는 것을 조직했다. 소비에트에 의해 위원장, 부위원장, 비서 및 몇명의 성원을 두는 집행위원회가 선출되었다. 농촌 소비에트의 집행위원회는 일반적으로 5-7명, 도시 소비에트의 집행위원회는 9~15명, 라이온 소비에트의 집행위원회는 7-11명, 주소비에트의 집행위원회는 11~23명으로 구

---

58) 이는 인구규모가 작은 연방주체들의 입법권력기관에 대한 규정과는 일정한 차별성을 염두에 두고 이해되어야 한다. 꼬랴크 자치구, 추꼬트까 자치구의 조직구조 역시 대단히 단순하지만, 그 인구규모 및 입법권력기관 성원수를 감안하면 하바롭스크 변강주의 경우와 달리 판단되어야 함을 알 수 있다.

성되었다. 집행위원회는 상설위원회 및 대의원들과 밀접한 관계를 유지했다.

러시아 국가권력구조의 근본적 변화는 공산당의 지도적 역할폐지와 더불어 집행권력이 입법권력으로부터 분리되어 나오는 과정에서 나타난다. 옐친집권기를 거치면서 연방주체 수준에서도 집행권력은 입법권력과 분리되었고 일부의 경우를 제외하면 집행권력은 선출직으로서 이전의 집행위원회의 후신으로 위치지어지면서도 그 수장은 주와 변강주 당서기의 권력을 상당부분 이어받았다. 공산당의 역할폐지로 인한 권력이전은 초기에는 소비에트의 역할강화로 그리고 현재에는 집행권력의 확고한 입지확보로 이어진다.

옐친집권기에는 전체적으로 집행권력으로 권력중심이 경사되는 경향이 나타나며, 푸친에 들어서는 중앙권력의 본격적인 지방장악 시도와 함께 지역 권력구조의 개편움직임이 나타났다. 이 과정의 중심적 경향은 입법권력의 강화라거나 제도화라는 측면보다는 집행권력 및 그것을 뒷받침하는 관료집단의 역할증대, 지역 권력구조를 핵심적으로 장악하는 인적 구성의 일정한 교체였다. 입법권력의 입지가 제도적 수준에서 소비에트 시기에 비해 특별히 약화되었다고 보기는 힘들지만, 공산당으로 대표되던 정치적 지도부의 공백을 입법권력이 채우지 못하고 대부분을 집행권력에 넘겨주면서 권력구조에서 나타나는 객관적 위상은 상대적으로 확장되지 못했다고 할 수 있다.

극동지역 연방주체들에서 집행권력은 의문의 여지없이 입법권력으로부터 제도적으로 분리되어 있다. 행사하는 권한 및 관할영역도 연방법률에 의거하여 연방주체별로 각기 구분되어 규정되어 있다. 집행권력으로의 권한집중은 1990년대 초반 권력구조 재편이 이루어진 이후 꾸준히 진행되어온 것으로서 입법권력기관의 입지가 강화될 여지는 별로 없었다.

변동상황에의 대처와 관련하여 극동지역 연방주체들의 입법권력기관은 크게 세가지로 분류된다. 입법기관의 명칭과 구조상의 특징, 집행권력기관과의 관계설정 등의 측면에서, 상대적으로 가장 보수적인 성향을 나타내는 것은 아무르주, 깜차트까주, 사하(야꾸찌야) 공화국의 입법권력기관들이며, 마가단주와 사할린주는 과도적 성격을 보이고 있다. 극동지역의 중심으로 위치지어지면서 인구규모가 큰 연해변강주, 하바롭스크 변강주, 그런가 하면 인구규모가 가장 작은 꼬랴크 자치구, 추꼬트까 자치구, 유대인 자치주는 비교적 빠르게 대응하는 것이 특징적이다.

6. 맺음말

지금까지 극동지역 연방주체들의 입법권력기관을 위상, 구조, 특성이라는 측면에서 고찰했다. 입법권력기관의 위상은 연방 전체를 관통하는 기본원리 및 연방-연방주체-시구성으로 이어지는 수직적인 단위에 따른 존재양식, 연방주체 입법권력기관 자체의 변화 등을 통해 살펴보았다. 입법권력기관의 구조는 연방주체별 특성을 전제하면서 구성, 권한, 조직구조, 성원 등을 중심으로 유사성과 차별성을 고찰하고 제도적 수준에서 규정되는 세부적 항목들을 정리했다. 연방주체들의 구성은 성원의 선출과 입법권력기관의 성립가능성의 문제가, 권한은 입법분야, 예산 및 재정에 대한 통제분야, 집행 및 사법권력에 대한 견제 및 통제분야, 선거 및 대의분야, 연방주체의 행정-영토적 구성과 대외적 관계로 세분화되는 구체적인 정책분야에서의 역할문제가 중심적인 초점이었다. 조직구조와 관련해서는 전체회의의 형식과 상위구조, 상설, 비상설위원회와 입법권력기관 기구 등을 중심으로 하여 입법기관 자체의 내부적 관계와 운영의 원리를, 그리고 성원과 관련해서는 입법권력기관 선거를 통해 선출된 의원들이 갖는 기본적인 지위와 권한, 한계 등을 고찰했다. 입법권력기관의 특성에서는 위상과 구조에서 나타나는 측면을 바탕으로 변동상황에의 대처성향을 중심으로 연방주체들을 분류했다.

극동지역 연방주체 입법권력기관들에 대한 고찰에서 전체적으로 귀결되는 지점은 다음과 같다. 첫째, 극동지역 연방주체 입법권력기관은 연방 전체의 변동과 맞물리면서도 상대적으로 완만한 변화의 흐름을 보인다는 점이다. 개혁초기 연방의 권력구조 개편과 함께 극동지역 연방주체들에서도 입법권력기관의 위상과 역할 재조정이 이루어진다. 이전의 인민대의원회의는 대체로 1993~1994년 연방대통령의 명령을 근거로 한 연방주체 자체의 결정에 의한 선거를 통해 새로운 입법권력기관으로 변모하게 된다. 제1대에서 한시적 임기를 가졌던 입법권력기관은 이후 법령의 정비와 함께 정착되는 과정을 겪게 되는데, 4~5년의 임기를 공통으로 하는 만큼 이미 제4대가 구성되어 있다. 제도적 위상의 근본적 변화에도 불구하고 입법권력기관 자체의 변모가 두드러지지는 않는다. 아직까지 대부분의 연방주체들은 소비에트 시기의 조직적 관성을 갖고 있다고 할 수 있다.

둘째, 입법권력기관의 위상과 구조 재조정에서 가장 중요한 것은 입법기관이 법령을 비롯하여 정책결정 및 집행에 대한 통제과정에서 실질적인 역할을 하고 있는가라는 측면이다. 공산당의 폐지, 인민대의원회의에 의해 구성되었던 집행위원회의 폐지 및 집행권력의 분립이라는 측면이 입법권력기관에 어떤 영향을 미치고 있는가라는 문제와도 연관된다. 입법권력기관은 독자적인 기관으로서 재정비되었지만, 여전히 내부적으로는 상임위원회의 존재에서 드러나는 바와 같이 수직적 위계를 강조하는 경향이 남아있다. 인구규모에 비해 상설, 비상설위원회의 역할이 과장된다던가 전체회의가 형식화되는 측면은 입법권력기관 내부적으로는 상위구조로의 권한집중을, 집행권력에 대해서는 통제기능의 미비로 나타날 수 있는 것이다. 극동지역의 경우 연방주체별로 편차가 있으며 대체로 이러한 문제점의 여지가 존재하는 것이 사실이다. 다만 집행위원회가 폐지되고 집행권력의 분립이 강조되면서 이전과 같이 겸임을 통한 상호중첩적인 권력의 장악이 어려워졌다는 점은 특기할 만하다.

셋째, 입법권력기관의 권한과 그 성원을 보면, 실무적 분야에서 보다 전문화된 능력을 강조할 수밖에 없는 상황이 요구되고 있음을 알 수 있다. 입법권력기관의 독자성 확보 및 여타 권력기관에 대한 통제능력의 강화를 위해 중요한 것인데, 제도적 수준에서의 요구와 현실적인 충족 여부는 별개인 것이 문제로 제기될 수 있다. 실제적인 업무를 위한 상설위원회와 비상설위원회, 그리고 입법권력기관 기구의 역할이 상대적으로 커진 것은 당연한 귀결점이다. 입법기관 성원들의 지위와 관련해서 보면, 의원들의 독자적 권한을 강조하는 내용이 상대적으로 많지는 않다. 대체로 유권자들에 의한 선출과 소환가능성, 활동내용의 보고 등이 강조된다.

넷째, 위상, 구조 등을 중심으로 극동지역 연방주체들의 입법권력기관이 변동상황에 대처하는 성향을 보면, 시기적으로 동일한 기준에서도 보수적 성향을 중심으로 고루 분포되어 있다는 점이 특징적으로 드러난다. 보수성이 보다 강한 순서로 보면, 아무르주, 깜차트까주, 사하(야꾸찌야) 공화국.－마가단주, 사할린주 － 연해변강주, 하바롭스크 변강주, 꼬랴크 자치구, 추꼬트까 자치구, 유대인 자치주로 나뉘어진다.[59]

59) 쉽게 연관될 수 있는 문제의식은 연방주체들의 객관적 조건들, 즉 자연

연방주체들의 입법권력기관은 러시아 연방제의 완성과 민주주의의 정착을 위한 중간고리로서 핵심적 중요성을 갖고 있다. 아직까지도 연방주체 수준의 입법권력기관이 이를 위해 적합한 구조인가, 그 안정적 정착이 가능한가라는 문제에 대해서는 긍정적으로 답하기 쉽지 않다. 연방제, 지방자치, 민주적 분권의 개념이 연방주체 입법권력기관들에서 통일적으로 결합되지 못하는 현실이 지속되고 있는 것이다. 중앙권력의 지속적인 지방장악 노력이 이어지는 상황속에서 이러한 문제제기 이전에 문제의식의 발생조차 어려운 상황일 수 있다. 극동지역 연방주체들의 입법권력기관은 그 위상과 구조에서 나타나는 바, 한편으로는 변화의 도정에 있으면서도 다른 한편으로는 근본적 조건의 변화에도 불구하고 여전히 이전의 관성을 유지하면서 새로운 환경에 적응하고 있다. 러시아 연방제가 민주적 분권의 개념과 이어지지 못하는 현상은 짧지 않은 기간 지속될 것임을 예고하는 것이다.

지리적 위치, 사회경제적 조건들과 입법권력기관의 존재 및 활동양식이 상당부분 인과관계를 가질 수 있다는 점이다. 상대적으로 사회경제적 여건이 나으면서 자연지리적으로 대외적 관계형성이 용이한 연방주체들의 제도적 규정이 이전시기에서 훨씬 더 많이 벗어나고 있다. 물론 이것이 그 사회의 발전정도를 가늠할 수 있는 척도가 될 수는 없다.

참고문헌

강혜련. 『러시아지방의 정치적 특성과 유형화』. 서울: 오름, 2005.

Выборы в законодательные (представительные) органы государственной власти субьектов Российской Федерации. 1995-1997. Электорал ьная статистика. - М.: Издательство ≪Весь Мир≫, 1998.

Конституционное право России: Сборник конституционно-правовых а ктов / Отв.ред. О.Е. Кутафин, Сост. Н.А. Михалева. - М.: Юристъ, 1998.

Коржихина Т.П. Советское государство и его учреждения: ноябрь 1917г. - декабрь 1991г.: Учеб. для вузов по спец. "История". - М.: РГГУ, 1994.

Муниципальное право Российской Федерации: Хрестоматия // Сост. Б елоусова Е.В. - М.: Юристъ, 1999.

Российский статистический ежегодник: Стат.сб. / Госкомстат России. - М., 2001.

Закон Камчатской области. О рабочих органах Совета народных депу татов Камчатской области и количестве народных депутатов С овета народных депутатов Камчатской области, работающих на профессиональной постоянной основе. http://www.sovet.kamchatka.ru/bases/2.html (2005년 5월 29일 검색).

Закон Камчатской области. О статусе депутата Совета народных депу татов Камчатской области. http://www.sovet.kamchatka.ru/bases/3.html (2005년 5월 29일 검색).

Закон Камчатской области. Об органах государственной власти Камч атской области. http://www.sovet.kamchatka.ru/common/2.html (2005년 5월 29일 검색).

Закон Хабаровского края. О Законодательной Думе Хабаровского края. http://www.duma.khv.ru/kraiduma/law/duma/LAWDUMA.HTM (2005년 5월 30일 검색).

Законодательное собрание Ил Тумен. Органы власти Республики Саха (Якутия). http://www.sakha.ru/sakha/gov/html/il2men.htm (2004년 5월 8일 검색).

Из истории становления органов представителей власти Камчатской о бласти. http://www.sovet.kamchatka.ru/common (2005년 7월 21일 검색).

Исторический обзор. http://il-tumen.sakha.ru/history.php (2005년 7월 21일 검색).

История Сахалинской областной Думы. http://www.duma.sakhalin.ru/SOD4/Russian/History.html (2005년 5월 29일 검색).

К 10-летию краевого парламента. Итожим прожитое. http://www.duma.khv.ru/kraiduma/press/parlament_page/k_10.htm (2005년 5월 30일 검색).

Конституция (Основной Закон) Республики Саха (Якутия). http://iltumen.ya1.ru/status.php?page=constitution (2004년 5월 29일 검색).

Конституция (Основный Закон) Союза Советских Социалистических Республик. http://www.hist.msu.ru/ER/Etext/cnst1977 (2005년 5월 28일 검색).

Об общих принципах организации законодательных(представительных) и исполнительных органов государственной власти субъектов Ро ссийской Федерации. http://www.ykt.ru/izbirkom/zakon/obprinc.htm (2004년 8월 9일 검색).

Положение о постоянных комитетах и комиссии совета народных деп утатов Камчатской области. http://www.sovet.kamchatka.ru/structure/cnc/1.html (2005년 5월 29일 검색).

Президиум СНД КО. http://www.sovet.kamchatka.ru/structure/5.html (2005년 5월 29일 검색).

Состав комитетов СНД КО. http://www.sovet.kamchatka.ru/structure/cnc/2.html (2005년 5월 29일 검색).

Структура аппарата Совета народных депутатов Камчатской области. http://www.sovet.kamchatka.ru/structure/app/2.html (2005년 5월 29일 검색).

Структура Думы. http://www.duma.sakhalin.ru/SOD4/Russian/Structure.html (2005년 6월 16일 검색).

Устав (Основной Закон) Амурской области. http://www.amurobl.ru/index.php?r=3 (2004년 5월 8일 검색).

Устав Еврейской автономной области. http://www.legislature.ru/regions/79.html (2004년 5월 29일 검색).

Устав Камчатской области. http://constitution.garant.ru/DOC_25897068.htm (2004년 5월 29일 검색).

Устав Корякского автономного округа. http://www.legislature.ru/ruconst/koryaka0.html (2004년 5월 29일 검색).

Устав Магаданской области. http://www.magadan.ru/laws/ustav.shtml (2004년 5월 29일 검색).

Устав Приморского края. http://www.primorsky.ru/ustav/ (2004년 5월 29일 검색).

Устав Сахалинской области. http://www.adm.sakhalin.ru/?id=58 (2004년 5월 29일 검색).

Устав Хабаровского края. http://constitution.garant.ru/DOC_25406546.htm#sub_para_N2000 (2004년 5월 29일 검색).

Устав Чукотского автономного округа. http://chukotka.cikrf.ru/ (2004년 5월 29일 검색).

제 5 장

러시아 지방 공간의 분석방법과 그 해석에 관한 연구: 기반분석과 안정성분석의 복합모형 설정과 러시아 연방지구 경제의 적용·해명

김성훈

1. 서 론

러시아어의 사회주의 몰락에서 시장경제로의 전환, 전체주의 체제에서 민주주의적 체제로 이행과정을 한 조직의 진화과정 패러다임으로 인식하고 종지부를 찍어 결론내리기에는 너무 고통스러운 창발적 경험이었다. 그러나 러시아는 도약하고 미래지향적 시스템으로의 변모를 거듭하고 있다. 특히 최근 경제부문의 안정적 변화는 러시아 사회의 하부구조로서의 조직 동인의 역할에 대체로 기여하고 있다고 평가되고 있으며 이것은 무엇보다 실제적으로 상호보완성을 비교우위에 둘 수 있는 한국과 러시아의 경제관계에서도 생존적 차원에서 의미를 부여하지 않을 수 없는 사건이 되고 있다.

이에 학술적으로 러시아에 대한 재평가는 실무적 측면과의 연관 하에서 당위성을 부여받을 수 있으며 특히 러시아의 부문별 경제와 지방의 새로운 분석과 재해석 등의 접근의 현실적 요구가 근래 강하게 대두되고 있다. 그러나 러시아 성질을 고려한 새로운 분석과 재해석은 용이하지 않은 작업이다. 특히 시장경제 전환

후 러시아의 성질 등의 파악부족이 야기했던 '접근에서의 분석오류'는 여러 부문에 파급효과를 미쳐 한국과 러시아 관계를 왜곡하게 하는 한 요인이 되기도 했었다. 이러한 분석오류를 되풀이 하지 않는 것이 필요하며 그러기 위해서는 러시아 경제로의 접근에서 새로운 접근방법이 요구된다.

이것에 비추어 이 논문에서 문제로 삼고, 그에 접근하는 방식을 모색하고 또 해결하는 전략을 설정하는 것과 관련된 몇 가지 구체적 내용을 언급하면 다음과 같다.

· 이 논문은 공동연구의 일환으로서 한 파트에 담당되어 있어 다른 논문과의 조화도 요구되고 또한 프로젝트의 최종 완성본을 가정하여 이 논문에서는 연구접근과 관련된 내용, 즉 러시아 지역경제의 연구방법론(이론의 도입 등)과 그의 연구방법(분석모형의 설정 등)에 치중하고 있다.

· 이 논문의 목적수행에 대한 접근에 있어 논리적 흐름을 보면 그 중심에 각 지방의 성질도출의 과제가 있다. 각 지방의 성질은 소비부문이 포함되지 않은 생산부문에서, 그리고 생산요소부문보다는 생산물부문에 비중을 두고 모색되고 있으며 이러한 산업 등의 요소는 분석모형의 설정을 거쳐 기반산업화하게 되어 그 지방의 성질을 결정하게 된다. 그리고 이러한 각 지방의 성질은 해석되어지며(해석모형표) 해석의 근거로 입지론의 도입과 그의 입지인자 등이 적합성을 가지게 된다.

  이 논문의 기능적 확보와 질적 향상을 위해 최종 완성본에 대한 계획과 내용을 언급하고 이 논문과의 관계를 설명하는 것은 매우 유용한 것으로 사려 된다. 최종완성본의 목적은 러시아 지역경제의 술어적 통합과 특수로의 공간구획에 있다. 그 반면에 이 논문의 목적은 최종완성본의 지지를 위해 주어적 분해와 보편으로의 분석을 행하는 것이다. 이 두 기능은 연결성을 가지며 상호보완적인 성질을 가지고 있으므로 전체의 구도를 고려하면서 과제의 수행에 접해야 한다.

· 연구방법

  복합모형을 도출한다. 이것을 위해 기반 분석과 안정성 분석에 접근한다. 복합모형에 따라 정형·일반해석을 한다. 러시아 7개 연방지구의 결과치를 활용하여 특징도출과 현실·특수해석을 구체화한다.

· 연구의 절차와 각 구성내용

- 이론적 기초: 복합모형 설정을 위한 두 형태 분석의 이론적 기초와 그 분석 모형을 다룬다.
- 복합모형설정: 두 이론의 연구방법에서 나온 분석모델을 유형화하여 이것들을 복합화한다. 복합유형의 경우마다 해석의 정형화·일반화를 확보한다.
- 지방경제 분석의 적용: 러시아 연방지구의 특징도출 과정과 결과치를 규명하고 도표화한다.
- 복합모형의 해당 유형의 특징 정리와 그의 연역적 해석(정형·일반해석에 현실적이고 특수한 해석을 추가하여 논리적으로, 유추적으로, 비교적으로 구체화하여야 한다.)
- 요소는 단순화하여 생산부문, 유통부문, 무역부문, 물류부문, 건설부문, 서비스 등 3차 산업, 금융부문으로 분류할 수 있다.
- 러시아 연방지구의 요소 간 위계성의 정도와 안정성의 크기와 관계를 밝히고 러시아 연방지구의 생산 등의 효율과 분배의 공정에 대한 예측이 가능한지를 밝힌다.
- 러시아 연방지구의 각 요소를 기반 분석하여 기반화 여부를 규명한다. 주 분석만 행한다.

2. 복합모형 설정을 위한 두 형태 분석의 전개

1) 기반분석

공간과 지역의 구조와 운동을 설명하기 위해 정립된 두 부류의 이론이 있는데 그것은 공간구조이론과 지역성장이론이다. 지역성장이론은 지역간 성장의 차이를 분석해서 이의 현황과 요인을 밝혀내고 대응책을 찾아보려는 실증중심의 지역경제이론이고 또한 지역경제를 이해하고 예측하려는 시도의 주축이 되는 이론이다. 공간구조이론은 실증적 측면과 규범적 측면을 동시에 내포하고 있으며 이것은 상호보완적 요소를 내재하고 있다고 할 수 있다. 그리고 지역경제의 변화 등을 당위적 관점에서 접근함으로서 지역경제를 진단하고 처방하려는 지역경제정책론이 있다.[1)]

공간구조론은 지역경제성장을 설명하면서 지역의 이해와 예측에 더 근접하기 위하여 공간개념의 도입과 법칙체계의 활용을 이루고 있는 것이며 이것은 실증적 측면과 규범적 측면에서 접근으로 대별해볼 수 있다.

실증적 측면은 한 국민경제의 경제성장과 지역의 공간구조의 상호관계를 실증적으로 파악하는 이론으로서 입지론이 대표적 이론이라 할 수 있다. 이 입지론은 공간개념의 도입과 그 특징모색에 대한 접근을 목적으로 이 논문의 중심이론으로 활용하는 것에 대한 타당성을 충분히 내재하고 있다. 이에 관해서는 아래에서 살펴보고 있다.

규범적 측면은 국민경제의 경제성장에 따른 지역경제의 공간구조의 당위적 방향을 제시하는 이론으로서 지역경제정책이론의 한 부분으로 이해할 수 있다.

입지이론은 경제이론에 공간개념을 도입하여 공간경제학을 발전시킨 기초이론으로서 도시 및 지역경제학에 있어서 가장 중요한 분야이다. 입지이론은 각 분야에서 어떤 목적수행을 위하여(왜) 공간구조에 나타난(어디서) 입지영향(효과)과 그 인과를 체계적으로 설명한 이론으로 볼 수 있다. 그래서 입지이론은 그 유

---

1) C. L. Leven. "The Theory of Regional Accounts," Regional Science Association Papers, Vol. 4. 1998. pp. 221-237

효요건으로 입지 요인과 인자를 변수로 취해서 이론이 형성되어지고 또 대체로 현대경제의 원천인 공업의 입지를 중심으로 이론전개가 이루어지고 있다. 그리고 입지이론은 도시와 지역의 구조와 운동, 규모, 특징과 이에 따른 공간구획의 변화 등과 밀접한 관계에 있다.[2)]

러시아 공간구획의 요건으로의 특성화분석에 있어 여러 분석기법들은 요소들의 현실적 통계자료가 주어지면 그 자료를 분석틀에 적용해서 결과화하고 해석화하는 작업으로 시스템되어 있다. 이 논문에서는 BN모형 분석에 의해 러시아 각 지방을 산업을 중심으로 한 요소와 그 요소들의 상대적 특화치를 측정·비교하여 기반화 작업을 하고 이것을 바탕으로 특성화와 해석을 행하게 된다. 이런 연구 메커니즘에서 지방특성의 해석을 위한 또 다른 부수적 작업인 요인분석[3)]을 병행하여 지역의 특화를 설명해내는 것이 필요하며 이 과정에서 근거로서 활용될 변수와 논리를 입지이론에서 부여해 줄 수 있을 것이다. 그렇지만 이 논문은 공간의 특징모색을 위한 요소들의 상대적 측정과 비교에서 활용될 분석모형의 형성에 그 목적이 있어 입지론에 의한 요인분석과 그 해석은 과제로 남겨두고 있다.

그러나 입지론은 공간에 대한 요인분석과 해석의 근거를 가지고 있고 BN분석의 결과치에 대한 인과관계를 부여하는 성립요건의 역할을 하고 있다. 이것은 이 논문에서 중요한 의미를 가지며 즉 각 지방의 특화와 그 수준은 입지요건과 인자 등의 함수관계를 가지고 있고 이 인과요건은 논증문제에서는 그 중심에 있다. 그러나 이 논문의 분석모형의 활용에 있어 요인분석은 효력발생요건은 아니므로, 대신에 분석시에 요소와 지방의 상대적 양적 차이를 자생적 변수로 모형화하여 공간을 특징·해석하고 있다.

러시아 지방경제에 접근하여 특징도출을 위한 적정한 분석모형을 형성하기 위해서 다양한 기법들에 대한 연구가 선행되어 있어야 한다. 공간의 특성에 접근

2) C. L. Leven. "The Theory of Regional Accounts," Regional Science Association Papers, Vol. 4. 1998. pp. 221-237

3) 주로 요인분석은 지역적 관계의 분석에 적용되며 여기에는 주성분분석, 인자분석, 그리고 클러스터분석 등이 사용되어지고 있다.

하여 분석을 모색하는 여러 기법들은 방법상 여러 가지에서 차이를 보이고 있다. 대표적인 기법들로 지역투입산출분석[4], 전이 · 할당분석[5], 계량경제분석[6], 지역소득계정[7], 지역기반분석 등이 있다. 이 논문의 BN 분석모형은 지역기반분석의 여러 개별 기법들에서 응용되어진 것이다.

지역기반 분석은 지역의 경제구조 및 요소의 상대적 우위 즉 기반화하는 특징을 판별하는 가장 활용도가 높고 실무적인 분석기법 중의 하나이다. 이 분석법의 특징으로 종적이고 횡적인 분석이 가능하다는 점을 들 수 있으며 종적인 분석은 특정지역이 경제적으로 어느 요소에 기반화되어 있는지 시점간 비교분석이나 연도별추이 분석을 시행하여 시점 간에 요소의 대조방식으로 행하여지고 횡적인 분석은 지역의 기반화를 상대적으로 비교하기 위해 지방간 요소의 비교에 의한 대조방식으로 행하여지고 있다. 특히 이 횡적 분석은 산업간 비교도 포함하고 있고 또 이것은 지역의 산업개발정책을 수립하는데 참고자료로 활용될 수 있어 학술적으로, 실무적으로 접근성이 높다. 이에 이 논문에서도 지역적 기반분석 중 횡적 분석을 응용한 분석모형인 'BN분석모형'을 형성해 러시아 각 지방을 기반화하고 특징도출 · 공간구획의 방식으로 접근하고 있다.

(1) 기본적 가정

지역적 기반분석은 한 지역경제를 두 가지 활동부문으로 분리된다는 가정을 하고 있다. 하나는 기반활동 부문(basic sector)이고 다른 하나는 비기반활동 부문(non-basic sector)이다.[8]

---

4) 지역 내 또는 지역간에 있어 산업간 구조적 상호의존관계를 파악하기 위한 지역경제 분석이다.

5) 지역성장 및 고용의 변화를 파악하고 이들 변화를 구체적으로 분할하여 분석하는 방법이다

6) 경제이론과 통계적 기법을 결합하여 이론의 타당성을 실증적으로 검증하고 경제변수간의 관계추정, 그리고 장래예측에 주로 이용되는 계량경제모형을 활용하여 분석하는 방법이다.

7) 지역계정은 지역소득계정의 가장 기초적이고 중요한 지역경제에 대한 분석계정으로 지역경제정책을 보다 과학적으로 수립하고 지역개발모형을 구축하는 수단으로서 쓰이기 시작하면서 일반화되고 있다.

기반활동은 지방경제의 특화로 인해 특정 구성요소의 우위가 나타나게 되고 그 결과 지역외부로 재화와 서비스를 유출하는 활동을 파생하게 된다. 유출되는 정도를 기반활동 값으로 설정하고 있으며 수출활동이라 불린다. 따라서 지역 내로 부가적 화폐수입을 발생시킴으로서 지역경제의 성장성에 기여하는 활동이다

비기반활동은 기반활동과는 대조적으로 당해 지역내부에서 소비되는 재화와 서비스를 생산하는 활동이며 특정 구성요소의 경제활동의 열위로 재화 등이 내부소비에 부족하면 유입이 일어날 수밖에 없다. 이것은 지역내부에서만 화폐가 유통되는 경우로 지역경제의 안정성과 관계하는 활동이다. 비기반활동은 지역내부의 소비활동을 위한 것이라는 측면에서 흔히 지방 활동으로 불리운다.

분석모형설정에 있어 또 다른 가정은 구성요소의 측정방법에 관한 것이다. 지역적 기반분석은 일반적으로 취업자수 등을 요소의 지표로 활용하여 결과치를 이용하고 있다. 한 지역의 경제나 산업의 상황을 지표로 나타냄에 있어 흔히 사용되는 방법은 취업자수를 기준으로 하는 경우와 각 산업의 생산액 또는 부가가치액을 기준으로 하는 경우의 2가지 방법이 있다. 이 밖에 연구목적에 따라 각 산업별 투자액이나 자산액이 사용되기도 한다. 특히 취업자수를 기준으로 분석하는 것은 여타 요소의 통계자료 입수보다 용이하고 취업자수가 현실적으로 특정지역의 상황과 특징을 탄력적으로 연동하여 보여주기 때문이다.

하지만 한 특정지역의 경제예측이나 순수한 경제기반을 추계하기위해서는 소득, 생산액, 생산량 혹은 부가가치액 등의 거시지표로 대체가능하고 이것이 러시아 지방의 특성도출을 위한 기반화 작업에 성격상 더 바람직한 결과를 얻게 된다. 이 논문에서는 요소의 성격에 따라 생산량과 가액의 자료와 그 비율들을 최대한 활용하여 기반화 분석에 이르고 있다.

(2) BN 분석모형의 설정

이 분석모형은 지역적 기반분석기법을 응용한 것이며 입지상분석과 잔여상분석을 중심으로 구조화되어 있다. 그 구조의 메커니즘은 주분석과 세부분석,

8) Bekmann, M. J. Location Theory. New York: Random House. 1999, p. 230-280

파생분석으로 나누고 있다.

입지상분석에서 입지계수와 기반계수를 활용한 기반활동생산액을, 잔여상분석에서 잔여계수와 잔여활동값을 활용한 기반활동생산액을 산출하여 평가지수를 기준으로 각 요소를 기반화하게 된다. 이것을 주 분석이라 하고 그 결과를 주 분석 결과치라고 한다.

각 요소는 더 세분되어져 구체화될 수 있으며 이것은 한 지방의 특징을 더 세밀화하기 위한 작업이다. 구체화된 요소들은 주분석에서 행한 것처럼 기반화해야 하며 이것을 세부분석이라 하고 그 결과를 세부분석 결과치라 한다. 이 논문에서는 논의의 시도적 의미를 뚜렷이 하기 위해 복합모형의 적용에서는 편의상 세부분석과 파생분석은 생략하였다.

주분석과 세부분석에서 각 지방의 구성요소 중 기반산업은 정해지게 된다. 즉 각 요소의 기반화여부는 당해지방의 특징화의 근거가 되고 이 특징화는 지방의 특징별 통합을 위한 러시아 공간구획의 근거가 되어진다. 여기서 한 가지 전제해야 할 것은 요소의 기반화에서 입지상분석과 잔여상분석에서의 기반활동생산액은 다른 형태의 과정을 거치지만 같은 값을 취하게 되므로 동일 값을 확인후 양의 값을 취해 기반산업으로 정하게 된다. 이것은 다른 과정을 취하는 두 분석에 대해 인식하려는 의도와 결과에 대한 정확성을 기하기 위해서이다.

또한 구획된 공간들은 근거된 특징을 중심으로 해석되어질 필요가 있으며 해석을 위한 근거로 몇 가지 지표의 산출이 필요하다. 기반활동의 정도를 상대적으로 산출하여 평가하고 해석하려는 목적을 가지고 있으며 대표적으로 각 지방내의 기반활동의 비 등과 BN 비 등 그리고 전 지구 대비 기반활동비 등을 산출하여야 한다.9) 이것은 주분석의 파생적 성격을 가지고 있고 내적인 성질도 가지고 있어 파생분석 중 기반활동의 내적 상대가치비교라 하고 그 결과를 내적 파생분석 결과치라 정한다.

해석을 위한 근거로 또 하나 산출해야 할 필요성이 있는 지표는 여타 지방과

---

9) 여기서 '등'이라 표현한 것은 요소를 평가함에 있어 기반 외에 여러 가지로 구분할 수 있고 그것에도 각각 파생분석이 따르기 때문이다.

의 비교에서 결과 되어지는 것이다. 한 지방의 여타 지방에 대한 기반활동생산액의 비율, 기반활동비의 비율, BN 비의 비율, 그리고 전 지구 대비 기반활동비의 비율을 산출해 해석에 활용하는 것은 한 지방의 특징을 다른 지방과 비교함으로 해서 상대적 가치에 대한 평가의 유용성을 높이고저 함이다. 이것도 파생분석의 한 종류이며 파생분석 중 기반활동의 외적 상대가치비교라 하고 그 결과치는 외적 파생분석 결과치라 정한다.

◆ 러시아 지방경제의 특징도출을 위한 BN 분석모형 ◆

단계별 분석	결과치 산출법
LQA - LC와 BC를 활용한 러시아 각 지방의 구성요소별 기반활동생산액 산출	$(I_b/LC)^* P_{si} = P_{sib}$
↓ Yes	
RQA - RC와 P_e를 활용한 러시아 각 지방의 구성요소별 기반활동생산액 산출	$P_{si} - P_{ai}$/ Paz · ΣPsz=P_{sib}
↓ Yes	
PI의 선정과 각 지방별 기반요소의 확정 (주분석과 세부분석의 순차적 실행)	평가지수가 기반산업의 확정에 기준이 되며 여기서는 음·양수의 이분법을 적용해 양의 값을 취해 기반화한다.
↓ Yes	
각 지방별 기반산업의 확정을 특징화와 공간구획	공간구획은 지방을 특징별로 분류하여 구획하게 되며 특징별 구획은 기호화하여야 한다.
↓ Yes	
기호화된 지방구획의 정형해석과 각 지방별 파생분석 실행	각 지방별 성질의 해석을 위해 각종 변수를 활용하여 기반활동의 내적·외적 상대가치비교를 통해 파생분석을 실행하게 된다.
↓ Yes	
정형해석 등 결과치와 기타 지방사정 등의 변수를 고려해 종합적·술어적 해석	러시아 지방의 현 상황과 변동을 고려하면서 결과치의 유동적 해석이 필요하다. 성질중심의 기술뿐만 아니라 이에 기해 관계의 변동에도 접근해야 한다.

기호의 정의:

s = 당해지방, a=전 지역, i=당해산업, z=전 산업

sib = 당해지방에서 당해산업의 기반활동, sin=당해지방에서 당해산업의 비기반활동

P = 생산물 등 총량
P_{si} = 당해지방의 당해산업 생산액, P_{az}=전 지방의 당해산업 생산액
∑Psz = 당해지방의 전 산업 생산액, ∑Paz=전 지방의 전 산업 생산액
BC = 기반계수(=I_b/LC), LC=입지계수
RC = 잔여계수(=P_{az}/∑Paz), P_e=기대생산액(=P_{az}/∑Paz · ∑Psz)
I_b = 기반활동값(잉여분, LC-1), RI_b=상대적 기반활동값(=I_b/LC)
BN 비 = 기반활동값(생산액)과 비기반활동값(생산액)의 비율,
R_b = 기반활동비(지방총액 대비)
P_{sib} = 당해지방의 당해산업 기반활동생산액, P_{sin}=당해지방의 당해산업 비기반활동생산액

a. 입지상 분석(LQA: Locational quotient analysis)[10]의 적용

지역분석기법으로 널리 알려진 입지상은 어떤 지역의 산업이 전국의 동일 산업에 대한 상대적인 중요도를 측정하는 방법으로 그 산업의 상대적인 특화정도를 나타낸 지수이다. 입지상분석에서 입지계수(LC: location co-efficient)는 (P_{si}/∑Psz)/(P_{az}/∑Paz)의 식으로 구해진다.

이 계수 값의 결과를 평가하여 1이면 전 지역 평균과 동일함을 의미한다. 그리고 - 1보다 크면 클수록 당해지역의 당해공업으로 상대적으로 심화 배분되어 있어 그 지역이 그 공업에 특화되어 있으며 -1보다 적은 경우는 위와는 반대로 비특화된 것으로 판정되고 그 효력발생 또한 반대가 된다.[11] 다음, 입지계수는 LC-1하여 I_b(=잉여분)을 얻게 되고 이것은 I_b/LC=RI_b (=BC)의 과정을 거쳐 RI_b*P_{si}=P_{sib}을 결과하게 된다. 이 P_{sib}은 RQA에서도 동일 값을 구하게 되며 음과 양의 값의 성질도 RQA와 동일하다.

b. 잔여상 분석(RQA: Remainder-quotient analysis)의 적용

지역경제기반의 정도를 분석하는 기법으로서 LQA와는 방법을 좀 달리한

10) 이 원리는 P.S. Florence가 개발한 것으로 J.H.MAttila와 W.R. Thompson에 의해 응용되고 H.Hoyt에 의해 발전된 것이다.(G. McCrone, "The Application of Regional Accounting in the U. K. " Regional Studies. Vol. 1(1), 1967. pp. 39-45.

11) W. Isard, 'Interregional and Regional Input-output Analysis; A Model of a Space-economy,' Review of Economics and Statistics, Vol. 33, 1999, pp. 318-328.

다. LQA가 LC를 통해 직접 P_{sib}을 구하는 반면, RQA는 잔여분, 즉 기대생산액을 구하여 P_{si}과의 차액을 P_{sib}으로 하고 있다. 그렇지만 그 결과 값과 그 음양의 성질은 동일하다.

당해지역에서 당해산업의 기반활동에 실적된 총 생산량을 P_{sbi}로 한다면 $P_{sbi} = P_{si} - P_{ai}/ Paz \cdot \sum Psz$ 으로 그 값을 산출할 수 있다.[12]

c. P_{sib}의 값의 해석

지방의 성질을 모색하기 위해 P_{sib}의 값의 차이, 즉 음양의 값의 성질을 해석할 필요가 있게 된다. 그 값을 음의 값과 양의 값 그리고 0의 값일 때로 나누어 해석하면 다음과 같다.

P_{sib}이 양의 값일 때 : 당해지역 당해산업의 상대적 생산액 등[13]이 전 지방 당해산업의 상대적 생산액 등 보다 클 때 나타나므로 이 양만큼 평균치보다 더 크다는 것을 의미하며 이 값은 상대적 비교치이므로 상대값으로서 평균값을 먼저 알아야 한다. 그러면 이 산업은 PI를 거쳐 기반산업이 되는 것이고 이 가액은 기반활동생산액이 된다. 이 산업은 비교우위에 있게 되고 특화된 산업으로 구분된다. 이것은 이 구성요소가 당해지방의 성장성에 기여함을 의미하며 가액의 정도는 그 성장성에 기여정도와 관계되어 있다. 이것은 파생분석에서 기반활동비나 BN 비 등으로 파악하게 된다.

P_{sib}이 음의 값일 때 : 당해지역 당해산업의 상대적 생산액 등이 전 지방 당해산업의 상대적 생산액 등 보다 작을 때 나타나므로 이 양만큼 평균치보다 더 작다는 것을 의미하며 역시 이 값은 상대적 비교치이므로 상대값으로서 평균값을 먼저 알아야 한다. 또한 이 산업은 PI를 거쳐 비기반산업이 되고 이 가액은 비기반활동 생산액이 된다. 이 산업은 비교열위에 있게 되고 비특화된 산업으로 구분된다. 이것은 이 구성요소가 당해지방의 안정성에

12) 한주성, 『경제지리학』, 교학연구사, 1998, p.446

13) 여기서 '등'이라고 하는 것은 생산액외에 부가가치 액이나 생산량, 취업자수 등으로도 분석될 수 있기 때문이다.

기여함을 의미하며 가액의 정도는 그 안정성에 기여정도와 관계되어 있다. 이것은 파생분석에서 비기반활동비나 BN 비 등으로 파악하게 된다.

P_{sib}이 0의 값일 때 : 기반활동생산액 등이 평균치와 같다는 것을 의미하며 이 값은 상대적 비교치이므로 상대값으로서 평균값을 먼저 알아야 한다. 그러면 이 산업은 PI를 거쳐 평균동일산업이 되는 것이고 이 가액은 0이 된다. 이 산업은 비교동급에 있게 되고 평균생산 산업으로 구분된다. 또한 이 산업은 상대적 평균과 같은 생산액을 가지고 있어 지역 내의 소비액과 동등하다고 가정하여 지역외로의 유출과 지역 내로의 유입이 없는 상태를 유지하고 있다. 이것은 이 구성요소가 당해지방의 성장성과 안정성에 영향을 미치지 못함을 의미한다.

2) 안정성 분석

모든 존재들, 즉 물질과 그의 작용으로서의 에너지 등은 그것이 하나의 단세포생물이든 진화된 인간이든, 아니면 무생물인 하나의 자연의 일부나 전부이든, 도시와 같이 가공적이든 간에 하나의 시스템을 그 중심에 안착하고 있다. 물론 이 논문의 주제로서의 지방의 성질과 관계의 문제 또한 그 중심성을 파악하는데 시스템의 분석이 그 유용성을 가져올 것으로 기대하고 있다.

이 논문의 과제를 해결하기 위해 시스템에 대한 이론적 기초에 대한 접근이 선행되어야 한다. 먼저 지역연구의 활용대상이 되는 시스템이란 무엇인가에 대한 물음에서 출발하는 것이 순서일 것이다. 지역연구에서의 시스템은 그 지역을 구조하는 요소들이 운동하는 과정 속에서 고유의 성질이 발생·변화·소멸하면서 상호 혹은 대외로 관계하는 총체적 질서나 체계를 의미한다.

(1) 복잡시스템(Complex System, CS)

복잡시스템은 복잡한 방식으로 시스템이 구조화되어 있다는 것을 의미하며 단순시스템 모형의 대비되는 개념이다. 이 구분은 현실시스템에서 존재하기 보다는 모형의 편의를 위해 가상되어 있다고 할 수 있으며 발견이라기보다는 패러다임의 이동으로 인식해야 할 것이다. 연구방법에 있어 목적 등을 충족하기 위해 대상시스템의 접근에 따라 단순으로 설정되기도 하고 복잡으로 설정되기도 한다.14)

그런데 현존 시스템은 모두 복잡하다고 볼 수 있으며 그러므로 차라리 단순시스템을 가정할 때 훨씬 더 많은 가정적 조건을 붙여야 할 것이다. 이것은 현실의 구체적 시스템을 연구함에 있어 복잡한 방식이 사실분석에 더 현실적이며 또한 특징의 해석에 있어서도 더 본질적이라는 것을 의미한다. 복잡시스템은 이 논문의 전반에 적용되지만 특히 지역의 IS 모델을 설정함에 있어 분기점에서의 완전수직구간을 해명하는데 그 근거를 제시한다. 이것은 복잡시스템에 관한 2가지 점을 함의한다.

1. 러시아 지방연구에서 구체적 시스템에 의한 관계성이 자기초월적 경향을 내포하고 있지 못하다는 것을 의미한다. 즉 연구대상인 러시아 지방이 자기초월적 경향을 나타내지 못함으로 해서 전 구간에서 자기조직화 운동을 함에도 불구하고 창발에 이르러 진화하는 단계에 일정 예정된 기간에는 놓이지 않게 된다. 복잡시스템에서는 요소들의 자기강화구조가 일정수준의 변화를 넘어서면 불안정성의 균형을 깨어버려 비평형상태에 놓이게 되고, 그러면 이 분기되는 구간에서 소산구조화되어 요소들의 비선형적 관계에 의해 내부적으로 변증을 나타나게 하고 외부와는 에너지 등의 흡수와 엔트로피의 배출 등을 통해 적응해 나가는 창발적 진화의 과정을 설정하고 있다.
2. 복잡시스템은 일반시스템의 전 구간에서 영향을 가지지만 일반시스템의 공통적 효력이 대체적이고 일정 조건이 주어지는 일부 구간에서만 그 특수한 효력을 나타내게 된다. 즉 복잡시스템의 창발적 진화라는 개념은 모든 시스템에서 적용여지가 있는 것은 아니다. 그러므로 만물은 자기 조직화하는 복잡시스템이지만 모 조건의 특수한 시스템과 모 조건의 특수한 경우에 한해서 창발적 진화가 가능하게 된다. 여기서의 연구과제는 창발적 진화의 측정이나 예측에 관한 연구방법과 모 조건의 함수관계에 관한 연구방법 등이 될 것이다.

---

14) 브라이언 아서 외, 『복잡계 경제학 Ⅰ』, 평범사, p.181-185.

3. 복잡시스템은 피드백과 밀접한 관계를 가지고 있다. 즉 피드백은 한 요인으로서 복잡시스템에 영향을 미치는데 특히 피드백에서 시스템출력이 시스템입력을 비결정론적으로 강화시킬 때 복잡시스템의 한 구간으로서의 창발적 진화가 나타나게 된다. 비결정론은 결정론과 더불어 복잡시스템의 변화와 진화를 가져오는 예측에 관한 논리인데, 복잡시스템에서는 변화와 진화과정하에서 시스템의 안정과 불안정이 나타나면서 결정론과 비결정론을 반복해 가게 된다.15)

비결정론이 작용하는 구간은 변화와 진화과정에서 모든 가능성이 열려있는 상태인 분기점의 포착이 있는 시점이나 지점이 되며 분기점에서는 시스템이 창발하게 되어 비결정론이 지배하게 된다. 이렇게 시스템이 창발적일 경우에는 피드백에 의한 갑작스런 변화, 즉 예측불가능의 상황을 맞게 된다. 이 분기점에서 우연히 이 시스템을 건드리면 새로운 경로를 거치게 된다. 일단 그 경로가 결정되면 다음 분기점에 이르기까지는 다시 결정론적인 운동원리가 지배하여 안정과 불안정을 반복하여 단순한 변화가 반복되는 시스템이 된다.16)

(2) 안정성의 개념적 범위

안정성은 적응성과 함께 시스템의 운동과 관계되는 성질이다. 안정성은 대내외 환경과의 관 계속에서 내부요소의 협력과 경쟁의 성질을 의미하는 반면, 적응성은 시스템 자신의 생존과 진화를 위해 환경과의 변화에 어울리려는 성질을 말한다. 안정성과 적응성은 운동의 관점에서 공통된 기능을 하지만 안정성의 본질이 시스템의 불변성이고 적응성의 본질은 시스템의 가변성이라는 점에서 대조적 성질을 가지고 있다.

안정성의 개념적 범위에 더 구체적으로 접근해보면 시스템의 안정성은 질적 규정성과 양적 규정성의 관계와 밀접되어 있으며 시스템이 안정하다는 것은 이

15) Kauffman, S. A. The Origins of Order: Self-Organization and Selection in Evolution, New York: Oxford University Press, 1993. 20-28.

16) Marion, R. The Edge of Organization : Chaos and Complexity Theories of Formal Social Systems, SAGE Publications, 1999. p. 169-201.

관계의 일체나 통일 혹은 균형 등을 유지해서 요동으로 인한 양적 변화가 질적 변화를 유인하는 범위를 넘어서지 않고 있는 상태나 운동을 의미한다.[17] 그리하여 시스템이 안정할 때는 양적 규정성이 질적인 변화를 규정하여 질적 규정성의 한계에 가까이 접근할 수는 있지만 유인범위의 한계를 넘어 전이되는 것을 방어하는 탄력적 에너지를 내포하게 된다.

안정성은 내부요소와 내외부 환경의 요동작용하에서 시스템의 존재와 운동 즉 시스템의 상태나 입출력관계가 일정한 한계의 변화 내에서 작용하는 것을 의미한다. 이것은 실제 시스템의 구조와 기능의 안정성으로 표현되는 것이 일반적이며 연구방법에 있어서는 구조의 규명을 위해서 요소의 성질을 분석해야 하고 기능의 규명을 위해서는 요소의 관계를 분석해야 한다. 이것이 시스템의 형식에서의 실체로의 투영을 위한 연구방법의 기초이다.

(3)시스템 안정성의 변화

시스템은 그 특징 중의 하나로 운동성을 가지고 있다. 운동성으로부터 파생된 안정성은 시간이 흐름에 따라 끊임없이 변화한다. 원래 시스템은 두 가지 경향 즉 자기주장경향과 자기초월경향을 갖고 운동하며 이 두 경향이 상호관계하의 평형을 유지하여 안정성을 얻게 되는 것이다. 안정성을 규정하는 이 두 경향은 시·공의 변화, 기타 변수의 변화에 의해서 관계변화를 갖게 되고 이것은 안정성의 변화에 효력을 미치게 된다.

안정성의 변화는 실체적 범위인 조직에서의 변화이다. 조직에서의 안정성의 변화를 이해하기 위해 조직의 특징을 들어보면 다음과 같다.

· 효율성의 제고 필요성을 위해 조직되어야 하고
· 계급의 구조 하에 공진화와 자기강화가 요구되고
· 운동하고 변화하며 이 과정에서 변증과 적응이 나타난다.

위의 두 경향과 조직의 특징에 영향받는 안정성이 변화하는 과정 속에서 어떤

17) 박창근, op. cit., p.134.

원리와 메커니즘을 가지게 되는지 규명이 필요하다. 왜냐하면 이 안정성의 변화에 관한 것, 원리, 메커니즘, 패턴 등은 '지방경제의 복잡시스템 IS 모델'에서 Spv를 도출하는 개념적 기초가 되어 결국에는 지방시스템의 상대적 안정도에 영향을 미치기 때문이다.

조직시스템에서 안정성과 관련해 요소들 간의 상호 영향을 주고받는 원리를 보면 한편으로 잉여불균형의 원리에 따른 자기강화에 영향을 받고 다른 한편으로는 한계보충의 원리에 의한 자기보충과 개체활성의 원리에 따른 자기방어에 영향을 받게 된다. 자기강화는 분배의 측면을, 자기보충은 비용의 측면을, 자기방어는 생산의 측면을 강조한 것이며 이것은 조직의 특징과 시스템의 경향에서 파생된 것이다.[18] 후자 두 행위는 자기조정이라 한다.[19]

안정성 변화의 메커니즘은 자기강화와 자기조정이 독립변수의 요소간 관계로 나타나 시·공, 패턴 등 기타 변수에 영향을 받아 변화를 거듭하게 되며 이에 따라 시스템의 상대적 안정성은 불안정도가 변화하면서 독립변수의 불안정구간과 안정구간 등을 형성하게 된다. 이것이 복잡시스템 안정성의 일반적인 변화과정에 해당한다.

이러한 안정성의 변화에 있어 시간의 흐름에 따라 입력 등의 독립변수가 들어가면 몇 가지 정형화된 출력의 패턴을 얻어낼 수 있다. 이것은 폐환시스템의 피드백 제어에 기초하고 있으며 역시 4가지 패턴으로 나눌 수 있다. 이 4가지 패턴은 파악할 수 있는 모든 시스템의 패턴이며 모든 존재는 이 중 하나의 시스템 패턴에 속하게 된다. 이 논문의 주제는 지방의 시스템 안정성과 관련되어 있고 이것은 불규칙 안정의 피드백 패턴에 속하게 된다. 대체로 부피드백 시스템이 지배하고 있으므로 아래에서 부피드백의 4가지 시스템 패턴을 그림으로 나타내면 다음과 같다.[20]

---

18) 자기강화는 조직시스템의 요소가 협력과 경쟁의 공진화 하에서 자기의 이익을 극대화하려는 행위를 의미하며 이것은 자기초월적 경향이 나타나게 하는 유인이 된다. 자기보충은 자기강화에 의해 대립된 요소간의 관계에서의 소모분을 줄이려는 행위이고 자기방어는 자기강화가 만든 긴장성의 생산성 저하에 대한 영향을 이완시키려는 행위이다.

19) 폴 크루그먼, op. cit., p. 95-100.

20) 박창근, op. cit., p. 137

그림. 시간의 흐름에 따른 시스템의 IO 안정성의 패턴들

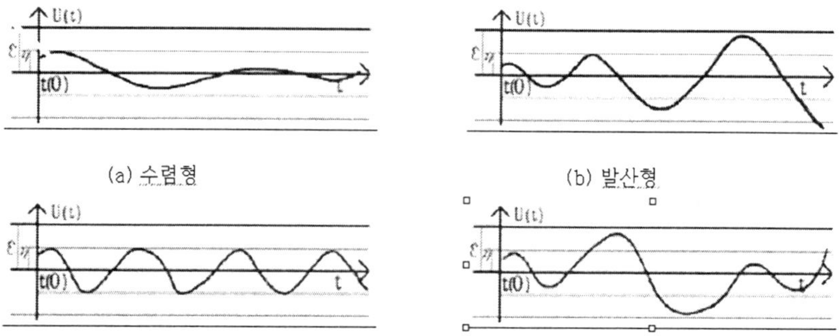

(a) 수렴형
(b) 발산형
(c) 규칙 안정형
(d) 불규칙 안정형

(4) 분석모델 설정의 실제

이 논문에서 요구되어지는 모델은 러시아 지방의 특징과 그의 해석에 필요한 시스템 안정성에 접근하는 형태이다. 이에 그 모델로부터 얻고자 하는 유용성은 다음과 같다.

· 해당지방의 안정성을 측정하여 여타 지방과의 상대적인 비교를 하고자 한다.
· 불규칙 안정의 부피드백 패턴와 발산형 부피드백 패턴으로 응용된 Sis 곡선은 어떠한 구체적 패턴을 갖고 있는지 모색한다.
· Sis 곡선의 구체적 패턴이 형성되게 된 독립변수와 종속변수와의 함수관계는 어떠한지 해명하고자 한다.
· 독립변수가 어떻게 산정되어지고 여타 방법들은 어떤 것이 있는지를 찾고자 한다.
· Sis 곡선을 몇 개의 구간으로 나누고 각 구간의 특징은 무엇이며 특히 해당 지역이 없는 특수한 구간은 어떤 성질을 가지고 있는지 탐색하고자 한다.

이러한 과제에 대한 접근의 결과를 Sis 곡선 그림에 집약하여 보면 이해가 쉽다. 이것을 '지방경제의 복잡시스템 IS 모델'이라고 명명하고 그 정의는 '시스템의 변화요인값으로서의 성질값(Spv)에 대한 시스템의 상대적 안정도(Srs)의 관계를 지방분석을 위해 전형화한 형태'로 한다.

그림. '지방경제의 복잡시스템 IS 모델'에 의한 Sis curve

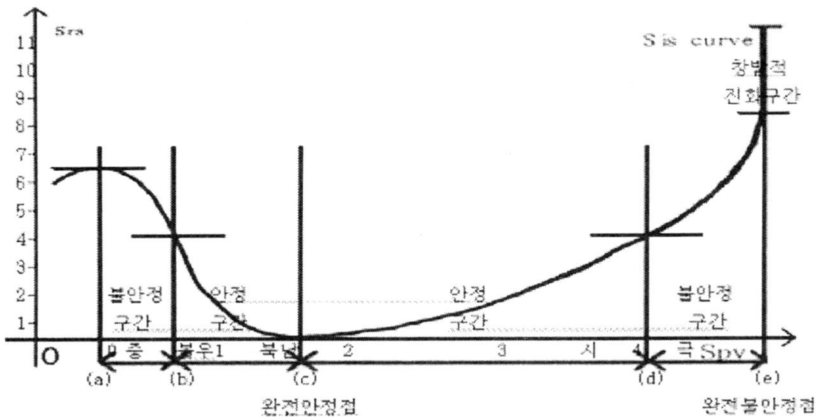

이 그림에 대한 도출과정의 특징을 중심으로 설명을 요약하면 다음과 같다.

- Spv의 (a)는 0의 값을 갖고 있다. 즉 이 상태는 완전 불안정점은 아니지만 폭이 높아 불안정구간 중 강한 불안정에 속하고 있다. 이 점에서부터 불안정도는 낮아지기 시작하며 기울기가 급한 체증적 안정을 보이고 있다.
- (b)에 도달하면 곡선의 기울기가 가장 급해지는 점으로 체증적 안정에서 체감적 안정으로 변하고 있으며 여전히 기울기는 급하다. (a)~(b)의 구간은 불안정 구간이 된다.
- (c)까지는 체감적 안정으로 대응하고 있으며 이 점에 도달해서는 불안정의 상승이 시작된다. 이 점을 완전안정점이라 한다. 이 구간은 안정구간에 해당한다.
- (d)까지는 안정구간으로 (b)의 불안정도와 수평으로 만나는 점까지의 구간이다. 이 구간까지는 폭이 높지 않아 안정구간이며 기울기는 매우 완만하게, 체증적으로 불안정성이 상승하고 있다.
- (e)까지의 구간은 폭이 상승하고 있어 불안정구간에 접어들고 있으며 기울기가 조금 급해지기는 했지만 후반에 가서야 매우 급하게 불안정화된다. 체증적이고 급한 기울기는 급기야 완전불안정점에 도달하게 한다.
- (e)에서의 불안정도는 이미 변화의 여지를 넘어서 진화의 창발을 가져오고 있다. 이것은 비결정론이 지배하는 부분이며 초기의 작은 조건변화는 큰 파장

을 가져오게 된다. 이 창발적 진화구간은 시스템의 안정성의 패턴 중 정피드백의 발산형패턴에 해당하고 있다. 지방 복잡시스템의 자기조직화가 요동으로 인한 양적 변화가 질적 변화를 초래하는 한계를 초월할 수 있는 단계가 바로 창발적 진화구간[21]이다.

다음 '지방경제의 복잡시스템 IS 모델'의 설정방법의 절차를 살펴보면 먼저 Spv를 단위별로 구분하고 → 러시아 지방경제 등을 사정 보정하여 Spv의 대응값 Srs를 구한 다음 → 불규칙 안정의 부피드백 패턴에 근거한 Sis 곡선을 도출하고 → 곡선의 변화(폭, 기울기의 경사와 체증·체감도 등)에 따라 구간을 나누고 → 구간에 해당하는 해석을 전형화 한다.

이렇게 설정된 '지방경제의 복잡시스템 IS 모델'은 러시아 지방경제의 변화와 진화 등을 설명하는 구체적 모델이라고 상정하고 그러면 이 목적에 맞게 해당지방을 적용하는 문제를 남기게 된다. 즉 Spv를 측정, 그 값에 대응하여 어느 지방은 어느 정도의 시스템의 상대적 안정성 혹은 불안정성을 가지고 있는지, 그 해당 지방이 어느 정도의 변화강도에 직면하고 있는지, 그리고 어느 지방이 창발적 진화구간으로 전환되었는지 등을 해석·예측하게 된다. 그런데 이것은 Spv의 측정이 선행되어야 하므로 아래에 Spv의 측정방법을 모색한다.

Spv의 측정방법은 이 논문주제의 중심이 되는데 주제의 핵심이 일정한 공간적 범위에서 각 지방의 상대적 안정도의 비교에 있기 때문이다. Srs는 상대적 값으로 표시되어 있다. Sis curve에 기한 Srs도출은 주어진 개별지방간의 상대적 Spv에 의한 결과이다. 즉 7개 지구의 Spv는 측정되어 상대적으로 비교되고 Sis curve에 적용되어 Srs가 구해지므로 다분히 상대적이다. Spv와 Srs의 함수관계에 있어 이렇게 상대적이고 가정적인 설정을 하는 것은 러시아 지방경제 등을 포함한 복잡시스템적 연구가 정착되지 못해 활용할 실증적인 결과를 도출하고 있지 못하기 때문이다.[22] 그러므로 Sis curve는 러시아 개별 지방경제의 복잡시스템과 그의 안정성에 기한 특징에 대한 설명적 성격을 가진 한 모형으로 이해해야 하겠다.

21) 브라이언 아서 외, op. cit., p.259-289.

22) 시오자와 요시노리, 『왜 복잡계 경제학인가』, 푸른길, 1999, p. 115-160

(5) Spv의 측정방법

Spv는 지방경제 시스템의 요소간 상호관계와 관련 있다. 요소는 고유의 성질을 가지고 내부의 여타 요소와 관계하는데, 여기서 요소간 상호 공진화와 자기강화의 행위가 일어나게 되고 이것은 그의 반작용으로 자기보충과 자기대항의 행위를 불러일으킨다. 그래서 한 지방경제의 시스템은 일종의 긴장력과 이완력을 변화하면서 운동하게 된다. 즉 Spv는 한 지방경제 시스템의 변화요인으로서의 성질값이라 정의될 수 있다. 그런데 Srs의 도출을 위한 독립변수로서의 용도를 가지기 위해서는 일정기간 동안의 Spv 측정이 요구된다. 이 논문에서는 2002년 한해의 생산량 등을 활용하였다.

Spv의 측정은 목적 등에 따라 다양한 방법으로 할 수 있다. 여기서는 러시아 지방경제 연구의 목적에 맞는 방법을 설정해 보면 특정지방 Psib의 합계의 상대값에 대한 특정지방 RIb의 합계의 상대값을 '지방경제의 복잡시스템 IS 모델'의 Spv의 값으로 삼는 것이 적정하다. 이것을 공식으로 나타내면 다음과 같다.

Spv = (∑ABS(특정지방RIb)/ ∑ABS(전 지방RIb))/ (∑ABS(특정지방 Psib)/ ∑ABS(전 지방Psib))

여기에서 ∑ABS(특정지방RIb) = 특정지방의 상대적 기반활동값의 절대값 합계;
∑ABS(전 지방RIb) = 전지방의 상대적 기반활동값의 절대값 합계;
∑ABS(특정지방Psib) = 특정지방의 특정산업 기반활동생산액의 절대값 합계;
∑ABS(전 지방Psib) = 전지방의 전산업 기반활동생산액의 절대값 합계를 의미한다.

이것을 위해서 RIb와 Psib를 구할 수 있어야 한다.

RIb는 상대적 기반활동값으로 BC(기반계수)와 같은 값을 가지며 Ib/LC로 구할 수 있다. 여기서 LC는 입지계수를, Ib는 기반활동값(=잉여분, LC-1)을 의미한다. Psib는 특정지방의 특정산업 기반활동생산액으로 RIb*Psi으로 구해진다. Psi는 특정지방의 특정산업 생산액을 의미한다.

3. 러시아 지방의 특징모색을 위한 복합분석 모형설정

러시아 지방의 특징모색에 있어 그 분석단위를 7개 연방지구로 삼고 있고 그리하여 각 지구별 특징모색이 이 글의 최종목적중의 하나가 되고 있다. 그리하여 이것은 지방 분석모형을 통해 다른 지구들과 뚜렷이 구별되어 지고 또한 각 지구별 해석에 다다르게 할 것이다. 물론 구분되어 있는 7개 연방지구에 대해서는 구획된 공간이라 가정하고 있으며 주로 공간의 재해석에 중점을 둔다.

1) 복합모형 성립요건과 형성 메커니즘

복합모형의 성립이라 함은 기반성 원리에 의한 특징모형과 안정성 원리에 의한 특징모형에 의해 특징도출의 복합을 정형화하여 모델화함으로서 각 지방의 특징을 복합적으로 해석할 수 있는 토대를 형성함을 의미한다. 복합모형에서 구성요소는 유형들이 되며 이것을 복합유형이라 부른다. 복합유형은 두 원리의 동시충족요건으로 한 개의 복합유형이 형성되며 이런 메커니즘으로 한 지역의 또 다른 새로운 특징에 접근하고 있다.

복합모형의 구성에 있어 두 원리는 상호 보완적인 성격을 가지고 있으며 이의 메커니즘은 다음과 같다.

입지론→ 기반분석 도형(기반성 원리)→ 복잡시스템의 위계성 도출(전 기의 각 부문의 생산량 등 요소 분석)→ 복잡시스템의 안정성 모델(안정성 원리)→ 지역 등 조직의 효율과 공정→ 입지인자→ 입지론→....

2) 복합모형의 성질

구체적으로 복합모형은 러시아 각 지구별 특징분석에서 활용될 수단이다. 이 수단은 복합성을 가지고 있다. 그러면 복합성은 이 지역의 분석에 어떤 의미를 가지는가.

- 정태와 동태분석의 복합분석이 한 공간의 특징을 더 잘 반영할 수 있다. 그리고 경제 기능의 양대 측면인 생산과 분배를 동시에 고려할 수 있다.

· 일반적 분석과 복잡시스템적 분석을 복합하는 것이 더 유용하다. 이것은 상호보충성에 기하기 때문인데, 예를 들어 한 지구의 특징을 도출함에 있어 해당지구의 산업들은 입지론에 근거한 형성이 있었고 이것은 시간의 경과와 함께 입지요인과 인자에 의해 기반산업이 강화되어지는 방향으로 일정부분 변화되었다. 그리고 이것은 어느 한 기간동안 양적 측정과 기반산업의 특징화하는 것이다. 이 다음으로 이 산업들은 새로운 변화를 겪게 되는데, 이 변화들은 형성이후의 문제들이다. 이것은 복잡체계에 의한 요소들의 성질과, 그것들 등의 관계에 의해 운동하여 변화를 나타내게 되며 산업의 변화가능성의 정도(한 구간측정시)나 실제 조직화에 의한 상대적 변화정도(변화율 측정시)와 그 요인 등을 나타내어 특징화하게 된다. 이에 한 지구의 특징화 메커니즘에서 두개의 분석은 상호보완성을 띠게 되고 이것은 특징설명을 부분에 국한하지 않게 좀 더 복합적으로 전체적으로 행하므로 서 효율적 결과에 가깝게 된다.
· 각 지구별 특징모색이 주어진 구획 하에서 이루어지므로 구획에 중점이 요해지는 순차적 충족요건을 포기하고, 그리하여 공동충족요건으로 해서 재해석에 중점을 가지는 것도 가치의 한 면으로 평가할 수 있다.
· 복합성을 띨 때는 분석에 의한 유형별 정리가 복잡해지므로 아래의 복합모형 표처럼 구분하여 유형화하는 것이 이해에 있어 유용한데 이러할 때 두 모형은 동시 충족되어야 한다는 등의 요건으로 편성되어 진다.

3) 복합분석 모형의 정리

복합분석 모형과 그 유형화의 실제를 정리하면 다음과 같다.

· 복합분석모형은 기반분석과 안정성분석의 복합에 의해 설정되어지며 이 분석들의 동시충족요건에 의한 복합된 특징이 하나의 특징의 대표군이 되어 지구별 유형을 만든다.
· 지역별 유형은 기반분석모형에서 파생된 요소기반 6가지와 안정성모형에서 파생된 안정성유형 5가지를 경우수로 복합하여 총 30가지를 설정한다.
· 복합모형에서 지구별 유형은 이론상 30가지의 분류를 가지지만 러시아 당해

지구는 총 7가지이므로 각각 다른 특징을 내포한 유형을 갖게 된다. 이 특징은 각 지구의 대표성을 띠고 있으며 그러므로 각 지구별로 복합된 특징을 대표로 해서 그 대표적 특징의 도출 배경과 그 구체적 현상, 그리고 여타의 관계 등과 그 대표적 특징에서 파생된 여타 특징들, 예를 들면 내·외부 요인 등에 대해 해석하여야 한다.

[표] 복합분석 모형표

안정성 분석의 구간 / 기반분석 지역	불안정성이 지배하는 지역 (균형도-강) -ab구간	안정성이 지배하는 지역 (급한 구간) -bc구간	안정성이 지배하는 지역 (완만한 구간) -cd구간	불안정성이 높은 지역 (균형도-약) -de구간	창발적 진화의 지역 -e구간
공업기반 지역					
농업기반 지역					
유통업기반 지역					
무역업기반 지역					
건설업기반 지역					
금융업기반 지역					

* 안정성 분석의 기호 즉 ab 등은 구간별 기호를 인용하여 표시한 것임.
* 기반 분석은 6개의 요소를 활용하여 결과된 것임.
* 기반분석 지역에 표시된 지구는 기반산업을 표시한 것임.

4. 러시아 연방지구에의 복합모형 적용과 특징도출의 결과 - 결과치의 해석에 따른 특징의 해명(elucidation)

이 논문에서 인식론적 접근을 넘어 그의 존재론적 접근에 이르고자 하는 것은 이론과 연구방법에 구체성을 불어넣어 러시아 지방경제 연구에 현실적·실무적 가치를 부여하고자 하는 것이다. 이에 러시아 연방의 7개 지구를 대상으로 기반분석과 안정성분석의 측정과정과 그의 결과 값을 구해본다.

1) 적용의 전제적 범위

러시아 지방경제의 복합모형 분석과정에서 분석단위로서 최소단위인 요소는 행정적 의미로의 89개 주체가 되는 것이 더 효율적 결과를 얻을 수 있다. 각 지방은 러시아라는 국가의 범주에 속해 있어 그 속성이 국가에 의해 규정되는 부분이 있게 되며 한 국가의 성질과 운동은 행정성을 기본으로 하고 있고 그에 의해 구분되어진 것이 89개의 지방이다. 그러나 이 연구는 시도적 의미가 강하여 대표적인 대상으로 체계화하기 위해 7개 지구를 분석대상으로 삼고 있다. 7개 지구의 활용은 대표성을 가지지만 세밀성은 감소할 수 있다.[23)]

요소의 총액 화폐단위는 백만 루블이다. 무역업부문에서 $단위의 통계자료를 분석편의상 2001.12.31일 기준, crossrate 30.51루블로 환산하여 백만 루블 단위로 통일하였다. 단, $로 계상한 것은 그러지 아니하다.

두 분석모두 개별 지방의 요소는 산업을 중심으로 총 6개의 부문을 삼고 있지만 요소의 범위에 있어서 차이가 조금 있다.

· 기반분석에 있어 유통부문은 통상 소매유통과 도매유통의 합산을 의미하는데, 여기서는 소매유통만을 계상하였고 단, 주분석 시 ∑Paz에는 도매를 합산하여 산정하였다. 무역부문은 수출과 수입의 총 무역액으로 집계되어 있고 지

23) 러시아 통계청의 '2003년 통계자료집'을 참고하였으며 분석의 자료활용은 2002년의 자료를 활용하고 있다. 단, 지역총생산 관련 자료는 2001년 자료를 활용하고 있다. 자료출처는 Регионы России Социально-экономические показатели. 2003: Р32 Стат. сб./ Госкомстат России. М., 2003 이다.

역적으로 러시아의 여타 지방과의 무역과 CIS내의 국가와의 무역총액을 제외하고 있다. 즉 CIS외의 외국과의 무역액을 활용하고 있다. 건설은 건설도급액을 활용하였다. 금융은 금융기관의 금융결산액(수입액-손실액)을 금융총액으로 잡고 있다.

- 안정성 분석에 있어 유통업부문은 소매액을 총유통액으로, 무역업부문은 CIS외 국가와의 무역액을 무역총액으로 건설은 건설도급액을 건설총액으로, 금융은 금융기관의 금융결산액(수입액-손실액)을 금융총액으로 잡고 있다.

2) 러시아 연방지구의 복합모형 적용과 그 결과치의 해석

여기에서는 러시아 연방지구별로 복합모형을 적용하여 그 분석 메카니즘을 해명하고 그 결과치를 해석하고 설명하고자 한다. 지구별 순서는 중앙지구, 북서부지구, 남부지구, 볼가지구, 우랄지구, 시베리아지구, 극동지구이다.

각 지구별 구성의 차례

1. 당해 연방지구의 기반분석 적용과 그 결과치
   1) 주분석
   2) 세부분석 - 공업, 유통, 무역 등
   3) 파생분석 - 반활동의 내적 상대가치(BN비 등)
2. 당해 연방지구의 안정성분석 적용과 그 결과치
   1) Spv 측정과정
   2) Spv 측정결과치

3) 복합모형의 분석결과에 따른 ‘복합분석 모형표’의 성과

7개 지구의 안정성 분석과 기반분석에 따른 복합모형의 분석결과를 정리하여 표를 완성하면 다음과 같다.

[표] 복합분석 모형표의 성과도

안정성 분석의 구간 / 기반분석 지역	불안정성이 지배하는 지역 (균형도-강) -ab구간	안정성이 지배하는 지역 (급한 구간) -bc구간	안정성이 지배하는 지역 (완만한 구간) -cd구간	불안정성이 높은 지역 (균형도-약) -de구간	창발적 진화의 지역 -e구간
공업기반 지역		볼가지구 우랄지구 북서부 지구	시베리아 지구	극동지구	
농업기반 지역		볼가지구 남부지구	시베리아 지구		
유통업기반 지역	중앙지구	남부지구	시베리아 지구	극동지구	
무역업기반 지역	중앙지구	우랄지구 북서부 지구		극동지구	
건설업기반 지역		우랄지구 북서부 지구 남부지구		극동지구	
금융업기반 지역	중앙지구	우랄지구			

* 안정성 분석의 기호 즉 ab 등은 구간별 기호를 인용하여 표시한 것임.
* 기반 분석은 6개의 요소를 활용하여 결과된 것임.
* 기반분석 지역에 표시된 지구는 기반산업을 표시한 것임.

• 중앙 연방지구

1. 중앙 연방지구 기반분석 적용과 그 결과치

1) 주분석

	공업 부문	농업 부문	유통업 부문	무역업 부문	건설업 부문	금융업 부문
ΣPaz	24,985,467.723	24,985,467.723	24,985,467.723	24,985,467.723	24,985,467.723	24,985,467.723
P_{ai}	6,868,000.000	1,029,255.000	3,753,600.000	3,858,477.660	915,497.000	923,320.000
ΣPsz	8,636,027.465	8,636,027.465	8,636,027.465	8,636,027.465	8,636,027.465	8,636,027.465
P_{si}	1,348,681.000	233,566.000	1,520,702.000	1,463,897.259	234,102.300	458,805.000
P_{ai}/Σ Paz	0.275	0.041	0.150	0.154	0.037	0.037
P_{si}/ΣPsz	0.156	0.027	0.176	0.170	0.027	0.053
LC	0.568	0.657	1.172	1.098	0.740	1.438
I_b	-0.432	-0.343	0.172	0.098	-0.260	0.438
RI_b(=BC)	-0.760	-0.523	0.147	0.089	-0.352	0.304
LQA: P_{sib}= RI_b* P_{si}	-1,025,188.374	-122,187.774	223,300.124	130,245.257	-82,331.930	139,666.813
RC	0.275	0.041	0.150	0.154	0.037	0.037
P_e	2,373,869.374	355,753.774	1,297,401.876	1,333,652.002	316,434.230	319,138.187
RQA: P_{sib}=P_{si} -P_e	-1,025,188.374	-122,187.774	223,300.124	130,245.257	-82,331.930	139,666.813
PI	+: 기반요소, -: 비기반요소, 0:평균동일요소					
BNF decision	비기반산업	비기반산업	기반산업	기반산업	비기반산업	기반산업

2) 러시아 중앙연방지구의 기반분석의 결과치에 따른 해석과 그 해명

▸ 중앙연방지구의 주분석에서 얻은 결과로 먼저 기반산업의 여부를 따져보아야 한다. 중앙지구는 러시아를 대표하는 경제중심지인 만큼 중앙지구의

기반산업은 러시아의 비교우위 산업을 어느정도 반영하고 있다는 것에서 의미를 가지고 있다 .중앙지구의 기반산업은 금융과 무역, 그리고 유통을 들 수 있다. 공업과 농업 그리고 건설은 비기반으로 분류되어 있다.

- 중앙지구의 유통부문은 기반산업 중에서도 큰 비교우위를 가지고 있다. RIb(=BC)는 0.147을 기록하고 있어 여기에 생산액을 곱한 값인 기반활동 생산액은 223,300.124루블이고 이 만큼 중앙지구는 상대적으로 유통부문에 있어 우위에 있다는 것을 의미한다.
- 유통에서 소매유통만을 계상하여 산출하였는데, 유통에는 소매유통외에 도매유통도 있으며 이것의 값은 2002년 기준으로 3,193,805.800이다. 이 도매는 개별부문에는 산입하지 않고 총계에 산입하여 반영하고 있다. 소매는 도매에 대비 0.476을 나타내고 있어 중앙지구는 도매의 비율이 강한 것으로 나타나고 있다.

  그리고 유통부문은 세부분석에 몇 가치 업종으로 나누어 분석되어 지고 있는데, 그것을 열거하면 다음과 같다. 고기제품, 우유제품, 동물성 유, 식물성 유, 설탕, 어(漁)제품, 제봉제품, 겉 메리야스, 가죽신발 등이다.
- 무역업은 상대적 기반활동값이 0.089로 나타나고 있어 유통업에 비해 떨어지고 있지만 여타 업종에 비해 기반화되어 있어 중앙지구의 경제를 지지하고 있는 중요부문으로 자리하고 있다. 기반활동 생산액은 130,245.257루블이며 이것은 여타 부문에 비해 이 만큼 중앙지구의 평균생산액을 끌어올리는데 기여하고 있다는 것을 의미한다. 중앙지구의 무역에서 있어 개별부문의 기반산출은 독립국가연합과 여타 지구를 포함하지 않은 외국만을 통계에 잡고 있음에 주의하고 이 통계에 잡지 않은 지역은 총액에 포함하여 반영하고 있다. 이 통계에 잡지 산입하지 않은 지역의 통계를 보면 2002년 기준 러시아 총액은 수출15,608.8 $, 수입10,232.5$이고 중앙지구는 수출3,345.0$, 수입은 2,635.6$이다. 무역업의 세분분석에 있어 몇 가지 업종으로 나누고 있는데, 그것을 열거하면 다음과 같다. 식료품, 연료·에너지, 석유·화학, 목재, 철강·비철금속, 기계·걸설 등이다. 그리고 이것은 다시

수출과 수입으로 부류되어 산정되고 이것의 합계가 무역액으로 나타난다.

▸ 중앙지구의 기반활동생산액이 가장 높은 부문은 금융업이다. 그것도 그 양에 있어 월등히 높은데, 먼저 그 양을 보고 다음 이유를 살펴보자. 상대적 기반활동값은 0.304이고 기반활동 생산액은 139,666.813이다. 절대적 수치로서의 기반활동 생산액은 유통의 절반정도, 무역업을 약간 상회하는 수준이지만 이것은 중앙지구 금융부문의 총 생산액이 낮기 때문이다. 여하튼 상대적으로 매우 높은 기반화를 이루고 있는데, 그 이유로서 중앙지구에 있는 구성요소로서의 주체인 모스크바 특별시의 역할을 들 수 있다

모스크바 특별시 기반분석 해석

1. 모스크바시는 주분석에서 유통, 무역, 금융이 기반산업인 반면 공업, 농업, 건설업은 비기반되어 있다. 주로 3차산업이 발달해 있으며 기타 산업은 상대적 평균에 미달해 있다.
2. 모스크바시는 기반산업의 규모가 비기반산업의 규모와의 비교에서 0.975로 1을 약간 하회하고 있어 기반산업은 비기반산업보다 약간 비활성화되어 있다. 그리고 모스크바시의 전산업에 대한 기반활동생산액의 비율은 0.234로 평균을 훨씬 웃돌고 있으며 쌍끄트 뻬쩨르부르크시의 0.11과 비교해서 2배 이상 높은 비율이다.
3. 모스크바시의 기반활동 등이 러시아 전지역의 산업대비에서 얼마의 비중을 가지는지에 대해 보면 모스크바시는 이 값이 기반은 0.056, 비기반은 0.058로 나타나고 있다. 이 값의 크기와 그 해석은 전 지방의 값이 정해지고 그것의 평균과 함께 해석이 될 수 있다. 쌍끄트 뻬쩨르부르크시는 기반과 비기반이 0.05에 거의 가깝게 나오고 있다.
4. 쌍끄뜨 뻬쩨르부르크시와 관계에서 어느 도시의 규모가 더 크고 그 정도는 얼마인가에 대해 기반간에는 11.918로, 비기반간에는 12.224로 나타나 기반활동의 시각에서 두 도시간의 차이는 대략 12배의 차이를 나타내고 있다.
5. 모스크바시의 세부분석에서 공업은 업종별로 기계제작·금속가공업과 건재공업, 경공업, 식료품업이 발전한 것으로 분석되어진다.
6. 유통에서는 식료품의 비중은 대체로 약하고 대체로 제봉제품, 겉 메리야스, 가죽신발 등 2차상품의 거래가 활발하게 분석된다.
7. 무역에서는 거의 모든 업종이 수입과 수출 중에 하나는 기반화되어 있는 것으로 비추어 보아 업종의 분포가 평균에서 멀어져 있다고 할 수 있다. 이것은 어떤 업종은 수출을, 어떤 업종은 수입을 특화해서 대규모화한다는 것을 의미한다. 수출은 연료·에너지에 특화되어 있는 반면 수입은 식료품, 석유·화학, 목재, 기계·건설 등 다소 여러 업종에 특화되어 있다.

여기서 모스크바의 기반분석 모형을 바탕으로 한 결과치의 해석을 보면 다음과 같다.

- 중앙지구의 비기반으로 가장 열위에 있는 부문은 공업부문으로 -0.760을 나타내고 있어 두드러진 비기반현상을 보여주고 있다. 실제로 중앙지구는 모스크바 등을 포함한 여러 지역에서 공업이 발달하고 있긴하지만 여타 지구에 비해 상대적으로 월등하지는 않고 그 대신 여타 부문의 규모가 커서 총액이 높아져 상대적으로 공업부문의 비기반화 현상이 나타나고 있는 것이다. 이것은 국제무역의 비교우위론과 맥에 있어 같은 의미인데, 미국의 공업부문이 매우 거대 부문임에도 불구하고 몇 부문은 비교열위에 있어 특화되고 있지 않은 것과 같은 이치이다.
- 공업부문에는 다양한 업종이 구성되어 있다. 이것의 분석은 기반분석 중 세부분석으로 나타나게 되는데, 이것을 나열해 보면 다음과 같다. 전기전력업, 연료업, 철강업, 비철금속업, 화학·석유화학업, 기계제작·금속가공업, 목재가공·종이펄프업, 건설자재업, 유리·도자기, 경공업, 식료품업, 곡물(곡물가루 포함)·복합사료 등이다.
- 농업부문은 상대적 기반활동값이 -0.523이며 이것은 상대적으로 매우 열위에 있는 값으로 중앙지구에서는 가장 하위수준의 비기반활동값을 가지고 있다. 그리고 농업의 구성요소는 작물재배와 가축사육으로 양분할 수 있으며 이것들의 비율을 보면 러시아 총생산 대비 각각 24.7%와 20.4%를 차지하고 있다. 이것은 7개 연방지구 중 상위에 있는 수준이지만 상대적 기반값은 낮게 나오고 있다.
- 중앙지구의 건설업은 비기반산업으로 분류되고 있다. -0.352의 상대적 비기반활동값을 가지고 있으며 82,331.930루블의 비기반활동 생산액을 나타내고 있다.
- 중앙지구의 기반분석에서 BN비는 0.401이고 당해지구 총생산량대비 RQA와 전 지구 총생산량 대비 RQA는 각각 0.057와 0.020이다.

2. 중앙 연방지구의 안정성 분석적용과 그 결과치

1) Spv측정 과정

	공업 부문	농업 부문	유통업 부문	무역업 부문	건설업 부문	금융업 부문	Σ부문
LC	0.568	0.657	1.172	1.098	0.740	1.438	
I_b	-0.432	-0.343	0.172	0.098	-0.260	0.438	
RI_b (=BC)	-0.760	-0.523	0.147	0.089	-0.352	0.304	
P_{sib}= RI_b* P_{si}	-1,025,188.374	-122,187.774	223,300.124	130,245.257	-82,331.930	139,666.813	
ABS (of RIb)	0.760	0.523	0.147	0.089	0.352	0.304	2.175
ABS (of Psib)	1,025,188.374	122,187.774	223,300.124	130,245.257	82,331.930	139,666.813	1,722,920.272

2) Spv측정 결과치[24)]

	ΣABS(RIb)	ΣABS(Psib)	ΣABS(RIb)/ ΣABS (전지구RIb)	ΣABS(Psib)/ ΣABS (전지구Psib)	Spv
당해 지구	2.175	1,722,920.272	0.126	0.398	0.316

3) 러시아 중앙연방지구의 안정성분석의 결과치에 따른 해석과 그 해명

▸ 중앙지구는 Spv가 0.316으로 상대적으로 가장 낮게 나오고 있다. 이것은 중앙지구의 6대 산업의 상대적 기반활동값의 간격이 적게 나오는 것을 의미하는데 요소간 자기강화의 행위가 약하게 일어나고 있어 더 강화되는 방향으로 운동할 것으로 예측된다. 불안정구간 중 a-b구간에 속하고 있으며 변화의 여지가 커서 급하게 안정화되어 가고 있다. 자기대항과 자기보충은

24) RIb는 전지구에 대비된 당해지구의 상대적 기반활동값을 의미하고, Psib는 전지구에 대비된 당해지구의 기반활동 생산액을 의미한다.

상대적으로 미미하게 될 것이다.

▸ a-b구간에 속하는 지역을 도출결과의 특징을 중심으로 설명을 요약하면 다음과 같다.

Spv의 (a)는 0의 값을 갖고 있다. 즉 이 상태는 완전 불안정점은 아니지만 폭이 높아 불안정구간 중 강한 불안정에 속하고 있다. 이 점에서부터 불안정도는 낮아지기 시작하며 기울기가 급한 체증적 안정을 보이고 있다. (b)에 도달하면 곡선의 기울기가 가장 급해지는 점으로 체증적 안정에서 체감적 안정으로 변하고 있으며 여전히 기울기는 급하다. (a)~(b)의 구간은 불안정 구간이 된다.

• 북서부 연방지구

1. 북서부 연방지구 기반분석 적용과 그 결과치

1) 주분석

	공업 부문	농업 부문	유통업 부문	무역업 부문	건설업 부문	금융업 부문
ΣPaz	24,985,467.723	24,985,467.723	24,985,467.723	24,985,467.723	24,985,467.723	24,985,467.723
P_{ai}	6,868,000.000	1,029,255.000	3,753,600.000	3,858,477.660	915,497.000	923,320.000
ΣPsz	2,487,111.672	2,487,111.672	2,487,111.672	2,487,111.672	2,487,111.672	2,487,111.672
P_{si}	715,153.000	64,794.000	344,590.000	507,051.792	92,695.100	62,265.000
P_{ai}/ΣPaz	0.275	0.041	0.150	0.154	0.037	0.037
P_{si}/ΣPsz	0.288	0.026	0.139	0.204	0.037	0.025
LC	1.046	0.632	0.922	1.320	1.017	0.677
I_b	0.046	-0.368	-0.078	0.320	0.017	-0.323
RI_b(=BC)	0.044	-0.581	-0.084	0.243	0.017	-0.476
LQA: $P_{sib}=RI_b * P_{si}$	31,496.278	-37,660.441	-29,052.090	122,969.936	1,564.396	-29,644.424
RC	0.275	0.041	0.150	0.154	0.037	0.037
P_e	683,656.722	102,454.441	373,642.090	384,081.856	91,130.704	91,909.424
RQA: $P_{sib}=P_{si}-P_e$	31,496.278	-37,660.441	-29,052.090	122,969.936	1,564.396	-29,644.424
PI	+: 기반요소, -: 비기반요소, 0:평균동일요소					
BNF decision	기반산업	비기반산업	비기반산업	기반산업	기반산업	비기반산업

2) 러시아 북서부연방지구의 기반분석의 결과치에 따른 해석과 그 해명

▸ 북서부연방지구의 주분석을 기초로 해서 기반산업의 여부를 살펴보고자 한다. 북서부지구는 중앙지구와 더불어 러시아를 견인하는 지역이다. 이것은 경제중심지로서의 역할 외에도 문화, 교육 등의 중심지이기도 하다. 특히 북서부지구에는 연방특별시인 쌍뜨 뻬쩨르부르크가 있어 이 지구의 여

타 지역과 중심지와 중심외지의 분업관계가 형성되어 효율을 극대화하고 있다.

- 북서부지구의 기반산업은 공업부문과 무역부문, 그리고 건설업부문을 들 수 있다. 기타는 비기반으로 분류되어 있다.
- 북서부지구의 기반산업에 대한 결과치의 해석을 보면 다음과 같다.

  먼저 북서부지구에서 가장 두드러지고 있는 기반산업은 무역부문이다. 상대적 기반 활동 값이 0.243으로 나타나고 있는데, 이것은 높은 수치에 속한다. 이렇게 무역부분의 상대적 기반활동 값이 높게 나타나는 요인은 쌍뜨뻬쩨르부르크를 중심으로 하는 경제 중심지가 유럽과 가까이 접하고 있어 해로나 육로 등을 통해 무역에 특화하고 있기 때문이다.
- 주 기반산업으로서 무역부문을 더 세밀한 결과를 위해 세부분석을 할 수 있다. 세부분석을 결과중심으로 살펴보면 다음과 같은 해석을 할 수 있다.

무역부문 세부분석 해석

1. 무역부문에서 기반되어 있는 업종은 다음과 같다.
   식료품의 수출과 수입
   석유·화학의 수출
   목재의 수출과 수입
   철강·비철금속의 수출
   기계·건설의 수출
   여타 업종은 모두 비기반되어 있는 상황에 있다.
2. 무역부문의 세부분석에서 기반화의 정도가 가장 큰 업종은 상대적 기반활 동값이 0.768로 목재의 수출이고 다음은 상대적 기반활동값이 0.302인 식료품의 수입이다.
3. 주기반이 되고 있는 목재의 수출과 식료품의 수입의 기반활동생산액은 각각 1,354,836,000$와 965,145,000$이다.

- 공업부문도 기반화 되어 있는 것으로 분석되고 있는데, RIb(=BC)는 0.044를 기록하고 있어 기반화정도가 매우 높은 것은 아니다. 기반활동생산액은 31,496,278,000루블이다. 공업부문을 구성하는 주요업종들은 다음과 같다. 전기전력업, 연료업, 철강업, 비철금속업, 화학·석유화학업, 기계제작·금속가공업, 목재가공, 종이·펄프, 건재공업, 유리, 도자기, 경공업, 식료품업, 곡물가루·곡물과 복합사료 등이다.

- 북서부지구에서 기반산업이면서 기반화정도가 가장 낮은 산업은 건설업이다. 상대적 기반활동값은 0.017이고 기반활동 생산액은 1,564,396,000루블이다. 이것은 상대적으로 기반정도가 매우 낮은 그룹에 속하고 있다.
- 북서부지구의 비기반으로 분류된 산업은 농업과 유통업, 금융업 등으로 특화의 정도가 떨어져 비교열위에 있음을 의미한다. 업종간의 불균형정도에 의한 특성과 그의 영향에 대해서는 복잡시스템의 안정성분석에서 결과를 보여주고 있다.
- 북서부지구의 기반분석에서 BN비는 1.619이고 당해지구 총생산량대비 RQA와 전 지구 총생산량 대비 RQA는 각각 0.063와 0.006이다.

2. 북서부 연방지구의 안정성 분석적용과 그 결과치

1) Spv측정 과정

	공업 부문	농업 부문	유통업 부문	무역업 부문	건설업 부문	금융업 부문	Σ부문
LC	1.046	0.632	0.922	1.320	1.017	0.677	
I_b	0.046	-0.368	-0.078	0.320	0.017	-0.323	
RI_b(=BC)	0.044	-0.581	-0.084	0.243	0.017	-0.476	
P_{sib}= RI_b* P_{si}	31,496.278	-37,660.441	-29,052.090	122,969.936	1,564.396	-29,644.424	
ABS (of RIb)	0.044	0.581	0.084	0.243	0.017	0.476	1.445
ABS (of Psib)	31,496.278	37,660.441	29,052.090	122,969.936	1,564.396	29,644.424	252,387.565

2) Spv측정 결과치[25)]

	ΣABS(RIb)	ΣABS(Psib)	ΣABS(RIb)/ ΣABS (전지구RIb)	ΣABS(Psib)/ ΣABS (전지구Psib)	Spv
당해 지구	1.445	252,387.565	0.084	0.058	1.433

25) RIb는 전지구에 대비된 당해지구의 상대적 기반활동값을 의미하고, Psib는 전지구에 대비된 당해지구의 기반활동 생산액을 의미한다.

3) 러시아 북서부연방지구의 안정성분석의 결과치에 따른 해석과 그 해명

- 북서부지구는 위의 도표에서 보는 바와 같이 Spv가 1.433으로 도출되고 있다. '지방경제의 복잡시스템 IS 모델'을 시각화한 Sis curve에서 보이듯이 북서부지구는 완전안정점에 남부지구와 가장 근접해 있는 것으로 나타나고 있다.
- 이것은 상대적으로 Srs가 낮은 지역 즉, 시스템이 가장 안정된 지방이다는 것을 의미한다. 또한 이것은 요소간 자기강화가 적정히 일어나고 있어 안정적이며, 자기보충과 자기대항이 거의 없지만 발생을 일으키려는 단계에 있다는 것을 의미한다.
- 기울기가 매우 완만하게 불안정화되어 갈 것으로 예측되며, 이것은 한 조직의 시스템이 일단 안정에 근접하여 있으면 그 요소의 구조가 변화되어 안정을 깨지 않고 유지하려는 성질, 즉 '변동경직성'을 가지고 있기때문이다. 이것은 요소들의 생산력이 극대의 부근에 있다는 것을 의미하며 만약 이것이 계속해서 불안정성의 방향으로 변화되어 나가면 새로운 복잡시스템으로 진화할 가능성도 있지만 그러면 생산력 극대의 이익은 계속해서 감소해 나가게 된다.
- 북서부지구가 속해있는 구간은 b-c구간이며 이것은 안정구간이다. 완전안정점에 거의 접근하여 있으며 이것은 북서부지구가 복잡시스템의 안정성에서 가장 안정된 상태에 있다는 것을 의미한다. 이 구간의 특징을 중심으로 요약하면 다음과 같다. Spv의 (b)에 도달하면 곡선의 기울기가 가장 급해지는 점으로 체증적 안정에서 체감적 안정으로 변하고 있으며 여전히 기울기는 급하다. (a)~(b)의 구간은 불안정 구간이 된다. (c)까지는 체감적 안정으로 대응하고 있으며 이 점에 도달해서는 불안정의 상승이 시작된다. 이 점을 완전안정점이라 한다. 이 구간은 안정구간에 해당한다.

• 남부 연방지구

1. 남부 연방지구 기반분석 적용과 그 결과치

1) 주분석

	공업 부문	농업 부문	유통업 부문	무역업 부문	건설업 부문	금융업 부문
∑Paz	24,985,467.723	24,985,467.723	24,985,467.723	24,985,467.723	24,985,467.723	24,985,467.723
P_{ai}	6,868,000.000	1,029,255.000	3,753,600.000	3,858,477.660	915,497.000	923,320.000
∑Psz	1,756,283.414	1,756,283.414	1,756,283.414	1,756,283.414	1,756,283.414	1,756,283.414
P_{si}	362,521.000	200,807.000	391,607.000	162,087.426	95,591.800	35,382.000
P_{ai}/∑Paz	0.275	0.041	0.150	0.154	0.037	0.037
P_{si}/∑Psz	0.206	0.114	0.223	0.092	0.054	0.020
LC	0.751	2.776	1.484	0.598	1.485	0.545
I_b	-0.249	1.776	0.484	-0.402	0.485	-0.455
RI_b(=BC)	-0.332	0.640	0.326	-0.673	0.327	-0.834
LQA: $P_{sib}=RI_b * P_{si}$	-120,245.808	128,458.405	127,758.210	-109,133.445	31,239.505	-29,520.191
RC	0.275	0.041	0.150	0.154	0.037	0.037
P_e	482,766.808	72,348.595	263,848.790	271,220.871	64,352.295	64,902.191
RQA: $P_{sib}=P_{si}-P_e$	-120,245.808	128,458.405	127,758.210	-109,133.445	31,239.505	-29,520.191
PI	+: 기반요소, -: 비기반요소, 0:평균동일요소					
BNF decision	비기반산업	기반산업	기반산업	비기반산업	기반산업	비기반산업

2) 러시아 남부연방지구의 기반분석의 결과치에 따른 해석과 그 해명

▸ 남부연방지구의 지역총생산은 러시아 국민총생산에서 차지하는 비율이 7.8%이고 이것은 여타 지구들과 비교해 매우 낮은 편인 6위에 속한다.[26)]

---

26) 중앙지구: 32.9%, 볼가지구: 17.9%, 우랄지구: 15.3%, 시베리아지구: 11.4%, 북서부지구: 9.7%, 극동지구: 5.0%.

- 남부지구의 주분석에서 얻은 결과로 기반산업의 여부를 살펴보면 기반산업은 농업과 유통, 건설업이다. 이 중 주기반이 되는 산업은 RIb(=BC)이 0.640인 농업이 되고 그 기반활동생산액은 128,458.405루블이다.
- 남부지구의 주분석에 의한 기반산업 중 세부분석이 가능하며 RIb(=BC)가 상대적으로 높은 산업은 유통이다. 유통의 RIb(=BC)는 0.326이고 기반활동생산액은 127,758.210루블이다. 남부지구의 유통에서 통계의 계상시 소매유통만을 계상하여 산출하였다. 유통에는 소매유통외에 도매유통도 있는데 남부지구 소매유통과 도매유통의 생산액은 각각 391,607,000,000루블과 473,237,300,000루블이다. 이 도매유통부문은 개별부문에는 산입하지 않고 총계에 산입하여 반영하고 있다. 소매는 도매에 대비 0.828로 나타나고 있어 소도매가 거의 비슷한 비율로 거래되어지고 있는 것으로 파악되고 있다. 유통부문은 세부분석에 몇 가지 업종으로 나누어 분석되어 지고 있는데, 그것을 열거하면 다음과 같다. 고기제품, 우유제품, 동물성 유, 식물성 유, 설탕, 어(漁)제품, 제봉제품, 겉 메리야스, 가죽신발 등이다.
- 여기서 시베리아지구의 유통부문 세부분석을 한 결과를 바탕으로 해석을 정리하면 다음과 같다.

유통부문 세부분석 해석

1. 남부지구의 유통부문에서 비교우위에 있는 업종은 고기제품과 동물성 유제품, 식물성 유제품, 설탕 등이다. 여타 품목은 상대적으로 비교열위에 있는 상황에 있다.
2. 남부지구의 유통부문에서 유통액의 평균상승을 하게한 주요 지역과 그의 소매유통액을 정리해 보면 다음과 같다.
   다게스딴 공화국 : 25,148,000,000루블
   끄라스노다르스크 변강주 : 109,908,000,000루블
   로스또프 주 : 101,952,000,000루블
   볼고그라드 주 : 50,198,000,000루블
   쓰따프로뽈 변강주 : 49,904,000,000루블

- 남부지구는 농업부문이 주기반화되어 있는 것으로 분석되고 있는데, RIb(=BC)는 0.640를 기록하고 있어 기반화정도가 매우 높은 편에 속하고 있

다. 러시아 연방의 농업생산량의 순위를 보면 볼가지구가 가장 높고 다음이 중앙지구이고 세 번째가 남부지구이다. 농업생산량을 식물재배와 가축사육으로 분류하여 남부지구의 농업생산량의 비율을 보면 러시아에서 차지하는 남부지구의 총농업생산량은 19.5%이고 작물재배는 21.7%, 가축사육은 17.1%이다. 남부지구의 농업은 작물재배의 비율이 월등히 높게 나타나고 있다.

- 남부지구의 비기반산업은 공업과 무역업, 금융업이다. 특히 무역업과 금융업은 RIb(=BC)가 각각 -0.673과 -0.834로 매우 낮은 수준에 있어 남부지구의 지역총생산을 급격히 떨어뜨려 러시아에서 가장 낮은 규모의 경제를 갖게 만드는 요인이 되고 있다.
- 남부지구의 기반분석에서 BN비는 1.110이고 당해지구 총생산량대비 RQA와 전 지구 총생산량 대비 RQA는 각각 0.164와 0.012이다.

2. 남부연방지구의 안정성 분석적용과 그 결과치

1) Spv측정 과정

	공업 부문	농업 부문	유통업 부문	무역업 부문	건설업 부문	금융업 부문	∑부문
LC	0.751	2.776	1.484	0.598	1.485	0.545	
I_b	-0.249	1.776	0.484	-0.402	0.485	-0.455	
RI_b(=BC)	-0.332	0.640	0.326	-0.673	0.327	-0.834	
P_{sib}= RI_b* P_{si}	-120,245.808	128,458.405	127,758.210	-109,133.445	31,239.505	-29,520.191	
ABS (of RIb)	0.332	0.640	0.326	0.673	0.327	0.834	3.132
ABS (of Psib)	120,245.808	128,458.405	127,758.210	109,133.445	31,239.505	29,520.191	546,355.564

2) Spv측정 결과치[27)]

	∑ABS(RIb)	∑ABS(Psib)	∑ABS(RIb)/ ∑ABS (전지구RIb)	∑ABS(Psib)/ ∑ABS (전지구Psib)	Spv
당해 지구	3.132	546,355.564	0.181	0.126	1.434

3) 러시아 남부연방지구의 안정성분석의 결과치에 따른 해석과 그 해명

▸ 남부지구는 위의 도표에서 보는 바와 같이 Spv가 1.434으로 도출되고 있다. 지방경제의 복잡시스템 IS 모델'을 시각화한 Sis curve에서 보이듯이 남부지구는 완전안정점에 북서부지구와 가장 근접해 있는 것으로 나타나고 있다.

▸ 남부지구는 완전안정점에 가장 근접해 있어 상대적으로 시스템이 가장 안정된 지방이다. 요소간 자기강화가 적정히 일어나고 있어 안정적이며 자기보충과 자기대항이 거의 없지만 발생을 일으키려는 단계에 있다. 완전 안정점을 넘게 되면 기울기가 매우 완만하게 불안정화 되어 갈 것으로 예측되는데 매우 완만하게 운동하는 것은 한 조직의 시스템이 일단 안정에 근접하여 있으면 그 요소의 구조가 변화되어 안정을 깨지 않고 유지하려는 성질을 가지고 있기 때문이다. 이것은 요소들의 생산력이 극대의 부근에 있다는 것을 의미하며, 만약 이것이 계속해서 불안정성의 방향으로 변화되어 나가면 새로운 복잡시스템으로 진화할 가능성도 있지만 그러면 생산력 극대의 이익은 계속해서 감소해 나게 된다.

▸ 남부지구가 속해있는 구간은 b-c구간이며 이것은 안정구간이다. 완전안정점에 거의 접근하여 있으며 이것은 남부지구가 복잡시스템의 안정성에서 가장 안정된 상태에 있다는 것을 의미한다. 이 구간의 특징을 중심으로 요약하면 다음과 같다.

Spv의 (b)에 도달하면 곡선의 기울기가 가장 급해지는 점으로 체증적 안정에서 체감적 안정으로 변하고 있으며 여전히 기울기는 급하다. (a)~(b)의 구간은 불안정 구간이 된다. (c)까지는 체감적 안정으로 대응하고 있으며 이 점에 도달해서는 불안정의 상승이 시작된다. 이 점을 완전안정점이라 한다. 이 구간은 안정구간에 해당한다. (c)에서(d)까지는 안정구간으로 (d)지점은 (b)의 불안정도와 수평으로 만나는 점까지의 구간이다. 이 구간까지는 폭이 높지 않아 안정구간이며 기울기는 매우 완만하게, 체증적으로 불안정성이 상승하고 있다.

---

27) RIb는 전지구에 대비된 당해지구의 상대적 기반활동값을 의미하고, Psib는 전지구에 대비된 당해지구의 기반활동 생산액을 의미한다.

• 볼가 연방지구

1. 볼가 연방지구 기반분석 적용과 그 결과치

1) 주분석

	공업 부문	농업 부문	유통업 부문	무역업 부문	건설업 부문	금융업 부문
ΣPaz	24,985,467.723	24,985,467.723	24,985,467.723	24,985,467.723	24,985,467.723	24,985,467.723
P_{ai}	6,868,000.000	1,029,255.000	3,753,600.000	3,858,477.660	915,497.000	923,320.000
ΣPsz	4,172,116.932	4,172,116.932	4,172,116.932	4,172,116.932	4,172,116.932	4,172,116.932
P_{si}	1,364,576.000	268,488.000	620,259.000	510,691.635	141,980.500	111,669.000
P_{ai}/ΣPaz	0.275	0.041	0.150	0.154	0.037	0.037
P_{si}/ΣPsz	0.327	0.064	0.149	0.122	0.034	0.027
LC	1.190	1.562	0.990	0.793	0.929	0.724
I_b	0.190	0.562	-0.010	-0.207	-0.071	-0.276
RI_b(=BC)	0.160	0.360	-0.011	-0.262	-0.077	-0.381
LQA: $P_{sib}=RI_b*P_{si}$	217,745.394	96,621.207	-6,523.668	-133,603.687	-10,890.784	-42,508.582
RC	0.275	0.041	0.150	0.154	0.037	0.037
P_e	1,146,830.606	171,866.793	626,782.668	644,295.322	152,871.284	154,177.582
RQA: $P_{sib}=P_{si}-P_e$	217,745.394	96,621.207	-6,523.668	-133,603.687	-10,890.784	-42,508.582
PI	+: 기반요소, -: 비기반요소, 0:평균동일요소					
BNF decision	기반산업	기반산업	비기반산업	비기반산업	비기반산업	비기반산업

2) 러시아 볼가연방지구의 기반분석의 결과치에 따른 해석과 그 해명

▸ 볼가연방지구는 지역총생산의 면에서 중앙지구 다음으로 큰 규모를 가지고 있다. 지역총생산은 1,403,766,400,000루블이다. 지역총생산을 지지하

는 대표적 주체들은 바슈꼬르스탄 공화국, 따따르스딴 공화국, 니쥐고르뜨주, 뻬름 주 등이다.

- 볼가지구의 기반산업은 공업부문과 농업부문으로 잡히고 있다. 공업은 상대적 기반활동값이 0.160이고 농업은 0.360이다. 볼가는 농업이 상대적 기반활동값이 가장 높은데, 전통적으로 농업이 강한 지역이다.
- 북서부지구의 기반산업 중 세부분석이 가능한 공업에 대한 세부분석 결과치의 해석을 보면 다음과 같다.

공업부문 세부분석 해석

1. 볼가지구의 공업부문에서 기반되어 있는 업종은 다음과 같다.(각각 RIb(=BC)와 LQA)
   연료업 : 0.1과 30,020,672,000루블
   화학·석유화학 : 0.466과 75,051,680,000루블
   기계제작·금속가공 : 0.345와 144,645,056,000루블
   유리·도자기 : 0.167과 1,364,576,000루블
   곡물가루, 곡물과 복합사료 : 0.0과 0루블, 즉 평균동일요소이다. 여타 업종은 모두 비기반되어 있는 상황에 있다.
2. 공업부문의 세부분석에서 기반화의 정도가 가장 큰 업종은 상대적 기반활동값이 0.466으로 화학·석유화학목재이고 또한 특이하게 평균동일요소로서의 곡물가루·곡물과 복합사료업종이 볼가지구에 속하고 있다.
3. 볼가지구의 공업생산에서 비율별로 주요업종을 보면 기계제작·금속가공업이 30.7%이고 다음이 연료업으로 22.1%, 화학·석유화학업이 11.8%를 기록하고 있다.

- 볼가지구는 농업부문이 주기반산업으로 되어 있다. 상대적 기반활동값은 0.360이고 기반활동생산액은 96,621,207,000루블이다.[28)]
- 볼가지구의 농업생산액이 가장 높은 것으로 나타나고 있으며 대표적 도시로서는 바슈꼬르스딴 공화국, 따따르스딴 공화국, 싸라또프 주 등이다. 특히 바슈꼬르스딴 공화국은 44,102,000,000루블로 그 생산액이 매우 높은

28) 러시아 농업의 생산량을 주요 지구별 순위를 살펴보면 다음과 같다.
1위- 볼가지구(268,488,000,000루블); 2위- 중앙지구(233,566,000,000루블);
3위- 남부지구(200,807,000,000루블);4위- 시베리아(158,799,000,000루블).

데, 러시아에서 도시별로 농업생산액이 가장 높은 지역은 남부지구의 끄라스노다르 변강주(생산액은 66,199,000,000루블이다.)이고 그 다음이 볼가지구의 바슈꼬르스딴 공화국이다. 농업생산액은 가축사육과 작물재배 등을 합산한 총액으로 산정하고 있다.

- 볼가지구의 비교열위에 있는 업종은 금융과 건설, 무역, 유통이며 특히 그 중에서 금융과 무역이 상대적 기반활동값이 매우 낮은 것으로 나타나고 있어 비교열위가 심한 것으로 해석된다.
- 볼가지구의 기반분석에서 BN비는 1.624이고 당해지구 총생산량대비 RQA와 전 지구 총생산량 대비 RQA는 각각 0.075와 0.013이다.

2. 볼가연방지구의 안정성 분석적용과 그 결과치

1) Spv측정 과정

	공업 부문	농업 부문	유통업 부문	무역업 부문	건설업 부문	금융업 부문	∑부문
LC	1.190	1.562	0.990	0.793	0.929	0.724	
I_b	0.190	0.562	-0.010	-0.207	-0.071	-0.276	
RI_b(=BC)	0.160	0.360	-0.011	-0.262	-0.077	-0.381	
P_{sib}= RI_b* P_{si}	217,745.394	96,621.207	-6,523.668	-133,603.687	-10,890.784	-42,508.582	
ABS (of RIb)	0.160	0.360	0.011	0.262	0.077	0.381	1.251
ABS (of Psib)	217,745.394	96,621.207	6,523.668	133,603.687	10,890.784	42,508.582	507,893.322

2) Spv측정 결과치[29)]

	∑ABS(RIb)	∑ABS(Psib)	∑ABS(RIb)/ ∑ABS (전지구RIb)	∑ABS(Psib)/ ∑ABS (전지구Psib)	Spv
당해 지구	1.251	507,893.322	0.072	0.117	0.616

29) RIb는 전지구에 대비된 당해지구의 상대적 기반활동값을 의미하고, Psib는 전지구에 대비된 당해지구의 기반활동 생산액을 의미한다.

3) 러시아 볼가연방지구의 안정성분석의 결과치에 따른 해석과 그 해명

▸ 볼가지구는 위의 도표에서 보는 바와 같이 Spv가 0.616으로 도출되고 있다. '지방경제의 복잡시스템 IS 모델'을 시각화한 Sis curve에서 보이듯이 북서부지구는 하락하는 불안정구간을 막 넘어서서 안정구간으로 접어들고 있는 지점에 있다. 이 지점에서는 체감적 하락이 이루어지지만 그 기울기는 매우 급하며 불안정으로 요소는 다분히 내포하고도 있다.

▸ 볼가지구는 상대적으로 Srs가 4 정도에 약간 못 미치는 정도에 있다. 이 정도는 안정되어 있지만 아주 안정적이다고는 할 수 없다. 이것은 요소간 자기강화가 좀 강하게 일어나고 있어 약간 불안정적 요소를 지닌 안정성이라 할 수 있고 자기보충과 자기대항은 거의 없는 것으로 단계로 해석된다. 자기보충과 자기방어의 발생요구는 거의 없지만 요소간 협동과 경쟁이 시스템의 적절한 방향으로의 운동을 이끌어 가고 있다.

▸ 볼가의 기울기를 '지방경제의 복잡시스템 IS 모델'에서 보면 Spv가 변화함에 따라 Srs가 매우 급하게 안정화되어 갈 것으로 예측되며, 완전안정점으로 향해 가려는 성질로 인해 마침내 완전안정점에 도달되기 위해 급히 변화될 가능성이 크다.

▸ 볼가지구가 속해있는 구간은 b-c구간이며 이것은 안정구간이다. 그러나 불안정구간에 가까이 있으며 이것은 볼가지구가 복잡시스템의 안정성에서 불안정적 안정성을 가진 시스템을 가지고 있다는 것을 의미한다. 이 구간의 특징을 중심으로 요약하면 다음과 같다.

Spv의 (b)에 도달하면 곡선의 기울기가 가장 급해지는 점으로 체증적 안정에서 체감적 안정으로 변하고 있으며 여전히 기울기는 급하다. (a)~(b)의 구간은 불안정 구간이 된다. (c)까지는 체감적 안정으로 대응하고 있으며 이 점에 도달해서는 불안정의 상승이 시작된다. 이 점을 완전안정점이라 한다. 이 구간은 안정구간에 해당한다.

• 우랄 연방지구

1. 우랄 연방지구 기반분석 적용과 그 결과치

1) 주분석

	공업 부문	농업 부문	유통업 부문	무역업 부문	건설업 부문	금융업 부문
∑Paz	24,985,467.723	24,985,467.723	24,985,467.723	24,985,467.723	24,985,467.723	24,985,467.723
P_{ai}	6,868,000.000	1,029,255.000	3,753,600.000	3,858,477.660	915,497.000	923,320.000
∑Psz	3,165,325.835	3,165,325.835	3,165,325.835	3,165,325.835	3,165,325.835	3,165,325.835
P_{si}	1,141,342.000	66,410.000	298,638.000	713,500.758	183,395.100	208,644.000
P_{ai}/∑Paz	0.275	0.041	0.150	0.154	0.037	0.037
P_{si}/∑Psz	0.361	0.021	0.094	0.225	0.058	0.066
LC	1.312	0.509	0.628	1.460	1.581	1.784
I_b	0.312	-0.491	-0.372	0.460	0.581	0.784
RI_b(=BC)	0.238	-0.963	-0.592	0.315	0.368	0.439
LQA: $P_{sib}=RI_b* P_{si}$	271,257.914	-63,982.894	-176,893.104	224,683.052	67,413.829	91,671.659
RC	0.275	0.041	0.150	0.154	0.037	0.037
P_e	870,084.086	130,392.894	475,531.104	488,817.706	115,981.271	116,972.341
RQA: $P_{sib}=P_{si}-P_e$	271,257.914	-63,982.894	-176,893.104	224,683.052	67,413.829	91,671.659
PI	+: 기반요소, -: 비기반요소, 0:평균동일요소					
BNF decision	기반산업	비기반산업	비기반산업	기반산업	기반산업	기반산업

2) 러시아 우랄연방지구의 기반분석의 결과치에 따른 해석과 그 해명

- 우랄연방지구는 지역총생산의 크기에서 보면 러시아에서 3번째의 자리를 가지고 있다. 중앙지구와 볼가지구가 각각 1,2위의 규모를 가지고 있으며 특히 중앙지구는 월등한 규모를 기록하고 있다.
- 우랄연방지구의 주분석을 기초로 해서 기반산업의 여부를 살펴보자. 우랄지구의 기반산업은 공업과 유통, 건설, 금융이다. 비기반산업은 농업과 유

통이다. 기반산업 중에서 주기반은 금융부문이며 상대적 기반활동값은 매우 높은 값인 0.439, 기반활동생산액은 91,671,659,000루블이다.

▸ 우랄연방지구의 기반산업 중 세부분석이 가능한 무역업을 대상으로 결과치의 해석을 보면 다음과 같다. 먼저 우랄지구에서 무역부문은 금융, 건설 다음으로 기반화되어 있는 산업이며 상대적 기반활동값은 0.315이다. 이것은 매우 높은 수치이며 세부분석을 결과중심으로 정리하여 해석을 할 수 있다.

무역부문 세부분석 해석

1. 무역부문에서 기반되어 있는 업종은 다음과 같다.
   연료 · 에너지의 수출과 수입
   철강 · 비철금속의 수입
   기계 · 건설의 수입
   여타 업종은 모두 비기반되어 있는 상황에 있다.
2. 무역부문의 세부분석에서 기반화의 정도가 가장 큰 업종은 상대적 기반활동값이 0.736으로 연료 · 에너지의 수입이고 다음은 상대적 기반활동값이 각각 0.535와 0.432인 철강 · 비철금속과 기계 · 건설의 순이다. 기반의 끝 순위는 연료 · 에너지의 수출이며 상대적 기반활동값은 0.268이다.
3. 주기반이 되고 있는 연료 · 에너지와 기타 업종의 기반활동생산액을 각각 순위별로 보면 다음과 같다.
   연료 · 에너지의 수입 : 99,185,000$
   철강 · 비철금속의 수입 : 91,599,000$
   기계 · 건설의 수입 : 411,301,000$
   연료 · 에너지의 수출 : 4,981,411,000$

▸ 우랄지구의 공업부문은 기반화되어 있어, 주요 산업으로 자리하고 있다. 공업부문의 RIb(=BC)는 0.238를, 기반활동생산액은 271,259,914,000루블을 기록하고 있다. 러시아 지구 중 공업부문의 생산액을 비교에서 우랄지구는 3위의 규모를 가지고 있다. 공업부문에서 연료업은 월등한 비율을 차지하고 있으며 우랄지구 공업생산액의 약 51.5%를 차지하고 있다. 그 외 전기전력이 8.5%, 철강업이 14.2%, 비철금속이6.9%, 기계제작 · 금속가공이 10.4%를 기록하고 있어 우랄지구의 주요 공업구성업종이 되고 있다.

▸ 우랄지구에서 기반산업 중 월등한 수치를 나타내는 부문이 금융업이다. 금융은 금융기관의 금융결산액(수입액-손실액)을 금융총액으로 잡고 있다. 금융업종의 상대적 기반활동값은 0.0439이고 기반활동 생산액은 91,671,659,000루블이다. 이것은 상대적으로 기반정도가 매우 높은 그룹에 속하고 있다. 러시아 금융업에서 금융결산액의 규모를 기준으로 순위를 보면 중앙지구가 월등한 규모를 가지고 있다. 러시아의 총 금융결산액은 923,320,000,000루블이며 중앙지구는 458,805,000,000루블이다. 다음이 우랄지구이며 그 크기는 208,644,000,000루블이다. 우랄지구에서 특이한 것은 우랄지구의 금융결산액의 거의 대부분이 튜멘주에서 생성되는 금액이다. 그 액수는 186,689,000,000루블이다.

▸ 우랄지구의 기반분석에서 BN비는 2.719이고 당해지구 총생산량대비 RQA와 전 지구 총생산량 대비 RQA는 각각 0.207와 0.026이다.

2. 우랄연방지구의 안정성 분석적용과 그 결과치

1) Spv측정 과정

	공업 부문	농업 부문	유통업 부문	무역업 부문	건설업 부문	금융업 부문	Σ부문
LC	1.312	0.509	0.628	1.460	1.581	1.784	
I_b	0.312	-0.491	-0.372	0.460	0.581	0.784	
RI_b(=BC)	0.238	-0.963	-0.592	0.315	0.368	0.439	
P_{sib}= RI_b* P_{si}	271,257.914	-63,982.894	-176,893.104	224,683.052	67,413.829	91,671.659	
ABS (of RIb)	0.238	0.963	0.592	0.315	0.368	0.439	2.915
ABS (of Psib)	271,257.914	63,982.894	176,893.104	224,683.052	67,413.829	91,671.659	895,902.452

2) Spv측정 결과치[30)]

	ΣABS(RIb)	ΣABS(Psib)	ΣABS(RIb)/ ΣABS (전지구RIb)	ΣABS(Psib)/ ΣABS (전지구Psib)	Spv
당해 지구	2.915	895,902.452	0.169	0.207	0.814

3) 러시아 우랄연방지구의 안정성분석의 결과치에 따른 해석과 그 해명

▸ 우랄지구는 위의 도표에서 보는 바와 같이 Spv가 0.814으로 도출되고 있다. '지방경제의 복잡시스템 IS 모델'을 시각화한 Sis curve에서 보이듯이 우랄지구는 불안정구간과 완전안정점사이의 안정구간에 있다. 커버상에서는 Spv가 체증적 감소를 넘어 체감적 감소로 변한 구간으로 체감적 감소의 초반정도에 자리하고 있다.

▸ 이것은 상대적으로 Srs가 점진적으로 낮아지는 상태에 있다고 할 수 있다. 이것은 요소간 자기강화가 점점 강하게 일어나고 있음을 의미하고 자기보충과 자기대항은 나타나지 않는 단계에 있다.

▸ 기울기가 매우 급하게 안정화되어 갈 것으로 예측되며, 이것은 한 조직의 시스템이 안정화하려는 속성에 기인하고 있는 것이다. 그리고 일단 안정에 근접하게 되면 그 요소의 구조가 안정을 깨지 않고 유지하려는 성질, 즉 '변동경직성'로 인해 조직의 시스템의 안정성의 성질을 유지하게 될 것이다.

▸ 우랄지구가 속해있는 구간은 b-c구간이며 이것은 안정구간이다. 아직도 불안정적 성질들을 내포하고 있지만 안정성이 더 강하게 나타나는 구간이다. 이 구간에 속하는 지구는 북서부 지구, 남부지구, 우랄지구, 볼가지구이며 이것들은 거의 비슷한 기본적 특징을 보이고 있다.

Spv의 (b)에 도달하면 곡선의 기울기가 가장 급해지는 점으로 체증적 안정에서 체감적 안정으로 변하고 있으며 여전히 기울기는 급하다. (a)~(b)의 구간은 불안정 구간이 된다. (c)까지는 체감적 안정으로 대응하고 있으며 이 점에 도달해서는 불안정의 상승이 시작된다. 이 점을 완전안정점이라 한다. 이 구간은 안정구간에 해당한다.

---

30) RIb는 전지구에 대비된 당해지구의 상대적 기반활동값을 의미하고, Psib는 전지구에 대비된 당해지구의 기반활동 생산액을 의미한다.

• 시베리아 연방지구

1. 시베리아 연방지구 기반분석 적용과 그 결과치

1) 주분석

	공업 부문	농업 부문	유통업 부문	무역업 부문	건설업 부문	금융업 부문
ΣPaz	24,985,467.723	24,985,467.723	24,985,467.723	24,985,467.723	24,985,467.723	24,985,467.723
P_{ai}	6,868,000.000	1,029,255.000	3,753,600.000	3,858,477.660	915,497.000	923,320.000
ΣPsz	2,393,309.878	2,393,309.878	2,393,309.878	2,393,309.878	2,393,309.878	2,393,309.878
P_{si}	702,910.000	158,799.000	422,713.000	338,273.523	73,304.100	20,412.000
P_{ai}/ΣPaz	0.275	0.041	0.150	0.154	0.037	0.037
P_{si}/ΣPsz	0.294	0.066	0.177	0.141	0.031	0.009
LC	1.068	1.611	1.176	0.915	0.836	0.231
I_b	0.068	0.611	0.176	-0.085	-0.164	-0.769
RI_b(=BC)	0.064	0.379	0.149	-0.093	-0.196	-3.333
LQA: $P_{sib}=RI_b * P_{si}$	45,037.495	60,208.644	63,162.878	-31,322.628	-14,389.596	-68,031.046
RC	0.275	0.041	0.150	0.154	0.037	0.037
P_e	657,872.505	98,590.356	359,550.122	369,596.151	87,693.696	88,443.046
RQA: $P_{sib}=P_{si}-P_e$	45,037.495	60,208.644	63,162.878	-31,322.628	-14,389.596	-68,031.046
PI	+: 기반요소, -: 비기반요소, 0:평균동일요소					
BNF decision	기반산업	기반산업	기반산업	비기반산업	비기반산업	비기반산업

2) 러시아 시베리아연방지구의 기반분석의 결과치에 따른 해석과 그 해명

- 시베리아연방지구는 지역총생산이 아주 크지는 않은 보통이하의 규모를 가지고 있다. 지역총생산이 883,378,100,000루블이고 특히 끄라스노야르스크 변강주는 지역총생산이 237,989,100,000루블로 절대적 위치에 있다고 할 수 있다.
- 시베리아 지구의 기반산업을 중심으로 살펴보면 공업과 농업, 유통업이다. 특히 이 중 농업의 상대적 기반활동값이 월등히 높아 농업이 주기반산업으

로 되어 있다. 비기반산업으로 분류되어 있는 것은 무역업과 건설업, 금융업부문이다. 특히 금융의 비기반정도는 매우 크게 나타나고 있어 상대적으로 비교열위가 큰 상태에 있는 부문으로 분류되어 진다.

- 시베리아지구의 유통부문은 기반산업 중에서 세부분석이 가능하고 RIb(=BC)가 높은 부문이다. 유통업은 RIb(=BC)에 있어 0.149를 기록하고 있고 기반활동 생산액은 63,162,878.000루블이다.
- 시베리아 지구의 유통에서 통계의 계상시 소매유통만을 계상하여 산출하였다. 유통에는 소매유통외에 도매유통도 있는데 시베리아지구 소매유통과 도매유통의 생산액은 각각 422,713,000,000루블과 617,693,600,000루블이다. 이 도매유통부문은 개별부문에는 산입하지 않고 총계에 산입하여 반영하고 있다. 소매는 도매에 대비 0.684를 나타내고 있어 시베리아지구는 도매의 비율이 강한 것으로 나타나고 있다. 유통부문은 세부분석에 몇 가지 업종으로 나누어 분석되어 지고 있는데, 그것을 열거하면 다음과 같다. 고기제품, 우유제품, 동물성 유, 식물성 유, 설탕, 어(漁)제품, 제봉제품, 걷 메리야스, 가죽신발 등이다.
- 여기서 시베리아지구의 유통부문 세부분석을 한 결과를 바탕으로 해석을 정리하면 다음과 같다.

유통부문 세부분석 해석

1. 유통부문에서 기반되어 있는 업종은 다음과 같다. (각각 RIb(=BC)와 LQA)
   식물성 유 : 0.222와 845,426,000루블
   설탕품목은 RIb(=BC)와 LQA)가 모두 0이다. 즉 설탕품목은 평균동일요소이다.
   여타 품목은 모두 비기반되어 있는 상황에 있다.
2. 유통부문의 세부분석에서 비기반화되어 있는 품목을 살펴보면 다음과 같다.(각각 RIb(=BC)와 LQA)
   고기제품 : -0.283과 -5,495,269,000루블
   우유제품 : -0.1과 -845,426,000루블
   동식물 유 : -0.250과 -845,426,000루블
   어제품 : -0.333과 -2,113,565,000루블
   제봉제품 : -0.367과 -9,299,686,000루블
   메리야스 : -0.364와 -3,381,704,000루블
   가죽신발 : -0.444와 -6,763,408,000루블

- 시베리아 지구는 농업부문도 기반화되어 있는 것으로 분석되고 있는데, RIb(=BC)는 0.379를 기록하고 있어 주기반산업으로 되어 있지만 기반화 정도가 매우 높은 것은 아니다. 농업생산량의 순위를 보면 볼가지구가 가장 높고 다음은 중앙지구, 남부지구이고 4위가 시베리아지구로 나타나고 있다. 농업생산량을 식물재배와 가축사육으로 분류하여 시베리아지구의 농업생산량의 비율을 보면 러시아에서 차지하는 시베리아지구의 총농업 생산량은 15.4%에 비해 작물재배는 14.1%, 가축사육은 16.9%이다.
- 시베리아지구의 기반분석에서 BN비는 1.481이고 당해지구 총생산량대비 RQA와 전 지구 총생산량 대비 RQA는 각각 0.070와 0.007이다.

2. 시베리아 연방지구의 안정성 분석적용과 그 결과치

1) Spv측정 과정

	공업 부문	농업 부문	유통업 부문	무역업 부문	건설업 부문	금융업 부문	Σ부문
LC	1.068	1.611	1.176	0.915	0.836	0.231	
I_b	0.068	0.611	0.176	-0.085	-0.164	-0.769	
RI_b(=BC)	0.064	0.379	0.149	-0.093	-0.196	-3.333	
P_{sib}= RI_b* P_{si}	45,037.495	60,208.644	63,162.878	-31,322.628	-14,389.596	-68,031.046	
ABS (of RIb)	0.064	0.379	0.149	0.093	0.196	3.333	4.214
ABS (of Psib)	45,037.495	60,208.644	63,162.878	31,322.628	14,389.596	68,031.046	282,152.287

2) Spv측정 결과치[31)]

	ΣABS(RIb)	ΣABS(Psib)	ΣABS(RIb)/ ΣABS (전지구RIb)	ΣABS(Psib)/ ΣABS (전지구Psib)	Spv
당해 지구	4.214	282,152.287	0.244	0.065	3.737

31) RIb는 전지구에 대비된 당해지구의 상대적 기반활동값을 의미하고, Psib는 전지구에 대비된 당해지구의 기반활동 생산액을 의미한다.

3) 러시아 시베리아연방지구의 안정성분석의 결과치에 따른 해석과 그 해명

- 시베리아지구는 위의 도표에서 보는 바와 같이 Spv가 3.737으로 도출되고 있다. '지방경제의 복잡시스템 IS 모델'을 시각화한 Sis curve에서 보이듯이 시베리아지구는 완전안정점을 지나 거의 (d)지점에 도달하고 있다. Spv가 완전안정점을 지나면 매우 완만히 상승하게 되며 그리고 기울기는 매우 점진적으로 체증하게 된다.
- 시베리아지구는 완전안정점에서 완전히 이탈되어 운동을 하고 있다. 안정구간의 말미에 해당하며 여전히 불안정화되는 속도는 낮게 나오고 있다. 자기강화가 점점 요소간에 커지고 있으며 자기보충과 자기방어는 자기강화보다 더 낮은 수준이긴 하지만 내부에 발생하여 축적을 강하게 해가는 단계에 있다. 즉 요소들은 긴장과 이완을 작은 정도로 반복하며, 불안정화되는 것을 경계하지만 시스템은 복잡한 단계로 운동하게끔 결정되어 있다. 창발적 진화구간을 제외하고는 결정론이 지배하고 있다고 볼 수 있다. 여하튼 현 단계에서는 안정단계에 위치하고 있다. 또한 이것은 요소간 자기강화가 적정히 일어나고 있어 안정적이며, 자기보충과 자기대항이 거의 없지만 발생을 일으키려는 단계에 있다는 것을 의미한다.
- 시베리아 지구는 장래 기울기가 서서히 급해지며 상승할 가능성이 높으며 그러면 체증적으로 불안정화되어 갈 개연성을 가지고 있다. 그러나 요소간 운동으로 인해 완전안정점을 향해 반대로 움직일 가능성도 있으며 이것은 여러 다른 요건으로 예측을 파악해야 한다.
- 이 구간의 특징을 중심으로 요약하면 다음과 같다. (c)까지는 체감적 안정으로 대응하고 있으며 이 점에 도달해서는 불안정의 상승이 시작된다. 이 점을 완전안정점이라 한다. 이 구간은 안정구간에 해당한다. (c)에서(d)까지는 안정구간으로 (d)지점은 (b)의 불안정도와 수평으로 만나는 점까지의 구간이다. 이 구간까지는 폭이 높지 않아 안정구간이며 기울기는 매우 완만하게, 체증적으로 불안정성이 상승하고 있다. (d)지점은 큰 의미를 가지지는 않지만 (b)의 불안정도와 수평으로 만나는 점까지의 구간을 임의로 경계한 지점이다. 여기서부터 체증적 상승이 강해지는 지점이기도 하다.

• 극동 연방지구

1. 극동 연방지구 기반분석 적용과 그 결과치

1) 주분석

	공업 부문	농업 부문	유통업 부문	무역업 부문	건설업 부문	금융업 부문
∑Paz	24,985,467.723	24,985,467.723	24,985,467.723	24,985,467.723	24,985,467.723	24,985,467.723
P_{ai}	6,868,000.000	1,029,255.000	3,753,600.000	3,858,477.660	915,497.000	923,320.000
∑Psz	905,158.860	905,158.860	905,158.860	905,158.860	905,158.860	905,158.860
P_{si}	307,248.000	36,392.000	155,140.000	155,936.610	52,237.300	26,143.000
P_{ai}/∑Paz	0.275	0.041	0.150	0.154	0.037	0.037
P_{si}/∑Psz	0.339	0.040	0.171	0.172	0.058	0.029
LC	1.235	0.976	1.141	1.116	1.575	0.782
I_b	0.235	-0.024	0.141	0.116	0.575	-0.218
RI_b(=BC)	0.190	-0.025	0.123	0.104	0.365	-0.279
LQA: P_{sib}=RI_b* P_{si}	58,438.127	-895.246	19,156.782	16,153.946	19,071.212	-7,306.495
RC	0.275	0.041	0.150	0.154	0.037	0.037
P_e	248,809.873	37,287.246	135,983.218	139,782.664	33,166.088	33,449.495
RQA: P_{sib}=P_{si}− P_e	58,438.127	-895.246	19,156.782	16,153.946	19,071.212	-7,306.495
PI	+: 기반요소, -: 비기반요소, 0:평균동일요소					
BNF decision	기반산업	비기반산업	기반산업	기반산업	기반산업	비기반산업

2) 러시아 극동연방지구의 기반분석의 결과치에 따른 해석과 그 해명

▸ 극동연방지구의 지역총생산의 규모는 상대적으로 낮은 편에 속하여 경제 규모가 상대적으로 작음을 보여주고 있다. 극동지구의 지역총생산은 393,712,500,000루블로 7개지구 중 7위를 차지하고 있다.

▸ 극동지구의 주분석을 보면 기반분석에 속하는 산업은 공업과 유통, 무역,

건설이고 비기반은 농업과 금융이다. 이 중에서 주기반산업은 건설업으로 상대적 기반활동값은 0.365이고 기반활동생산액은 19,071,212,000루블이다.

▸ 극동지구의 기반산업 중에서 세부분석이 가능한 업종 중 가장 RIb(=BC)가 높은 공업을 대상으로 분석을 하면 다음과 같다.

공업부문 세부분석 해석

1. 극동지구의 공업부문에서 기반되어 있는 업종을 세부분석하면은 다음과 같다(각각 RIb(=BC)와 LQA).
   전기·전력업 : 0.318과 16,898,640,000루블
   비철금속업 : 0.742과 67,901,808,000루블
   목재가공, 종이·펄프 : 0.170와 2,765,232,000루블
   식료품업 : 0.187과 9,831,936,000루블
   여타 업종은 모두 비기반되어 있는 상황에 있다.
2. 공업부문의 세부분석에서 기반화의 정도가 가장 큰 업종은 상대적 기반활동값이 0.742로 비철금속업이고 이 값은 상대값으로는 매우 높은 수준에 있는 값이라 할 수 있다. 즉 극동지구의 비철금속은 타의 주종을 불허할 정도의 상대적 비교우위를 가지고 있는 기반산업 중의 기반산업이다.
3. 극동지구의 공업생산에서 비율별로 주요업종을 보면 비철금속업이 29.8%이고 다음이 전기·전력업으로 17.3%, 식료품업이 17.1%, 기계제작·금속가공업이 13.6%를 나타내고 있다.

▸ 극동지구는 건설업부문이 주기반산업으로 되어 있다. 상대적 기반활동값은 0.365이고 기반활동생산액은 19,071,212,000루블이다.[32)]

▸ 극동지구의 건설업을 건설도급액을 기준으로 통계치를 산정하고 있는데, 극동지구의 건설도급액을 도급주체별로 도급비율을 비교하면 다음과 같다. 행정청으로서의 국가 - 13.8%;행정청으로서의 지방자치단체 -09%; 비행정청으로서의 기업(토지 등 소유자개인, 조합법인, 회사법인 등) - 61.8%; 행정청과 비행정청의 합작 - 22.5%.

---

32) 러시아 건설업의 생산량 915,497,000,000루블을 주요 지구별로 살펴보면 다음과 같다.
1위 - 중앙지구(234,102,000,000루블); 2위 - 우랄지구(183,395,100,000루블);
3위 - 볼가지구(141,980,500,000루블); 4위 - 남부지구(95,591,800,000루블);
5위 - 북서부지구(92,695,100,000루블).

- 극동지구의 비교열위에 있는 업종은 농업과 금융이며 특히 그 중에서 금융은 상대적 기반활동값이 매우 낮은 것으로 나타나고 있어 비교열위가 심한 것으로 해석된다. 금융업의 상대적 기반활동값은 -0.279이고 기반활동생산액은 -7,306,495,000루블이다.
- 극동지구의 기반분석에서 BN비는 13.756이고 당해지구 총생산량대비 RQA와 전 지구 총생산량 대비 RQA는 각각 0.125와 0.005이다.

2. 극동연방지구의 안정성 분석적용과 그 결과치

1) Spv측정 과정

	공업 부문	농업 부문	유통업 부문	무역업 부문	건설업 부문	금융업 부문	Σ부문
LC	1.235	0.976	1.141	1.116	1.575	0.782	
I_b	0.235	-0.024	0.141	0.116	0.575	-0.218	
RI_b(=BC)	0.190	-0.025	0.123	0.104	0.365	-0.279	
P_{sib}= RI_b* P_{si}	58,438.127	-895.246	19,156.782	16,153.946	19,071.212	-7,306.495	
ABS (of RIb)	0.190	0.025	0.123	0.104	0.365	0.279	1.086
ABS (of Psib)	58,438.127	895.246	19,156.782	16,153.946	19,071.212	7,306.495	121,021.808

2) Spv측정 결과치[33)]

	ΣABS(RIb)	ΣABS(Psib)	ΣABS(RIb)/ ΣABS (전지구RIb)	ΣABS(Psib)/ ΣABS (전지구Psib)	Spv
당해 지구	2.167	121,021.000	0.125	0.028	4.481

33) RIb는 전지구에 대비된 당해지구의 상대적 기반활동값을 의미하고, Psib는 전지구에 대비된 당해지구의 기반활동 생산액을 의미한다.

2) 러시아 극동연방지구의 안정성분석의 결과치에 따른 해석과 그 해명

- 극동지구는 위의 도표에서 보는 바와 같이 Spv가 4.481로 도출되고 있다. '지방경제의 복잡시스템 IS 모델'을 시각화한 Sis curve에서 보이듯이 극동지구는 다른 지구와는 달리 완전 안정점을 넘어선 안정구간의 다음구간인 불안정구간에 위치하고 있다. 극동지구는 Spv가 여타 지구에 비해 월등히 높으며 이것은 극동지구가 시스템의 변화요인 값으로서의 성질 값이 매우 높다는 것을 의미하며 더 나아가 대응하는 시스템의 상대적 안정도도 높은 수준에 있다는 것을 알려주고 있다.
- 극동지구는 안정구간을 넘어서서 불안정구간에서 상승세를 타고 있는 지점에 있으며 이것이 더욱더 요소간 긴장도가 더해지면 창발적 진화구간으로 진입할 가능성도 배제할 수는 없다. 극동지구의 Srs가 5정도에 도달하고 있으며 이것은 중앙지구 다음으로 안정도가 낮다는 것을 의미한다. 불안정도의 정도는 중앙지구가 가장 불안정하여 변화의 여지가 매우 높고 다음이 극동지구로 나타나고 있다.
- 극동지구는 Spv의 값이 상대적으로 가장 높게 측정되었다. 창발적 진화구간의 바로 전 불안정구간에서 운동하고 있어 필사적으로 일 수 밖에 없으며 그래서 복잡시스템에서 가장 주목을 끄는 단계이다. 그것은 자기강화와, 반작용으로서의 자기보충과 자기방어가 조직의 장래를 두고 접전을 벌이고 있기 때문이다. 즉 자기강화는 급속도로 커지게 되지만 이보다 더 빠른 속도로 자기보충과 자기방어가 일어나 조직을 유지하고 안정으로 운동의 방향을 잡고자 한다. 만약 이 구간의 극동지구가 자기강화의 에너지가 더 강하게 운동하면 어느 한계에서는 조직의 몰락과 함께 새로운 시스템으로 전환이 일어난다.
- 이 복잡시스템의 창발적 진화구간은 자기조직화가 비결정적이어서 예측이 불가능하다. 반대로 자기강화의 자기보충과 자기방어의 에너지에 지배당하게 되면 안정의 방향으로 운동하게 된다. 즉 Sis curve에서 창발적 진화구간으로 가지 않은 시스템은 역운동을 하여 안정을 지향하게 됨을 의미

하고 이 구간에서 곡선이 꺾여 내려와 안정화되는 것은 아니다. 극동지구는 변화의 기울기가 매우 급하게 나타나고 있고 불안정도도 상대적으로 높게 나타나서 변화의 조짐이 강하게 예측되어지고 있다. 극동지구의 요소들은 내부의 관계에 작용하는 힘의 전개에 비상하게 반응할 것이다.

이 구간의 특징을 중심으로 요약하면 다음과 같다. (c)에서(d)까지는 안정구간으로 (d)지점은 (b)의 불안정도와 수평으로 만나는 점까지의 구간이다. 이 구간까지는 폭이 높지 않아 안정구간이며 기울기는 매우 완만하게, 체증적으로 불안정성이 상승하고 있다. (e)까지의 구간은 폭이 상승하고 있어 불안정구간에 접어들고 있으며 기울기가 조금 급해지기는 했지만 후반에 가서야 매우 급하게 불안정화된다. 체증적이고 급한 기울기는 급기야 완전불안정점에 도달하게 한다. Spv의 (b)와 (e)지점에 도달하면 곡선의 기울기가 가장 급해지는 점으로 특히 (b)는 체증적 안정에서 체감적 안정으로 변하고 있으며 여전히 기울기는 급하다.

참고문헌

고병호, "지역개발이론의 체계적 접근과 새로운 패러다임의 형성에 관한 연구", 『한국지역개발학회지』. 6, 1994.

권세은, "러시아 개혁에 대한 복잡 체계론적 이해", 『슬라브 연구』, 17(2), 2001.

권태환, "우리나라 지역 연구의 형성과 과제," 이상섭, 권태환 편, 『한국의 지역연구: 현황과 과제』 , 서울대학교 지역연구총서, 서울대학교 출판부, 1998.

길버트 메르크, "해외 지역연구 어디로 가나?: 미국 내 논쟁," 『지역연구뉴스레터』, 서울대 국제지역원, 22-23호, 1995.

김경일 편저, 『지역연구의 역사와 이론』, 문화과학사, 1998.

김경일, "지역연구 대상과 방법 및 쟁점들," 최협 편, 『인류학과 지역연구』, 나남, 1997.

노먼 블래키, 『사회이론과 방법론에 다가서기』, 한울 아카데미, 2000

마에다 마리후미, 『지역연구 방법』, 전예원, 1998.

박용구, "지역학의 대상과 방법론," 한국외대대학원 지역학연구회 편, 『지역학의 현황과 과제』, 한국외국어대학교출판부, 1996.

박창근, 『시스템학』, 범양출판사, 1997.

브라이언 아서 외, 『복잡계 경제학 Ⅰ, Ⅱ』, 평범사, 1997

시오자와 요시노리, 『왜 복잡계 경제학인가』, 푸른길, 1999.

야노 도우루, 『지역연구와 세계단위론』, 전예원, 1999.

윤대식 · 김태명 · 조명래 . "Issues and Problems of Regional Development in Korea: In Search of a New Approach to Decentralized Regional Development", 『한국지역개발학회지』, 4(2). 1992.

이군희, 『사회과학 연구방법론』, 법문사, 1999.

이만우 · 선우석호 · 노영기 · 김장호 · 김영용 . 『한국의 지역경제 - 이론과 90년대 정책방안』, 산업연구원, 1992.

이원욱, 『조사연구방법론』, 형설출판사, 1999.

전미경, “한국대기업의 대러투자현황과 문제점”, 세계경제와 국제관계연구소, 모스크바, 1996.

폴 크루그먼, 『자기조직의 경제』 , 부키, 2002.

한 주성, 『경제지리학』, 교학연구사, 1998.

허재완, “지역경제 활성화를 위한 정책방향”, 『한국지역개발학회지』, 2, 1990.

홍기용, “지역경제할성화의 새로운 접근”, 『한국지역개발학회지』, 3, 1991.

홍기용, 『지역경제론』, 박영사, 1999.

홍기용·강명헌, “지역경제성과의 분석:1988-1989”, 『한국지역개발학회지』, 5(1). 1993.

황명찬, 『지역개발론』, 법문사, 1989

Андреев А. Г. Современные проблемы взаимоотношений бюджетов в Российской Федеации // Федеализм. №1. 2001.

Андриаров и. д. "Роль внешнеэкономических связей в формировании модели"б проблем дального востокаб, 1993.

Богачева О. Становление российской модели бюджетного федерализма // Вопросы экономики. №8, 1995.

Игудин А. Г. Региональная асимметрия в Российской Федерации и м ежбюджетные отношения в свете тебований бюджетного федер ализма / НИИФИ Минфина России. М., 2001.

Лапидус Б. М., Пехтерев Ф. С., Терёшина Н. П., Регионалистика: Учебное пособие для вузовю - М.: УМК МПС России, 2000.

Обзор экономической политики в России за 2000 год / Бюро экономи ческого анализа; Науч. ред. А. В. Полетаевю М.: Теис, 2001.

Региональная экономика: учебник/под ред. В. И. Видяпина, М. В. Степанова. - М., ИНФРА-М, 2002.

Регионы России Социально-экономические показатели. 2003: Р32 Стат. сб./ Госкомстат России. М., 2003.

Титареико м.л россия на дальнем востоке после дезинтеграции ссср..б юллетень идв ран , N.5, 1993.

Толорая г. д республека корея -м: мысль, 1991.

Федерализм: Энциклопедический слщварь / Ин-т экономики РАН.М.: ИНФРА-М, 1997.

Швецов А. Н. Системные преобразования экономических и институц иональных основ муниципального развития: Автореф. дис. ...докт. экон. наук /Ин-т системного анализа РАН. М., 2001.

Швецов А. Н. Системные преобразования экономических и институц иональных основ муниципального развития: Автореф. дис. докт. экон. наук/Ин-т системного анализа РАН. М., 2001.

Экономика и энергетика регионов Российской Федерации, М.: ЗАО "Изд. Экономика", 2001. - 476 с.

Anerson, P. "Complexity Theory and Organization Science", Organizantion Science, vol.10, No.3. 1999.

Barkin, David. Regional Socio-Economic Development. International Social Development Review. Vol. 4. United Nations. 1992

Bekmann, M. J. Location Theory. New York: Random House. 1998.

Bendavid, Avrom. Regional Economic Analysis for Practitioners: An Introduction to Common Descriptive Methods. New York: Praeger Publishers. 1994.

Blakely, planning local economic development : theory and practice, sage, 1995

Dillinger W., Webb S. B. Fiscal Management in Federal Democracies: Argentina and Brazil // World Bank Policy Research Working Paper № 2121. Washington, DC: World Bank, 1999.

Dixon, R. J. and Thirlwall A. P., A Model of Regional Growth Rate Differentials along Kaldorian Lines. Oxford Economic Papers. 1995

Hirch W. Z. Elements of Regional Accounts. John Hopkins University Press (Baltimore). 1994.

Hochwald W., Design of Regional Accounts, John Hopkins University Press (Baltimore). 1961.

Hoover, Edgar M. and Frank Giarratani. An Introduction to Regional Economics. (3rd. ed.) New York: Afred A. Knopf. 1995

Isard W., 'Interregional and Regional Input-output Analysis; A Model of a Space-economy,' Review of Economics and Statistics, Vol. 33, 1999.

Kauffman, S. A. The Origins of Order: Self-Organization and Selection in Evolution, New York: Oxford University Press, 1993.

Kelly, S. The Complexity Advantage : How the Science of Complexity Can Help Your Business Achieve Peak Performance, McGrow-Hil, 1998.

Kuklinski, A. R., region development, regional policies and regional planning: problem and issues, regional study, vol. 4, 1990.

Leontief W. W. 'Quantitative Input-output Relations in the Economic System of the United States,' Review of Economics and Statistics, Vol. 18, 1996.

Leontief W. W. Input-output Economics, Oxford University Press(London), 1996.

Leven C. L. "The Theory of Regional Accounts," Regional Science Association Papers, Vol. 4. 1998.

Marion, R. The Edge of Organization : Chaos and Complexity Theories of Formal Social Systems, SAGE Publications, 1999.

McCrone G. The Application of Regional Accounting in the U. K. Regional Studies. Vol. 1(1), 1997.

Montinola, G., Qian Y. Y., Weingast B. R. Federalism, Chinese Style The Political Basis for Economic Success in China // World Politics. 1995.

Morrison W. I. and Smith P., 'Input-output Methods in Urban and Regional Planning; A Practical Guide,' Prag. Technical Papers, #6(London), 1976.

Richardon, Harry W. The State of Regional Economics: A Survey Article. International Regional Sience Review. Vol. 3, 1-48, 1998.

Sloan G. R. Geopolitics in United States Strategy Policy. 1890-1987(New York : St.Martin's Press, 1988

제 6 장

러시아지방 정체성 연구: 남부연방지구 공화국 민족, 민족어를 중심으로

성종환(경희대)

I. 서 론

1.1 남부연방지구 개괄

2000년 5월 13일 러시아연방 대통령 블라디미르 푸틴은 제 849호 "러시아연방 대통령 전권대표"에 관한 포고령을 발표하여, 러시아연방을 구성하는 공화국, 변강주, 주, 민족자치구 등 89개 주체를 중앙연방지구, 북서연방지구, 남부연방지구, 볼가연방지구, 우랄연방지구, 시베리아 연방지구, 극동연방지구 등 7개 연방지구로 분리, 각 지구에 전권대표를 파견, 관리토록 함으로써 효율적인 통치를 꾀하고 있다.

광활한 국토를 보다 안정적이고 효율적으로 통치하기 위해 편성된 7개 연방지구 중 남부연방지구는 아디게야 공화국, 다게스탄 공화국, 인구셰티야 공화국, 카바르드-발카리야 공화국, 칼미키야 공화국, 카라차이-체르케시야 공화국, 북오세티야-알라니야 공화국, 체첸 공화국 등 8개 민족자치 공화국과 크라스노다르 변강주, 스타브로폴 변강주, 아스트라한주, 볼고그라드주, 로스토프주 등 총 13개의 북카프카스 지역의 연방주체로 구성되어 있으며,[1] 지리적으로는 우크라이나로부터 카자흐스탄에 이르는 러시아 남부, 북카프

1) 2000년 5월 13일 임명되어 2004년 3월 9일까지 재직한 카잔체프(В. Г. Казанчев)에 뒤이어 2004년 3월 9일 야코블레프(В.А. Яковлев)가 전권대표로 임명되었다. 행정중심은 로스토프-나-도누(Ростов-на-Дону)이다.

카스 및 카스피해, 흑토대, 그리고 볼가지역까지 펼쳐 있다.

2002년 인구센서스 결과 나타난 남부연방지구의 총 인구는 2천 2백 90여만 명이며, 총 면적은 589,200㎢이다. 이는 러시아연방 전체 면적 17,075,400㎢의 3.5%, 러시아연방 전체인구 1억4천5백 1십 6만 4천명의 15.78%이며, 인구밀도는 38.87명/㎢로 러시아연방 전체 인구밀도 8.5명/㎢에 비해 매우 높은 수준으로, 중앙연방지구(총인구 3천 8백만 명, 인구밀도 58.21명/㎢)에 이어 두 번째이다.[2)]

특히 남부연방지구의 인구는 러시아연방이 심각한 인구 감소현상을 맞고 있는 가운데,[3)] 중앙연방지구(1989년 대비 8만여 명 증가)와 더불어 큰 폭으로 증가하고 있다.[4)] 이는 타 연방지구에 비해 평균 자연증가율 하락폭이 상대적으로 작은데다[5)] 인근 중앙아시아 지역과 우크라이나 등 외부지역으로부터의 전입자수가 크게 늘어난 데 기인한다.

그런데 남부연방지구를 구성하고 있는 13개 연방주체에는 민족단위를 기반으로 한 자치공화국이 8개 소속되어 있으며, 약 100여개 이상의 토착민족이 거주하고 있다.[6)] 이러한 상황에서 90년대 초반 소련 패망이후, 특히

---

2) 남부연방지구 인구(2002년 인구조사결과를 토대로 재구성)

02' 남부연방지구 총인구(1000명): 22,907			
아디게야 공화국	447	체첸 공화국	1,104
다게스탄 공화국	2,577	크라스노다르 변강주	5,125
인구셰티야 공화국	467	스타브로폴 주	2,735
카바르드-발카리야 공화국	902	아스트라한 주	1,005
칼미키야 공화국	292	볼고그라트 주	2,699
카라차이-체르케시야 공화국	440	로스토프 주	4,404
북 오세티야-알라니야 공화국	710		

3) 러시아연방 인구는 1989년 인구대비 약 200만 명이 감소했으며, 인구수가 최고치에 달했던 1992년도(148,704,000명)에 비해서는 약 354만 명이 감소한 상태이다. 다만, 2001년도(144,819,000명)에 비해서는 34만 5천 명 정도 증가한 것으로 나타나고 있다. 하지만, 2016년 초까지의 러시아연방 인구 예측결과를 발표한 러시아연방 국가통계위원회의 자료에 따르면, 최대 1억 4천 370만 명에서 최소 1억 2천 840만 명까지 어느 경우이든 러시아의 인구는 감소하는 것으로 예측되어 심각한 사회문제로 대두되고 있는 실정이다. Предположительная численность населения Российской Федерации до 2016 года. Москва. Государственный комитет Российской Федерации по статистике. 1999 г. (http://demoscope.ru /analit02. html)

1992년 6월 러시아로부터 독립을 선포한 체첸 공화국을 비롯하여 다양한 민족들이 과거 소비에트 시절 빼앗긴 정체성을 회복하는 등 강한 독립의지를 표출하고 있다.[7)]

1.2 연구목적

로마슈킨(B.B. Ромашкин 1999)에 따르면, 언어는 모든 인류와 개인의 거울이자, 소수이든 다수이든 제 민족의 고귀한 자산이며, 한 개인의 일정 민족에 대한 소속 여부를 가늠해주는 가장 중요한 지표 중 하나이다. 이 언

지구 \ 연도	89'(1,000명)	02'(1,000명)
러시아연방	147,022	145,164
중앙연방지구	37,920	38,000
북서연방지구	15,237	13,973
남부연방지구	20,536	22,907
볼가연방지구	31,785	31,155
우랄연방지구	12,526	12,374
시베리아연방지구	21,068	20,063
극동연방지구	7,950	6,693

4) Население России за 100 лет (1897-1997), с.32-34, Демографический ежегодник России, 1999, с.19.

5) 러시아연방 각 주체의 인구는 이미 90년대 초반 이후 심각한 감소현상을 보이고 있다. 그에 반해 남부연방지구의 자연증가율 하락폭은 타 연방지구에 비해 비교적 작은 편이며, 다게스탄 공화국과 인구셰티야 공화국, 칼미키야 공화국, 카바르드-발카리야 공화국 등에서는 순수 자연증가율을 기록하고 있다. 특히 인구셰티야 공화국의 인구 자연증가율은 러시아연방 전역에서 가장 높은 수치를 기록하고 있으며, 1999년의 인구자연증가율은 14.9%에 달한다. "Вектор" 2001년 1월호, Госкомстат России 2001.

6) 예를 들면, 다게스딴 공화국에는 아바리야인, 다르긴족, 쿠미크인, 레즈기족, 라크인, 타바사란인, 노가이족, 루툴인, 아굴인, 짜후르인 등의 토착민족을 포함하여 약 70여 소수민족이 거주하고 있다.

7) 이러한 과정에서 야기된 수차례에 걸친 민족분쟁은 구 소련의 어느 지역에서 일어났던 분쟁보다 격렬하고 많은 인명피해를 기록한 분쟁이라 할 수 있다. 수많은 인명피해를 야기한 이 지역의 민족간 대립은 민족, 종교, 영토 문제가 다각적으로 얽힌 복합적인 성격의 분쟁이다.(유영철, 국방저널 2001년 7월호). 본 논문에서는 구체적인 분쟁사례 등은 논문의 목적에 부합하지 않는 것으로 보아 다루지 않겠다.

어는 수세기에 걸쳐 형성 완성되며, 당해민족의 오랜 경험 및 문화의 저장고이기도 하다. 언어의 보존 및 발전에 대한 노력은 당해민족의 의식수준을 결정해주는 리트머스 시험지인 것이다.

이러한 언어는 의사소통의 수단일 뿐 아니라, 특정 사용집단이 세계를 인식하는 체계이자 그들의 정신적인 성취를 담고 있으며, 이는 곧 그들의 정체성과도 밀접한 관련이 있다.

그런데 전 세계 수천종의 언어는 이미 멸종 위기에 처해 있으며, 알래스카 페어뱅크 대학 마이클 클라우스 교수 등 언어학자들은 현재 지구상에 사용되고 있는 6500여종의 언어 가운데 2/3가 100년 안에 멸종할 것이라고 예언하고 있다.

이러한 현상은 특히 소수민족으로 분류되는 63개를 포함하여,[8] 최소한 192개 이상의 민족이 거주하고 있는 러시아에서 더욱 두드러지는 현상이다.[9] 네론자크(В.П. Неронзак 2002)에 따르면, 이러한 소수민족의 언어들은 민족적인 재앙에 가까운 환경에 처해있으며, 이는 무엇보다 과거 '소비에트 민족'을 창설하고자 소수민족 동화정책을 펼친 결과 소수민족들의 독자

---

8) 러시아에서 법적으로 소수민족의 지위를 갖는 민족은 그 구성원의 수가 5만명 이하인 경우로 아바자어, 아굴어, 알레우트어, 알류토르어, 안디어, 아르친어, ... 돌간어, 케트어, 만시어, 우데게이어, 에벤크어, 에벤어, 유기어, 유카기리어 등 63개 언어가 있다. 본 연구에서는 '소수민족'이라는 용어를 법적 기준에 의한 개념이 아니라 러시아 민족에 대한 상대적 개념으로 사용하며, 본고에서 연구 대상으로 하는 민족어 또한 각 공화국의 국어(Государственный язык)로 채택되었거나 기타 상대적 의미의 소수민족 언어임을 미리 밝혀둔다. См. Неронзак В. П. Языки народов России, М., Академия 2002, с. 5, Основы законодательства Российской Федерации о правовом статусе коренных малочисленных народов. Проект / <<Абориген>>, приложенные к газете <<Федерация>>, 22 июня 1993. Уточенные сведения Госкомстата России по данным переписи населения 1989 г.

9) 2002년 실시된 러시아연방 인구조사 결과에 따르면, 공식적으로 등록된 민족의 수는 192개이며, 그 외에 소속 민족이 결정되지 않은 주민 수가 43,000명, 공식적으로 등록되지 않은 주민의 수는 1백 48만여 명에 달한다. 인구조사 결과에 따르면, 공식적으로 등록된 민족 192개 중 인구 100만명을 상회하는 민족은 러시아인, 타타르인, 우크라이나인, 바슈키르인, 추바슈인, 체첸인, 아르메니아인 등이며, 이들의 총 수는 러시아 국민 전체의 80% 정도인 1억 1천 6백만 명에 이른다.(Брошюра "Основные итоги всероссийской переписи населения 2002 года".

적인 발전이 더 이상 불가능하게 된 데서 기인한다.

실제로 로마슈킨(B.B. Ромашкин 1999)에 따르면, 러시아에서 자신의 모국어를 잃어버리고 러시아어를 모국어로 인정하는 비러시아계 민족의 수는 점차 늘고 있다. 예를들면, 1/2 정도의 카렐인, 1/3 이상의 바슈키르인, 코미인, 모르드바인, 우드무르트인, 그리고 20-25% 정도의 마리인과 추바슈인 등은 러시아어를 모국어로 인정하고 있는 실정이다. 1970년부터 1989년까지의 기간 동안만 해도 부랴트인, 코미인, 마리인, 우드무르트인, 추바슈인, 야쿠트인들 중 자신의 모국어 구사능력을 상실한 수는 2배나 증가했다(B.B. Ромашкин 1994).

아울러 각 민족학교에서의 해당 민족어 교육열 또한 현저히 줄어들었는데, 카르니셰프(А.Д. Карнышев 1997)에 따르면, 1980년대 후반 러시아연방내 비러시아계 민족의 자녀들 중 9%만이 민족학교에서 수학했으며, 사실상 바슈키르인, 타타르인, 야쿠트인, 투바인들만이 모국어로 교육하는 민족학교가 어느 정도 유지되었을 뿐이다.

본고에서는 민족어 회복은 정체성 회복을 위한 가장 필수적인 요건이라는 전제하에,[10] 남부연방지구의 각 연방주체가 민족 고유의 정체성을 회복하기 위한 방안으로 90년대 이전까지 공식적으로는 거의 사용하지 못했던 각 공화국의 토착민족어 부흥을 위해서 지방 정부차원에서는 어떠한 정책을 입안, 수행하고 있으며, 그에 따른 소수민족 언어 교육 및 사용 현황 등을 알아보는 데 주 목적이 있다.

---

10) 사회 구성체로서의 개인의 정체성은 상황적 민족성과 같은 개념으로 특정한 사회적 맥락과 구조 속에서 야기되고 표현된다. 따라서 정체성을 연구할 경우 그에 영향을 주는 사회, 문화, 정치, 경제적 요인들을 찾아내고, 이러한 요인들에 의해 정체성이 어떠한 형태와 내용으로 각 개인의 일상생활에 영향을 미치는지를 연구하는 것이라고 할 수 있다. 그런데 고유의 민족문화와 전통의 유지, 발전을 통한 민족 정체성 유지에 필요한 필수적인 도구는 민족 고유의 언어라고 본다. 언어는 민족성의 가장 중요한 상징으로 인식되어 왔으며, 한 민족의 집단적인 언어동화는 그 집단의 사회문화적 동화의 가장 신뢰할만한 지표로 여겨져 왔다. 즉 민족어를 통해서 한 민족집단의 문화적 가치와 민족 주체성이 세대에 걸쳐 전승되기 때문에 젊은 세대들이 민족어를 어느 정도 잘 아느냐 하는 것은 민족 문화와 정체성이 세대간에 지속될 수 있는지의 여부를 측정하는 지표가 된다(윤인진, 1998, 성종환, 2003).

이를 위해서는 먼저 러시아연방 중앙정부 차원의 언어 정책 및 소수민족 언어정책을 살펴볼 것이다. 중앙정부와 각 지방정부의 헌법 및 언어관련 법률상에 나타난 언어정책을 분석 비교함으로써 남부연방지구 내 각 공화국의 언어 부문에 있어서의 정체성 확립을 위한 노력 정도를 파악해볼 것이다.

나아가 각 공화국에서 시행되고 있는 민족어 교육의 현황을 살펴볼 것이다. 이 과정에서는 각 공화국 국어로 채택된 민족어의 교육현황을 살펴보고, 각 공화국 인구 중 민족구성비를 토대로 민족어 교육현황을 상호 비교함으로써 각 민족별 정체성 회복을 위한 노력정도를 상호 비교할 수 있을 것으로 본다.

Ⅱ. 민족어정책

2.1 러시아 연방정부의 민족어정책[11)]

1985년 고르바초프가 등장하면서 소비에트시대, 특히 스탈린 이후 취해졌던 소수민족 언어의 말살정책은 전면 폐지되고,[12)] 소수민족들의 언어를 기반으로 하는 민족정체성 회복의 기틀이 마련되기 시작했다.[13)]

---

11) 본 논문의 '러시아연방 중앙정부의 민족어정책'은 논문의 성격 상 대부분 필자가 작성한 "러시아 지역정체성 연구방법"(슬라브연구 제19-1권/2003)에서 인용했음을 밝혀둔다.

12) 스탈린은 러시안 우월주의를 신봉, 레닌에 비해 더욱 강압적이고 급진적으로 대 소수민족 러시아동화정책을 펼쳐나갔다. 언어정책에 있어서 스탈린은 레닌이 표방한 "민족의 형식은 유지하되 내용은 사회주의적으로 동질화하자"는 진보주의적 정책을 뒤집고, 제 민족의 문화는 단일 언어권의 단일문화로 융화(fusion)되어야 한다고 주장하였다. 따라서 1938년 3월 성명을 통해서 러시아어는 모든 비 러시아 학교에서 필수 교과목으로 채택되고, 레닌이 주창한 모든 언어에 대한 평등이념은 공식적으로 폐기되고, 나아가 러시아어는 고등문화의 언어로서 다른 소수민족어들의 보고이며 사회주의의 언어로 찬양되었다. 후르시초프와 브레즈네프 통치시기에 소련정부는 소수민족들의 러시아 동화를 촉진하기 위해 다양한 노력을 기울였다. 예를 들어 브레즈네프는 모든 민족을 '소비에트인(Советский народ)'이라는 개념으로 융합, 단일민족화 시도를 통해서 소수민족들의 언어동화를 가속화했다. 이에 따라 러시아어는 '소비에트인'의 언어로 찬양되고, 연방 각 공화국에서 러시아어 교육을 한층 강화시켰다. 브레즈네프의 뒤를 이은 안드로포프는 소련공산당의 민족 및 언어정책을 그대로 답습, "소연방의 궁극적인 목표는 민족들의 단순 결합이 아닌 융합에 있다"고 주창하였다. 이러한 상황에서 소수민족들의 후세대에 대한 민족어 교육은 난관에 봉착했으며, 젊은 세대는 그들 나름대로 민족어보다는 사회, 경제적 신분상승에 도움이 되는 러시아어 학습에 더 많은 열의를 보였다(성종환 2003).

13) 1989년 11월 14일자 성명에서 스탈린 시대의 소수민족 강제이주를 불법으로 규정하고, 희생자들의 명예와 권리는 법에 의해 회복될 것이라고 천명하였다. 1991년에는 압박 받았던 소수민족들이 정치적 독립과 사회·문화적 자치권을 회복하게 되어(윤인진 1998), 민족어에 대한 관심 또한 자연스럽게 고조되기 시작했다. 특히 1990년 3월 인민대표회의에서 초대 소련 대통령으로 추대된 고르바초프는 1990년 4월 24일 "소연방 제 민족어에 관한 법률"에 서명하여, 민족간의 의사소통 수단으로서 러시아어를

그 후, 1993년 12월 12일 옐친 대통령이 서명한 러시아 연방헌법은 과거 소련 헌법과는 달리,[14] "러시아연방의 국어는 러시아어이며, 이는 러시아연방 전역에 적용된다"(제68조 1항)고 구체적으로 명시하고, 아울러서 "각 공화국은 고유의 국어를 채택할 권리를 가지며, 각 공화국 국어는 연방 및 공화국 기관과 지방자치단체에서 러시아연방 국어와 함께 사용된다"(제68조 2항)고 규정하고, 제68조 3항은 "러시아연방은 모든 국민에게 모국어 보존 및 연구 발전에 필요한 여건조성의 권리를 보장한다"고 천명하고 있다. 동 헌법은 또한 제26조 2항에서 "모든 국민은 모국어를 사용할 수 있는 권리와 의사소통 언어 및 양육언어, 교육 및 창조활동에 필요한 언어를 자유롭게 선

공용어(Официальный язык)로 지정하여(제4조), 모든 국가기관에서 러시아어를 사용할 수 있도록 규정한 반면(제14조), "국가는 소련의 제 민족에게 국가 및 사회의 다양한 분야에서 민족어를 사용할 수 있는 여건을 조성하고, 민족어의 부흥, 보존 및 발전을 위해 노력한다. ....본 법률은 소련 언어정책의 제반 원칙을 규정하며, ... 제 민족어의 자유로운 발전과 사용을 보장하고, 제 민족의 비공식적인 개인간의 관계에서 민족어의 사용을 규제하지 않는다"(전문)고 선언함으로써, 소연방 구성 공화국 및 자치공화국 국민들의 자유로운 민족어 사용을 허용했으며, "양육과 교육 언어의 자유로운 선택을 보장하며"(6조), "모국어 및 소연방 타 민족어에 대한 연구여건을 조성"(7조)하고, "연방 공화국 및 자치공화국의 방송, 신문, 잡지 등 언론에 사용되는 언어는 현지 주민들의 이해관계를 고려하여 결정한다"(23조)고 규정했다.(성종환 2003).

14) 1918년 7월 헌법에는 언어와 관련된 조항은 전혀 언급이 없으며, 1924년 1월 헌법에서는 제34조에서 "소비에트사회주의 공화국연방의 인민위원회, 총회 및 중앙집행위원회의 결의사항은 6개 공용어(러시아어, 우크라이나어, 벨라루시어, 그루지아어, 아르메니아어, 튜르크-타타르어)로 발간된다"고 규정하고, 1936년 12월의 소위 "스탈린 헌법"은 제40조에서 "소연방 최고회의가 채택한 법령은 연방공화국 언어로 공포된다....."고 규정하고, "법원의 송사는 연방언어 및 자치공화국, 자치주의 언어로 진행되며, 해당 언어를 모르는 자들에게는 통역을 통해서 자료를 접할 수 있고, 또한 모국어를 사용할 수 있는 권리를 보장한다"고 밝히고 있다. 또한 소련 국민들의 교육을 받을 권리와 관련하여, 제121조에서 ".....중등학교에서의 모국어로 교육을 받을 수 있는 권리를 보장한다"고 규정하고 있으며, 마지막 소비에트 헌법이라 할 수 있는 1977년 10월 헌법에서도 "소련국민은 중등학교에서 모국어로 교육을 받을 권리를 갖는다"(제45조)고 규정함으로써 부분적으로나마 민족어 사용 및 교육에 대해 배려한 흔적을 엿볼 수 있다.(성종환 2003).

택할 권리를 갖는다"고 규정함으로써, 각 공화국의 국어 채택 및 제반 분야에서의 언어 선택권을 헌법으로 보장하고 있다.

이와 같이 헌법상에 보장된 러시아연방의 언어정책은 1998년 7월 24일 옐친 대통령에 의해 서명된 "러시아연방 제 민족어에 관한 법률"에 의해 보다 구체화되고 있다.[15] 전문은 "러시아연방 내에 거주하는 제 민족의 언어는 러시아연방의 국가자산이며 국가의 보호를 받는다. .. 국가는 민족어와 이중언어 및 다중언어의 발전을 촉진한다. ..... 본 법령은 러시아연방 제 민족어의 보존과 균등하고 독자적인 발전을 위한 여건을 만들기 위해 제정되었다.."고 천명하고 있다. 동법 제3조는 제 민족어의 법적 지위와 관련하여, 러시아어를 러시아연방 국어로 지정하고, "연방 각 공화국은 러시아 연방헌법에 따라 독자적인 국어를 지정할 수 있으며"(제3조 2항), "러시아연방 각 주체는 본 법령에 따라 국민들의 의사소통, 양육, 교육 및 창작활동에 필요한 언어를 자유롭게 선택할 수 있는 권리를 보장하기 위한 관련 법령과 규범을 채택할 수 있다"(제3조 3항)고 규정하고 있다.

본 법령은 또한 국가는 "러시아연방의 국어인 러시아어의 기능을 보장하고, 민족어의 보존과 발전을 위한 여건을 조성"(제6조)하며, "민족 구성원의 수에 관계없이 그들의 요구에 따라 모국어를 통한 다양한 형태의 양육 및 교육에 협력"(제9조 5항)하고, "문자가 없는 민족은 모국어 문자를 만들 권리를 갖는다. 국가는 이를 위해 필요한 여건을 마련한다"(제10조 4항)고 규정하여 소수민족 언어에 대한 연방차원의 지원을 법적으로 보장함으로써, 민족어의 보존 및 발전을 통한 소수민족의 정체성 확립에 필요한 기본적인 토대가 구축되었다고 보겠다.

뿐만 아니라 본 법령은 러시아연방 정부에 제 민족의 모국어 교육 및 전문가 양성, 교육기관 건립 등을 통해서 제 민족이 모국어로 교육을 받을 수 있는 여건을 마련할 수 있도록 재정지원을 의무화하고 있다.

러시아연방에서는 본 법령 외에 소수민족의 언어 및 일상문화 보존에 따른 기본권을 보장하기 위해 "민족-문화 자치구에 관한 법률", "소수민족 보호에

15) 본 법령은 1991년 10월 25일 채택된 "러시아 소비에트연방 사회주의공화국 제 민족어에 관한 법률"(Закон "О языках народов РСФСР")을 개정한 것으로, 이는 다시 2002년 11월 15일 푸틴 대통령에 의해 동법 제3조에 6항 등을 보충함으로써 재개정되었다.

관한 기본 개념", "러시아연방 북부지역 및 시베리아, 극동지역의 토착 소수민족 공동체 조직을 위한 기본원칙" 등 다양한 법령이 채택되어 시행되고 있다.

현 단계에서 러시아연방에서 시행되고 있는 이와 같은 다양한 문화 및 언어정책 요소는 러시아연방 제 민족어의 언어학적인 요구사항을 충족시키고 있음을 증명하는 것으로(Ю.Н. Караулов 2002), 이는 연방정부가 소수민족 언어의 보존 및 발전을 위해서 많은 배려를 하고 있음을 알 수 있다. 이에 따라 카렐리야 공화국을 제외한 모든 러시아연방 공화국에서 연방 국어인 러시아어 외에 1개 이상의 토착민족어를 국어로 채택하고 있으며, 아울러 대부분의 공화국에서 "제 민족어에 관한 법률" 채택함으로써 토착민족어의 부흥, 발전, 보존을 통한 민족정체성 확립에 나서고 있다.[16]

다음은 러시아 연방헌법 및 "러시아연방의 제 민족어에 관한 법률"에 기초한 각 공화국 헌법과 "제 민족어에 관한 법률"을 통해서 각 공화국의 언어정책을 살펴보도록 하겠다.

2.2 남부연방지구의 민족어정책

이와 같이 러시아 연방정부는 연방헌법(1993년) 및 "러시아연방 제 민족어에 관한 법률"(1998년)에서 러시아연방의 국어를 러시아어로 지정하고, 모든 국민은 모국어를 사용할 권리와 의사소통과 양육 및 교육언어, 그리고 창조활동에 필요한 언어를 선택할 권리를 보장하며, 연방 소속 각 공화국은 고유의 국어를 지정할 수 있고, 각 공화국 국어가 연방 및 각 공화국 기관과 지방자치 단체에서 연방 국어인 러시아어와 함께 광범위하게 기능할 수 있도록 보장하고, 러시아연방은 모든 국민에게 모국어를 보존할 수 있는 권리와 그 연구 및 발전에 따른 여건조성을 보장하고 있다.

이에 따라 남부연방지구 소속 각 공화국들도 과거 소비에트 시절과는 달리 소수민족 언어의 부흥 및 보존, 발전에 필요한 중앙정부 차원의 여건이 보장되었다고 볼 수 있다. 이를 통해서 민족정체성 회복의 전제조건이라 할 수 있는 민족어 회복을 위한 남부연방지구 소속 각 공화국의 언어정책을 공화국 헌법 및 언어 관련 법령을 통해서 비교 분석하도록 하겠다.

이를 위해 각 공화국 헌법에 나타난 언어 관련 조항을 살펴보자

16) 각 공화국의 토착민족 현황에 대해서는 Ⅲ장을 참조할 것.

2.2.1 헌법상의 민족어정책

이미 언급한 바와 같이 남부연방지구에는 8개 민족단위의 공화국이 소속돼 있다. 따라서 본 절에서는 각 공화국별 헌법상에 나타난 민족어 정책을 알아보도록 하겠다.

1) 아디게야 공화국

아디게야 공화국 헌법 제5조(1994년)는 "국어를 러시아어와 아디게어로 지정"하고 있으며, 제9조 4항은 "사회적, 인종적, 민족적, 언어 및 종교적인 특성으로 인한 모든 형태의 시민권 제한을 금지"한다고 규정하고, 20조 2항은 국민의 평등권과 관련하여, "국가는 성(性), 인종, 민족 및 언어와 관계없이 국민의 동등한 자유와 권리를 보장"하고 있다. 헌법 제24조 2항은 또한 "모든 국민은 의사소통언어, 양육 및 교육언어, 창조활동에 필요한 언어의 선택권을 가진다"고 명시적으로 규정하고 있다.

73조 1항은 "아디게야 공화국 법령과 공화국 의회 법령 및 법률문건은 러시아어와 아디게어로 공표한다"고 규정하고 있으며, 76조 1항은 ".....아디게야 공화국 대통령은 공화국 국어(러시아어와 아디게어)를 자유롭게 구사할 수 있는 사람이 선출될 수 있다(2001년 7월 24일 개정안)"고 규정하고,[17] 그러나 동 조항(76조1항)의 개정안 발효 後(2001년 7월 24일) 아디게야 공화국 국어(러시아어, 아디게어)를 공화국 국민들이 학습, 구사할 수 있는 기회를 보장하는 법률적인 여건이 마련될 때가지 10년간의 유예기간을 두고 있다(제112조 9항).

2) 다게스탄 공화국

다게스탄 공화국은 헌법(1994년) 제10조에서 러시아와 다게스탄 제 민족어를 모두 국어로 지정하고 있으며,[18] 모든 민족에게 모국어 보존 및 연구,

---

17) 그러나 러시아연방 헌법재판소는 동 조항이 연방헌법에 위배된다고 판결하였다(2001년 11월 13일자 판결 260-O).

18) 본 헌법조항에 따라 다게스탄에서는 28개 민족어가 국어의 지위를 획득할 수 있다. 그러나 실제로는 28개 토착민족어 중 문자를 가진 11개 민

발전을 위한 여건을 보장하고 있다. 또한 헌법 제31조는 "국민 각자는 모국어를 사용할 권리 및 의사소통언어, 양육 및 교육언어, 창조활동에 필요한 언어를 선택할 권리를 가진다"고 규정하고 있다. 헌법 제119조는 "공화국내에서의 송사는 러시아어 혹은 현지의 대부분의 주민이 사용하는 언어로 진행되며, 이 때 소송진행 언어를 구사할 수 없는 자는 통역지원을 통해서 자신의 모국어로 송사에 참여할 수 있다"고 규정하고 있다.

3) 인구셰티야 공화국

인구셰티야 공화국 헌법(1994년)은 러시아어와 인구슈어를 국어로 지정(제14조)하고 있으며, 특히 인구슈어의 유지, 보존, 발전을 국가의 의무로 규정하고 있다. 또한 여타 공화국과 마찬가지로 "국민 각자는 모국어를 사용할 권리 및 의사소통언어, 양육 및 교육언어, 창조활동에 필요한 언어를 선택할 권리를 가진다"(제25조 2항)고 규정하고 있다. 인구셰티야 공화국 또한 공화국 법령을 러시아어와 인구슈어로 공표한다고 규정하고 있다.

4) 카바르드-발카리야 공화국

카바르드-발카리야 공화국은 헌법(1995년) 제76조 1항은 "카바르드-발카리야 공화국 국어는 카바르드어, 발카르어, 러시아어이다"고 규정하고, 제2항에서 "국가는 모든 국어의 보존, 활용, 발전 및 개선에 동등한 권리를 보장하며, 모든 국가기관 및 지방자치단체, 조직 등에서 동등하게 사용된다고" 고 규정하고 있다.

제22조는 "국가는 성(性), 인종, 민족 및 언어와 관계없이 국민의 동등한 자유와 권리를 보장"하고, "사회적, 인종적, 민족적, 언어 및 종교적인 특성으로 인한 모든 형태의 시민권 제한을 금지"한다고 규정하고 있다.

족어만이 국어로 채택되었을 뿐 나머지 문자가 없는 17개 민족어는 국어로 채택되지 않았다. 반면에 아직 채택되지 않은 "다게스탄 공화국제 민족어"에 관한 법률안(1993)은 토착민족어인 아바르어, 다르긴어, 쿠미크어, 레즈기어, 라크어, 타바사란어, 노가이어, 루툴어, 아굴어, 짜후르어, 타트어 등 11개 토착민족어와 체첸어, 아제르바이잔어 및 러시아 연방 국어인 러시아어 등 총 14개 언어를 국어로 채택하고 있다.

제30조는 또한 "모든 국민은 의사소통언어, 양육 및 교육언어, 창조활동에 필요한 언어의 선택권을 가진다"고 명시적으로 규정하고 있다.

5) 카라차이-체르케시야 공화국

카라차이-체르케시야 공화국은 헌법(1996년) 제11조에서 "카라차이-체르케시야 공화국의 국어는 아바자어, 카라차이어, 노가이어, 러시아어, 체르케스어이다"고 하여 5개 언어를 국어로 지정하고, 공화국내에서의 민족간 의사소통 언어 및 공용어는 러시아로 규정하고 있다. 헌법 제16조 2항은 "국가는 성(性), 인종, 민족 및 언어와 관계없이 국민의 동등한 자유와 권리를 보장"하고, "사회적, 인종적, 민족적, 언어 및 종교적인 특성으로 인한 모든 형태의 시민권 제한을 금지"한다고 규정하고 있다.

제23조 2항은 또한 "모든 국민은 의사소통언어, 양육 및 교육언어, 창조활동에 필요한 언어의 선택권을 가진다"고 명시적으로 규정하고 있다.

제102조 2항은 "공화국내에서의 송사는 러시아어로 진행된다. 이 때 소송진행 언어를 구사할 수 없는 자는 통역지원을 통해서 자신의 모국어로 송사에 참여할 수 있으며, 모국어로 말할 수 있다"고 규정함으로써, 러시아어를 모든 민족을 포괄하는 공용어로 지정하고 있다.

6) 칼미키야 공화국

칼미키야 공화국은 헌법(1994년) 제18조에서 국어를 칼미크어와 러시아어로 지정하고, "칼미크어는 칼미크족의 민족의식의 근간으로, 칼미크어의 부흥, 유지, 발전 및 확산은 칼미키야 공화국 각 기관의 우선과제이다"고 천명하고 있다.

제39조는 "공화국내에서의 송사는 칼미크어 혹은 러시아어로 진행되며, 이 때 소송진행 언어를 구사할 수 없는 자는 통역지원을 통해서 자신의 모국어로 송사에 참여할 수 있다"고 규정하고 있다.

7) 북 오세티야-알라니야 공화국

북 오세티야-알라니야 공화국은 헌법(1994년)[19] 제15조에서 오세트어와 러시아어를 공화국 국어로 지정하고, 오세트어를 오세트 민족의식의 근간으로 보고 오세트어 보존 및 발전을 국가와 각급 기관의 주요 과제로 설정하고 있다.

헌법 제20조 2항은 "국가는 성(性), 인종, 민족 및 언어와 관계없이 국민의 동등한 자유와 권리를 보장"하고, "사회적, 인종적, 민족적, 언어 및 종교적인 특성으로 인한 모든 형태의 시민권 제한을 금지"한다고 규정하고 있다.

제26조 2항은 "모든 국민은 의사소통언어, 양육 및 교육언어, 창조활동에 필요한 언어의 선택권을 가진다"고 명시적으로 규정하고 있다.

8) 체첸 공화국

체첸 공화국 헌법(1994년) 제10조 1항은 "체첸 공화국 국어는 체첸어와 러시아어이다"고 규정하고, 제10조 2항은 체첸 공화국내에서의 민족간의 의사소통 언어 및 공용어를 러시아어로 규정하고 있다.

또한 제16조 2항은 "국가는 성(性), 인종, 민족 및 언어와 관계없이 국민의 동등한 자유와 권리를 보장"하고, "사회적, 인종적, 민족적, 언어 및 종교적인 특성으로 인한 모든 형태의 시민권 제한을 금지"한다고 규정하고 있으며, 제23조 2항은 "모든 국민은 의사소통언어, 양육 및 교육언어, 창조활동에 필요한 언어의 선택권을 가진다"고 규정하고 있다.

헌법 제99조 2항은 "공화국내에서의 송사는 러시아어로 진행된다. 이 때 소송진행 언어를 구사할 수 없는 자는 통역지원을 통해서 자신의 모국어로 송사에 참여할 수 있으며, 모국어로 말할 수 있다"고 규정함으로써, 러시아어를 모든 민족을 포괄하는 공용어로 지정하고 있다.

2.2.2 공화국 "제 민족어에 관한 법률"

이상에서 남부연방지구 소속 각 공화국에서는 연방 국어인 러시아어 외에 최소한 1개 이상의 토착 민족어를 국어로 지정하여 상용토록 함으로써 민족어의 부흥 및 발전에 상당한 노력을 기울이고 있으며, 카라차이-체르케시아 공화국, 체첸 공화국 등은 소송 진행 언어를 러시아어로 지정함으로써 러시

19) 북 오세티야 공화국 헌법(1994) 제81조 1항은 35세 이상의 공화국 국민으로 오세트어와 러시아어를 구사할 수 있는 자만이 대통령으로 피선될 수 있다고 규정하고 있으나, 개정안(2003년 10월 28일자) 81조에서는 본 조문이 삭제되었다.

아어를 실질적인 공용어로 인정하고 있음을 알 수 있었다. 이는 민족어의 교육여건이 제대로 갖추어지지 못한 결과에서 기인한 것으로 이러한 현상은 비단 문제의 2개 공화국에서 뿐 아니라 대다수의 다른 공화국에서도 나타나는 현상이라고 할 수 있다.

그러나 사용 언어에 따른 모든 형태의 시민권 제한을 헌법으로 금지함으로써 각 공화국내에 존재하는 소수민족어에 대한 헌법적 보장이 이루어지고 있음을 알 수 있다.

특히 모든 공화국 헌법은 "모든 국민은 의사소통언어, 양육 및 교육언어, 창조활동에 필요한 언어의 선택권을 가진다"고 규정하고, 대부분의 공화국이 민족어의 보존, 부흥, 발전을 국가의 의무로 규정함으로써 민족어 발전에 많은 노력을 기울이고 있음을 알 수 있다.

아디게야 공화국과 북 오세티야 공화국에서는 민족어 구사능력을 대통령 피선권과 결부시킴으로써 어느 공화국보다 민족어의 중요성을 부각시키고 있음을 알 수 있다.

2.2.2.1 "제 민족어에 관한 법률" 채택 공화국

본 절에서는 이미 2.2.1에서 언급한 바 있듯이 남부연방지구 소속 8개 공화국 모두 러시아어 외에 공화국의 근간을 이루는 명목민족 (Титульный народ)[20]의 언어를 국어로 채택하여 사용하고 있다. 이를 공화국별로 러시아어 외에 각 공화국의 근간을 이루는 민족의 토착어의 보존 및 발전대책을 남부연방지구 각 공화국의 제 민족어에 관한 법률을 통해서 알아보기로 하겠다.[21]

---

20) 러시아연방 각 공화국에서는 대부분 명목민족(Титульная нация)의 언어가 국어의 지위를 획득한다. 예를 들면, 체첸 공화국에서는 체첸민족의 언어, 즉 체첸어, 사하(야쿠티야) 공화국에서는 야쿠트어가 국어의 지위를 갖는다. 그러나 다게스탄 공화국에는 명목민족은 없으나, 집단 거주 토착민족의 수가 28개에 이르러, 일부 학자들은 헌법에 명시된 대로 다게스탄의 국어는 28개가 되어야 한다고 주장하기도 한다.

21) 본고에서는 필자가 소수민족 언어정책을 바탕으로 쓴 "러시아 지역정체성 연구방법(성종환, 2003)에 제시한 변수를 보충하여 각 공화국의 언어 관련 법을 살펴보도록 하겠다.

그런데 현재까지 남부연방지구 소속 공화국 중 제 민족어에 관한 법률을 채택한 공화국은 아디게야 공화국(1994년), 카바르드-발카리야 공화국(1995년), 카라차이-체르케시야 공화국(1996년), 인구셰티야 공화국(1996년), 칼미키야 공화국(1999년) 등 5개국이며, 나머지 다게스탄 공화국, 북 오세티야 공화국, 체첸 공화국 등 3개 공화국은 관련 법률을 채택하지 않은 상태이다.

이와 관련하여 본고에서는 먼저 제 민족어에 관한 법률을 채택한 공화국의 민족어 관련 정책을 살펴보기로 한다.

1) 민족어의 법적 지위

각 공화국은 제언어의 법적 지위와 관련하여 국어를 러시아어와 각 공화국의 근간을 이루는 민족의 언어를 국어로 지정하고,[22] 국어 외에 공화국내의 제 민족 언어의 보존 및 발전에 대한 동등한 권리를 인정하고 있다.

또한 각 공화국은 일정 언어에 대한 지식유무에 관계없이 모든 국민의 정치, 경제, 사회, 문화활동에 대한 권리행사를 보장하며, 언어 지식의 유무는 공화국 시민권 제약의 근거가 될 수 없음을 명시하고 있다.[23]

2) 공화국 제 민족어 사용권리

각 공화국은 또한 제 민족어에 관한 법률을 통해서 국민의 의사소통언어, 양육 및 교육언어를 선택, 사용할 권리를 보장하고 있다.[24] 이와 관련하여

22) 아디게야: 러시아어, 아디게어 등 2개 언어; 카바르드-발카리야 공화국: 러시아어, 카바르드어, 발카르어 등 3개 언어; 카라차이-체르케시야 공화국: 러시아어, 아바자어, 카라차이어, 노가이어, 체르케스어 등 5개 언어; 인구셰티야 러시아어, 인구슈어 등 2개 언어; 칼미키야 공화국: 러시아어, 칼미크어 등 2개 언어.

23) 그런데 아디게야 공화국 헌법 제76조 1항은, 비록 그 실행이 일정기간 유예되긴 했으나 ".....아디게야 공화국 대통령은 공화국 국어(러시아어와 아디게어)를 자유롭게 구사할 수 있는 사람이 선출될 수 있다(2001년 7월 24일 개정안)"고 규정함으로써 민족어에 대한 지식유무를 대통령 피선권과 결부시키고 있으며(제6조 2항), 카바르드-발카리야 공화국의 경우 제2조 3항에서 국가 지도자들은 반드시 3개 국어 중 하나를 자유롭게 구사해야한다고 규정하고 있다.

24) 칼미키야 공화국 "제 민족어에 관한 법률" 제8조는 "칼미키야 공화국에 상시 거주하는 국민은 반드시 칼미크어를 알아야 한다"고 규정하고 있다.

모국어를 통한 자녀 양육 및 교육은 부모의 권리이자 의무로 규정하고 있으며, 국가는 국어를 통한 양육 및 교육시스템을 구축하고, 공화국 거주 이민족 자녀들의 모국어를 통한 양육 및 교육여건을 조성하도록 규정함으로써, 각 공화국은 비단 국어로 지정된 민족어 뿐 아니라 공화국 거주 소수민족 언어의 발전 및 보존에도 노력을 기울이고 있음을 알 수 있다.

3) 국가기관의 사용언어

각 공화국 모두 의회를 비롯한 국가 통치기관에서 사용되는 언어는 각 공화국이 지정한 국어를 모두 사용할 수 있다. 각 공화국에서 시행되는 각종 회의 등에서는 원칙적으로 국어가 사용되지만, 국어를 사용할 수 없을 경우, 자신의 모국어를 사용할 수 있으며 이때는 반드시 통역서비스가 제공된다.

각종 법률 등은 국어로 공표되며 동일한 효력을 갖는다. 투표용지를 포함한 국민투표와 선거에 사용되는 언어 또한 국어가 사용된다.

기타 국가기관, 단체, 기업, 조직 등에서 대국민 상대 문서에 사용되는 언어, 법정에서의 송사, 공증, 중재재판, 검찰 신문 등에 사용되는 언어 또한 공화국 국어를 사용한다. 재판이나 검찰 신문 중 국어를 구사할 수 없는 자는 통역지원을 받을 수 있다. 국가기관간 문서 교류시에도 공화국에서 지정한 국어를 사용한다. 다만 아디게야 공화국에서는 러시아어를 사용한다.

4) 대중매체의 언어

각 공화국의 대중매체에 사용되는 언어는 국어이다. 다만, 특정 잡지나 신문 등은 편집인의 재량에 따라 국어 외에 소수민족 언어를 사용할 수 있다.

5) 서비스 및 상거래 분야의 언어

각 공화국의 서비스 분야 및 기타 상업 행위에는 국어 뿐 아니라 국가간 혹은 공화국간 계약에 따라 다른 언어를 사용할 수 있다. 서비스 제공과 관련하여 일정 언어를 모른다하여 서비스를 거절할 수는 없으며, 이 경우 러시아연방 및 해당 공화국 관련 법률에 의거 처벌받는다.

6) 지명과 광고 언어

대부분 공화국에서는 지명이나 유적지, 도로표지 등에는 국어를 사용한다. 다만 일정 소수민족의 집단 거주지에는 해당 민족어를 사용할 수 있으며, 이 경우에도 반드시 국어를 병기한다. 상표, 제품설명서, 상품목록 등의 표기 또한 국어로 하되, 필요시에는 제3의 언어도 허용한다.

7) 외교언어

각 공화국의 해외 공관 활동은 자국어 및 주재국 언어를 사용한다. 각 공화국 명의로 체결되는 조약, 합의서 등은 공화국 국어와 상대국 국어, 혹은 쌍방이 합의한 제3의 언어로 작성한다. 국제적인 회담에서는 공화국 국어나 쌍방이 합의한 제3의 언어를 사용한다.

이상과 같이 남부연방지구 소속 5개 공화국에서는 "제 민족어에 관한 법률"을 채택하여 시행함으로써, 민족어의 보존, 발전 등을 통한 명목민족의 정체성 확립을 위해 노력하고 있음을 알 수 있다.

그러나 명목민족의 민족어 외의 소수민족 언어에 대해서는 비록 법률적으로는 모든 공화국이 교제, 양육 및 교육 언어의 선택권을 보장하고, 모국어를 통한 자녀의 양육 및 교육은 부모의 권리이자 의무로 규정하고 있으나, 사실상 각 공화국의 국어로 지정되지 않은 소수민족 언어에 대한 법률상의 대책은 매우 미비한 상태이다.

2.2.2.2 "제 민족어에 관한 법률" 미채택 공화국

이미 언급한 바와 같이 남부연방지구 소속 공화국 중 다게스탄 공화국, 북 오세티야 공화국, 체첸 공화국 등 3개 공화국은 아직 "제 민족어에 관한 법률"을 채택하지 않은 상태이다.

여기서는 이들 3개 공화국의 "제 민족어에 관한 법률"의 채택추진 현황 및 언어 정책에 대해 알아보기로 하겠다.

1) 다게스탄 공화국

먼저 다게스탄 공화국은 헌법(1994년) 제10조에서 러시아와 다게스탄 제 민족어를 모두 국어로 지정하고 있으며, 모든 민족에게 모국어 보존 및 연구, 발전을 위한 여건을 보장하고 있다. 헌법 제31조는 또한 "국민 각자는 모국어를 사용할 권리 및 의사소통언어, 양육 및 교육언어, 창조활동에 필요한 언어를 선택할 권리를 가진다."라고 규정하고 있다. 이와 같이 다게스탄 공화국도 남부연방지구 소속 모든 공화국들과 마찬가지로 연방 국어인 러시아어 외에 공화국 토착민족의 언어를 모두 국어로 인정하여 제 민족어의 평등을 선언하고 있다.

1993년 입안된 "다게스탄 공화국 제 민족어에 관한 법률안"에 따르면 문자를 가진 언어, 즉 아바르어(аварский язык), 아굴어(агульский язык), 다르긴어(даргинский язык), 쿠미크어(кумыкский язык), 라크어(лакский язык), 레즈기어(лезгинский язык), 노가이어 (ногайский язык), 루툴어(рутульский язык), 타바사란어(табасаранский язык), 타트어(татский язык), 짜후르어(цахурский язык), 등 토착민족어 11개와 아제르바이잔어, 체첸어, 러시아어 3개 언어 등 총 14개 언어를 국어로 지정하고 있으나, 아직 의회에서 채택되지 않고 있는 실정이다.

이와 관련하여, 다게스탄 의회(Аппарат Народного Собрания Республики Дагестана)에서는 2004년 5월 1일 본 법안에 대한 1차 심의를 한 바 있으며, 여기서 본 법률안이 다게스탄 제 민족의 요구에 부응하는지에 대한 논의가 있었다. 이는 현재 다게스탄 공화국 제 민족어가 겪고 있는 퇴보현상과 밀접한 관련이 있다.[25)]

2) 북 오세티야-알라니야 공화국

북 오세티야-알라니야 공화국 또한 1994년 헌법을 통해서 오세트어와 러시아어를 공화국 국어로 지정하고, 오세트어를 오세트 민족의식의 근간으로 보고 오세트어 보존 및 발전을 국가와 각급 기관의 주요 과제로 설정할 뿐 아니라 "성(性), 인종, 민족 및 언어와 관계없이 국민의 동등한 자유와 권리를

---

25) 다게스탄 공화국에서는 최근까지도 민족학교 교과서, 사전 등의 편찬을 위한 예산이 거의 배정되지 않았으며, 다게스탄 제 민족의 고전이나 민속 관련 작품 등은 예산부족으로 인해 이미 오래전부터 출판되지 못하고 있는 실정이다.(http://www.ru/db/news/msg.html?mid=456017)

보장"하고, "사회적, 인종적, 민족적, 언어 및 종교적인 특성으로 인한 모든 형태의 시민권 제한을 금지"하고, "모든 국민은 의사소통언어, 양육 및 교육언어, 창조활동에 필요한 언어의 선택권을 가진다"고 명시적으로 규정하고 있으나, 아직 "제 민족어에 관한 법률"을 채택하지 않음으로써 공화국 내의 민족어 부흥 및 발전에 대한 적극적인 실행이 구체화되고 있지 않은 실정이다.

3) 체첸 공화국

체첸 공화국은 헌법(1994년)을 통해서 체첸어와 러시아어를 국어로 지정하고, 모든 국민은 의사소통언어, 양육 및 교육언어, 창조활동에 필요한 언어의 선택권을 가진다(헌법 제23조 2항)고 규정함으로써 공화국 제 민족어의 부흥 및 발전을 위한 동등한 여건은 마련돼 있으나, 공화국내에서의 민족간의 의사소통 언어 및 공용어를 러시아어로 규정하고 있다(헌법 제10조 2항). 이는 체첸 공화국에서 일어나고 있는 최근의 사태 등은 민족어의 부흥이나 발전 대책을 마련할 만한 여유를 제공하지 못하고 있음을 반증한다고 하겠다.[26)]

이상에서 우리는 러시아연방 남부지구 8개 공화국에서는 러시아어 외에 각 공화국의 근간을 이루는 명목 민족어가 국어로 채택됨으로써, 각 공화국의 국어정책에 따라 부흥 발전할 수 있는 최소한의 여건이 마련되었을 뿐 아니라, 국어로 채택되지 않은 기타 민족어 또한 법적으로는 타 언어와 동등한 조건에서 보호받게 되었음을 알 수 있다.

다음 장에서는 남부연방지구 각 공화국에서 채택된 러시아어 외의 국어로 채택된 민족어 사용인구와 국어로 채택된 민족어 및 기타 주요 민족어의 교육현황을 알아보겠다. 이는 본고의 주요 부분으로 각 공화국별로 민족어 부흥 및 발전을 통해서 기울이고 있는 민족 정체성 회복노력을 파악할 수 있을 것으로 본다.

---

26) 실제로 90년대 이후 체첸에서 일어나고 있는 일련의 사태는 교육에도 심각한 영향을 끼쳐 거의 모든 교육시설이 파괴된 상태이다. 예를 들면, 1994~1995년 전쟁 기간 동안 그로즈니에서는 64개 학교 중 37개교가 파괴되었으며, 그나마도 물과 전기가 공급되지 않아 제대로 기능하지 못하고 있는 상태이다. 게다가 2000년 현재 1991년 대비 학교 총수는 2배, 학생수는 3배 각각 감소했으며, 교육 자체가 매우 낮은 수준에서 진행되고 있다.(http://www.chechen.intergrad.ru/nauka.html)

Ⅲ. 남부연방지구 각 공화국 민족 및 민족어 현황

3.1 각 공화국의 민족 분포

러시아연방 토착민족들은 대부분 21개 자치공화국과 10개 자치구에 밀집되어 있다. 이러한 민족단위의 자치단체 존재여부는 토착민족어의 발전과 기능적 측면에서 매우 중요한 요소로 작용한다. 또한 자치공화국에서도 토착민족의 분포양상 및 해당 공화국 인구 중 구성비율이 매우 중요한 변수로 작용하는데, 아래 표에서 볼 수 있듯이 남부연방지구 소속 8개 공화국 중 토착민족이 차지하는 비율이 과반수를 상회하는 경우는 체첸(체첸족 93.5%), 인구셰티야(인구슈족 77.2%), 북오세티야-알라니야 (오세트족 62.7%), 카바르드-발카리야(카바르드족 55.3%, 발카르족 11.7%), 칼미키야(칼미크족 53.3%) 공화국이 있으며, 토착민족이 50% 이하 30% 이상인 경우는 카라차이-체르케스(카라차이족 38.5%, 체르케스족 11.28%) 공화국 등이며, 토착민족의 비율이 30% 이하인 경우는 다게스탄(아바르족 29.4%, 다르긴족 16.5%), 아디게야(아디게족 24.1%) 공화국이 있다.27)

남부연방지구 각 공화국 민족분포28)

민족구성 / 공화국	민족구성분포		
	총인구 (1천명)	러시아인	기타민족
아디게야	447	64.4%	아디게족 24.1%, 아르메니아인 3.4%, 우크라이나인 2.0 %, 등
다게스탄	2,577	4.7%	아바르족 29.4%, 다르긴족 16.5%, 쿠미크인 14.2%, 레즈기족 13.0%, 라크족 5.4%, 아제르바이잔인 4.3%, 타바사란족 4.3%, 체첸인 3.4%, 노가이족 1.48%, 루툴족 0948%, 아굴인 0.9%, 짜후르족 0.3%, 타트인 0.03% 등.
인구셰티야	413	1.2%	인구슈인 77.2, 체첸인 20.4%, 기타
카바르드-발카리야	901	25.1%	카바르드족 55.3%, 발카르족 11.7% 등
칼미키야	292	33.5%	칼미크인 53.3%, 다르긴족 2.50%, 체첸인 2.0% 등.
카라차이-체르케시야	440	33.7%	카라차이인 38.5%, 체르케스족 11.28%, 아바자인 7.36%, 노가이족 3.38%, 오세트인 0.76%, 우크라이나인 0.76% 등.

27) 2002년 인구조사결과 참조

28) 2002년 인구조사결과 참조

북오세티야 알라니야	710	23.1%	오세트인 62.7%, 인구슈인 3.02%, 아르메니아인 2.4%, 쿠미크인 1.78%, 그루지아인 1.52%, 우크라이나인 0.73% 등.
체첸	1,104	3.68%	체첸인 93.5%, 쿠미크인 0.8%, 아바르인 0.4%, 노가이인 0.3%, 인구슈인 0.26%, 타타르인 0.19% 등.

이와 같이 민족 자치공화국 인구구성에서 현지 토착민족의 구성비가 50%를 상회하는 경우는 인구셰티야(인구슈족 77.2), 체첸(체첸족 93.5), 오세티야(오세트족 62.7) 공화국 등 3개 공화국에 불과하고, 나머지 대부분의 공화국에서는 주요 토착민족이 차지하는 인구비율이 50%에 미치지 못하는 상황이다.

반면에 각 공화국 인구 중 러시아인의 구성비 또한 아디게야공화국(64.4%)을 제외한 남부지구 대부분 공화국의 러시아인 비율은 40% 이하로 다른 공화국들에 비해 상대적으로 적은 편이다. 이는 현지 토착민족의 정체성 확립에 매우 긍정적으로 작용할 수 있는 요인이기도 하다.

3.2 각 공화국의 민족어 현황

자치공화국의 인구 중 토착민족이 차지하는 구성비가 낮거나 개별 민족이 다양한 지역에 산재해 있는 경우, 해당 자치공화국에서 토착민족어를 국어로 채택한다하더라도 해당 민족어가 사회전반에 확산되어 십분 활용되지 못하고, 따라서 토착어 자체의 발전 및 토착어를 기반으로 하는 민족문화의 창달을 통한 정체성 확립에는 한계가 따를 수밖에 없다.

이와 관련하여 미할첸코(В.П. Михальченко 2000) 등에 따르면, 카렐족의 50%, 바슈키르족, 코미족, 모르드바족, 우드무르트족의 40%, 타타르족, 마리족, 추바슈족의 20~25%는 자신의 민족어를 모국어로 인정하지 않고 있으며, 1970~1989년 사이 부랴트족, 코미족, 마리족, 타타르족, 추바슈족, 야쿠트족 중 모국어를 구사할 수 없는 사람들의 수가 2배 증가했으며, 모르드바족과 카렐족은 그 수가 1.5배 증가한 것으로 나타났다. 이러한 현상을 '언어적 니힐리즘(Языковой нигилизм)'으로 정의한 미할첸코 등은 그 원인을 첫째, 토착민족들이 모국어에 비해 러시아어를 더욱 선호하고, 둘째 사회 구성원들과의 교제에서 러시아어가 차지하는 높은 비중, 러시아어의 오랜 문화적 전통, 러시아어를 통한 고등교육의 수혜기회 획득 및 러시아연방 타 지역에서의 생활 가능성 등의 객관적인 사실에서 찾고 있다(В.П. Михальченко 2000, XXII).

이미 위에서 확인한 바와 같이 남부연방지구 각 공화국이 러시아어 외에 국어로 채택한 민족어의 수는 아디게어(아디게야 공화국), 아바르어, 다르긴어, 쿠미크어, 레즈기어, 라크어, 타바사란어, 노가이어, 루툴어, 아굴어, 짜후르어, 타트어, 체첸어, 아제르바이잔어(다게스탄 공화국), 인구슈어(인구셰티아 공화국), 카바르드어, 발카르어(카바르드-발카리야 공화국), 칼미크어(칼미키야 공화국), 아바자어, 카라차이어, 노가이어, 체르케스어(카라차이-체르케시야 공화국), 오세트어(오세티야 공화국), 체첸어(체첸 공화국) 등 총 22개이다.[29]

본절에서는 각 공화국별로 국어로 채택된 민족어를 모국어로 하는 명목민족에 대한 간략한 근원 및 거주지역을 살펴보고, 나아가 해당 민족어의 구사정도 및 교육현황 등을 통해서 민족 정체성확립에 따른 노력에 대해 살펴보도록 하겠다.

3.2.1. 아디게야 공화국

▸ 민족과 종교

아디게족은 기원전 5세기경 아조프 동부해안, 흑해 북동부 해안에 거주하던 종족으로 훗날 고트족에 밀려 사르마트족과 통합된다. 아디게 민족공동체는 8세기에 이르러서야 형성되지만, 투르크와 크림족의 침입으로 완전히 붕괴되어 루시(Русь)의 보호를 받게 된다. 1557년부터 아디게족은 러시아에 병합되었으나 19세기 말까지도 러시아의 변방에 자리하고 있었을 뿐이다. 그러나 1918년 러시아에 완전히 편입되어 1922년 7월 27일 끄라스노다르 변강주 소속 체르케시야(아디게야) 자치주, 1922년 8월 24일 아디게야(체르케시야) 자치주, 1928년 8월 13일~아디게야 자치주 등으로 소속이 변경된 후 1990년 10월 러시아연방 소속 아디게야 자치 사회주의연방 공화국, 그리고 1994년 러시아연

29) 노가이어는 다게스탄 공화국과 카라차이-체르케시야 공화국에서, 그리고 체첸어는 다게스탄 공화국과 체첸 공화국에서 공히 국어로 채택되었다.

방 소속 민주법치국가로서 헌법을 제정하여 러시아연방 아디게야 공화국으로 오늘에 이르고 있다.

아디게족은 아디게야 공화국 인구 중 24.1%로 러시아인(64.4%)에 비해 매우 적은 편이다. 2002년 인구조사 결과에 따르면 러시아연방 전역에 거주하는 아디게족의 수는 129,000명으로, 주로 아디게야 공화국과 크라스노다르 변강주에 거주하며, 그 외에 중동지역과 미국에 일부 아디게족이 거주한다.

▸ 아디게어

러시아연방 국어인 러시아어와 함께 아디게야 공화국의 국어로 채택된 아디게어는 아디게족들의 모국어로 카프카스어족의 압하스-아디게어 그룹에 속한다. 2002년 인구조사 결과에 따르면, 러시아 전역의 아디게어의 구사자는 129,000명이다.[30)] 1989년 인구조사 결과(119,000명)에 비해 1만명 정도 증가했다.

아디게어 문자는 10월혁명 이후 1918년 아랍어를 바탕으로 만들어졌으나, 1927년 로마자로 변경되었으며, 그 후 1938년에는 러시아어로 철자가 바뀌었다. 문자가 바뀔 때마다 문법체계 또한 많은 변화를 겪게 되어, 아디게족의 모국어 자체에 대한 연구, 그리고 모국어의 사회적 기능 축소 및 모국어 구사자 감축 등 아디게어의 발전에 매우 부정적인 영향을 미치는 결과를 초래하게 되었다.

그러나 구소련 패망 이후 1994년 공화국 헌법이 채택되고, 나아가 "아디게야 공화국 제 민족어에 관한 법률"(1994)이 채택됨으로써, 민족 정체성 확립에 박차를 가하고 있다.

특히, 아디게야 공화국 헌법은 다른 공화국들과는 달리, 비록 러시아연방 헌법재판소가 연방헌법에 위배된다고 판결하기는 했지만, 2001년 개정안에서 ".....아디게야 공화국 대통령은 공화국 국어(러시아어와 아

---

30) 이 수치는 아디게족 중의 구사자만을 뜻하는 것이 아니라 러시아연방 타민족 중 아디게어 구사자를 포함한 것으로, 아디게족 중에도 아디게어를 구사할 수 없는 사람도 있음을 의미한다.

디게어)를 자유롭게 구사할 수 있는 사람이 선출될 수 있다"(76조 1항)고 규정함으로써 아디게어의 부흥 및 발전을 위해 각별한 노력을 기울이고 있음을 알 수 있다.

▸ 민족어 교육

1994년 "아디게야 공화국 제 민족어에 관한 법률"이 채택된 이후 공화국 내의 중등보통학교에서의 아디게어 교육에 상당한 관심이 고조되고 있다. 특히 수도 마이코프(Майков)에서는 "21세기 시 교육 프로그램"이 채택되어 아디게어 회화교육에 중점을 두고 있다. 흘리니나(Т.П. Хлынина 2003) 등에 따르면, 1999-2000 학년도에 4,022개 취학전 아동 교육기관에서 1,320(33%)명의 아동이 아디게어를 배웠으며, 29개 학교에서 아디게어 및 아디게 문학에 대한 교육이 이루어졌다. 관련 법률이 채택된 지 6년이 지나면서 아디게어를 배우는 학생들의 수가 현저히 증가하게 되었는데, 특히 2001년도 아디게어 교육현황을 보면, 중등보통학교에서 아디게어를 선택과목으로 배우는 학생 수는 총 29,910명(119개 학교)으로 나타났다.

2001년 아디게야 공화국 민족어(국어) 교육현황[31]

도/농	언어	학교수*	1-4 학년	5-9	10-11	계**	학교수	1-4	5-9	10-11	계**
		교육언어					선택과목				
도	아디게어					0	38	5374	9524	1061	15959
농	아디게어					0	81	3665	8257	2029	13951

* 학교수: 해당 민족어를 교육하고 있는 학교의 수
** 계: 교육 전 과정을 해당 민족어로 받거나 선택과목으로 연구하는 학생 수

31) 본 자료는 2002년 겨울 본 프로젝트 관련 모스크바 민족문화연구소 연수 중 발레리 스테파노프(Валерий Степанов) 연구원으로부터 제공받은 것이다. 본 논문에서는 공화국내에서 교육되고 있는 국어로 채택된 민족어의 교육현황만을 다루고 있다.

그러나 위의 표에서 볼 수 있듯이 아디게어가 비록 국어로 지정되고, 관련법령이 채택되어 민족어의 부흥, 발전을 통해서 정체성 회복에 많은 노력을 기울이고 있으나, 아디게어를 연구 언어가 아닌 교육언어로 채택하고 있는 학교는 아직 없다. 이는 흘리니나(Т.П. Хлынина 2003) 등이 지적한 바와 같이, 현재 아디게족 들에게서 소위 "언어적 니힐리즘"이 상당부분 완화되어, 아디게족 학생들 중 아디게어 구사수준이 질적으로 향상되었음에도 불구하고, 여전히 러시아어가 상급학교 진학 및 후속 교육을 위해 선호되고 있다는 사실을 반증하고 있다. 실제로 흘리니나 등이 실시한 설문조사 결과에 따르면, 학교에서 모국어(아디게어)를 사용하는 학생의 비율은 단지 1%에 불과하며, 아디게어를 배우는 학생들의 구사능력은 매우 낮아서 학생들 중 25%는 "매우 어렵게" 아디게어를 구사할 수 있고, 32%의 학생은 아예 아디게어를 사용하지 않는 것으로 나타났다.

하지만 민족학교와 모국어를 민족 정체성 회복 및 확립의 주 요소로 간주하고 있는 공화국 정부와 민족 지식인들의 민족어 발전에 대한 관심이 그 어느 때보다 고조되어있는 만큼 이러한 상황은 조만간 개선될 것으로 본다.(Т.П. Хлынина 2003)

3.2.2 카바르드-발카리야 공화국

▸ 민족과 종교

카바르드족은 2002년 현재 러시아연방 전역에 거주하는 519,958명이 산재해 있으며, 그 중 498,702명이 카바르드-발카리야 공화국에 거주한다. 그 외에 동남아시아, 서유럽 및 북미지역에 일부 카바르드족이 거주하고 있다. 대부분 북카프카즈 어족 아브하스-아디게야 그룹의 카바르드-체르케스어를 사용하며, 신자들은 수니파 회교를 신봉한다.

선조는 북부 및 북서 카프카즈 원주민으로, 1-6세기에는 지흐족(Зихи)으로, 그리고 13-19세기에는 체르케스족으로 알려졌다. 1557년 카바르드의 테므륙(Темрюк)공작이 러시아의 이반 4세 황제에게 보호를 요청했으며, 1774년 터키와의 조약에 따라 러시아에 귀속되었다. 1921년 러시아연방 카바르드 자치주, 1922년 카바르드-발카리야 자치주로 통합된 후, 1936년 카바르드-발카리야 소비에트 사회주의 자치 공화국으로 개칭된 후 해체(1944년), 복원(1957년) 과정을 거쳐, 1993년 카바르드-발카리야 공화국으로 재편되었다.

2002년 현재 카바르드족의 수는 공화국 전체 인구의 55.3%로 러시아인(25.1%)에 비해 상대적으로 많은 수를 기록하고 있다.

발카르족은 러시아연방 전역에 108,400여명이 산재해 있으며, 카바르드-발카리야 공화국에는 105,000여명이 거주하고 있으며, 카바르드-발카리야 공화국 인구의 11.7%를 차지한다. 그 외에 카자흐스탄과 키르기즈 등 국가에도 일부 거주하고 있다. 언어는 알타이어족 터키어 그룹인 카라차이-발카르어를 사용하며, 종교는 수니파 회교를 신봉한다.

발카르족은 4-5세기경 중부 카프카즈지역 산악지대에 나타났던 카프카즈 어족과 이란어족인 알란족, 13세기경 카프카즈 산맥에 거주하던 터키어족, 쿠반 불가리아족 등으로 구성된다. 이러한 모든 발카르족은 이웃 종족인 카바르드족, 스바나족, 카라차이족, 그루지아족 등과 밀접한 관계를 맺어왔으며, 17세기 중반에 이르러 발카르족과 러시아인들과의 직접적인 교류가 이루어지기 시작했으며, 19세기 초 러시아 제국에 편입되었다.

1992년에 카바르드-발카리야 자치주로 통합된 후 1936년 카바르드- 발카리야 소비에트 사회주의 자치 공화국으로 개칭된 후 해체(1944년), 복원 (1957년) 과정을 거쳐, 1993년 카바르드-발카리야 공화국으로 재편되었다.

▸ 카바르드어, 발카르어

카바르드어와 발카르어의 문자는 러시아어 알파벳을 기초로 만들어졌다. 2002년 인구조사 결과 나타난 러시아연방 전체 인구 중 카바르드어 및 발카르어의 사용인구는 카바르드어-587,547명이며, 발카르어-302,748명이다.

이미 위에서 논한 바 있듯이 카바르드-발카리야 공화국은 헌법(1995년)

제76조 1항에서 러시아연방 국어인 러시아어와 카바르드어, 발카르어를 공화국 국어로 지정하고, 동 76조 2항에서 모든 국어의 보존, 활용, 발전 및 개선에 동등한 권리를 보장하고, 세 언어가 모든 국가기관 및 지방자치단체, 조직 등에서 동등하게 사용되도록 규정하고 있다. 또한 헌법 제30조에서는 모든 국민에게 의사소통언어, 양육 및 교육언어, 창조활동에 필요한 언어의 선택권을 부여함으로써 카바르드어와 발카르어의 동등한 권리를 보장하고 있다.

뿐만 아니라 카바르드-발카리야 공화국은 1996년 "카바르드-발카리야 공화국 제 민족어에 관한 법률"을 채택하여, 제 민족어에 관한 법적 지위를 보장하고, 나아가 언어교육을 통한 각 민족의 정체성 확립에 박차를 가하고 있다.

▸ 민족어 교육

카바르드 - 발카리야 공화국은 1995년 "카바르드 - 발카리야 공화국 제 민족어에 관한 법률"을 채택하여, 비단 카바르드어 및 발카르어 뿐 아니라 각 소수민족들의 언어에도 많은 관심을 보이고 있으나, 현실적인 면에서는 국어로 지정된 카바르드어 및 발카르어 조차도 제대로 교육이 이루어지지 않고 있는 실정이다. 그 내용을 보면 다음과 같다.

2001년 카바르드 - 발카리야 공화국 민족어(국어) 교육현황

도/농	언어	학교수	1-4 학년	5-9	10-11	계	학교수	1-4	5-9	10-11	계
		교육언어					선택과목				
도	발카르어					0	48	2706	4490	1283	8479
도	카바르드어	9	946			946	75	11329	18615	5294	35235
농	발카르어	10	808			808	30	1734	3180	1069	5983
농	카바르드어	77	11787			11787	112	7291	26088	7932	41311

위의 표를 통해서 본 카바르드-발카리야 공화국의 민족어(국어) 교육현황은 매우 열악함을 알 수 있다. 특히 발카르어를 교육언어로 채택한 학교 수는 도시지역에서는 전무한 실정이며, 농촌지역에서 또한 겨우 10개 학교에 불과한 상태이다. 카바르드어 또한 교육언어로 채택한 학

교는 농촌지역에 밀집해 있으며, 고학년에서 교육언어로 채택한 학교는 전혀 없는 실정이다. 반면에 교육언어로 채택한 학교수에 비해 연구언어로 선택한 학교 수는 비교적 많은 편인데, 아흐메트 쇼게노프 카바르드-발카리야 교육부 장관에 따르면, 한때 민족의식이 고조되던 시절, 학교 교육이 오로지 카바르드어나 발카르어로만 진행된 적이 있으나, 모든 것이 원점으로 돌아와 다시 러시아어로 교육이 진행되고 있다. 이는 대부분 학부모들의 영향으로, 러시아연방 내에 살고 있는 한 러시아어를 알지 못하면 러시아 사회에 적응이 불가능하다는 판단이 작용한 때문이다. 자식들이 러시아어를 알아야만 그들이 추구하는 바를 달성할 수 있다는 것이다.[32)]

이처럼 카바르드-발카리야 공화국에서도 비록 제 민족어의 지위나 보존 발전을 위한 대책이 법적으로 마련되어 있지만 현실적으로 이를 실행하기 에는 매우 어려운 상황이다.

3.2.3 카라차이-체르케시야 공화국

▸ 민족과 종교

2002년 인구조사 결과 나타난 러시아연방 내의 카라차이-체르케시야 공화국의 주요 명목민족인 카라차이족의 전체 수는 192,182명이며, 그 중 카라차이-체르케시야 공화국에 거주하는 수는 169,198명으로 공화국 전체 인구(439,479명) 중 38.5%로 러시아인 33.6%(147,878명)에 비해 상대적으로 비중이 높다. 이는 1989년 인구조사 당시에 비해(러시아인: 42.4%, 카라차이족: 31.2%)보다 훨씬 증가한 수치이다. 이에 비해 역시 국어로 채택된 러시아인들의 수는 1989년 175,931명 (42.4%)에서 2002년 현재 147,878명(33.6%)으로 공화국 내에서 차지하는 비중이 현격히 감소했다.

명목민족인 카라차이족의 주요 종교는 수니파 회교이다.

카라차이족은 몽골침략 이전에 알라니야 종족동맹에 가입했었으나, 몽골침략이후 중앙 카프카즈의 산악계곡으로 쫓겨났다. 그 후 1828년 러

32) Российская газета(2005.02.01)

시아에 편입되어 엘브루스 행정구역의 일부를 구성했다. 내전 후 소비에트 정부 수립이후 1920년도에 카라차이-민족자치구의 지위를 획득했으며, 1922년에는 카라차이-체르케시야 자치구, 1926년에는 다시 카라차이 자치구로 환원되었다. 그 후 1943년 카라차이족은 중앙아시아와 카자흐스탄으로 강제 이주되었으며, 1957년 역사적인 조국으로 귀환하여 다시 카라차이-체르케시야 자치구로 복원된 후 1991년 현재의 공화국으로 승격되었다.

한편 카라차이-체르케시야 공화국의 명목민족 중 하나인 체르케스 족은 러시아연방 전역에 60,517명, 공화국내에 49,591명이 거주하고 있으며, 이는 공화국 전체인구 중 11.7%를 차지하고 있다. 체르케스족 역시 1989년 당시(40,241명, 9.7%)에 비해 상당수 증가하고 있는 추세이다. 그 외에 공화국의 국어로 지정된 아바자인의 수는 32,346명으로 공화국 전체인구의 7.4%, 노가이족은 14,873명으로 3.4%를 차지하고 있으며, 이들의 수 또한 1989년도에 비해 증가하고 있는 추세이다.

체르케스(Чрекесы)는 흑해 동북해변의 아디게족 그룹의 한 종족으로 간주되는 크레케트족을 그 기원으로 한다. 현재의 체르케시야는 5-7세기 경 아디게족에 의해 형성되었으며, 12-13세기에 아디게족의 일부가 테레크로 이주하여 大 카바르드, 小 카바르드 공국을 이루며, 그 영향력을 체르케시야 까지 확대했다. 18세기 말부터 19세기 초에 카바르드족의 체르케시야로의 대 이주가 있었다.

그 후 1922년 카라차이-체르케시야 자치구가 형성된 후 1926년 카차라이와 체르케시야가 분리되었다. 그 후 다시 1957년 카라차이-체르케시야 자치구로 통합된 후 1991년 공화국으로 승격되었다.

▸ 카라차이-발카르어, 카바르드-체르케스어

카라차이족의 언어는 1932년부터 러시아어 알파벳을 사용하는 알타이어 계통의 터키어 계열인 카라차이-발카르어로 2002년 현재 러시아연방 전역에서 302,748명이 구사하고 있다. 공화국 내에서는 전체인구 439,479명 중 171,536명이, 그리고 카라차이족 169,198명 중 165,882

명이 카라차이-발카르어를 구사한다.

체르케스족은 카바르드족과 함께 북카프카스 어족의 카바르드-체르케스어를 사용한다. 러시아연방 전역에서 총 587,547명이 구사하며, 공화국 내에서는 전체인구 중 58,829명이, 그리고 공화국 내의 체르케스족 중에는 49,591명 중 47,488명이 구사한다.

이미 위에서 언급한 바와 같이, 카라차이-체르케시야 공화국은 헌법(1996년) 제11조에서 공화국의 국어를 아바자어, 카라차이어, 노가이어, 러시아어, 체르케스어 등 5개 언어로 지정하고, 공화국내에서의 민족간 의사소통 언어 및 공용어는 러시아로 규정하고 있다. 또한 제23조 2항은 "모든 국민은 의사소통언어, 양육 및 교육언어, 창조활동에 필요한 언어의 선택권을 가진다"고 명시적으로 규정하고 있다.

▸ 민족어 교육

카라차이-체르케시야 공화국에서도 헌법(1996년)을 통해서 러시아연방 국어인 러시아어, 명목민족어인 카라차이어, 체르케스어 및 토착민족어인 아바자어, 노가이어 등 총 5개 민족어를 국어로 지정하고, 1996년 채택된 "제민족어에 관한 법률"을 통해서 나름대로는 국어의 발전을 위해서 노력하고 있다. 하지만 다른 공화국들에서와 거의 마찬가지로 명목민족어인 카라차이, 체르케스어 조차도 교육이 제대로 이루어지지 않고 있는 실정이다. 그 내용을 보면 다음과 같다.

2001년 카라차이 - 체르케시야 공화국 민족어(국어) 교육현황

도/농	언어	학교수	1-4 학년	5-9	10-11	계	학교수	1-4	5-9	10-11	계
		교육언어					선택과목				
도	아바자어					0	16	604	1151	273	2028
도	카라차이어					0	38	3747	6113	1597	11457
도	노가이어					0	5	37	80	21	138
도	체르케스어					0	19	882	1457	279	2618
농	아바자어					0	15	1036	1732	630	3398
농	카라차이어					0	72	6266	8606	2542	17414
농	노가이어					0	9	721	1133	255	2109
농	체르케스어	7	377			377	23	1757	2899	1043	5699

위의 표를 통해서 본 카라차이-체르케시야 공화국의 민족어 교육현황은 그 어느 공화국보다 열악함을 알 수 있다. 특히 교육언어로 채택된 민족어는 체르케스어 뿐이며, 이마저 농촌지역에서만 7개 학교에서 377명의 저학년 학생들이 교육을 받고 있을 뿐, 나머지 국어로 채택된 민족어들은 교육어로서는 전혀 채택되지 않고 있다. 이 역시 대부분의 공화국에서 나타나는 소위 러시아어의 우월적 지배현상으로 인한 것으로 풀이된다. 이처럼 카라차이-체르케시야 공화국에서도 비록 제 민족어의 지위나 보존 발전을 위한 대책이 법적으로 마련되어 있지만 현실적으로 이를 실행하기에는 매우 어려운 상황이다.

3.2.4 인구셰티야 공화국

▸ 민족과 종교

2002년 인구조사 결과 나타난 러시아연방 내에 거주하는 인셰티야 공화국의 명목민족인 인구슈족의 전체 수는 413,016명이며, 그 중 인셰티야 공화국에 거주하는 수는 361,057명으로 공화국 전체 인구(468,900명) 중 77.2%를 차지한다. 그 다음으로 체첸족의 수는 95,403명으로 전체인구의 20.4%로 비교적 높은 비중을 차지한다. 반면에 러시아인은 5,559명으로 그 비중은 점차 줄어들고 있는 형편이다.

공화국의 명목민족인 인구슈족은 체첸족과 더불어 북카프카스의 원주민으로 간주되고 있으며, 북카프카스족의 인구슈어를 사용한다. 종교는 대부분 수니파 회교를 믿고 있다.

과거에는 인구쉬 산악에 갈가이(Галгаи), 초린(Цорин), 제이라흐(Джейрах) 및 메츠할(Мецхаль) 등의 집단거주지가 있었으나 16-17세기에 평원으로 이주가 시작되었다. 인구슈족이 산악지역으로부터 이주한 주요 방향은 캄블리예프카 강변의 타라(Тара)계곡이었다. 이곳에 17세기 말 이전에 온구슈트(Онгушт:현재의 북오세티아 타라 지역)라는 마을이 있었으며, 인구슈(Ингуш)라는 이름은 여기서 비롯되었다. 이러한 이주 과정은 19세기에 특히 활발했으며, 1810년 인구셰티야는 1810년 러시아에 편입되었다. 1817년에는 대부분의 주민들이 나르잔(Нарзань)으로 이주했다.

1924년 인구셰티야 자치주가 되었고, 1934년에는 체첸과 통합되어 체첸-인구셰티야 자치주로 재편되었다. 1936년 체첸-인구셰티야 자치 소비에트 사회주의 공화국으로 승격된 이후, 1944년 인구슈족은 체첸족과 함께 카자흐스탄으로 강제이주 된 후 1957년 복권됨으로써 주민들은 고향으로 되돌아왔다. 이 때 인구셰티야 공화국 평지의 반을 차지했던 프리고로드 지역이 북오세티야 공화국에 편입되었으며, 이는 인구셰티야 공화국과 북 오세티야 간의 분쟁의 씨앗이 되었다.

1991년 4월 "피압박민족의 복권에 관한 법률"이 채택되고, 체첸족이 독립을 선언함으로써 1991년 12월 인구셰티야 공화국이 창설되었다.

▸ 인구슈어

인구슈어는 나흐-다게스탄 언어 그룹에 속하는 민족어로, 문자는 10월 혁명 이후 만들어졌다. 초기에는 아랍어를 근간으로 만들어졌으나, 1923년부터 라틴어를 기반으로 변환되었으며, 그 후 다시 1938년부터는 러시아어 문자를 기반으로 재구성되었다.

2002년 현재 러시아연방 전역에서 인구슈어를 구사하는 사람의 수는 405,343명이며, 인구셰티야 공화국 내에 거주하는 인구슈인(361,057명)들 중 350,241명만이 인구슈어를 구사할 줄 안다. 이를 통해서 칼미크인들 중에도 모국어를 구사할 수 없는 사람이 상당수임을 알 수 있다. 이에 따라 1994년 제정된 헌법은 제14조는 러시아어와 인구슈어를 국어로 지정하여 인구슈어의 유지, 보존, 발전을 국가의 의무로 규정하고 있다. 또한 1996년 제정된 인구셰티야 공화국 또한 공화국 법령을 러시아어와 인구슈어로 공표한다고 규정하고 초중등학교 및 대학에서 교육할 수 있도록 규정하고 있으나 그 실태는 매우 열악하다.

▸ 민족어 교육

2001년 인구셰티야 공화국 민족어(국어) 교육현황

도/농	언어	학교수	1-4 학년	5-9	10-11	계	학교수	1-4	5-9	10-11	계
		교육언어					선택과목				
도	인구슈어					0	33	10089	11337	3286	24712
농	인구슈어					0	66	15598	16282	3755	35635

위의 표를 통해서 알 수 있듯이 2001년 현재 인구셰티야 공화국 내의 초중등학교에서 교육언어로서 인구슈어를 채택한 학교는 도시, 농촌 지역을 통틀어 한 군데도 없으며, 다만 선택과목으로 인구슈어를 배우는 학교만 있을 뿐이다. 이 또한 도시지역의 학교수에 비해 농촌 지역의 농촌지역 학교의 수가 배에 달한다.

3.2.5 칼미키야 공화국

▸ 민족과 종교

2002년 인구조사 결과 나타난 러시아연방 내에 거주하는 칼미키야 공화국의 명목민족인 칼미크족(Калмыки)의 전체 수는 173,996명이며, 그 중 칼미키야 공화국에 거주하는 수는 155,938명으로 공화국 전체 인구(292,000명) 중 53.3%를 차지한다. 그 다음으로 러시아인은 33.5%로 역시 다른 공화국에서와 마찬가지로 그 비중은 점차 줄어들고 있다.

칼미크족(Калмыки)(칼미크족 자신들은 터키어로 이슬람을 수용하지 않은 "나머지"를 의미하는 할믁 'Хальмг'라 칭했다)이 러시아의 공식 문건에 등장하기 시작한 것은 16세기 말부터이며, 18세기 말부터는 칼미크족 자신들도 'Калмыки'라 칭하기 시작했다. 주로 칼미키야 공화국에 거주하며, 아스트라한주, 볼고그라크주, 로스토프주와 오렌부르크주 및 스타브로폴 스크 변강주와 시베리아에도 상당수 거주하며, 중앙아시아와 미국, 프랑스, 독일, 스위스에도 소규모로 거주하고 있다.

주요 종교는 불교이며, 일부 러시아정교를 신봉한다.

칼미크족 선조들은 12세기 이전에는 주로 바이칼 주변과 예니세이강 상류에 거주했으나 점차 서쪽으로 이동하여, 17세기초에 일부가 러시아에 이주하기 시작하여 1657년 러시아에 완전히 편입되었다.

1920년 칼미키야 자치구가 형성되어, 1935년에는 칼미키야 자치 소비에트 사회주의 공화국으로 승격된 후, 1943년 주민들이 시베리아와 중앙아시아, 카자흐스탄, 알타이지역으로 강제이주되어 자치제가 해체되었다. 그 결과 칼미크족의 1/3 이상이 사망하고, 많은 물질적 정신적 문화와 가치가 훼손되었다. 1957년 자치제가 복원되고, 상당수 칼미크족은 고향으로 귀환 했다. 1990년 칼미키야 독립을 선포하여, 1992년부터 칼미키야 공화국으로 불리게 되었다.

▸ 칼미크어

칼미크어는 몽골어 계통의 언어로서 칼미크어는 2002년 현재 러시아연방 전체의 칼미크어 구사자는 153,602명이며, 칼미크 공화국내 칼미크어 구사자 수는 143,102명이다. 이는 1989년 인구조사 결과 나타난 러시아연방 내 칼미크어 구사자 156,000여명에 비해 줄어든 상황이다. 1924년 러시아어 알파벳을 사용하기 시작했으며, 1931-38년 라틴문자를 사용하다가 다시 1938년부터 러시아어 알파벳을 사용하기 시작했다. 칼미키야 공화국은 헌법(1994년) 제18조에서 국어를 칼미크어와 러시아어로 지정하고, "칼미크어는 칼미크족의 민족의식의 근간으로, 칼미크어의 부흥, 유지, 발전 및 확산은 칼미키야 공화국 각 기관의 우선과제이다"고 천명하고 있다. 또한 "칼미키야 공화국 제민족어에 관한 법률(1991/1999)"을 통해서 칼미크어는 "초중등학교의 교육수단 및 연구 선택과목"으로 지정되었다. 뿐만 아니라 교재 및 문학작품, 신문과 잡지 등이 칼미크어로 출판되고, 라디오 및 TV 방송과 연극이 실시되는 등 칼미크어 부흥 및 발전을 위해 많은 노력이 경주되고 있다. 특히 수도 엘리스타에는 칼미크어 부흥 연구소가 개설되어 활동하는 등 칼미크어 복원을 위한 관심이 고조되고 있으며, 칼미크어 교육을 위한 유치원 보모, 학교교원 등의 양성에 주력하고 있다. 그럼에도 아직 칼미크어에 대한 교육은 제대로 이루어지지 않고 있는 것이 현실이다. 초중 고등학교에서 실행되고 있는 칼미크어 교육현황은 다음과 같다.

▸ 민족어 교육

2001년 칼미키야 공화국 민족어(국어) 교육현황

도/농	언어	학교수	1-4 학년	5-9	10-11	계	학교수	1-4	5-9	10-11	계
		교육언어					선택과목				
도	칼미크어	14	574			574	27	4549	7943	2218	14710
농	칼미크어	50	1360			1360	177	7302	12276	3151	22729

위의 표에서 볼 수 있듯이 칼미키야 공화국의 민족어 교육현황은 다른 공화국에 비해서는 비교적 양호한 편이나 아직은 활발하지 않은 상황이다. 특히 도시지역 학교에서 칼미크어를 요육언어로 채택한 경우는 매우 드물다.

3.2.6 다게스탄 공화국

▸ 민족과 종교

다게스탄 공화국은 다른 러시아연방 소속 공화국이나 민족자치 단체와는 달리 명목민족이 없다. 하지만 위에 열거한 어족은 공화국 헌법 및 미채택 "다게스탄 공화국 제 민족어에 관한 법률안"에 따라 국어로 지정되어 있다. 어족 및 종족 구성에 있어서 매우 복잡하고 다양한 양태를 보이는 다게스탄 공화국 인구는 96개 민족으로 구성되어 있으며, 크게 3개 어족으로 구분된다.

첫째, 이베리아-카프카즈어의 나흐-다게스탄 어족으로, 여기에는 아바르족, 다르긴족, 레즈기족, 라크족, 타바사란족, 루툴족, 아굴족, 짜후르족 및 체첸족이 속한다.

둘째, 알타이어족의 터키어그룹으로 쿠미크족, 아제르바이잔족, 노가이족이 여기에 속한다.

셋째, 인도-유럽어족으로 러시아인, 타트족이 있다.

이들 중 다게스탄 공화국에 주로 거주하는 토착어족을 중심으로 그 현황을 살펴보면 다음과 같다

■ 아바르족(Аварцы)

다게스탄 공화국의 토착민족으로 제 민족 중 가장 많은 개체수를 기록하고 있다. 2002년 현재 러시아연방 전역에 81만 4천여 명이 산재되어 있으며, 그 중 75만 8천여 명이 다게스탄 공화국에 밀집되어 있다. 다게스탄 전체 인구 중 29.44%이다. 아바르어를 구사하며, 문자는 러시아어 문자를 사용한다. 수니파 회교도가 대부분이다.

■ 다르긴족(Даргинцы)

다게스탄 공화국의 토착민족으로 공화국 제 민족 중 두 번째 개체수를 기록하고 있다. 러시아 전역에는 약 51만여 명이 거주하고 있으며, 다게스탄 공화국에는 42만 5천여 명이 밀집되어 있다. 다게스탄 공화국 전체 인구의 16.52%이다.

다양한 방언이 있는 다르긴어를 사용하며, 문자는 러시아어 알파벳을 사용한다. 수니파 회교도가 대부분이다.

■ 쿠미크족(Кумыки)

다게스탄 공화국의 토착민족으로 현재 36만 5천여 명이 다게스탄 공화국에 밀집해 있으며, 전체 인구 중 14.20%를 차지한다. 쿠미크어를 사용하며 문자는 러시아어를 사용한다. 수니파 회교도가 대부분이다.

■ 레즈기족(Лезгин)

역시 다게스탄 공화국의 토착민족으로 현재 공화국내에 33만 6천여 명이 거주하고 있다. 주로 다게스탄 공화국 동남부에 거주하며 큐린, 사무르, 겔헨 등 방언으로 구분되는 레즈기어를 사용한다. 초기에 아랍어를 바탕으로 만들어진 문자는 널리 사용되지 못하고, 1928년 라틴어로 문자를 만들었으나, 1938년 다시 러시아어 알파벳을 사용하게 되었다. 수니파 회교도가 대부분이다.

■ 라크족(Лакцы)

다게스탄 공화국의 토착민족으로 현재 공화국내에 14만여 명이 거주하고 있으며 전체 인구의 5.42% 정도이다. 라크어를 사용하며, 매우 다양한 방언을 가지고 있고 러시아어 알파벳을 사용한다. 수니파 회교도가 대부분이다.

■ 타바사란족(Табасараны)

타바사란족은 다게스탄 공화국의 토착민족으로 2002년 현재 공화국내에 11만여 명이 거주하고 있으며 전체인구 중 4.28%를 차지한다. 주로 다게스탄의 동남부에 거주하며 남부 및 북부 방언으로 구분되는 타바사란 어를 사용한다. 문자는 러시아어 알파벳을 사용한다. 수니파 회교도가 대부분이다.

■ 노가이족(Ногайцы)

러시아연방의 한 소수민족으로 러시아연방 전역에 거주하는 약 9만여 명 중 주로 다게스탄에 3만 8천여 명이 거주하고 있으며 공화국 전체 인구중 1.48%이다. 카라노가이와 쿠바 등 두 가지 방언으로 구분되는 노가이어를 사용하며, 문자는 18세기부터 1928년까지는 아랍어를 사용했으며, 그후 1928년에는 라틴어를, 다시 1938년부터 러시아어 알파벳을 사용한다. 수니파 회교도가 대부분이다.

■ 루툴족(Рутульцы)

다게스탄 공화국의 토착민족이다. 러시아 전역에 거주하는 2만 9천여 명 중 다게스탄 공화국에 2만 4천여 명이 밀집 거주한다. 공화국 전체 인구 중 0.94%에 해당한다. 루툴족어를 사용한다. 하지만 루툴족의 공용어는 1952년까지 레즈기어였으며, 1952년부터는 러시아어였다. 1990년부터 러시아어 알파벳을 바탕으로 한 문자가 도입되어 사용되고 있다. 수니파 회교도가 대부분이다.

■ 아굴족(Агулы)

다게스탄 공화국의 토착민족이다. 러시아 전역에 2만 8천여 명이 거주하고 있으며, 그 중 다게스탄에 약 23,300명이 밀집되어 있다. 공화국 인구 중 약 0.9%이다. 아굴어를 사용하며 러시아어 알파벳을 문자로 한다. 수니파 회교도가 대부분이다.

■ 짜후르족(Цахуры)

러시아연방의 한 소수민족으로 대부분 아제르바이잔과 다게스탄 공화국에 집중되어 있다. 2002년 현재 다게스탄 공화국에 거주하는 짜후르족의 수는 6500여 명이며, 전체 인구 중 0.32%이다. 짜후르족의 언어는 짜후르어이며, 수니파 회교도가 대부분이다.

■ 타트족(Таты)

다게스탄 공화국의 토착민족으로 타트어를 사용한다. 2002년 현재 다게스탄에 거주하는 타트족은 825명, 전체인구의 0.03%에 불과하다. 1989년 인구조사 당시 12,939명, 0.7%에 비해 급격히 감소한 수치이다. 이는 타트족 중 많은 사람들이 유대교를 신봉하고 유대인으로 등록하기 때문이며, 특히 최근들어 많은 타트족이 이스라엘로 떠났기 때문으로 풀이된다. 이외에 다게스탄 공화국에 거주하는 주요 민족 중에는 러시아인, 아제르바이잔 인과 체첸인이 있으며, 이들의 수는 각각 러시아인 120,875(4.69%)명, 아제르바이잔 인 111,656(4.33%)명, 그리고 체첸인 87,867(3.41%)명이다. 이를 표로 정리하면 다음과 같다.

'02년 현재 다게스탄 공화국 주요 민족 인구 구성비('89년 대비)[33)]

민족명	2002년 개체수 및 구성비(%)	1989년 개체수 및 구성비(%)
	총 인구 2,576,531	총 인구 1,802,188
아바르	758,438(29.44)	496,077(27.50)
다르긴	425,526(16.52)	280,431(15.60)
쿠미크	365,804(14.20)	231,805(12.90)
레즈기	336,698(13.07)	204,370(11.30)
라크	139,732(5.42)	91,682(5.10)
러시아	120,875(4.69)	165,940(9.20)
아제르바이잔	111,656(4.33)	75,463(4.18)
타바사란	110,152(4.28)	78,196(4.30)
체첸	87,867(3.41)	57,877(3.21)
노가이	38,168(1.48)	28,294(1.60)
루툴	24,298(0.94)	14,955(0.80)
아굴	23,314(0.90)	13,791(0.80)
짜후르	8,168(0.32)	5,194(0.30)
타트	825(0.03)	12,939(0.70)

▸ 민족어 교육현황

그렇다면 다게스탄 공화국 초중등학교의 민족어 교육현황은 어떠한가에 대해 살펴보자. 아래 표는 다게스탄 공화국 헌법과 현재 논의 중인

33) 출처: 2002년 인구센서스. 표에 수록된 민족은 해당 민족어가 다게스탄 공화국 국어로 제정된 경우이며, 타트족을 제외한 나머지 민족의 수는 다게스탄 인구 구성비의 순위와 동일하다. 1989년 대비 2002년 인구센서스 자료를 바탕으로 작성된 위의 표에 따르면 러시아인, 타트족, 노가이족 등 일부를 제외한 나머지 민족의 수는 대부분 상당 수 증가한 것을 알 수 있다.

미채택 “다게스탄 공화국 제 민족어에 관한 법률안”에서 국어로 제정하고 있는 14개 민족어(11개 문자가 있는 민족어와 러시아어, 아제르바이잔어, 체첸어) 중 러시아어를 제외한 13개 민족어에 대한 2001년 현재 초중등학교의 교육현황을 나타낸 것이다.[34)]

2001년 다게스탄 공화국 13개 민족어(국어) 교육현황

도/농	민족어	학교수	1-4 학년	5-9	10-11	계	학교수	1-4	5-9	10-11	계
		교육언어					선택과목				
도	아바르					0	91	8673	9645	1252	19570
농	아바르	497	30774			30774	422	6478	44134	9547	60159
도	다르긴					0	68	4255	4050	513	8818
농	다르긴	186	18224			18224	150	2878	23370	5395	31643
도	쿠미크					0	74	4669	6392	948	12009
농	쿠미크	75	13811			13811	107	3195	20869	5337	29401
도	레즈기	3	529			529	79	5361	6572	1311	12344
농	레즈기	146	13839			13839	136	971	19306	6261	26538
도	라크					0	50	1933	1956	273	4162
농	라크	75	2635			2635	57	379	3636	1068	5083
도	아제르바이잔					0	31	2923	3235	525	6683
농	아제르바이잔	6	545			545	41	4043	5738	1625	11406
도	타바사란					0	35	1921	2280	402	4603
농	타바사란	70	4327			4327	83	1416	7094	2638	11148
도	체첸어	21	2503			2503	36	943	4752	980	6675
농	체첸어					0	5	743	754	166	1663
도	노가이					0	1	17	5		22
농	노가이					0	32	1897	2727	586	5210
도	루툴					0	2	19			19

34) 본 자료는 러시아의 과학아카데미 산하 민족문화 연구소(Институт этнологии и антропологии РАН)의 발레리 스테파노프(Валерий Степанов) 교수가 직접 현지 실사를 통해 파악한 것으로 2002년 여름 본 연구소에 연수 중이던 필자에게 제공한 것임을 밝혀둔다. 러시아어의 경우 가장 강력한 힘을 가진 실질적인 국어 및 공용어로서 전국적으로 각급 학교에서 교육되고 있을 뿐 아니라 거의 전국민이 일상적으로 사용하기 때문에 교육현황을 파악하는 것이 별 의미가 없다고 판단하여 조사대상에서 제외했다.

농	루툴					0	18	492			492
도	아굴	3	91	80	30	201					
농	아굴					0	22	980	957	346	2283
도	타트					0	2	59	53		112
농	짜후르					0	14	240	161	53	454

위의 표를 보면 초중등학교에서 민족어를 교육언어로 채택하고 있는 소위 민족학교의 수와 학생 수는 극히 적다는 것을 알 수 있다. 인구 75만 명이 넘는 아바르족의 민족어인 아바르어조차도 교육언어로 채택한 민족학교 학생들은 약 3만여 명에 불과하며, 그마저도 초등학교 학생인 1-4학년에 불과하며, 도시지역에는 전무한 형편이다. 특히 도시지역에 민족학교가 개설되어 민족어를 1학년에서 11학년까지 전 학년의 교육언어로 채택한 토착민족은 아굴족이 유일하나 학생 수는 겨우 203명으로 극히 미미한 상황이다. 노가이어, 루툴어, 타트어, 짜후르어 등을 교육언어로 채택한 학교는 도시 농촌을 막론하고 전무한 실정이며, 나머지 대부분의 민족어 또한 일부 1-4학년 과정에서만 교육언어로 채택했을 뿐이다.

민족어를 선택과목으로 연구하는 경우 또한 각 민족의 전체 인구수에 비하면 매우 적은 편이며, 특히 도시 지역 학교에서는 농촌 지역에 비해 민족어를 선택한 학생의 수가 상대적으로 매우 적다는 것을 확인할 수 있다. 이렇게 볼 때 명목민족이 없고, 어느 특정 민족어만을 국어로 채택할 수 없는 상황에서 문자를 가진 모든 민족어가 국어로 채택되었다 하더라도, 상응하는 교육이 제대로 이루어지지 않는 상황에서는 해당 민족어가 민족들 사이에 확산되어 십분 활용되기 어렵고, 따라서 민족어 자체의 발전 및 민족어를 기반으로 하는 민족문화 창달을 통한 민족 정체성 확립에 한계가 뒤따를 수밖에 없을 것이다.

3.2.7 북 오세티야-알라니야 공화국

▸ 민족과 종교

강력한 알란족 연합을 이루고 있던 오세트인들은 13세기 들어 몽골-타타르족의 침입으로 붕괴되어 남쪽, 중부 카프카스 지역으로 밀려나, 대부분은 카프카스 남, 북 경사지대에 집단 거주지를 이루어 생활하고,

일부는 몽골과 동유럽(특히 헝가리) 지역으로 떠나게 된다.

1740년대부터 러시아-오세트 관계가 성립되어 1749-52년까지 페테르부르크에 오세트 대사관이 활동하기도 했으며, 이를 계기로 오세트인들의 모즈도크로의 귀환이 촉진되었다. 오세트인들은 러시아정부에 요청하여 북카프카스 지역에 이주하게 되었으며, 1774년 러시아로 편입되었다. 18-19세기에 이르러 오세트인들이 산악지역으로부터 러시아정부가 할애한 평원으로 이동하기 시작하여 정착하게 되었다.

1917년 이후에는 오세트인들이 대규모로 평원으로 이주하였으며, 1921년 1월 고르스카야(Горская) 자치소비에트 사회주의공화국 소속 블라지 카프카스 구가 성립되었고, 1924년 7월 7일에는 러시아연방 소속 자치주로 승격했다. 1936년 12월 5일에는 북 오세티야 자치 소비에트 사회주의 공화국으로 승격했으며, 1990년 10월에 북 오세티야 소비에트 사회주의 공화국, 그리고 1993년에 독립과 아울러 북오세티야-알라니야 공화국으로 개명되었다. 오세트인들의 주요 종교는 러시아정교이며 회교 신봉자도 상당수가 된다.

■ 오세트어

오세트인들의 민족어는 이란어 계통의 오세트어이다. 1798년 오세트어로 된 책이 처음으로 출간되었으며, 1884년 오세트어는 러시아어 알파벳을 기초로 사용되어 오다 1923년에 라틴어를 바탕으로 재구성되었으나, 1938년 북 오세티야에서는 다시 러시아어를 바탕으로, 그리고 남 오세티야에서는 그루지야 알파벳, 그리고 다시 1954년에 러시아어 알파벳을 기초로 재편되었다.

2002년 현재 러시아연방 내에 거주하는 오세트인의 총 수는515,000명이며, 북오세티야-알라니야 공화국에는 전체인구(710,00명)의 62.7%에 달하여 공화국 내의 명목민족의 비중이 매우 높은 편이다. 오세트어를 구사하는 인구는 러시아연방 내에 총 445,093명이며, 공화국 내에서 오세트어를 구사하는 오세트인은 총 431,032명이다.

▸ 민족어 교육

북 오세티야-알라니야 공화국에서도 1994년 제정한 헌법[35] 제15조에서 오세트어와 러시아어를 공화국 국어로 지정하고, 오세트어를 오세트 민족의식을 고양할 수 있는, 즉 민족정체성을 확립하기 위한 가장 중요한 수단으로 간주하여 오세트어 보존 및 발전을 국가와 각급 기관의 주요 과제로 설정하고 있다.

또한 "모든 국민은 의사소통언어, 양육 및 교육언어, 창조활동에 필요한 언어의 선택권을 가진다"고 명시적으로 규정하고 있으나, 문제는 다른 공화국들과는 달리 "제 민족어에 관한 법률"이 채택되지 않아, 헌법에서 국어로 지정된 오세트어의 발전을 위한 구체적인 실천이 이루어지지 않고 있다.

2001년 북 오세티야-알라니야 공화국민족어(국어) 교육현황

도/농	언어	학교수	1-4 학년	5-9 학년	10-11 학년	계	학교수	1-4 학년	5-9 학년	10-11 학년	계
		교육언어					선택과목				
도	오세트어	1	69			69	83	18461	30566	6879	55906
농	오세트어	57	3904			3904	74	6749	12716	3827	23292

표에 나타난 공화국 내의 초중등학교에서 실시하고 있는 오세트 교육상황은 다른 공화국에 비해 비교적 양호하다. 그러나 오세트어를 교육언어로 선택한 학교는 도시지역에는 단 1개 학교에 불과하고, 농촌지역에서는 그 수가 제법 많은 57개교이나, 아직 저학년에만 한정되어 있다. 반면에 오세트어를 선택과목으로 교육하고 있는 학교의 수는 도시와 농촌에서 공히 비교적 많은 편에 속한다.

3.2.8 체첸 공화국

▸ 민족과 종교

러시아연방 내에 거주하는 체첸인들의 수는 2002년 현재 총 1,361,000명

35) 북 오세티야 공화국 헌법(1994) 제81조 1항은 35세 이상의 공화국 국민으로 오세트어와 러시아어를 구사할 수 있는 자만이 대통령으로 피선될 수 있다고 규정하고 있으나, 개정안(2003년 10월 28일자) 81조에서는 본 조문이 삭제되었다.

으로 1989년의 899,000명에 비해 현저히 증가했다. 체첸공화국에 1,100,300명이 거주하고 나머지는 주로 인구셰티야 공화국, 다게스탄 공화국, 스타브로폴 변강주, 볼고그라트 주, 칼미크 공화국, 아르한겔스크 주 등에 거주한다.

체첸족은 7세기에 최초로 아르메니아 원전에서 "나흐차 마짠"(Нахча матьян) 이라는 명칭으로 최초로 언급된다. 1222년과 1238-1240년의 몽골 - 타타르족의 침입이후 상당수의 체첸족은 금한국에 편입된 후 14세기 말경 체첸족은 다시 심시즘(Симсизм)으로 통합된다. 16-17세기에는 오스만 제국과 이란, 러시아의 각축 대상이되는데, 이들 국가간의 투쟁 중 체첸지역에는 최초로 러시아의 성이 나타나고 결국 러시아와 외교관계를 수립한다. 1722년 표트르 1세의 페르시아 원정기에 러시아의 체첸 정책은 식민지 정책의 성격을 띠게 된다. 예카테리나 II세 때 러시아군이 테레크강 좌안을 점령하고, 모즈도크오루버 블라디카프카스까지 전선을 구축한다. 이는 18세기 중반부터 19세기에 이르기 까지 체첸족의 독립운동을 야기하게 된다. 1859년 체첸은 러시아와의 전쟁에 패하게 되어 러시아에 편입된다. 그 후 1922년 체첸 자치주가 성립되고, 1934년에는 인구셰티야 자치주와 함께 체첸-인구셰티야 자치주로 통합된다. 다시 1936년에는 체첸-인구셰찌야 자치 소비에트 사회주의 공화국으로 승격되지만, 1944년 체첸족은 카자흐스탄으로 강제이주되어 자치주는 해체된다. 그후 1957년 체첸 - 인구셰티야 자치 소비에트 사회주의 공화국이 복원되고, 1991년 5월 체첸 - 인구셰티야 공화국으로 개명된 후 1991년 11월 체첸-인구셰티야 공화국 분리를 선언, 1992년 체첸 공화국이 성립되었다.

체첸족의 종교는 대부분 수니파 회교도이다.

▸ 체첸어

체첸족은 나흐-다게스탄 어족인 체첸어를 사용한다. 1917년 아랍어를 토대로 문자가 창제되었으나, 1925년부터 38년까지는 라틴어로, 그 후 1938년부터 러시아어 알파벳을 사용하게 되었다.

2002년 현재 러시아연방 내에 체첸어 사용자 수는 1,131,844명이며, 체첸공화국 내 체첸어 사용자 수는 1,013,176명, 공화국 내 체첸족들 중 사용자 수는 1,006,028명으로 다른 공화국의 명목민족들보다 모국어 사용비중이 훨씬 높은 편에 속한다.

▸ 민족어 교육

체첸공화국은 헌법(1994년, 제10조)을 통해서 국어를 체첸어와 러시아어로 규정하고, 공화국내에서의 민족간의 의사소통 언어 및 공용어를 러시아어로 규정하고 있다. 또한 제23조 2항은 "모든 국민은 의사소통언어, 양육 및 교육언어, 창조활동에 필요한 언어의 선택권을 가진다"고 규정하고 있다.

그러나 이를 뒷받침할 수 있는 관련법률이 채택되지 않고 있어, 국어, 특히 체첸어의 부흥 및 발전을 위한 노력이 제대로 기울여지지 않고 있다. 실제로 체첸 공화국에서 일어나고 있는 최근의 사태는 교육에도 심각한 영향을 끼쳐 거의 모든 것이 파괴된 상태이다. 예를 들면, 1994~1995년 전쟁 기간 동안 그로즈니에서는 64개 학교 중 37개교가 파괴되었으며, 유치원 또한 비록 학교보다는 정도가 낮지만, 물과 전기가 공급되지 않아 제대로 기능하지 못하고 있는 상태이다. 2001년 1월 13일 난민들의 아이들을 위한 최초의 유치원이 개원되었으나, 이러한 시설물의 복구에는 아직도 많은 시간이 소요될 전망이다.

현재 1991년 대비 학교 총수는 2배, 학생수는 3배 감소했으며, 교육 자체가 매우 낮은 수준에서 진행되고 있다. 학교 시설물은 거의 파괴되고 교재 또한 없는 실정이다. 당국은 교원들에게 월급을 줄 형편이 못될 뿐 아니라, 주민들 또한 아이들에게 학용품이나 신발을 사 줄 형편이 못되는 실정이다.

체첸 공화국에서는 또한 전문기술 교육을 받을 수 있는 기회가 전혀 없다. 약 80% 정도의 관련 학교가 파괴되었으며, 남아 있는 20% 조차 군사훈련에 사용되고 있다.

전쟁 이전에 공화국에는 종합대학 및 교육대학, 석유대학 등 3개 고등교육기관이 있었다. 그러나 현재 이들 대학에는 반파된 건물만이 서 있을 뿐이며, 석유대학에는 두다예프 정권 시절 '군사학교'가 개설되어 군을 양성하고 있다.

최근 러시아연방 대통령은 체첸 공화국의 3개 해방구에 교육을 완전히 복원하도록 지시함으로써, 일부 지역에 학교가 문을 열어 교재 및 학용품이 보급되고, 시설이 정비되고 있으나, 체첸공화국에서 일어나고 있는 일련의 사태는 민족어의 부흥이나 발전 대책을 마련할 만한 여유를 제공하지 못하고 있다.

Ⅳ. 결 론

위에서 논한 러시아 연방 및 각 공화국의 민족어 정책, 각 공화국의 국어 채택 여부, "제 민족어에 관한 법률" 채택, 각 공화국 민족어의 구사자 현황 및 교육현황 등은 민족정체성 회복 및 발전과 밀접한 관련이 있는 변수들이다. 위에서 살펴보았듯이 민족어, 특히 국어로 지정된 명목민족의 언어를 부흥 발전시킴으로써 각 민족의 정체성을 확립하기 위한 러시아연방 차원, 혹은 남부연방지구 각 공화국 차원의 헌법상의 대책은 충분히 마련되어 있다. 그러나 일부 공화국에서는 이를 뒷받침할 수 있는 관련 법률이 채택되지 않았음은 물론, 기 채택한 공화국들에서 조차 민족어에 대한 교육이 제대로 이루어지지 않고 있다.

이는 각 공화국 정부의 노력부족 이전에 각 공화국의 국어(명목민족어)가 러시아어에 대해 갖고 있는 열등감에 기인한다고 보겠다.

오늘날 러시아연방에 존재하는 모든 소수민족의 언어들은, 비록 타타르어, 오세트어, 칼미크어, 카라차이어, 체르케스어, 발카르어, 인구슈어, 우드무르트어, 야쿠트어, 티바어, 모르드바어, 아바르어, 체첸어 등 일부 토착어가 해당 자치공화국의 국어로 채택되기는 했으나, 그 외의 소수민족 언어는 전반적인 위기상황에 처해 있다는 것이 일반적인 견해이다.

이러한 위기의 징후는 소비에트시대 이래 모국어의 위상과 모국어 구사능력의 저하, 모국어 사용자 수의 급감 등으로 인해 이미 충분히 예측 가능한 것이었다.

많은 소수민족들이 사고하고 말하고 읽고 쓰기에 더 이상 모국어를 사용하지 않음으로써 그들의 정체성과 관련한 우려가 점차 증대되고 있다. 한마디로 다수의 소수민족 언어는 개인의 일상 및 사회생활에서 변방으로 밀려나 더 이상 언어 고유의 창조적 사고 기능을 수행할 수 없게 되었다.

그 결과 언어체계 내부의 역동성이 사라지고 새로운 어휘나 표현, 문법구조 등을 더 이상 확대 재생산할 수 없게 되어 결과적으로 언어 발전상의 정체나 지체상태를 맞게 되었다. 이러한 언어 위기를 중심으로 한 소수민족의 위기는 흔히 민족간의 갈등 양상으로 확대될 수도 있으며, 다라서 보다 총체적인 접근방법을 통해서 언어를 살리고 나아가 민족을 살릴 수 있는 정책을 하루빨리 실행해야할 것이다.

부록 I

러시아 남부연방지구 소속 각 공화국의 국어 지위를 획득한 민족어

언어	해당 공화국	국어로 지정하고 있는 법률문건 및 법률채택 연도		해당공화국 지정국어수
		헌법	언어관련 법률	
아바자어	카라차이-체르케시야	1996	1996	5
아바르어	다게스탄	1994	-	14
아디게어	아디게야	1994	1994	2
다르긴어	다게스탄	1994	-	14
인구슈어	인구셰티야	1994	1996	2
칼미크어	칼미키야	1994	1999	2
카바르드-체르케스어	카바르드-발카리야	1995	1995	3
	카라차이-체르케시야	1996	1996	5
카라차이-발카르어	카라차이-체르케시야	1996	1996	5
	카바르드-발카리야	1995	1995	3
쿠미크어	다게스탄	1994	-	14
라크어	다게스탄	1994	-	14
레즈기어	다게스탄	1994	-	14
노가이어	카라차이-체르케시야	1996	1996	5
	다게스탄	1994	-	14
오세트어	북오세티야-알라니야	1994	-	2
타바사란어	다게스탄	1994	-	14
타트어	다게스탄	1994	-	14
체첸어	체첸	1997	-	2
	다게스탄	1994	-	14

참조: 위의 표에서 해당 공화국 지정 국어의 수에는 러시아연방의 국어인 러시아어가 포함되어 있다. 표에서 "-"는 해당 공화국(다게스탄, 북 오세티야-알라니야, 인구셰티야, 체첸)에는 "제 민족어에 관한 법률"이 채택되지 않았음을 뜻한다.

참고문헌

박영순 1997. 『이중/다중언어 교육론』 서울, 한신문화사.

백태현 1997. "고려인' 중앙아시아 이주의 역사적 배경." 미발간 학술회의 발표문. 『중앙아시아 고려인 역사, 문화, 언어』 국제학술회의, 카자흐스탄, 알마타.

성종환. "러시아 지역정체성 연구방법." 『슬라브연구』 제19-1권, 2003.

윤인진 1998. "중앙아시아 한인의 언어와 민족정체성." 『재외한인연구』 7호.

Hur, Seung-Chul. 1988. Language Shift and Bilingualism in the Soviet Union: Language Aspects of Ethnic Relations. Seoul: Hanshin Publishing Co.

Shibutani, Tamotsu, and Kian Kwan. 1966. Ethnic Stratification: A Comparative Approach. New York: The MacMillan Company.

Uba, Laura. 1994. Asian Americans: Personality Patterns, Identity, and Mental Health. New York: Guilford Press.

"Вектор" 2001. 01, Госкомстат России 2001.

Бакланова Г. Б. РАЗВИТИЕ СОВРЕМЕННЫХ ТЕХНОЛОГИЙ ОБУЧЕНИЯ РОДНОМУ ЯЗЫКУ КАК СПОСОБ РЕАЛИЗАЦИИ ПРОГРАММЫ ВОЗРОЖДЕНИЯ КАЛМЫЦКОГО ЯЗЫКА. http://www.belti.msk.ru/unesco/d1.htm.

Бгажногоков Б. Х. Шогенов А. А. КРИЗИС ЯЗЫКА И ПРОБЛЕМЫ ЭТНИЧЕСКОГО РАЗВИТИЯ НАРОДОВ РОССИИ. http://www.belti.msk.ru/unesco/d2.htm.

Брошюра "Основные итоги всероссийской переписи населения 2002 года".

Гарипов Я. З. ЯЗЫКОВОЕ САМОСОЗНАНИЕ КАК ФАКТОР ЭТНИЧЕСКОЙ СОЦИАЛИЗАЦИИ ЛИЧНОСТИ. http://www.belti.msk.ru/unesco/d4.htm

Горяев А. Т. Омакаева Э. У. Проблемы научного изучения языков народов России (на примере калмыцкого языка) http://www.belti.msk.ru/unesco/d5.htm

Демографический ежегодник России, 1999, с.19.

Илюмжинов В. Н. АКТУАЛЬНЫЕ ПРОБЛЕМЫ ЯЗЫКОВОЙ ПОЛИТИКИ В РЕСПУБЛИКЕ КАЛМЫКИЯ. http://www.belti.msk.ru/unesco/

d10.htm

Итоги всесоюзной переписи населения 1959 года (РСФСР) (М.: 1963), с.312-387; Распределение населения россии по владению языками (по данным микропереписи населения 1994г.) (Москва: 1995), сс. 6-150.

Караулов Ю. Н. Этнокультурная и языковая ситуация в современной России: лингвистический и культурный плюрализм. http://www. gramota.ru/mag_new. html?id=107.

Караулов Ю. Н. ГРАМОТА. РУ Русский язык, http://www.gramota.ru.

Кибрик А. Е. 1992. Очерки по общим и прикладным вопросам языкознания. М.

Корнусова Б. Э. РАЗВИТИЕ МОТИВАЦИИУЧАЩИХСЯ К ИЗУЧЕНИЮ РОДНОГО ЯЗЫКА ЧЕРЕЗ СОЗДАНИЕ ПОЛИЛИНГВИСТИЧЕСКОЙ СИСТЕМЫ ОБУЧЕНИЯ. http://www.belti.msk.ru/unesco/d11.htm

Кызласова М. А. ЯЗЫКОВАЯ СИТУАЦИЯ В РЕСПУБЛИКЕ ХАКАСИЯ. http://www.belti.msk. ru/unesco/d12.htm

Михальченко В. Ю. Законы о языках и языковые конфликты. http://www. belti.msk.ru/unesco/d14.htm

Мушаев В. Н., Есенова Т. С. Сусеева Д.А., Уланова А. ЯЗЫКОВАЯ СИТУАЦИЯ И ВОПРОСЫ ВУЗОВСКОГО ОБРАЗОВАНИЯ. http://www.belti.msk.ru/unesco

Национальный состав насления РСФСР (Данные всесоюзной переписи населения 1989 г.) (М.: 1990), с 48.

Нерознак В.П. ЗАКОНЫ О ЯЗЫКАХ НАРОДОВ РОССИЙСКОЙ ФЕ ДЕРАЦИИ И ПРОГРАММИРОВАНИЕ ЯЗЫКОВОГО РАЗВИТИЯ. http://www.belti.msk.ru/ unesco/d16.htm

Неронзак В. П. и др. Языки народов России. М. ACADEMIA. с. 5.

Неронзак В. П. 2002. Языки народов России, М., Академия.

Основы законодательства Российской Федерации о правовом статусе коренных малочисленных народов. Проект / <<Абориген>>, приложенные к газете <<Федерация>>, 22 июня 1993.

Михальченко В., МакКоннелл Г. Д. 2000, Москва, Академия, Письменные

Языки Мира: Языки Российской Федерации, Книга 1.
러시아 연방헌법 1993(1996, 2001)
소련헌법 1918, 1924, 1936, 1977.
각 공화국 헌법
러시아연방 "제 민족어에 관한 법률"
각 공화국 "제 민족어에 관한 법률"

제 7 장

문화해석모형에 비추어 본 러시아 지방문화 특성연구

공영호(경희대)

I. 러시아 지방문화 연구방법론 도입 필요성

본 논문은 문화를 자연적 시간에 반작용하는 생성메커니즘으로 보고 살아 있는 러시아 문화가 어떤 새로운 시스템과 텍스트를 만들어 내는가를 추적하면서 러시아의 지방문화의 특징을 도출해 낼 수 있는 방법론을 모색해 보고, 그 방법론에 따라 러시아의 지방문화를 해석해보고자 한다. 본 연구는 기존의 러시아 문화연구 성과를 한 차원 뛰어 넘어서 중앙보다는 러시아 지방문화의 특징을 전체적으로 상호 고찰하고, 추보식 서술의 한계를 넘어서 총체적 서술로 접근하고자 하는데 그 의의가 있다.

어떤 대상이나 현상을 연구할 때 가장 중요한 문제는 어떤 방법적 틀로 그 현상과 대상을 분석할 것인가이다. 지리적 환경이나 정치, 경제적인 현상과는 다르게 주로 인간의 보편적인 감정과 심리에 바탕을 두는 문화 현상을 각 지방으로 나누고 나아가 각 지방의 특성을 상징성으로 추출해내려는 시도가 쉬운 일은 아니다. 이 어려움을 극복하기 위해 본 논문에서는 먼저 문화 해석틀을 도입하고 그 틀에 따라 각 지방의 문화 내용을 분석하고자 한다. 본 논문에서는 러시아 각 지방(89개 연방 주체, 7대 연방 지구)의 문화 내용을 문화 분석틀에 따라 분석해서 그 특징을 규명한다. 이것이 본 논문의 과제라고 할 때 우선 중요한 작업은 러시아 각 지방문화 내용의 자료화와 문화의 분석틀을 도입하는 것이라고 할 수 있다. 러시아의 지방문화 특성 도출과정을 순서별로 구체화해보면 다음과 같이 정리할 수 있다.

- 논 논문의 과제가 러시아의 지방문화를 해석하고 그 특성을 고찰하는 것인 바, 지방문화특성을 유형화할 수 있는 방법론을 도입한다.
- 수집된 러시아문화내용에 근거하여 보다 현실적인 문화해석모형을 도출한다.
- 우선 각 지방(89개 주체)의 문화적 특성을 파악해보고 이것을 바탕으로 7개 지구로 묶어서 문화적 특성을 파악한다.
- 이 과정은 자료와 해석모형(틀)이 상호보완적 관계를 유지하면서 서로 완성되는 형태가 될 것이다.
- 분석모형이 완성되면 그 모형에 맞추어 각 지방의 자료들을 해석해본다.
- 각 지방의 자료 해석은 분석모형(틀)의 특성상 포괄적이고 보편적인 성격을 가질 수밖에 없다.

이것을 도식화 해보면 보면 다음과 같다.

러시아 각 지방의 문화내용 → 러시아 지방의 문화적 특징 유형화 → 유형화에 따른 공간구분
↑
문화 해석틀로 해석

위의 문화 내용은 각 지역별(예를 들면, 89개 연방 주체, 7개 지구 등)로 찾아내면 되는데 문제는 그 내용들을 어떤 분석틀로 유형화할 것인가이다. 각 지역 문화의 특징을 분석하고 유형화하기 위해서는 단일한 틀로 된 분석단위가 필요하다. 이것을 모색하기 위해서 선행 문화연구자의 성과를 살펴볼 필요가 있다.

먼저 문화에 대한 선행 연구들을 보면, 타일러와 미국의 모건에 의해 도입된 진화주의, 레드클리프-브라운과 말리노프스키(Bronislow K. Malinowski)의 구조기능주의(structual functionalism), 레비-스트로스(Claude Levi-strauss)의 구조주의, 스튜워드(Julian Steward)와 화이트(Leslie White)의 신진화주의 등이 있다. 이러한 문화 연구의 방법론들은 문화의 보편성을 강조하느냐 아니면 각 문화의 특수성을 강조하느냐, 문화의 정지에 중심을 두느냐 아니면

변화에 중심을 두느냐, 경험을 중시하느냐 이론을 중시하느냐로 나누어진 것이다. 위의 문화연구 방법론들은 상황과 시대에 따라 문화 이론의 정립에 상당한 기여를 했다. 그러나 이러한 문화접근방법들은 문화학[1])이 하나의 학문으로 독립하기 전까지의 방법으로 문화를 연구하면서 인류, 경제 체계, 정치와 법, 사회계급, 결혼과 가족, 친족, 성, 종교, 언어, 예술, 환경 등 인간사에게 일어나는 모든 것을 연구 대상으로 하고 있다.

이러한 접근 방법은 지역의 문화적 특성을 연구하는, 보다 정확하게는 러시아의 지방문화 특성을 연구하는 본 논문의 방법론으로 선택하기에는 무리가 있다. 왜냐하면 본 연구는 러시아에서 하나의 지방만이 아니라 러시아의 89개 연방 주체의 문화 내용을 기초로 해서 각 지방의 문화적 특성을 유형화하는 것을 과제로 하고 있다. 그 때문에 개별적인 특수한 이론에 기초하기보다는 전체를 통일적으로 바라 볼 수 있어야하며, 지역의 현지 조사를 기초로 하는 연구가 아니라 이론적 접근에 기초하여 러시아 지방문화의 특징을 모아내고 각 지방의 특성을 상호 비교해야하기 때문에 문화를 단일하고 전체적으로 볼 수 있는 통일적인 문화 분석틀이 필요하다. 이러한 분석틀을 마련하기위해 문화연구범위도 한정할 필요가 있다.

여기서 필자는 로만 야콥슨의 논문 "최신 러시아 시"에서 문학 연구의 원칙으로 사용했던 "문학의 연구대상은 문학이 아니라 문학성-어떤 작품을 문학작품으로 만들고 있는 것-이다"[2])라는 원칙에 따라 연구 범위를 한정하고자 한다. 야콥슨은 위의 논문에서 계속해서 다음과 같이 말하고 있다. "지금까지 문학사가들은 어떤 사람을 체포할 목적으로 아파트에서 발견되는 모든 사람들을 붙잡고 심지어는 거리를 지나가는 사람들까지 체포하는 경찰과 비슷하다. 이와 같이 문학사가들에게는 생활양식, 심리학, 정치학, 철학 등 모든 것이 필요했다. 이제까지 문학사가들은 문학에 대한 연구 대신에 시시한 모든 분야의 것들을 모은 혼합물을 만들었다. 이러한 항목들이 제각기 다른 학문, 즉 철학사, 문화사, 심리학 등에 속한다는 것을 잊어버린 것 같고 이

1) 문화학을 독립된 학문으로 처음 구분한 사람은 미국의 인류학자 레슬리 화이트(1900-1975)이며 그는 문화학을 다른 학문보다도 인간을 이해하는 더 높은 수준의 학문으로 이해했다.

2) Якобсон Р. Работы по поэтике (М., 1987), с. 275.

분야들이 실제로 부족한 이차적 자료로서 문학적 문헌도 사용할 수 있다는 것을 잊어버린 듯하다. 문학이 독립 학문이 되기를 원하면 문학은 '자신만의 유일한 주인공'을 통해서 자신만의 연구방법을 획득하는 것이 필요하다. 이후의 기본적인 문제는 그러한 방법의 적용과 정당화에 있다."[3)]

이처럼 야콥슨이 문학연구에 적용한 원칙에 근거하여 본 논문에서는 문화의 연구대상은 문화가 아니라 문화성(文化性)이라고 말할 수 있다. 여기서 말하는 문화성이란 문화를 문화답게 하는 것으로 정치나 경제, 자연환경과는 다른 상징성에 근거한 문화적 속성을 말한다. 그리고 문화가 독립된 하나의 학문으로 서기 위해서는 '자신만의 유일한 주인공'을 통해서 자신만의 연구 방법을 획득하고 그것을 적용시키는 것이 필요하다. 본 논문은 문화가 '자신만의 연구방법'을 획득하고 나아가서 그 연구 방법을 적용하는데 바쳐질 것이다.

---

3) Там же, с. 275.

II. 러시아 지방문화 연구의 방법론적 토대

위에서 문화의 연구 대상을 문화성이라고 했을 때 본 논문의 연구 방향에 가장 합당한 문화이론은 로트만과 모스크바- 타르투 학파의 견해라고 할 수 있다. 로트만은 문화를 하나의 단일한 연구대상으로 놓고 총체적으로 연구하며 문화의 다양한 개별 분야에 대한 관심을 넘어서 문화 자체가 갖는 의미를 구조주의와 기호학으로 해석하면서 문화 전체에 대한 보편적 이론을 정립하려고 시도했다.

로트만에 따르면 문화는 비유전적 정보의 총체로서 전 인류 혹은 그보다 제한된 어떤(민족적, 계급적)집단의 공통된 기억으로 정의된다. 이렇게 문화를 개념 규정함에 따라 문화를 형성하고 있는 텍스트 총체를 두 가지 면에서 관찰할 수 있는데 하나는 일정한 메시지 자체이며 다른 하나는 텍스트에 담긴 이 메시지의 해독을 가능케 하는 약호의 실현이다. 이 관점에서 문화를 관찰할 때 특별한 언어로서의 문화 유형을 기술할 수 있게 되며 더 나아가 기호[4]체계 연구의 여러 방법들을 문화 유형에 대해서도 적용할 수 있다는 확신을 얻게 된다. 그러나 여기에서 주목해야 할 내용은 다양한 문화 유형들이 하나의 약호를 요구하는 것이 아니라 여러 약호의 복합적인 시스템을 요구한다는 사실이다.

그럼에도 불구하고 이 복합적 통일체는 여러 약호시스템 중의 어느 하나에 의해 필연적으로 지배 받게 된다. 이 현상은 커뮤니케이션은 동시에 모형화 체계이기도 하다는 사실, 그리고 세계모형을 창조하는 문화는 자신이 지닌 요소들 중 어떤 것은 강조하고 어떤 것은 중요하지 않은 것으로 배제함으로써 세계모형의 창조와 함께 바로 자기 자신의 모형까지도 구성한다는 것을 보여주고 있다.[5] 문화의 구성 요소는 다양하고 그 요소들이 서로 상호작용하면서 만들어내는 체계는 단일하며 그 체계의 특징으로 지방을 구분하

---

4) 움베르트 에코는 다음과 같이 기호의 정의를 내리고 있다. "그러므로 기호는 부재하는 것을 대신하는 것, 심지어 존재하지 않거나 적어도 내가 그 기호를 사용하는 순간에 어디에도 현재하지 않는 것을 대신하는 어떤 것(그것이 자연대상이든, 인위대상이든)이다."

5) 로트만. 우스펜스키, 『러시아 기호학의 이해』, 이인영엮음, 서울 : 민음사, 1993. p. 14.

는 것이 포괄적으로 이해하는데 도움이 된다. 문화는 인간이 그 속에서 향유하는 장이기도 하고 인간에게 영향을 주기도 하고 인간에 의해 변화 발전해 간다. 문화를 다양하게 정의할 수 있지만 문화가 동시대를 살아가면서 일정한 사회조직체와 연관을 가지는 인간집단에 공통적인 어떤 것은 분명하다. "문화는 사람들 사이의 교류의 형태이며 또 사람들이 교류하는 집단 속에서만 가능하다. 사회의 교류에 봉사하는 모든 구조는 언어이다. 언어로서 문화 또한 주어진 집단의 구성원들에게 알려져 있는 규칙에 따라서 사용되어지는 기호의 체계이다"[6]. 모든 구조들이 그러하듯이 문화도 하나의 전달 체계이며 세계를 모형화하는 체계이다.

이렇게 볼 때 "문화는 두 가지 속성을 가지는데 하나는 의사소통이며 다른 하나는 상징성을 가진다는 것이다."[7] 로트만에 따르면 상징이란 문화 기억과 결합되며, 창조적 과정을 위한 축약된 유전자(프로그램)의 역할을 한다. 따라서 상징은 개별적인 텍스트 이전의 집단적인 문화의 어떤 내용을 담는다. 또 상징은 그 문화 안에 축적된 오래된 텍스트들을 그 안에 축약시켜 저장하는 능력을 갖는다. 그러므로 상징은 의미론적이고 구조적인 독자성을 가지며, 따라서 하나의 기호학적 맥락에서 나와 다른 텍스트의 맥락으로 들어갈 수 있다. 상징은 문화의 한 공시적 단면에만 속하는 것이 아니라, 과거로부터 미래로의 흐름 속에도 존재한다. 상징의 기억은 항상 비 상징적 텍스트 맥락의 기억보다 더 오래된 것이다. 문화의 지속 안에서 상징은 가장 고정된 요소 중의 하나이다. 문화적 기억의 중요한 기제인 상징은 문화의 흐름 속에서 통시적으로 반복되면서 이를 통합하는 역할을 한다. 다시 말해서 고정된 상징의 집합들이 문화의 기억을 활성화시키면서 문화가 고립된 시대로 해체되는 것을 막는다.[8] 가령 문화의 국가적이고 지역적인 경계는 문화적 삶 속에서의 주도적 상징들의 집합에 따라 결정된다.

로트만이 제기하고 있는 문화 연구의 몇 가지 원칙[9]을 보면

▸ 정보를 산출하고 교환하고 유지하는 인간적 활동의 전제로 정의되는

---

6) Лотман Ю. Беседы о русской культуре. СПБ., 1994. с. 6.

7) Там же, с. 6.

8) Лотман Ю. Символ в системе культуры. М., 1996. с. 146-150.

9) 송효섭, 「문화 기호학」 (서울: 민음사), P. 157 에서 재 인용

문화는 수많은 개별적 체계들로 이루어진 통합체로 간주되어야한다.

- 이러한 개별적 체계들은 이들의 위계질서 안에서, 이들 사이의 상관관계, 그리고 그것과 전체와의 관계 속에서 연구되어야한다.
- 문화는 구조 속에서 그것에 상응하는 비문화와의 대립관계를 통해 연구되어야 한다.
- 문화는 그것의 진행적 역동성을 통해 연구되어야한다.

여기서 중요한 내용은, 문화가 개별적 체계들의 통합체라는 것과 문화는 비문화와의 대립 속에서(즉 공시성을 가지고) 연구되며, 나아가서 진행적 역동성(통시성을 가지고)을 통해서 연구되어야한다는 것이다. 그리고 각각의 문화요소들은 문화통합체를 구성하고 있으며 부분과 전체는 상호 연관성을 맺고 있다. 따라서 문화를 보는 관점은 대상에 대한 분석과 종합을 바탕으로 하나의 거시적이고 총체적인 관점을 요구한다. 또한 문화는 시간 속에서 변하는 유기체로 시간이 변함에 따라 문화 그 자체가 담고 있는 내용의 의미는 변화를 거치게 되지만, 동시에 그 내용의 고유한 동일성은 간직하고 있다. 때문에 문화는 변하지 않는 특성들에 대한 '공시적 구조'와 변화를 거치는 역사적 요소들의 '통시적 체계'를 동시에 고려해야한다.

로트만과 모스크바 타르투 학파는 1970년에 열린 네 번째 학술회의에서 "기호학과 문화"라는 주제를 내걸게 되었다. 여기에서 문화기호학의 부분적 요소들로 기호학의 여러 분야를 다룸으로써 문화에 의해 통합된 기호체계들의 집합을 포괄적인 기호학적 모형 체계로 보는 시각을 정립했다. 나아가 기호체계의 발생과 그 외부적 형식과의 연관성을 동시에 다룸으로써 로트만이 문화기호학은 모형화 체계 안에서는 내재적 관계의 의미와 모형화 체계 밖에서는 역사적 시대와 사회적 환경 안에서의 그 위치를 동시에 다루게 되었다.

III. 러시아 지방문화 해석모형의 도입

1. 문화 공간의 특성 고찰

그러면 여기서 기호학의 개념과 방법, 대상에 대해서 고찰해볼 필요가 있다. 로트만에 따르면 첫째로 기호학은 페르디낭 드 소쉬르가 제안한 학문 분야이다. 이는 기호적 교류의 영역을 그 대상으로 하는 지식의 영역이다. 즉 사회적 삶의 범위에서 기호 생활을 연구하는 학문을 생각해볼 수 있는데 이것을 기호학이라 할 수 있다. 두 번째 측면에서 기호학은 인문학의 한 방법인데 이 방법은 다양한 분야들과 관계하며 그 대상의 성질에 의해서가 아니라 그것을 분석하는 수단에 의해서 정의된다. 이런 관점에서 보면 똑같은 과학적 대상이 기호학적 방법과 비 기호학적 방법으로 연구될 수 있다. 마지막으로 기호학의 세 번째 측면은 연구자가 갖는 과학적 심리학의 특이한 자질, 즉 그의 인식방식에 의해 가장 잘 정의될 수 있다. 영화감독들이 프레임을 통해 세계를 바라보는 것과 마찬가지로 기호학연구자들은 기호학적 구조를 보여주기 위해 그 주위 세계를 변형시키는 습관을 가지고 있다. 마치 마다스 왕이 손으로 만진 모든 것이 금으로 바뀌듯이 기호학 연구자가 관심을 기울이는 모든 것은 그의 손에서 기호화된다. 아래의 기호계에 대한 분석은 이러한 기호학[10]에 대한 개념정의와 방법과 범위에 근거해서 행해진다.

대상과 현상을 연구할 때는 분석의 단위를 무엇으로 잡느냐가 중요하다. 그러면 여기서 통일적으로 문화 공간을 연구할 수 있는 분석의 단위에 대해서 생각해볼 수 있겠다. 사회에서 벌어졌고 벌어지고 있는 문화 현상(사건)들을 일정하게 계열화하고 의미를 구성해 내는 단위가 필요하다. 이 단위를 본 논문에서는 계(界)라고 하고 로트만의 이론에 따라 계(界)를 분석한다.

로트만은 텍스트에 대한 문화 모형을 보다 확장시켜 전체적이고 통일적으로 문화를 기술해 낼 수 있는 패러다임을 제시하고 있다. 그것이 세미오스피

---

10) 움베르트 에코는 문화연구에서 기호학의 중요성을 다음과 같이 정식화하고 있다. "의미작용의 법칙들은 문화의 법칙들이다. 그런 이유로 문화는 의사소통적 교환의 끊임없는 과정을 허용한다, 단지 그것이 의미작용의 체계로서 존속하는 한 그러하다. 문화는 기호학 측면에서 남김없이 연구될 수 있다." 에코, 『기호학과 언어철학』, 서우석, 전지호 옮김. 서울 : 청하, 1997. pp. 31-37.

어(semiosphere), 즉 기호계이다. 로트만에 따르면 각 기호학적 체계들이 기능하거나 존재하고 문화의 경계들을 채우는 공시적인 기호학적 공간이 세미오스피어이다.[11] 기호계는 문화 발전의 결과이자 조건이다. 기호계 속의 어떠한 언어도 기호계를 넘어서는 존재할 수 없다. 로트만에 따르면 기호계 성립의 필수적인 법칙은 양항성[12]과 비대칭성이다.

새롭게 형성되는 언어들이 본성상 이항성에 의해서 나누어지기 때문에 이항성은 복수성으로 실현되는 원리로 이해되어야한다. 이항주의의 개념은 대상 속에 존재하는 가장 명료하면서도 추상적인 원리를 찾아내게 한다. 한 항목과 가장 잘 구별되는 또 다른 항목을 설정함으로써 대상을 체계로 보는 구조주의적 관점이 확립될 수 있다. 로트만은 세미오스피어의 이미지를 다음과 같이 비유적으로 표현하고 있다. 예를 들어 알려진 언어와 알려지지 않은 언어로 된 서명들, 그리고 그것들을 판독하기 위한 설명서와 함께 서로 다른 시대들의 전시품들이 전시되는 박물관 홀을 상상해보자. 더구나 거기에는 박물관 직원에 의해 작성된 설명들, 관람계획, 방문객 행위 규칙들이 있다. 또한 이 홀 속의 관람 안내자와 방문객을 상상하고 이 모든 것을 단일 메커니즘(어떤 의미에서 그것 자체인)으로 상상해보라. 과거와 현재가 공존하며 이들 사이에 역동적인 상관관계가 드러나는 공간의 모습, 이것이 세미오스피어의 이미지이다.

로트만이 제시하는 기호계가 갖는 또 다른 특징은 비대칭성을 들 수 있다. 기호계의 상이한 언어들이 기호학적으로 비대칭적인 까닭에, 다시 말해 상호간 의미론적 일치를 갖지 않기 때문에 전체 기호계는 정보의 산출자로 간주될 수 있다. 그러나 비대칭성은 무엇보다도 기호계의 중심과 주변의 상

---

11) Лотман Ю. Внутри мыслящих миров. М., 1996. с. 165.

12) 야콥슨은 이항주의의 대립항들 사이의 반대관계뿐 아니라 그 통합 관계에도 관심을 가졌다. 그에 따르면 대립이란 하나의 항목이 단의적이고 가역적이며 필연적으로 또 다른 항목을 불러일으키는 이항적 관계이다. 예를 들면 '선'과 '악'은 윤리라는 단일한 기준 속에서의 두 항목들이다. '악'이 다른 층위, 가령 '아름다움'이라든가 '강함'이라든가 하는 항목들과는 대립관계를 이루지 않았다. 그런 점 에서 한 항목에 의한 다른 대립 항목의 환기는 단의적이다. '선'이 '악'을 불러일으키듯 '악'도 '선'을 불러일으킬 수 있다는 점에서 이들 관계는 가역적이기도 하다. 또한 이들 사이의 대립관계는 항상 하나의 항목이 반드시 다른 항목을 불러일으키는 필연성을 수반한다.

호관계에서 드러난다. 기호계의 중심은 가장 발전되고 구조적으로 조직화된 언어들이 놓인다. 그 문화의 자연어가 바로 그것이다. 그리고 기호 체계의 구조적 조직화의 극명한 형태는 자체 기술(self-description)의 단계이다. 이는 주변에 대한 중심의 강화로 나타난다. 자체 기술단계는 자기 조직화 단계의 마지막 단계이다. 이때에 체계는 구조적 조직화의 단계로 이익을 보고는 있지만 유연성, 정보용량을 높이는 능력, 역동적 발전의 잠재력을 제공하는 미결정된 내부 잉여분들을 잃어버리게 된다.

자체기술의 단계는 기호계내의 과도한 다양성 때문에 체계가 통일성과 정체성을 잃어버리고 와해되는 것을 막는 역할도 한다. 자체 기술은 현실에 대한 메타층위라 할 수 있으며 이는 곧 기호학적 통일성을 의미하는 것이라 할 수 있다. 위에서 말한 기호체계의 특징인 이항성과 비대칭성은 기호체계의 공간을 구분 짓는 경계를 전제로 한다.[13] 경계를 통해 구분된 양항 사이의 관계는 통일적이면서도 비대칭적인 모순적 관계를 갖는다. 이는 상충하는 구조들로 이루어져 있음으로써 개별화라는 특징을 갖게 된다. 이 공간의 자체 기술은 일인칭 대명사를 함축하고 있으며 기호계의 개별적 특성의 기본적인 메커니즘의 하나인 경계는 이러한 일인칭 형태의 바깥 한계로 정의된다. 이에 따라 <우리의>, <자신의>, <문화적인>, <안전한>, <조화로운> 영역은 <그들의>, <다른>, <적대적인>, <위험한>, <혼돈된> 영역에 대립된다.

모든 문화는 자신의 내부 공간(동일자의 공간)과 그들의 외부 공간(타자의 공간)으로 나누는 것으로부터 시작된다. 이러한 이항적 구분이 어떻게 해석되는가는 문화 유형론에 달려있다. 경계는 죽은 것으로부터 살아있는 것을, 유목민에서 정착민을, 평야로부터 도시를 구분 짓고 국가, 사회, 민족, 종교적으로 다른 특징을 가지고 있다. 이러한 분할은 보편적인 현상이며 무한히 다양하게 해석된다.

이러한 이항(양항)대립에 대한 해석은 다양하게 이루어져도 항상 이항사이의 비대칭성을 그 전제로 하고 있다. 기호계의 하부구조의 모든 차이에도 불구하고 이들 하부구조들은 공통적인 좌표 체계로 조직화되는데 예를 들어 시간의 축에는 과거, 현재, 미래가 있고 공간의 축은 내부 공간, 외부 공간 그리고 이들 사이의 경계로 나누어진다. 기호계는 기호계의 질서를 유지하고자하는 힘과 기호계의 영역으로부터 벗어나려는 힘 사이의 긴장과 대립이

---

13) Там же, с. 175.

존재한다. 전자의 힘은 앞의 자체 기술에 의해 실현된다. 이는 문화적 공간의 중심에서 활동하며 보다 유기적이고 자기 조절적인 방향을 지향한다. 그러나 그것이 역동성을 잃고 유연성이 고갈되면 경직되어 더 이상의 발전을 이루지 못한다. 반면 주변은 기호학적 역동성의 영역이며 새로운 언어가 탄생하는 긴장의 장이기도 하다. 어느 시대든 문화의 주변에서 비롯된 힘이 문화의 중심에 새로운 충격을 가하면서 문화를 갱생시키는 예를 볼 수 있다. 가령 유럽의 아방가르드가 그 이전의 예술에 대한 반역에서 출발하여 문화의 중심현상이 되면서 그것의 법칙을 전체 문화계에 전파시키고 그로 인해 메타 문화적 층위에서의 강력한 이론화의 대상으로 자리 잡게 되는 과정이 그러하다. 한 시대의 문화의 주변에 자리했던 텍스트가 다른 시대에 문화의 중심으로 진입하면서 이에 따르는 메타 문화적 이론이 수반되는 예는 얼마든지 있다. 문화를 지배하는 것은 하나의 규범이 아니라 대립적 체계의 패러다임이며 이는 필연적으로 변화되므로 문화사의 기술도 이를 통해 가능하다. 이와 같은 과정 속에서 가장 먼저 이루어지는 것은 경계의 구분이다.

기호학화의 과정에서 '가장 뜨거운' 지점들은 기호계의 경계이다. 경계의 개념은 두 가지 의미가 있다. 하나는 분리시키는 것이며 다른 하나는 통합시키는 것이다. 경계는 항상 어떤 것의 경계이며 그래서 동시에 두개의 구분되어진 문화에 속하며 두개의 상호작용하는 기호계에 속한다. 경계는 2개 국어적이며 다국어적이다. 경계는 이질적인 기호학의 텍스트들을 '우리의' 언어로 번역하는 메커니즘이며 그것은 <외적인 것>이 <내적인 것>으로 변형되는 장소이며, 또 경계는 이질적인 텍스트를 변형시켜서 그들이 그들만의 특성을 유지하면서도 기호계의 내부 체계로 하나가 되게 하는 여과막이다.[14] 기호계가 현실 지역의 성격을 포함할 경우에 경계는 말 그대로 공간적 의미를 띠게 된다. 이렇게 경계는 기호계의 필요부분이고 '타자'가 존재하지 않는다면 어떠한 '우리'도 존재할 수 없기 때문에 문화는 내적 조직화의 유형뿐만 아니라 외적 '탈 조직화'의 유형도 창조하고 있다.[15] 이런 의미

14) Там же, с. 183. 그 예로 "우리의 포가느이(이교도)"와 "러시아의 바이런"을 들 수 있다.

15) 주어진 문화가 '야만'속에서 구세주를 보든, 적을 보든, 건강한 도덕적 품성의 소유자를 보든, 도착적인 식인종을 보든 상관없이 그것은 그의 고유한 전도된 이미지로 만들어진 구조물을 취급하고 있다. 예를 들면 19세기 유럽의 이성적 실증주의 사회는 '전 논리적인 야만인'의 이미지

에서 '야만'은 문명에 의해서 창조되어지며 '야만'이 문명에 필요한 만큼 문명도 야만에 필요하다. 기호계의 경계 지역은 끊임없는 대화의 장소이다.[16]

로트만에 따르면 사고의 기본적인 행위가 해석이며 해석의 기본적인 메카니즘은 대화이다. 대화는 비대칭성을 전제로 하며 비대칭성은 먼저 대화 참가자가 사용하는 기호학적 구조(언어)사이의 차이에서 그리고 다음으로는 교류 방향의 교대(수신자와 발신자의 교대) 에서 나타난다. 대화의 과정은 수신자와 발신자 사이의 분리가 전제되기 때문에 가능하다. 이들 사이에 차이가 없으면 대화가 불가능하지만 차이가 절대적이고 상호 배타적이 되도 대화가 불가능해진다 때문에 비대칭은 어느 정도의 불변성을 전제로 한다.

대화에 필요한 또 다른 조건으로 메시지에 대한 당사자들(수신자와 발신자)의 공통된 관심과 이들 사이에 불가피하게 생겨나는 기호학적 장벽을 극복하는 능력을 꼽는다. 대화가 이루어지기 위해서는 어떤 대화적 상황 혹은 기호학적 상황이 조성되어야 하는데 이는 발신자와 수신자가 각자 상대방의 언어를 통해 공통된 언어를 찾으려는 노력으로 나타난다. 가령 엄마는 아기의 옹알이를 흉내 내고 아기는 엄마의 표정을 흉내 냄으로써 서로의 언어에 적응하려 한다. 엄마와 아기사이의 이러한 관계는 엄마와 아기의 언어가 비연속적임을 전제로 한 것이며, 이러한 비연속성은 모든 대화체계에 공통적으로 나타난다. 대화는 이들 사이에서 순환적 교체의 형태로 나타난다. 문화의 발전 역시 순환적이며 보다 강한 활동을 보이는 것과 그렇지 않은 것이 번갈아 가며 교체된다. 이러한 교체의 과정은 여러 조건에 따라 다른 모습으로 나타난다.

공간의 기호학은 이런 저런 문화의 세계상을 창조할 때 상당히 중요한 의미를 가진다. 이러한 세계상은 공간의 특수성과 연관되어 있다. 세계상의 창조와 우주의 공간적 모델화는 문화적 삶의 습득에 피할 수 없는 기본요소이다. 이 경우에 공간의 모델화는 현실 세계의 공간적 모습을 재구성한다. 그런데 공간 이미지들은 다른 식으로 사용할 수 있다. 그러면서 로트만은 수학자 알렉산드로프(А. Д. Александров)의 말을 인용하고 있다. "유형학적 특질을 연구할 때 우리는 오직 그러한 특징만을 가지고 있는 대상들의 추상적

를 창조하거나 문화의 이성적 공간경계 밖에 위치하는 '반 공간', 비이성적인 잠재의식의 이미지를 필연적으로 창조했다. Там же, с. 191.

16) Там же, с. 191.

총체성을 개념화할 가능성과 마주치게 된다. 우리는 이 총체성을 추상적인 유형학적 공간이라 부른다. 나아가 이들 특질들을 순수한 형태로 분리하는 것은 우리를 그것들에 알맞은 추상적인 공간의 개념으로 이끈다."[17]

어떤 특징들을 분리시킴으로써 연속적으로 서로 인접한 성분들이 형성된다면 우리는 그 특징의 추상적 공간에 대해 말할 수 있을 것이다. 이런 방식으로 우리는 윤리, 색채, 신화공간에 대해서 말할 수 있다. 이런 의미에서 공간적 모델화는 비공간적 개념들이 표현될 수 있는 언어에 의해 가능해진다. 문화 공간 즉 기호계는 배치가 끝나고 미리 계산된 계획에 따라 움직이는 어떤 것이 아니라 무한한 에너지를 가지고 모든 장소의 심층과 표면에서 타오르는 중심의 역할을 하는 태양에 비유될 수 있다. 다만 태양과는 달리 기호계에서 나오는 에너지는 정보의 에너지이며 사고의 에너지이다.[18]

2. 러시아 지방문화 해석모형

러시아 지방의 문화를 보다 유형적으로 분류하고 해석하기 위해, 앞에서 고찰해본 문화 기호계를 주도하는 원리인 이항대립, 비대칭성, 경계의 의미, 대화의 의미와 메타 층위적 범주 등의 원칙에 입각한다. 그렇지만 이러한 원리만으로는 부족하고 구체적인 몇 가지 근거를 더 고찰할 필요가 있다. 우선 로트만의 말대로 "문화는 본성상 역사적이다. 한 문화의 현재는 항상 과거(어떤 신화의 질서 속에서 현실화되고 재생된)와의 관계 속에서, 미래와의 예측의 관계 속에서 존재한다."[19] 따라서 범주를 도입할 수 있는 첫째 근거는 인류 역사에서 나타난 각 시대의 문화적 특징들이다. 보다 자세하게, 그리스-로마 문화에서는 인간, 이성, 조화, 균형, 자연을, 중세 문화에서는 신과 상징, 비유, 일반성(보편성)을 고려할 수 있고, 르네상스 문화에서는 인간, 개인, 개성이, 근대 문화에서는 이성(계몽), 사실, 합리, 객관이 근대 후기와 현대 초 문화에서는 공상, 비이성, 비합리, 다원성이 그 시대 문화의 키워드였다. 또 하나의 근거는 현대에 나타나고 있는 포스터모더니즘 문화의

17) Там же, с. 205.

18) Там же, с. 205.

19) Лотман Ю. Беседы о русской культуре. СПБ., 1994. с. 9.

특성[20]이라 할 수 있는 해체, 반성, 실험, 모사(모방)를 고려한다. 때문에 이렇게 역사적으로 한 문화를 성격 규정지었던 개념들과 포스터 모더니즘의 특징적인 요소들이 문화 분석틀의 토대가 될 수 있다.

다음으로 본 논문의 분석대상이 러시아 문화이기 때문에 러시아 문화의 특수성을 고려하지 않을 수 없는데 리하초프는 아주 적절하게 이 특수성에 대해서 다음과 같이 말하고 있다 "러시아 문화에 속하는 우리는 바로 유럽 문화에 속함으로써 전 인류 문화에 속하게 된다. 우리가 아시아와 그리스 -로마의 정신적이고 문화적인 가치를 이해하기 위해서는 우리는 <u>러시아적인</u> 유럽인이 되어야한다."[21] 이를 위해서 기존의 러시아 문화 유형론에 대해 고찰해 볼 필요가 있다. 마지막으로 가장 중요한 고려사항으로 현실공간을 언어적으로 모델화하기 위해 러시아 각 지방(89개 연방 주체, 7개 연방지구)의 문화적 특성의 공통점을 추출하여 추상적 유형학적 공간을 설정하는 것이다.

나아가서 이 범주들을 포괄하는 상위 범주는 베르그송의 주저 「창조적 진화」에서 취한다.[22] 「창조적 진화」에서 베르그송은 우주의 근본적인 법칙으로 열역학 제2 법칙과 진화론을 말하고 있다. 열역학 제2 법칙, 즉 엔트로피 이론은 결국 우주의 에너지가 쇠퇴해 마지막에는 어떤 일도 할 수 없는 단계에 도달한다고 말한다. 이것이 열사 상태이다. 베르그송은 이런 운동을 하강 운동이라 표현하고 있다. 그런데 이 엔트로피 법칙에 반대되는 진화론은 전혀 다른 우주를 보여준다. 진화론은 새로운 형상이 끝없이 탄생하고 에너지의 새로운 조직화 양태가 계속 등장하는 우주를 제시한다. 베르그송은 이것을 우주의 상승운동이라고 표현하고 있다. 본 논문에서는 베르그

---

20) 독일의 미학자 볼프강 벨쉬의 포스트 모더니즘 정의 인용

21) Кононенко Б.И. Культурология. М., 1998. с. 37.

22) 이항대립의 메타층위는 화이트헤드의 『이성의 기능』에서도 똑같이 나타나고 있다. 화이트헤드는 역사는 사건의 과정 속에서 두개의 주간이 되는 경향을 드러낸다고 말한다. 그 한 경향은 물질성을 가진 것들의 매우 완만한 해체 속에서 구현되고 있으며 눈에 뜨이지 않는 필연성속에서 물리적인 것들의 에너지의 저하현상이 있다는 것이다. 그 활동의 근원들이 아래로 하향하고 있다. 다른 하나의 경향은 매년 봄마다 반복되는 자연의 재생으로 구현된다. 다시 말해서 생물학적 진화의 상승적 과정으로 구현된다. 말하자면 진화론이다. 진화론은 새로운 형상이 끝없이 탄생하고 에너지의 새로운 조직화 양태가 계속 등장하는 세계를 제시한다.

송의 이러한 우주에 대한 근본 법칙을 문화에 적용시켜서, 문화모형의 메타 층위를 문화를 등질화시키는 문화 등질화 요소(다른 말로 문화 하강적 요소라고 할 수 있는데 문화 하강적 요소라고 해서 문화를 쇠퇴시키거나 파괴하는 요소는 아니다)와 다른 측면 즉 문화의 다질화 요소로 잡는다. 여기서 말하는 문화 등질화 요소는 문화를 평준화시키는 요소이고 문화 다질화 요소는 문화를 상승 고양시키는 요소라 할 수 있다.

필자는 문화 변동과 문화 변천이 결국은 문화의 등질적 요소(하강적 요소)와 문화의 다질적 요소(문화 상승적 요소)간의 변증법적 통일과 대립에서 비롯되며 나아가서는 문화와 비문화간의 통일과 대립에서 일어난다고 본다. 위에서 살펴본대로 각 문화에 대한 정확한 이해는 문화 사이의 우열의 개념, 고등 하등의 개념, 선악의 개념으로 이해 할 수 없다. 이러한 요소들을 고려해서 필자는 다음과 같은 문화 분석 모델을 제시하고자 한다.

문화 해석모형

문화 등질화요소 ↔ 문화 다질화요소

문화 등질화요소		문화 다질화요소
정적	↔	동적
전통	↔	현대
자연	↔	인공
단일성	↔	다양성
보존	↔	개발
현대	↔	전통
자연	↔	인공
단일성	↔	다양성
전통	↔	현대
교회	↔	세속
서구(유럽)	↔	러시아
자연	↔	인공
귀족	↔	평민
로마지향(라틴적)	↔	비잔틴지향성
현대	↔	전통
차용성	↔	독자성
자연	↔	인공
자연	↔	개발
전통	↔	현대
로마지향(라틴적)	↔	비잔틴지향성
현전	↔	해체
정교	↔	이교
현대	↔	전통
단일성	↔	다원성

3. 방법론의 확정과 개념규정

러시아문화의 특성은 구조의 이원론적 성격에서 나타나는 양항대립성이다. 러시아 문화의 시스템에서 문화적 기본 가치들(이념적, 정치적, 종교적 가치들)은 명확한 경계에 의해 분리되어 가치적 중립지대를 알지 못하는 대극적 가치관 속에 자리 잡고 있다. 러시아 중세의 문화 시스템이 그러했고, 표트르 대제의 개혁 속에서 <러시아-슬라브적인 것>은 옛 것으로 개혁의 대상이 되었으며 1917년 10월의 프롤레타리아 혁명의 성공 이후 모든 귀족적-부르조아적인 문화 요소는 철저한 타도의 대상이 되었고 그 이후 80여년의 세월이 흘러 1990년 초 소비에트사회가 붕괴되면서 이전의 모든 사회주의적 요소들은 철저하게 버려야할 대상으로 취급되고 있다. 이처럼 러시아 문화시스템은 가치적 중립지대가 존재할 수 없는 명확한 이원론에 기초하고 있다고 할 수 있다.

이 논문의 분석 대상은 89개 연방주체를 기초로 한 7개 연방 지구[23]이며 대상의 공시적 측면과 통시적 측면의 양 측면을 동시에 고려하면서 분석하려고 한다. 하나의 대상은 그 역사적 변천 과정을 이해하지 못하면 현재 상태를 제대로 규명 할 수 없다는 점에서 통시적 측면을 고려해야하고, 또 대상은 다른 대상과 비교할 때 그 특성이 명확히 규명된다는 점을 고려 할 때 공시적 측면의 연구도 효과적이기 때문이다. 그리고 대상에 대한 해석은 위에서 언급한 바대로 러시아문화의 특성을 잘 드러낼 수 있는 이원론적 양극성에 기초한다.

그러면 범주에 대한 원칙과 개념규정을 내려 본다. 아래의 구분은 전체적인 특징을 총괄적으로 규정하는 것이지 절대적인 기준을 갖는 것은 아니다.

- 문화 등질화 요소 : 문화를 평준화시키는 요소
- 문화 다질화 요소 : 문화를 상승·고양, 다양화시키는 요소
- 전통 : 역사적으로 전승된 물질문화, 사고와 행위양식, 사람이나 사건에 대한 인상, 갖가지 상징군(象徵群).

23) 푸틴대통령은 2000년 5월 13일 러시아 연방의 89개 연방주체를 기존의 7개의 군관구와 유사한 7개의 연방행정지구로 행정개혁을 단행했다. 7개 지구에서의 대통령 전권대리인은 대통령에 의해 임명되며 대통령의 사회-경제정책을 해당지역 내에서 실현시키는 한편, 연방지구내의 연방주체들에 대한 통제권도 갖게 되어 있다. 원학의·한종만·공우석, 『러시아의 지리』. 서울: 아카넷, 2002. p. 132.

- 자연 : 나와서, 자라고, 쇠약해져, 사멸하며 그 안에서 생명력을 가지고 스스로의 힘으로 생성, 발전하는 상징군. 그리스에서는 자연을 피시스(physis)라 하였다. 이 말은 피오마이(태어나다)라는 동사에서 유래하며, 본래 '생성(生成)'을 뜻한다. 아리스토텔레스의 정의에 따르면 자연이란 '그 자체 안에 운동의 원리를 가진 것'이다. 이와 같은 그리스의 자연관에서는, 자연은 조금도 인간에게 대립하는 것이 아니고 오히려 그러한 생명적 자연의 일부로서 그것에 포괄되어 있다. 자연은 인간에게 대하여 이질적·대립적이 아니고 그것과 동질적으로 조화하고 신(神)마저도 거기에서는 자연을 초월하는 것이 아니고 거기에 내재적이다. 러시아의 혼 가운데는 러시아의 광막함 그 자체와 끝없는 러시아의 평원과 결부되어 있는 강력한 자연적인 요소가 남아 있다. 러시아인 사이에는 '자연'이란 것이 근원적인 힘을 가지고 있다. 그 자연은 서구의 여러 민족, 특히 가장 세련된 라틴계의 민족의 경우보다도 강력한 힘이 되고 있다. 원시적 또는 이교적인 요소는 러시아의 기독교 속에도 침투해 들어왔다. 전형적인 러시아인의 내부에서 항상 두 가지 요소가 싸우고 있다. 즉 끝없는 러시아의 토지의 원시적인 자연적인 이교주의와 비잔틴에서 계승된 피안의 세계로 손을 뻗으려고 하는 정교적 금욕주의이다.
- 인공 : 스스로 그러하게 두는 것이 아니라 인간의 작위성이 강조되는 상징범주
- 투박(원시성) : 투박이란 단순히 덜 발달되고 세련되지 못했다는 의미가 아니라 모든 것이 보존되어 있는 가능성의 상태를 말한다. 인위적인 세밀한 끌질이 가해지기 이전의 스스로 그러한 자연의 상태이다. 통나무는 나무로 만드는 모든 것의 가능태인 것처럼 투박도 모든 가능성을 보지한 사물 본래의 모습이다.
- 현전 : 눈앞에 있는 것
- 해체 : 대상의 파괴, 현전의 붕괴
- 개인성 : 개인성이란 집단성에 대립되는 개념으로 자기 자신의 존재 가치에 대한 자각을 그 특징으로 한다. 역사적으로 볼 때 개인성을 문화의 기본 축으로 추구한 시대는 르네상스부터였다고 할 수 있다. 개인의 취향, 개인의 견해, 개인의 재능, 개인의 삶의 가치를 강조하는 개인성의 개념은 르네상스시기에 최초로 분명하게 나타났고 계몽시대에 완성되었고 19세기 유럽 문화에서 익숙하게 되었다.

Ⅳ. 러시아 지방문화 해석모형의 적용

1. 남부연방지구의 문화 특성 유형화 및 해석

문화 해석유형에 비추어 볼 때 남부 지구는 문화의 다질화 요소가 우세한 지역으로 동적인 특성을 가지며 자연, 다양성, 전통의 범주로 유형화할 수 있다. 문화 해석유형에서 보듯이 남부지구는 각 민족과 지역의 고유한 문화적 영역이 대체로 잘 보존되고 있는 지역이라 할 수 있다. 자연이라는 범주는 인공과 대립을 이루며, 전통은 현대와 이항대립을 이루는 개념이고, 다양성은 단일성과 이항대립을 이루는 개념이다.

- 다양성의 범주에서 해석 : 여기서는 주로 민족과 언어의 다양성에 대해 논한다. 러시아연방 토착민족들은 대부분 21개 자치공화국과 10개 자치구에 밀집되어 있다. 남부연방지구에는 8개의 자치 공화국이 속해 있으며 이것은 러시아의 연방지구 중 가장 많은 수이다. 남부지구 소속 공화국에서 토착 민족이 속하는 비율을 보면 다음과 같다. 인구셰찌야 공화국(인구슈족 74.5%), 체첸 공화국(체첸족 66%), 까라차이-체르께씨야 공화국(까라차이인 36%), 까바르드-발까리야 공화국(까바르드인 48.2%), 깔미끼야 공화국(깔미크인 45.4%), 다게스딴 공화국(아바르족 27.5%), 북 오쎄찌야-알라니야 공화국(오세트인 53%), 아디게야 공화국(아디게야인 22.1%)이다. 이러한 민족단위의 자치단체의 존재 여부는 민족 고유문화의 보존과 발전이라는 측면에서 매우 중요한 역할을 한다.[24)] 이처럼 남부 연방지구는 러시아에서도 민족적, 언어적으로 가장 복잡하고 다양한 양상을 띠고 있는 지역이며, 이러한 다민족성은 이 지역의 아주 중요한 문화적 특성이다. 까바르드인, 체르께스인, 아디게인은 하나의 아디게이 사회를 형성하고 있고, 이들은 아디게야, 까라차이-체르께시야 그리고 까바르드-발까리야 지역에 거주하고 있다. 이에 필적할

24) В. Г. Игнатов В. И. Бутов, Регионоведение. М., 2000. с. 200.

만한 민족은 다게스딴 산악 민족인 아바르인, 다르긴인, 라끄인, 레즈긴인, 따바라산인, 루뚤츠인들이다. 그 다음으로 체첸과 인구쉬인들이 자치 공화국에 거주하고 있다. 이들 모두는 까프까스-이베리아족 또는 이아페띠족과 연관되어 있다. 터키 민족 역시 북까프까스에서 민족-영토 자결권을 주장하는 토착민족이다. 이들은 이전에 국가를 가졌던 경험도 있다. 꾸미크인과 까라차이인, 발까르인들은 유사민족으로 까라차이-발까리아어를 사용한다. 이들은 대부분 까바르드- 발까리아와 까라차이-체르께시야에 거주한다. 또 다른 터키 민족인 노가이인들은 다게스탄, 체첸, 까라차이-체르께시야, 스따브로폴 변강주 등의 산악과 초원 지대에 거주한다. 이 지역에는 또 뚜르크-메스헤틴인들이 1944년 그루지아와 중앙아시아에서 강제 이주되어 살고 있으며, 이것이 1989년 페르간스끼야 돌리나에서 민족 간 갈등의 원인이었다. 또 아제르바이잔인들과 크림 타타르인들 역시 강제 이주되어 이 지역에 살고 있다.

이 지역에는 또한 그루지아인, 아르메니아인들을 비롯한 다른 민족들도 거주하고 있다. 이 중 희랍인들은 1930년대에는 이 지역에 희랍 지역을 형성하기도 했고, 희랍 민족 소비에트가 존재하기도 했다. 이곳에 러시아인들의 사회가 형성되기 이전에 이미 여러 민족들은 자신들만의 고유한 문화공동체를 형성하고 있었다. 러시아 지방문화 연구에서 민족들이 지표상에 자리 잡고 있는 민족분포도는 지방문화 특성의 중요한 요소이다.

▸ 전통의 범주로 해석 : 남부지구는 지형과 민족성, 강한 문화적 정체성 등으로 외부의 영향을 덜 받아 각 민족들의 문화적 전통, 풍속, 예술(노래, 춤, 구비문학 등), 민속공예업 등이 잘 보존되어 있는 지역이다. 남부 연방지구의 문화적 특징을 구체적으로 살펴보면 다음과 같다.

첫째, 남부 연방지구는 각 민족의 전통 문화가 우세하며 수공업, 세공품 등이 발달해있다. 민속과 구비 전승 문학에서 민족적 특성이 강하게 나타나 있다. 둘째, 남부 지구에는 자연 그대로의 아름다움을 간직한 지역이 많이 있다. 셋째, 다게스딴의 구비 문학의 가치는 다언어적이며 다민족적이라는데 있다. 그렇지만 그 구비문학은 각 민족 구비문학의 민족적 특성을 배제하지 않고 그것을 전제로 하고 있어서, 통일되어 있으면서도 다양성을 지니고 있다. 넷째, 외부와 단절된 산악지대에는 독특하면서도 풍부한 전통공예품이 있고 가내 수공업이 발달했다. 다섯째, 전통적으로 남부지역의 여러 민족들은 나무나 돌을 재료로 한 조각, 금속 제품의 제조, 피혁 가공, 융단직조, 자수에 종사하여 전통수공업을 발달시켰다. 예를 들면 다게스딴에서는 장식-실용예술이 발달되어 있는데 그 중심지는, 세공품들과 에나멜로 칠한 조각품이 유명한 꾸바치(Кубачи), 청동 조각품, 세공품으로 유명한 고짜뜰(Гоцатль), 무늬 있는 도자기로 유명한 발하르(Балхар), 은 상감의 목조 세공품, 뼈세공품과 나전 제품이 유명한 운쭈꿀(Унцукуль)등이다. 옛날 부터 남다게스딴 지방은 융단 제품의 중심지로 유명하다. 여섯째, 각 민족의 역사적 기억이 서사시, 구전 가요, 전래 동화, 영웅적 이야기 속에 담겨져 있다.[25)]
일곱째, 체첸인들은 오늘날까지 자신들의 전통적 삶과 풍속, 춤, 가내 수공업을 보존하고 이어가고 있으며 자신들의 언어를 지켜나가고 있다. 체첸 민중은 풍부한 예술 자질을 가지고 있는데 이것은 구전 민속 예술의 토대에서 발생했다. 현대 체첸 문학의 기본은 아랍 문학이며 아랍 문학은 17세기 말부터 발전하기 시작했다. 체첸어속에서 이러한 문학의 탄생과 발전이 동시에 일어났다. 체첸인들은 오늘날까지 자신들의 전통적 삶과 풍속, 춤, 가내 수공업을 보존하고 이어가고 있으며 자신들의 언어를 지켜나가고 있다. 체첸 민중은 풍부한 예술 자질을 가지고 있는데 이것은 구전 민속 예술의 토대에서 발생했다. 북까프까스의 외부와 단절된 산악지대에는 독특하면서도 다양한 전통공예품이 있고 가내 수공업이 발달했으며 이 지역 민족의 역사적 기억은 서사시, 구전 가요, 전래 동화, 영웅적 이야기 속에 담겨져 있다.[26)]

---

25) В. А. Тишков, Народы России энциклопедия. М., 1994. 69-72.

여덟째, 깔미끼야 민중의 문화는 중앙아시아의 수천 년 된 까체브 민족 문명 속에 그 뿌리를 두고 있다. 아시아에서 유럽으로 대 이주를 경험하면서 깔미끼야 민족의 문화는 우랄근처, 볼가 유역, 북 까프까스 민족들의 문화적 영향을 크게 받아서 민속과 서사 장르에서 아주 독특한 색조를 유지하고 있다. 깔미끄 인들은 능숙한 전사들이며 정치가이며, 축산가이며, 상인들이다. 이들은 다양한 수공업 기술을 가지고 있었는데 벨트와 가죽을 생산했고 나무와 금속을 가지고 작업을 했다. 깔미끼야의 옷과 뜨개, 고대의 상징이 새겨져 있는 수예품은 화려함과 섬세함으로 돋보인다. 깔미끄의 정신적 문화는 충분히 견고했으며 이 때문에 유럽 지역에서 독창적인 동방의 문화를 갖고 자신의 독특한 민요, 문자, 문학과 음악을 보존되게 되었다. 전통적으로 남부지역의 여러 민족들은 나무나 돌을 재료로 한 조각, 금속 제품의 제조, 피혁 가공, 융단직조, 자수에 종사하여 전통수공업을 발달시켰다.[27]

▸ 자연의 범주로 해석 : 여기서는 자연을 구체적이고 일상적인 의미로 접근하여 자연 환경적 측면에서 특징을 분석해본다. 남부지구 소속 연방 구성주체(субъект)들을 자연의 범주로 해석해보면 다음과 같다.

까라차이-체르께씨야 공화국은 산악지대이며 그 자연적인 조건으로 인해 경치가 매우 아름답다. 이곳은 등산하기에 안성맞춤이며, 돔바이나 쩨베르드 산은 관광, 레크리에이션을 하기에 매우 적합한 환경이다. 이 산들로부터 쿠반강, 라바강과 그 지류가 흐르기 시작한다.

까바르드-발까리야 공화국은 까프까스 지역의 북쪽에 위치하고 있고 그 중앙부분은 까바르진스키 평원에 접해있다. 숲이 차지하는 면적은 18만 헥타르에 이르고 토양의 대부분은 흑토질이다. 중앙 까프까스 지역의 산은 유럽에서도 가장 높은 산들이다. 이 산들은 대체로 유년기의 산이 많고 특히 엘브루스산은 까프까스에서 가장 아름답고 장엄한 산

26) Там же, с. 399-402.

27) Там же, с. 178-181.

이다. 까바르드-발까리야 공화국의 주요 강으로 쩨레끄, 말까, 발산 등이 있다. 이 지역에는 100여개가 넘는 작은 호수가 있으며 이들의 대부분은 높은 고산지대에 있어 평지부분에 있는 호수는 강의 하류에 있는 하상에 불과하다.[28)]

스따브로뽈 변강주는 평지와 산악지대의 중심에 자리잡고 있다. 이 지역의 북동지역은 융기한 산악지대를 낀 평원이며 남서부는 전형적인 산악지대이다. 빠찌고르스크(Пятигорск) 지역은 초원, 활엽수림대이며 등산하기에 안성맞춤인 산이 있는 평원지대이다. 이 지대의 주위로는 꾸마강과 뽀드꾸마강이 흐르고 있으며 그 아래 지역으로 17개의 가파른 산들이 펼쳐져 있다. 끼슬로보쯔크(Кисловодск) 지역은 깊은 동굴과 암굴이 있고 모래산과 백악기산이 위치하고 있어 자연 경관이 무척 아름다운 곳이다.

끄라스노다르 변강주는 지리적인 위치가 뛰어나고 기후적 여건이 매우 좋은 곳이며 자연경관이 다양하고 아름답다. 이 지방은 흑해와 아조프해를 끼고 있다. 북서까프까스의 북부와 중앙지역에는 꾸반스키 평원이 차지하고 있고 남쪽에는 대 까프까스의 산지대가 위치하고 있어 자연경관이 훌륭할 뿐만 아니라 동식물계가 매우 풍부하다.

끄라스노다르 변강주의 주요한 강은 쿠반강으로 그 길이는 906km이며 자주 범람한다. 끄라스노다르 변강주의 수자원의 유량은 일정하지 않아 봄에는 하천이 자주 범람하고 여름에도 농업에 큰 피해를 끼치는 홍수가 자주 발생한다. 따라서 이 지역에는 물의 흐름을 조절하기 위한 목적으로 저수지와 운하가 잘 건설되어 있다. 이것들은 주요한 수상 간선으로 길이가 450km에 달하고 단순한 물의 조절을 넘어 수력발전소나 다른 수력기술기관으로의 역할을 하고 있다.[29)]

깔미끼야 공화국은 사막지대에 위치하고 있다. 이 지역의 식물의 표면

---

28) М. Я. Гохберг, Федеральные округа РоссийскойФедерации. М., 2002. с. 135.

29) Там же, с. 138.

층은 초원과 황량한 지역이 혼합된 형태로 되어있고 러시아에서 가장 숲이 적은 지역으로 알려져 있다.

볼고그라트주는 지하 광물자원이 매우 풍부하다. 석유와 천연가스의 매장량은 잘 알려져 있다. 인산염과 식탁염 및 염화마그네슘염, 광천수, 건축용 모래와 점토, 석회암을 비롯한 다른 자원들도 채굴되고 있다. 이곳에는 동식물계 역시 다양하다. 깨끗한 물이 있는 곳에서만 서식하는 물쥐는 세계적으로 희귀한 동물이다. 이 외 여우와 사슴, 멧돼지, 너구리, 담비 등 49종의 포유류가 서생하고 있으며 200여 종의 조류와 다양한 어류가 발견되고 있다. 이 지역에는 볼가강과 돈강이 아름답게 흐르고 있으며 전체적으로 199개의 수류가 있다. 볼가강은 러시아 유럽부분의 모든 강들을 연결하는 수상체계를 갖고 있어서 이 지역은 다섯 개 바다로 진출입하는 항구로서 핵심적 위치를 차지하고 있다.

북 오쎄찌야 공화국은 러시아 남쪽 산악지대에 위치한 지역이다. 모든 강들은 쩨레끄 연안지역과 근접해 있다. 가장 큰 강은 쩨레끄강으로 북 오쎄찌야 공화국의 영역을 110km나 흐르고 있다. 토양은 흑토질과 밤색토양이다. 산림은 잎이 넓은 활엽수가 주종을 이루고 있으며 전체 공화국 영토의 22%를 차지하고 있다. 동물계는 매우 다양하다. 숲지대에는 멧돼지, 곰, 늑대, 여우, 사슴, 영양, 들고양이, 야생소 등이 서식하고 있다. 쩨야강, 아르돈강, 삐아르돈 강 등의 상류에는 '북 오쎄찌야 금렵구역'이 자리잡고 있다.

아스뜨라한주는 카스피해의 진주라고 불릴 만큼 아름다운 지역이다. 카스피해와 공가강은 아스뜨라한 지역의 중요한 부분이며 아스뜨라한주의 전체 수면은 전 면적의 10%에 달한다. 볼가의 삼각주에는 900여 개의 강이 있으며 그 중 수량이 가장 많은 강은 바흐쩨미르강이다. 아스뜨라한주의 수산자원은 매우 풍부하고 다양하여 이 지역의 주요 자원이 되고 있다. 아스뜨라한주는 많은 섬들과 초원, 호수의 가장자리에 있다. 전체 면적의 70%는 카스피해 연안의 염소지나 황량한 초원이다.

또한 아스뜨라한에는 700개 이상의 함호가 있으며 1,300개 이상의 염소지가 있다. 이들 지역은 많은 양의 소금을 함유하고 있다. 이 호수들 중에 가장 큰 것은 바스꾼착 호수이고 이 호수의 풍경은 매우 아름다우며 그 면적은 115㎢이다.[30)]

2. 중앙연방지구의 문화 특성 유형화 및 해석

모스크바를 중심으로 하는 중앙연방지구는 문화해석 유형에 비추어 볼 때 전통, 현대, 비잔틴지향성, 다원성의 범주로 해석이 가능하다. 전통은 현대, 비잔틴지향성은 로마지향성, 다원성은 단일성과 각각 이항대립을 이루는 범주이다.

▸ 전통과 현대의 범주에서 해석 : 러시아 민족성은 16세기에 형성되었으며 그때에 통일된 러시아 국가가 이루어졌고 북동쪽과 북서쪽 루시의 모든 땅이 흡수되었다. 모스크바는 궁극적으로 러시아 민족성이 형성된 문화적 중심지이다. 지역적 문화가 점차적으로 연합해 갔으며 전 러시아적인 문화건설이 시작되었다. 대체로 후대에 보존된 많은 특징이 바로 이 때 나타났다.

모스크바시, 블라지미르, 수즈달, 야로슬라블, 브랸스크주, 뚤라주, 깔루가주 등의 중앙 연방지구에 속하는 지역들은 사실상 러시아 민족의 역사를 이끌어온 지역이라 해도 과언이 아니다.(1713년에 수도가 뻬쩨르부르크로 옮겨져 중요성이 분산되기는 했지만)그 때문에 어느 연방지구보다도 문화적 전통이 풍부하다. 모스크바 근교에는 역사와 문화를 간직한 장소들이 많이 남아 있다. 이것들은 궁전과 공원, 수도원, 구 도시, 문화적 기념물들이다. 모스크바 주에는 세르기예프 빠사드, 즈비니고로트, 볼로꼴람스크, 깔로멘스크, 자라이스크, 베레야 등의 유명한 역사적 유적 도시들이 많이 있다. 19세기와 20세기 초에 러시아 문화의 중심지가 된 아브람체보, 무라노보, 아스따피예보, 아르한겔스꼬예 같

30) В. Г. Игнатов В. И. Бутов указ. соч., с. 149-154.

은 많은 박물관·영지가 있고 이오시포-볼로츠끼, 호찌꼬프스끼 등과 같은 수도원들이 있다. 특히 세르기예프 빠사드에는 러시아 정교회 중심지 중의 하나인 성 세르기예프 삼위 일체 수도원이 있다. 모스크바 근교에는 민속공예업과 루시 땅에서 650년보다 더 오랫동안 유명한 도자기업이 발달해 있다. 다른 유명한 민예품을 보면 페도스끼노의 옻칠 세공품, 조스또프의 금속판화, 보고로드스크와 호찌꼬프의 세공품, 빠블로프-빠사드의 숄이 유명하다.

이바노보주는 옛날부터 직물공예품, 넝쿨 공예품, 자수 공예, 민속 의상, 도자기 공예 등의 전통 공예로 유명한 지역이었다. 그 중에서도 직물공예가 가장 발달했는데 이바노보의 직물은 전 러시아에서 유명하다. 이 지역의 직물공예가들은 그림과 꽃무늬가 있는 우아한 작품들을 만들어 냈다. 러시아 민속예술의 아름다움과 독특함은 이바노보의 빨레흐(Палех)지방의 독특한 세공품에 잘 나타나 있는데 이 지방은 뛰어난 예술가들을 세상에 많이 배출한 곳이다. 고대 루시로부터 현재에까지 예술가들의 장인술이 대대손손 이어져 내려오고 있다. 궤짝, 패물함, 귀중품함에 그려진, 빨레흐 지방의 장인들의 그림은 독특함과 개성으로 돋보인다. 옛날부터 빨레흐 지방은 성상화로 유명했는데 이 지방의 성상화는 모스크바, 볼가 유역, 그리스, 비잔틴, 스뜨로가노프스끼, 노브고로트의 양식에서 차용해왔다. 빨레흐 지방 성상의 독특한 양식은 18세기경에 성립되었다.[31)]

꾸르스크(Курск)주는 풍부한 역사를 가진 지역이다. 그 천년의 역사는 많은 역사-건축 기념물에 자신의 모습을 투영하고 있는데 그들 중 대부분은 17세기에서 19세기에 세워졌다. 이 기념물들은 현재도 잘 보존되어 있는 즈나멘스끼(Знамеский)성당과 세르기예프-까잔(Сергиев-Казанский)사원, 바라띤스끼(Барятинский)공후 궁전, 로모다노프(Ромоданов)대귀족 저택, 역사-건축 앙상블, 근본 수도원, 이전의 귀족 건물들이

31) http://www.ivanov.intergrad.ru/kultura.html(2005. 5. 25 검색)

다. 옛 건축의 아름다움과 훌륭함은 현대 건물 양식과 잘 조화를 이루고 있다. 오늘날 꾸르스크 지방은 러시아에서 가장 큰 문화 중심지 중의 하나인데 오늘날까지 민간의 전통이 흐르고 있는 곳이다.[32]

브랸스크 지방은 13-14세기의 따따르-몽골의 침략이 없었고 17-19세기의 농노제의 잔인한 지주 형태가 없어서 러시아에서 민간전통과 민간예술문화(무용, 노래, 조각품, 세공품, 나무조각품, 유리 조각품 등)의 실제적인 보존처로 남아 있다. 때문에 이 지역의 구비문학은 오랫동안 전통민간유산 연구가들의 관심을 끌고 있다. 이처럼 중앙연방지구는 러시아의 전통문화가 풍부할 뿐만 아니라 소비에트 붕괴 이후 서구의 현대적인 문화가 가장 빨리 보급된 곳이기도 하다.[33]

▸ 비잔틴지향성의 범주에서 해석 : 비잔틴지향성은 비잔틴 제국, 제2의 로마의 붕괴 후 러시아 민족 속에서 러시아의 모스크바 공국이야말로 정통 신앙을 지켜나가는 유일한 국가라는 의식이 싹텄다. 모스크바를 제3의 로마로 삼아야 한다고 설파한 사람은 쁘스꼬프에 있는 엘레아자르로프 수도원의 수도승 필로페이였다. 그는 인류역사란 세 개의 세계제국, 즉 세 개의 로마역사이며 신에 의해 선택된 세 개의 민족의 역사라고 하였다. <모스크바는 제3 로마>설은 모스크바 공국의 건국 기초이념이 되었다. 공국은 견고하게 통일되고 하나의 메시아적 이념의 상징 밑에서 형성되었다. 참다운 이상적 왕권의 추구는 전체 역사를 통하여 러시아 민족의 특색이 되었다.

<모스크바는 제 3의 로마>개념은 그 본질에 있어 이중적이었다. 한편으로 그것은 모스크바국과 최고의 영성적, 종교적 가치와의 관련성을 시사했다. 그것은 신앙심을 모스크바 세속권력의 주된 특질로 만듦으로써 비잔티움 지향의 신정적 측면을 강조했다. 이러한 해석의 변이체에서 그것은 사악한 땅과의 결별을 시사했다. 한편으로 콘스탄티노플은 제2의 로마로 간주되었다. 즉, 그 이름과 관련된 정치 상징에서는 그 최

32) http://www.kursk.intergrad.ru/kultura.html(2005. 5. 27 검색)

33) http://www.bryansk.intergrad.ru/kultura.html(2005. 5. 28 검색)

고 권력적 본질이 강조되었다. 비잔티움은 로마의 권력을 계승한 <세계제국>으로 간주되었던 것이다. 따라서 <모스크바는 제 3의 로마>설은 종교적인 경향과 정치적인 경향을 하나로 수렴시킨다고 볼 수 있다. 정치 상징으로서의 콘스탄티노플의 이중적 성격은 두 가지 해석을 가능하게 했다. 첫 번째 해석에서는 신앙심과 성직이 그리고 두 번째 해석에서는 권력과 왕권이 각각 강조된다. 예루살렘이 전자를 상징한다면 로마는 후자를 상징한다. 결과적으로 한 국가로서의 모스크바의 발전은 전자나 후자에 관련된 일련의 상징에 의해 약호화될 수 있었다. <모스크바는 제 3의 로마>라는 설이 곧 모스크바가 신예루살렘이라는 설로 변형된 것은 놀라운 일이 아니다. 후자는 전자에 상치되는 것이 아니라 오히려 전자의 실현이라 간주되었다. 16세기의 러시아인들은 구 예루살렘은 이교도인 사라센들에 의해 모독당함으로써 명예가 실추되었고 따라서 모스크바가 예루살렘의 이름을 취해야 한다고 생각했다. 성소피아 성당이 당대에는 러시아인들에게 교회의 화신이었던 반면에 1453년 이후에는 예루살렘의 <부활사원>이 그 자리를 차지했다. 니콘 대주교는 모스크바 근교에 <신예루살렘>을 건설하고 <부활사원>을 세웠다. 이러한 행위는 동방교회 대주교들 사이에 반발을 불러일으켰고 니콘에 대한 그들의 비난이 바로 <신예루살렘>이라는 명칭의 사용에 근거했다는 점에서 특히 의미심장하다. 이렇게 하여 비잔티움의 상징은 두개의 상징적 이미지로 분열되었다. 콘스탄티노플은 신성한 신정도시 신예루살렘이자 동시에 세계의 절대권력의 중심지, 정치적 수도인 신로마로 간주되었다. 이러한 두 가지 생각은 모스크바를 신콘스탄티노플, 혹은 제 3의 로마로 보는 견해에 통합되었다. 여기서 중요한 사실은 터키에 의한 콘스탄티노플의 함락(1453년)이 러시아에서의 따따르 지배의 종식(1489년)과 대략 시기적으로 일치했다는 점이다. 러시아인들에게 이들 두개의 사건은 자연히 서로 관련이 있는 것으로 여겨졌다. 그것은 세계의 신성 한가운데서 일어난 일대 변화였다. 비잔티움에서 이슬람이 정교회를 이긴 반면 러시아에서는 정교회가 이슬람에 대해 승리를 거두었다. 콘스탄티노플의 함락으로 모스크바의 지배자는 정교 세계의 유일한 독립 군주가 되었다.[34]

16세기 초에 체계화된 <모스크바는 제 3의 로마>라는 이념은 이러한 자부심의 집약체였다. 이 주장은 모스크바 군주권의 강화에 크게 기여했을 뿐 아니라 몽골지배를 극복하고 영토의 무한팽창에 나선 러시아인들의 선민의식을 극대화하였다. 볼셰비키 혁명 후 정교회는 정권과 갈등을 빚었으며, 스탈린 시대에는 수많은 교회와 수도원이 파괴되고 수난을 당했다. 그러나 오늘날 러시아인들은 정교전통의 회복에서 자국의 영광을 찾으려는 염원으로 교회를 적극 복원하고 있다. 현대 러시아에서 정교는 가장 강력한 문화적 흐름 중의 하나가 되었다.

▸ 다원성의 범주에서 해석 : 다원성의 범주는 현대 러시아를 해석하는 범주이며 여기서는 모스크바나 중앙지구의 문화적 특징만이 아니라 구소련 해체이후 전 러시아가 겪는 과정의 총괄적인 해석에 해당하지만 소련 해체이후의 경제적 정치적 문화적 변화의 핵심에 모스크바가 있으니 모스크바를 중심으로 해석해 본다. 소련의 정치체제가 붕괴되면서 문화와 권력 간에 근본적인 변화가 일어났다. 한 편에서는 문화는 정치의 이념적 지배에서 벗어났지만 다른 편에서는 예술작품이 사회적 감정의 분출구로서의 유일한 안전판 구실을 중단했다. 이전까지의 문화의 발전 과정은 국가 구조의 붕괴(구소련의 붕괴)와 정치 제도의 와해로 중단되었다. 새로운 문화는 조직적인 면에서 이전 시대의 역사뿐만 아니라 새로운 정치, 경제 상황과 밀접한 관계를 맺고 있다.

문화와 정권 사이의 상호관계에 근본적인 변화가 일어났다. 권력은 자신의 요구를 문화에 강요할 수 없게 되었고 역으로 문화는 수요를 보장받지 못하게 되었다. 이와 함께 중앙집권화된 통제체계와 통일된 문화정책 같은 중심축이 사라졌다. 문화발전은 사회의 과제가 되었고 첨예

34) 로트만. 우스펜스키, op. cit., pp. 263-266.

한 사회 불화의 대상이 되었다. 그러나 한편으로 문화 사고의 범위는 서구문화의 추구로부터 고립주의에 대한 옹호에 이르기까지 그 폭이 매우 넓어졌다. 통일된 사회문화사상의 결여는 20세기 말 러시아 문화가 처한 심각한 위기상황으로 받아들여졌다. 다른 측면에서 문화의 다원주의는 문명화된 사회의 자연적인 현상으로 인식되기도 한다.

3. 북서연방지구의 문화 특성 유형화 및 해석

북서연방지구는 문화해석모형에 비추어 볼 때 서구화(유럽화), 라틴적-로마지향성, 인공성 등의 특징을 가지며, 서구화는 러시아, 로마지향성은 비잔틴 지향성, 인공은 자연과 이항대립을 이룬다.

▸ 로마지향성의 범주로 해석 : 러시아의 18세기는 표트르 대제에 의한 대변혁 덕분에 역사상 중요한 전환기를 이룩했다. 러시아는 모스크바 공국에서 제국으로 발전했으며 중세적인 모습에서 탈피하여 근대적인 계몽정신을 수용하게 되었다. 표트르의 정책은 정치적, 사회적, 기술적, 종교적, 문화적 변형을 포함하는 일대 혁신으로 의상이나 일상적인 에티켓에서 행정부의 조직에 이르기까지 국민생활의 모든 면에 영향력을 행사하여 그때까지 존속해 온 전통을 과감하게 파괴하였다. 표트르의 개혁은 또한 변형의 보편성 및 광범위성뿐만 아니라 신속함을 수반하였다. 개혁의 절박성에 사로잡힌 표트르와 그 측근들은 <더 빨리, 더 새롭게>를 일종의 모토로 삼았으며 따라서 사회 전반에 걸친 변형의 속도는 점점 더 가속화되었다.

표트르의 개혁과 관련된 가장 큰 사건은 뻬쩨르부르크의 건설이었다. 표트르의 명령에 따라 1703년 네바강 하구의 늪지 위에 세워진 <표트르의 도시> 뻬쩨르부르크는 과거와의 확실한 결별을 말해주는 공간적인 상징이었다. 비잔틴 문화와 밀접하게 연결되어 있던 장중한 분위기의 모스크바와 달리 이탈리아 및 프랑스풍의 건물과 궁전, 정원들, 베니스와 암스텔담의 운하를 닮은 운하 등으로 특징지어지는 뻬쩨르부르크는 그 외관에서 이미 과거 모스크바 시대의 종말을 의미했던 것이다.

표트르 시대의 이데올르기는 그 이전 시대의 모든 것에 대한 거부와 부정으로 특징지어진다. 수도를 뻬쩨르부르크로 이전함에 있어 표트르는 로마의 신성을 따르거나 아니면 최고 권력적 전통을 따를 수 있었다. 그는 후자를 선택했다. 그때부터 로마제국과 뻬쩨르부르크와의 유대는 여러 가지 측면에서 강조되기 시작했다. 새 수도를 <성 표트르(베드로)의 도시>로 명명한 것이나 로마시의 문장을 모델로 한 문장의 채택은 로마지향성을 여실히 말해준다. 원래의 도시 계획안에 나타난 뻬뜨로빠블로프스크성당의 중심적 위치 또한 성 베드로성당을 중심으로 하는 로마시와의 유사점을 지적해준다. 로마-뻬쩨르부르크의 평행관계는 사도 안드레이에 대한 숭배에서도 나타난다. 베드로의 동생 안드레이는 러시아에서의 베드로의 분신이자 변이체였다. 신성에 대한 세속권력의 승리는 뻬쩨르부르크를 신로마로 보는 견해에 권위를 부여해주었다. 한편, 제국 로마 지향성은 신로마의 황제 표트르에 대한 개인숭배로 이어졌다. 표트르의 이미지와 관련된 일련의 성당이 세워졌으며 표트르는 사도 베드로와 동일한 차원에서 인식되었다.[35)]

▸ 서구(유럽)화의 범주로 해석 : 서구화의 범주로 해석하기 위해서는 역사적 접근이 필요하겠다. 18세기는 <혁신>의 기치아래 시작되었다. <새로운>것은 좋은 것, 가치 있는 것, 모방할 만한 것과 동일시되었고, <옛>것은 파괴되어야할 나쁜 것으로 간주되었다. 표트르시대의 러시아인들은 러시아를 <새로운 모습으로 다시 태어난>존재로, 또는 새로 태어난 어린 아이로 생각하였다.

이러한 생각은 황제 표트르 치하에서 러시아의 급속하고 놀라운 변화를 잘 보여주고 있다. <새로운 러시아>와 <새로운 민족>의 상은 이미 18세기 초에 생겨나고 그 이후의 문화의식에 계속 전해지는 독특한 신화가 되었다. 18세기 문화는 그 이전의 발전과는 완전히 구별되는 전

35) Ibid., pp. 259-286.

적으로 새로운 단계라는 사고는 근본적으로 어떤 회의도 불가능하리만큼 깊게 뿌리를 내린 것이었다. 옛것, 옛 시대와의 단절이 17세기 말에 일어난 것인지 17세기 중엽에 일어난 것인지 그 단절이 갑자기 이루어진 것인지 아니면 서서히 진행된 것인지 또 더 나아가 그 이후의 러시아 역사를 평가할 때 이 단절에 대해 어떤 입장을 취해야 할지 러시아의 빠른 문화적 발전을 뒷받침해 주었던 긍정적인 사건으로 보아야 할지 아니면 민족적 자립성의 상실을 초래한 부정적 현상으로 평가해야 할지에 대해서는 논쟁의 여지가 얼마든지 있다. 그러나 단절이라는 사실, 그 자체만큼은 명료하게 모든 사람들에게 받아들여지고 있다. 18세기의 러시아 문화가 철저하게 세속적이고 국가적이며 반교회적 성격을 지녔고 그 점에서 표트르 이전 시대와는 첨예하게 대립된다고 생각한다. 동시에 이 과정을 일반적으로 러시아 문화의 일관된 유럽화로 이해할 수 있다.[36)]

- 인공성의 범주로 해석 : 도시는 문화사가 만들어 놓은 상징체계 속에서, 특별한 위치를 차지한다. 여기서 공간으로서의 도시와 이름으로서의 도시로 도시기호학의 양대 영역으로 구분할 수 있다. 공간으로서의 도시는 그것을 둘러싼 대지와 이중 관계 속에 존재할 수 있다. 동심적 구조와 이심적 구조가 그것이다. 기호 공간에서 도시의 동심적 위상은 통상 산(혹은 산맥)위의 도시 이미지와 관련된다. 이심적 도시는 문화 공간의 <변경>, 즉 해안이나 강어귀에 위치한다. 여기서 강조되는 것은 <땅-하늘>의 대립이 아니라 <자연-인공>의 대립이다. 그것은 <자연>의 존재에도 불구하고 창조된 것으로 자연과의 투쟁 속에 존재하며 도시 해석의 두 가지 가능성을 제시한다. 그것은 한편으로 자연의 힘에 대한 이성의 승리를 의미하고 다른 한편으로 자연 질서의 왜곡을 의미한다. 그러한 도시의 이름을 둘러싸고 집약되는 것은 종말론적 신화, 멸망에 대한 예언이다. 멸망의 운명, 그리고 자연의 승리 개념은 도시

36) Ibid., pp. 71-79.

신화의 이러한 주기와 불가분의 관계가 있을 것이다. 이는 통상 홍수, 혹은 바다 속으로 침하 등으로 나타난다. 빼제르부르크의 신화 속에는 종말론적 전설이 깊이 침잠해 있다.

도시의 개념에 각인된 자연력과 문화의 영원한 투쟁은 빼쩨르부르크의 신화에서 물과 돌의 대립으로 구체화된다. 돌은 <자연적이고> <거친>, 태곳적부터 제자리에 서 있는 바위가 아니라, 옮겨지고 가공되었으며 <인간화된>, 그리고 <인공화된> 돌이다. 빼쩨르부르크의 돌은 자연의 한 현상이 아니라 인공물이다. 빼쩨르부르크의 신화에서 돌, 바위, 절벽은 부동성, 안정성, 바람과 파도에 맞설 수 있는 능력 등의 관례적 자질이 아닌 자리 교체 가능성이라고 하는 반자연적 자질을 부여받는다. <빼쩨르부르크 신화>의 특성은 무엇보다도 빼쩨르부르크의 특질에 대한 감각이 신화의 자아의식 속으로 들어간다는 점에 기인한다. 다시 말해서 빼쩨르부르크는 일종의 외부적인 비(非)빼쩨르부르크적인 관찰자의 존재를 상정한다. 그것은 <유럽에서 본 시각> <러시아에서 본 시각>같은 것이 될 수 있다. 그러나 항구적으로 남아 있는 것은 문화가 자기 자신에 대해 외부적 관찰자의 입장을 조성한다는 사실이다. 이와 동시에 정반대되는 시각, 즉 <빼쩨르부르크로부터> 유럽이나 모스크바를 향한 시각도 형성된다. 이에 상응하여 <빼쩨르부르크는 유럽 속의 아시아> 혹은 <러시아 속의 유럽>으로 인식된다. 양자의 해석은 모두 빼쩨르부르크 문화의 비조직성, 인위성과 일치한다.

중요한 것은 <인위성>의 의식이 빼쩨르부르크 문화가 갖는 자기 평가의 한 특성이었으며 얼마 후 비로소 자기평가의 한계를 넘어서 낯선 개념의 자산이 되었다는 사실이다. 빼쩨르부르크 문화에서 항상 강조되는 <환영성> <극장성>같은 특성도 이와 관련된다. 일견, 환영과 예언의 중세적 전통은 <합리주의적>이고 <유럽적인> 빼쩨르부르크보다 전통적이고 러시아적인 모스크바에 더 합당한 특성처럼 보일 수 있지만 바로 빼쩨르부르크적인 분위기에서 그것은 적절한 변형을 거쳐 가장 현저하게 유지된다. 공중에 매달린, 아무런 기반도 없는 도시의 개념은 뻬쩨르부르크를 환상적이고 유령적인 공간으로 볼 수 있게 해준다.[37)]

4. 볼가연방지구의 문화 특성 유형화 및 해석

볼가연방지구는 문화 해석체계에 비추어 볼 때 다양성, 전통, 개발의 범주로 해석할 수 있다. 다양성은 단일성, 전통은 현대, 개발은 보존과 각각 구조적 대립을 이루는 개념이다. 다양성, 전통, 개발은 분화 가능한 부분에서 자신의 변양태(즉 하위 카테고리)를 가진다.

▸ 다양성의 범주에서 해석 : 여기서는 다양성의 범주를 주로 민족에 한정해서 논한다. 볼가지역의 주민들은 여러 인종에서 비롯된 다양한 민족구성을 특징으로 하고 있다. 이 지역의 가장 오랜 주민은 마리 인과 모르도비야인인 핀·위구르계민족으로 그들의 조상은 이미 기원전 수 세기부터 이 땅에 살고 있었다.

그 후 3~4세기경에 따따르 인을 포함한 투르크계 민족이 이 지역에 도착했으며 13세기에는 러시아 인으로 구성된 슬라브계 민족이 이주하여 니제 고르트를 창설하였으나 16세기 후반에 러시아 국가로 병합되었다. 이들은 다시 볼가 강의 하류로 이주하여 방어와 행정 기능을 가진 체보크사리, 요슈까르 올라, 사마라, 사라토프, 짜리친(현재의 볼가그라드)의 여러 도시를 건설하였다. 이후 17세기 초에는 많은 러시아인이 이주하게 되었다. 그 외의 민족 중에는 깔미크 인과 독일인이 많다. 깔미크 인의 조상은 몽골·알타이계로서 원래 중앙 아시아에 거주했으나 16세기에서 17세기로의 전환기에 볼가 강 연안으로 진출했다.[38)]

현재 러시아의 토착민족들은 21개 자치공화국과 10개 자치구에 밀집되

37) 로트만 외 『시간과 공간의 기호학』, 러시아시학연구회 편역, 서울: 열린책들, 1996. PP. 44-69.

38) Заринов И. Ю. Козлов В.И. "Ареально-статистический анализ межэтнических проблем России" // Этнические проблемы регионов России. М., 2002. с. 66-71.

어 있는데 이러한 민족 자치 공화국(자치구)의 존재는 민족 고유문화의 보존과 발전이라는 측면에서 매우 중요한 역할을 한다. 그리고 자치 공화국내에서도 토착민족의 분포양상 및 해당 공화국 인구 중 토착 민족의 구성 비율이 매우 중요한 변수로 작용하는데 러시아 전체 21개 자치공화국 중 볼가지구에는 6개의 자치공화국이 속해 있으며 이는 남부연방지구의 8개 다음으로 많은 수이다. 볼가지구 소속공화국에서 토착민족이 속하는 비율을 보면 다음과 같다. 바쉬꼬르또스딴(바슈끼르 족 21.9%), 마리 엘 공화국(마리족 43.2%), 모르도비야 공화국(모르드바족 32.5%), 따따르스딴 공화국(따따르족 48.5%), 우드무르찌야 공화국(우드무르트족 30.9%), 추바시야 공화국(추바슈족 67.8%)이다.[39]

▸ 전통의 범주에서 해석 : 전통은 역사적으로 전승된 물질문화, 사고와 행위양식, 사람이나 사건에 대한 인상, 갖가지 상징군(象徵群)을 일컫는 것이다. 러시아 전체 21개 자치공화국 중 볼가연방지구에는 6개의 자치공화국이 속해 있으며 이 자치공화국 중심으로 나름의 문화적 전통이 잘 유지되고 있다. 그러면 여기서 볼가연방지구의 문화적 특성의 해석 범주인 <전통>의 각 공화국별 변양태를 살펴본다.

각 공화국별 <전통>의 변양태는 다음과 같다. 따따르스딴 공화국은 <종교 및 전통음악>, 마리 엘 공화국은 <전통과 현대의 융합>, 모르도비야 공화국은 <문화 전통의 상호영향>, 바슈꼬르또스딴 공화국은 <이슬람문화>, 우드무르찌야 공화국은 <전통예술과 음악>, 추바시야 공화국은 <도시문화와 문화 시설>이 <전통> 범주의 변양태가 된다. 이러한 변양태들은 볼가연방지구의 문화적 특징인 <전통>의 각 공화국별 내적 복수성이다. 결국 <전통>의 변양태는 각 공화국에서 <전통>의 해석범주가 된다. 아래의 각 공화국의 문화해석은 이러한 범주에 근거한 것이다.

따따르스딴 공화국[40]에는 다양한 역사와 여러 가지 종교를 가진 민족

39) Игнатов В. Г. Бутов В. И. Регионоведение. М., 2000. с. 200.

40) 밑줄은 연방 주체의 구분을 위한 것임.

들이 조화롭게 살고 있다. 이 지역에서는 정교 교회와 회교 사원을 인접해서 세울 수 있는데 이것이 따따르스딴 공화국의 문화의 독특성 중의 하나이다. 따따르스딴 지역은 음악이 발달한 지역인데 전통적인 따따르 음악은 5음 체계에 기초하고 있으며 이러한 5음 체계는 중국과 베트남, 한국, 헝가리 전통 음악의 특징이기도 하다. 동시에 이 5음 체계 위에서 마리, 추바시, 모르드바의 음악이 성립했다. 따따르 노래의 멜로디는 장식음이 매우 발달했으며 이 때문에 동방의 음악전통과 가깝다. 따따르스딴에는 라삔 오페라 페스티벌, 누리예프 고전발레 페스티벌, 진추린 극 페스티벌과 사이다쎄프 보컬 콩쿠르, 현대 음악 페스티벌인 '유럽과 아시아'(Европ - Азия), 따따르 노래 콩쿠르인 '따따르의 지리'(Татар жыры)를 개최하는 전통이 확립되어 있다. 따따르 민중들의 음악과 노래를 알게 되면 그 민중의 문화와 주민들의 역사적 운명을 더 잘 알 수 있다.[41)]

마리 엘 공화국의 수도인 요슈까르 올라는 학문과 문화 예술의 현대적 중심지이다. 공화국 밖 타 지역까지도 이 시의 극장과 박물관, 문화의 집, 오락 센터, 역사적 유적들은 널리 알려져 있다. 1990년에 요슈까르 올라는 '역사적 도시'라는 명칭을 얻어 러시아의 많은 역사적 시 중의 하나가 되었다. 이 지역은 핀-위구르 문화의 중심지가 되어 성장 발전하고 있으며 전통과 현대가 잘 융화되어 있고 옛날 그대로 아름다운 공원과 작은 정원들로 둘러싸여 있고 역사적 유물 또한 매우 다양하고 풍부하다.

18세기 초 건축된 빠찌글라바야 트로이츠까야 교회는 매우 아름다운 교회였지만 유감스럽게도 1920년대 말 붕괴되고 말았다. 최근 복원된 찌흐빈스까야 교회는 좀 더 상황이 좋은 경우로 '문화 휴식 공원' 내에 보존되어 있다. 바즈네센스끼 사원은 요슈까르 올라의 가장 오래된 거리인 바즈네센스끼 거리에 위치하며 이 사원에는 18세기 건축 유적이

---

41) Тишков В. А. Народы России энциклопедия. М., 1994. с. 320-329.

있다. 요슈까르 올라의 옛 명칭 차레바콕샤이스크는 외딴 시골마을의 상징이었고, 이 시는 전체가 푸른 풀과 숲으로 덮여있고 지난 몇 세기의 역사적 숨결을 보존하고 있으며, 이러한 특징을 현대적 특성이나 감각, 미래와 조화롭게 융화시키고 있다. 도시의 건물과 거리, 작은 섬들 사이엔 옛 차레바콕샤이스크의 역사적 중심지가 잘 보존되어 있다.[42)]

모르도비야 공화국의 특징 중 하나는 이 공화국 국민이 고유한 문화적 뿌리와 특별한 문화적 과거, 현재 그리고 독자적 발전 양상을 지닌 몇 개의 민족(모르드바인, 러시아인, 따따르인 등)으로 구성되어 있다는 점이다. 그래서 한 영토 안에서 다양한 문화가 자연스럽게 평화적이고 우호적으로 공존하게 되었다. 이것은 각각의 문화적 전통들이 상호영향을 받아 서로 풍요롭게 되는 결과를 낳았고 결과적으로 모르도비야 공화국의 통일된 문화적 토대를 창조하도록 만들었다.[43)]

바슈꼬르또스딴 공화국의 바슈끼르인들은 10세기 이래 지속적으로 이슬람의 영향을 받아 왔다. 이 공화국의 수도 우파는 서부 러시아와 중앙아시아를 제외한 시베리아의 이슬람 중심지로서 이슬람 본부가 있는 곳이다. 예까쩨리나 2세에 의해서 우파에 이슬람 본부가 세워졌는데 10월 혁명 후 폐쇄되었다가 1943년에 다시 개원했다. 오늘날 대부분의 바슈끼르인들은 수니파 하나피계 이슬람교도들이다. 바슈끼르인으로서 기독교 그룹도 있는데, 이들은 나가이박인들로서 18세기에 정교로 집단 개종한 사람들이다. 그러나 이들의 대부분은 주변의 이슬람 집단들에 의해 이슬람 문화에 거의 동화되었다. 현재 바슈꼬르또스딴 공화국에는 약 120여 개의 이슬람사원이 있다. 이 곳의 건축에는 다층의 현대 건축기념물들이 서로 잘 조화를 이루고 있다.[44)]

우드무르찌야 공화국의 유명한 예술기관은 '장식실용 예술과 민예 수

42) Там же, с. 229.

43) Там же, с. 232.

44) Там же, с. 105-108.

공업 센터'이며, 이 곳은 1991년에 우드무르찌야 공화국의 문화부에 의해 만들어졌다. 문화부의 공헌덕분에 잊혔던 전통 수공업과 가내공업이 새로운 자질과 효율성을 가지고 재생되었고 지금까지 보존되고 있다. 이 센터의 중심 역할은 민족 예술 산업과 수공업을 발달시키고, 전시회를 조직하고, 지역에 있는 예술의 집과 같은 지부들을 만들고 지역과 시의 문화부의 각 지부에 대한 실질적인 도움을 주는 것 등이다. 예를 들면 현재(2004년 기준) 우드무르찌야에는 28개의 수공업센터가 운영 중이며 데베스크와 이그린스크, 끄쉬르-보진스크 지역에 있는 수공업 예술가단체가 가장 유명하다. 센터의 산하에 나무 공예 예술가들, 천 공예 예술가들, 수예품, 뜨개 공예가들이 활동하고 있으며 예술 살롱이 문을 열고 있다.

우드무르찌야의 민간전승 예술에서 노래는 특별한 비중을 차지하고 있다. 우드무르찌야 공화국의 노래에 표현되지 않은 지역 삶의 모습은 없는 것 같다. 이제프스크에서 50킬로미터 떨어진 곳에 러시아의 음악가 뾰뜨르 일리치 차이꼬프스끼의 고향인 보뜨낀스크시가 위치해있다. 매년 5월 초에 이 곳 출신인 차이꼬프스끼가 태어난 집에서 그의 탄생을 기리는 전통적인 페스티벌이 시작되고 이때는 시전체가 참여하며, 러시아뿐만이 아니라 전 세계적으로 유명한 심포니 오케스트라와 성악가들, 음악가들이 참석해서 이 페스티벌을 빛낸다.[45]

다음으로 볼가연방지구의 문화적 특성의 해석 범주인 <전통>의 각 주별 변양태를 살펴본다. 끼로프주는 <건축 기념물>, 니주니 노브고로트주는 <도시문화>, 뻬름주는 <전통예술과 극장문화>, 뻰자주는 <역사기념물과 작가>가 변양태이다. 각 공화국의 변양태는 각 공화국에서 전통의 해석범주가 된다. 아래의 각 공화국 문화해석은 이러한 범주에 근거한 것이다.

끼로프주에는 천 개가 넘는 역사 문화기념비가 놓여 있고 기원전 7000

45) Там же, с. 347-352.

년 전의 고유물들도 보존되어 있다. 18~19세기의 교회 건축의 가치 있는 기념물들을 전체적으로 재건축하려는 계획이 끼로프주에서 실현되고 있다. 끼로프시의 구 시가지에는 다수의 건축 기념물들이 보존되어 있으며, 그들 중에 많은 것들은 도시 건축 문화의 세계적인 명작이다. 끼로프시에는 18세기 말에서 19세기 상반기에 로슬랴꼬프(Ф. Росляков)와 듀소르(И. Дюсор)의 설계에 따라 고전주의와 암피르양식의 많은 건물(석조와 목조의 가옥들)이 세워졌고, 19세기 말에서 20세기 초에 지역의 건축가인 차루신의 설계에 따라 꾸며진 상가 건물, 화려한 건물, 무늬와 도금으로 장식된 나무로 된 집들과 행정 건물들이 있다. 끼로프주는 문화 발전의 잠재성을 많이 가지고 있는 지역이다. 구비문학과 민속예술이 주의 문화생활에서 중요한 위치를 차지하고 있다.[46]

니주니 노브고로트주의 니주니 노보고르트시는 빠볼쥐의 구 중심지이다. 이 시는 13세기 초에 볼가와 오까 두 강이 합류하는 곳에 건설되었다. 건축 유적들은 이 도시에 독특한 특성을 부여하는데 이것은 오랜 기간 이 시의 주민들의 복원사업을 통해 시가 새로워졌기 때문이다. 다른 러시아 고도(古都)처럼 이 시도 볼가 강가의 높은 지대에 위치해 있다. 니주니 노브고로트시 중심부에 있는 성은 시를 대표하는 고적 중의 하나이다. 성내에는 아르항겔스크 사원(1631년 보조울린 형제가 건축 Л. и А. Возоулины)이 자리한다. 고대로부터 이 도시는 남성 수도원과 여성 수도원이 발달된 곳이다. 블라가베쉔스키 수도원은 오까 강가의 언덕에 자리하고 있으며 그 역사를 자랑하는데, 현재 이 곳은 남성 수도원으로 운영되고 있다. 14세기에 끼예프 수도원의 수도사 디오니시가 뻬쵸르 수도원을 설립하였다. 이 수도원은 1597년 함몰되었으며 석조 장인이었던 안찌삐 보조울린(Антипы Возоулин)의 지도하에 새 장소에 복원되었다. 이 수도원들은 건축학적으로 매우 중요하며, 니제고르트의 많은 건물들은 고대 러시아 건축술로 보아 독특하며 이곳에만 존재하는 양식이다.

니주니 노브고로트가 단지 건축물로만 명성이 높은 곳은 아니다. 이 도

46) http://www.kirov.intergrad.ru/kultura.html(2004. 10. 20 검색)

시는 문화적 중심지로서도 흥미로운 곳이다. 니주니 노브고로트는 러시아의 고도로서 러시아의 발전에 커다란 역할을 했으며 지리적 환경, 기후, 그리고 다른 곳에서는 볼 수 없는 니제고로트 자연의 아름다움, 독특한 역사적 유물, 건축물, 문화 유적들은 관광산업 발전을 위한 좋은 조건이 되고 있고 세계 100대 도시 목록에 포함되어 세계적으로 역사적 중요성을 인정받고 있다.[47)]

뻰자주는 문화적 전통이 풍부한 지역이며 많은 유명한 사람들의 요람이었고 많은 사상가, 예술가, 문학가들이 살면서 창작 활동을 한 곳이다. 뻰자주는 이전부터 아름다움과 독특한 풍경으로 사람들의 관심을 끌었다. 이 지역에는 18~19세기의 건축물들과 역사 기념물들, 현대 건축물들이 잘 보존되어 있다. 흥미로운 건축물들이 독특하게 배열되어 있는 것은 독창적인 모습을 연출하고 있다. 오늘날까지 보존되고 있는 교회 예술의 가장 독특한 기념물은 성 삼위일체 여자 수도원인데 이 건축물은 1690년에 세워졌다.

뻰자주를 언급할 때 빼놓을 수 없는 인물은 시인 레르몬또프이다. 뻰자주의 따라한 지방에는 국립 따라한 레르몬또프박물관이 있다. 이 국립 박물관은 독특한 박물관 보호구역인데 레르몬또프의 고향인 뻰자 땅에 1939년에 세워졌다. 박물관에는 레르몬또프의 개인 물건, 그림, 생전과 사후의 출판물, 뛰어난 예술가들의 작품에 대한 삽화들이 보관되어 있다. 1997년에 대통령의 명령에 따라 박물관 보호구역은 러시아 연방 문화의 국보로 지정되었다. 매년 6월의 첫 번째 일요일에 따라한에서는 전 러시아 레르몬또프 축제가 열리는데, 이 곳에 수천 명의 시인의 숭배자들이 찾아와서 유명한 시인과 작가, 민속음악가, 다른 분야의 예술가들을 만난다.[48)]

- 개발의 범주에서 해석 : 볼가지구는 러시아에서 가장 중요한 석유 정제 및 유기합성 화학제품 생산지역이며, 석유는 서시베리아 다음으로 많이 생산된다. 또한 이 지역은 우랄의 야금 공업기지와 중앙 러시아의

---

47) http://www.nnovgorod.intergrad.ru/kultura.html (2004. 10. 22. 검색)

48) http://tarkchany.amr-museum.ru (2004. 10. 23. 검색)

기계공업 지대 사이에서 유리한 위치를 점하기 때문에, 기계공업 특히 수송용 기계공업이 발전하여 승용차, 트럭, 하천용 선박, 석유공업용 장치의 러시아 최대 생산지이다. 볼가 강은 이 지역의 물, 수력, 수송로를 제공하는 경제적인 축을 형성함으로써 모든 도시가 하천을 따라서 길게 연결되어 있다. 이러한 급속한 공업 발전으로 도시 인구율이 70%나 되고 토양과 하천의 오염과 고갈, 토양침식 등 심각한 환경문제가 대두되고 있다.[49]

5. 시베리아지구의 문화 특성 유형화 및 해석

시베리아 지구는 문화 다질화 요소가 우세한 지역으로 동적인 특성을 지니며 자연, 전통, 다양성의 범주로 유형화해 볼 수 있다. 자연은 인공, 전통은 현대, 다양성은 단일성과 구조적 대립을 이루는 개념이다. 자연, 다양성, 전통은 분화 가능한 부분에서 자신의 변양태, 즉 하위 카테고리를 가진다.

- 다양성의 범주에서 해석 : 여기서는 다양성의 범주를 주로 민족에 한정해서 논한다. 현재 시베리아 주민의 압도적 다수는 러시아 민족인데 이들은 16세기 말부터 시베리아의 광범위한 지역에 정착해서 수세기가 흐르면서 지역의 여러 토착 인종의 수를 능가했다. 이미 17, 18세기와 19세기 초에 경작농민들이 시베리아의 러시아 주민의 다수를 구성하고 있었다. 시베리아의 이 구주민들의 후손들이 20세기에 따볼스크, 뚜멘 지역과 똠스크, 예니세이스크, 끄라스노야르스크같은 도시에 모여들었다. 그리고 이들은 더 일찍 일림강 근처, 레나강 상류, 네르친스크, 이르꾸츠크 지역에도 정주했다. 남시베리아의 스텝지역으로 러시아인의 유입은 18세기에 일어났다. 이 시기에 러시아인들은 아무르강 연안, 연해지역, 알따이 지역에 이주했다. 러시아 민족의 정주로 이 지역에서 여러 부문의 생산의 발전을 가져와 토착민들 사이에 더 높은 수준의 생활

49) Игнатов В. Г. Бутов В. И. Указ. соч. с. 151.

문화가 확산되었다.

소비에트 시기 사회 근대화의 과정은 시베리아로 러시아인들의 새로운 이동을 가져왔는데 이때는 타이가와 툰드라의 가장 오지에까지 진출했다. 시베리아에는 현재 러시아인외에 우크라이나인, 백러시아인, 유태인(유태인 자치주)과 여러 시기에 시베리아로 이주해온 타민족들이 살고 있다. 장기간 걸친 민족 발생과 역사의 결과로 시베리아에는 18세기 말과 19세기 초에 부랴찌야, 알따이, 하까시야, 띠바와 다른 소수민족 공동체가 형성되었다.[50] 러시아 전체 21개 자치공화국 중 시베리아지구에는 4개의 민족 자치공화국이 속해 있다. 시베리아지구 소속 민족자치공화국에서 토착 민족이 속하는 비율을 보면 다음과 같다. 알따이 공화국(알타이 족 31%), 부랴찌야 공화국(부랴트족 2431%), 띠바 공화국(띠바족 64.331%), 하까시야 공화국(하까스족 11.631%)등이다.

▸ 자연의 범주에서 해석 : 자연은 인간에게 이질적, 대립적이 아니고 그것과 동질적으로 조화를 이루며 신(神)마저도 자연을 초월하는 것이 아니고 거기에 내재적이다. 러시아의 혼 가운데는 러시아의 광막함, 끝없는 러시아의 평원과 결부되어 있는 강력한 자연적인 요소가 남아 있다. 러시아인 사이에는 '자연'이란 것이 근원적인 힘을 가지고 있다. 그 자연은 서구의 여러 민족, 특히 가장 세련된 라틴계 민족의 경우보다도 강력한 힘이 되고 있다. 원시적 또는 이교적인 요소는 러시아의 기독교 속에도 침투해 들어왔다. 전형적인 러시아인의 내부에는 항상 두 가지 요소가 싸우고 있다. 즉 끝없는 러시아의 토지의 원시적인 자연적인 이교주의와 비잔틴에서 계승된 피안의 세계로 손을 뻗으려고 하는 정교적 금욕주의이다.

시베리아 연방지구만큼 러시아 대지의 원시적인 자연성이 잘 드러나 있는 곳은 없다. 시베리아 연방지구의 문화적 특성 해석 범주인 <자

50) Заринов И. Ю. Козлов В. И. Указ. соч. с. 75-76.

연>의 각 공화국별 특이성을 살펴보면 다음과 같다. 아가-부랴찌야 자치구는 <자연과 인간의 조화>, 알타이 공화국은 <아름다운 자연환경>, 알따이 변강주는 <자연 기후적 환경>, 에벤크자치구<생태학적 청결>, 치타주 <우도깐스까야 비오다라는 생물학적 공간>, 띠바 공화국은 <자연 휴식처>가 특이성이다.

▸ 전통의 범주에서 해석 :시베리아 지구는 광대한 영토, 열악한 기후, 등으로 개발에 어려움이 있어 전래의 문화적 전통이 비교적 많이 보존되어 있는 곳이다. 그러면 여기서 시베리아연방지구의 문화적 특성의 해석 범주인 <전통>의 각 공화국별 변양태를 살펴본다. 공화국별 변양태는 시베리아 연방지구의 문화적 특성의 해석 범주인 <전통>을 각 공화국별로 구체화한 것이다. 각 공화국별 변양태는 다음과 같다. 에벤크자치구는 <타이가-툰드라 문화>, 알타이 공화국은 <알타이족의 고유문화>, 우스찌-오르다 부랴트 자치구는 <브랴트족의 고유문화>, 하까씨야 공화국은 <고고학적 유물>, 아가-부랴찌야 자치구는 <라마교>, 따이미르 자치구는 <민족 문화>, 부랴찌아 공화국은 <역사와 종교문화>, 띠바 공화국은 <생활문화와 종교>가 변양태이다. 이러한 변양태는 시베리아 연방지구의 문화해석 범주인 <전통>의 각 공화국별 내적 복수성이다. 결국 각 공화국의 변양태는 각 공화국에서 전통의 해석범주가 된다. 아래의 각 공화국 문화해석은 이러한 변양태에 근거한 것이다.

에벤크 자치구에는 언어, 문화, 종교가 독특한 민족인 께또, 엔치 등의 소수민족이 살고 있으며 이 지역에는 이 민족들이 향유하고 있던 고대의 타이가-툰드라 문화가 보존되어 있다. 예를 들면 샤머니즘, 제식, 고대 의학, 풍속, 수공업 등이 그것이다. 세계를 인식하고 그 세계를 형상적으로 묘사하며 나아가서 그 형상들을 창조하고자하는 열망은 억제할 수없이 사람들을 창작으로 이끌었다.

수공업 장인들은 나무와 뼈와 돌, 금속으로 된 세공품 등을 만들었다. 노래와, 영웅서사시, 동화, 전설, 신화도 창작되었다. 이러한 창작품들은 북쪽 민중들의 매우 귀중한 문화유산이다. 이것들은 입에서 입으로, 한 세대에서 다음세대로 전달되어져서 그들은 주민들에게 커다란 힘을 주고 있다. 그 작품들에는 민족의 힘과 이상, 수세기의 억압으로부터 해방되고자하는 그들의 열망, 자유롭고 행복한 삶에 대한 열망이 담겨 있다. 러시아 북쪽의 구비문학은 독자적이며 특이하다. 민중의 이야기들, 전설, 설화에는 삶의 지혜, 민족적인 특성, 예술적 표현력이 내재되어 있다. 이러한 구비문학에는 북쪽 민족의 특성과 소수민족이지만 민족의 현명함과 지혜가 잘 표현되어 있다.

알타이 공화국의 원주민은 알타이족이며 이 공화국은 이 소수 민족 문화의 재건에 많은 관심을 기울이고 있다. 알타이족 문화는 다른 민족 문화의 영향을 받아왔는데 고르니이 알타이 지방의 주민들은 대부분 티벳 불교의 한 갈래인 부르하니즘을 믿고 있다. 알타이 공화국에는 정교와 불교, 모슬렘과 침례교, 이교 등 다양한 종교를 믿는 민족들이 살고 있다. 이 공화국 원주민 예술의 민족적 특징은 고대 스키타이 시베리아의 맹수 양식을 고수하고 있다는 점이다. 알따이인들은 벽에 맹수나 날카로운 뿔을 가진 사슴의 싸움을 묘사하기를 좋아했다. 이들은 엘오이은이라는 민족 명절을 지내며, 이 때 사람들은 산에 올라가는데, 이것은 조상들이 남긴 정신적으로 가치 있는 것들의 원천으로의 회귀를 상징한다.[51)]

우스찌-오르다 부랴트 자치구에는 고대부터 역사, 문화, 전통이 풍부한 민족인 부랴트인이 살고 있다. 옛날부터 각 촌락에는 예술로 유명한 장인들이 살았고 주조공이나 나무 조각가들도 있었다. 라마교 수도원에는 재능 있는 성상화가들과 조각가들이 활동했었다. 부랴트 장인들은 은과 철, 주석 합금의 세공 기술로 유명하다. 남성과 여성의 필수 장식품은 칼인데 이것은 악한 것으로부터 방어하는데 반드시 필요하다. 은 레이스와 상감된 돌은 칼자루와 칼집을 장식하는데 이용되었다. 칼 위

---

51) Заринов И. Ю. Козлов В. И. Указ. соч. с. 76.

에는 얇은 은판으로 된 무늬가 새겨져 있고 그 판 위에는 용, 사자, 박쥐, 행복의 매듭, 사람들에게 용기와 힘과 행운을 주는 해태가 장식되어 있다. 남성 옷의 세 번째 필수품은 여러 무늬로 되어있는 장식품들이다. 부랴트인들은 오래 전부터 샤머니즘을 믿고 있다. 이 샤머니즘은 대대로 민중의 전설과 신화 그리고 자연적 수단이나 목초를 사용하는 고대의 치료 기술을 전수하고 있다. 18세기 초부터 이 자치구에는 티베트 불교가 전파되기 시작했는데 몽골과 티베트의 라마승들이 이것을 촉진시켰다. 불교의 전파는 이 지역에 티베트와 몽골 민중의 문화를 전달했고 민중들 사이에 티베트의 의학을 전파시켰다. 부랴트인들의 명절은 사가알란(음력으로 새해)이다. 사가알란은 불교의 영향과 몽골이교의 영향을 받은 것이다. 새해는 새해 첫날에 아침을 일찍 맞이하며, 축제일상에는 유제품이 준비되는데 유제품으로 된 하얀 꽃들은 평안을 의미한다. 장작더미에서 오래된 필요 없는 물건들을 태우는데, 이것은 과거의 죄와 모든 나쁜 것을 없앤다는 상징적인 의미를 담고 있다. 매년 유월 첫째 일요일에는 수르하르반(сурхарбан)이라는 민족 축제가 있다.
하까씨야 공화국은 시베리아의 남쪽에 위치해 있다. 이 지역의 문화와 역사는 매우 오래되었는데 기원전 7~8세기경의 중국의 연대기에는 하까씨야가 딘린국가로 불리고 있다. 180년 동안의 몽고지배로 수 천년되는 고대 하까씨야 문화가 커다란 손실을 입었다. 이 공화국은 많은 고대의 역사유물과 독특한 자연 환경을 가진 특이한 곳이다. 이 지역을 고고학 유물의 메카라고 말하는 것이 결코 과장이 아니다. 삼 만년보다 더 오래된 역사적 유물들이 하까씨야에서 발견된다. 이 공화국에는 청동기와 그 이전시대의 풍부한 고고학 유물들이 모여 있는데 이것은 남시베리아가 고대 야금술 발전의 중심지였다는 것을 말해주고 있다. 이것에 대해서는 1세기에서 5세기에 만들어졌다고 보이는, 같은 얼굴 형태의 독특한 가면들이 다수 발굴된 것이 증명하고 있다.

하까씨야의 여러 가지 형태의 기후와 독특한 풍경덕분에 이 지역에서는 역사와 문화의 독특한 기념물들이 많이 창조되었다. 하까씨야 지역에는 18세기의 유물로서 멘기리(менгиры) 라는 선돌이 보존되어 있다. 그것들은 생태학적 경계 지역에 위치하며 인간 유기체에 일정한 영향을 미칠 수 있다. 선돌은 크고 수직으로 서있는 데번기의 사암으로 된 판석인데 높이가 3미터이며 넓이가 1.5미터이다. 이 선돌을 고대인들은 제식을 위한 장식으로, 예를 들면 여러 가지 질병을 고치기 위해서 사용했다. 하까씨야에는 이제 유물이 된 수 천 개의 분묘들이 산재해있다. 4만년이 흐르는 동안 인간의 행위는 하까스코-미누신스크(Хакасско - Минусинск) 분지에서 역사적이고 문화적인 독특한 특징을 만들어냈는데 거기에는 고고학적, 지질학적, 역사적인 대상들이 이상한 형태로 통합되어 있다. 커다란 살빅스크(Салбыкск) 분묘가 특히 인상적인데 이것은 당시 따따르정부의 부와 강력함의 상징이었다. 체보크(Чебок) 성채는 기원전 2천 년 전의 유물로서 유스강 언덕에 위치하고 있다.[52) 부랴찌아 공화국을 구성하는 소수 민족은 브랴트인, 오로치인 등의 민족이다. 이 공화국은 동 시베리아에서 가장 아름다운 지역 중의 하나다. 이 곳에서는 바이칼 호수와 끝이 없는 타이가 산림지대, 수량이 풍부한 강, 봉우리에 만년설이 덮인 사얀 산맥 등을 볼 수 있다. 역사가 말해주듯 현대의 부랴찌야 영토 안에는 고대부터 여러 민족이 살았다. 석기시대에 주민들은 사냥과 어업에 종사했다. 청동기시대에 이들은 이미 구리와 청동을 다루기 시작했고 금과 청동으로 장식품과 생활용품을 만들었으며 '금속판 무덤' 문화가 출현했다. 이 지역에는 샨비족, 꾸리깐족, 몽고어를 사용하는 끼다니족, 중세초기 몽고족, 퉁구스족 후손들이 살았다. 부랴트 민족과 에벤크 민족은 복잡한 역사적 상황에서 형성되었다. 부랴트 민족은 대몽고족 북아시아 계열 중앙아시아 민족 그룹과 연관이 있다.

부랴트족은 러시아 정교를 믿고 있으며 또한 많은 수가 샤머니즘도 수

52) Там же, с. 77.

용하고 있다. 바이칼 동쪽의 부랴트족은 많은 수가 불교를 믿고 있으며 이들 가운데 일부는 불교승려로서 유명하며 이들은 학문과 의술, 점성술로 널리 알려져 있다. 다짠(불교사원)에는 매우 독특한 형상을 지닌 건축물이 있다. 12세기 중반 러시아에 합병될 때까지 불라가티, 에히리티, 호린찌, 혼고도리와 같은 여러 민족의 융합과정을 통해 부랴트 민족이 형성되었다. 러시아족은 바이칼 동부지역에 3단계에 걸쳐 이주하였다. 17세기에 까자끄 개척자가 이주하여 동부 시베리아지역에 러시아세력을 공고히 했으며 동부지역으로부터 흘러와 레나강에 합류하는 강에 대한 탐사를 시작했는데 이들의 탐험은 여러 흔적을 남겼다. 이 시기에 까자끄들은 앙가라, 베르흐네우딘스크, 이르겐스크, 네르친스크 지역에 요새를 건설했으며 이 요새는 러시아의 주요거점이 되었다. 정교회를 믿는 러시아족 이주자들은 많은 도시와 요새를 건설했는데 그 중 하나가 셀렌긴스크 요새였다.

18～19세기에는 이 지역으로 구교도들이 이주해 왔으며 이들은 가족단위로 이주해와 '가족집단'이라고 불렸다. 바이칼 동쪽으로 추방된 구교도들은 농사를 지어 네르친스크 광산에서 일하는 광부들에게 식량을 공급하는 역할을 했다. 19세기 말부터 20세기 초까지 농민들의 이주가 활발했다. 3단계에 걸친 이주로 이주민들은 자신의 생활문화를 전파했으며 특히 구교도들의 문화는 원주민에 큰 영향을 주었다.[53)]

띠바공화국 민중들의 독자적이고도 뛰어난 문화는 수세기에 걸쳐서 형성된 것이다. 오늘날까지 띠바 땅은 사람들의 생활과 문화의 자취를 보존하고 있다. 여기에는 수백 개의 그림이 그려져 있는 바위예술 기념물이 10개가 넘는다. 이것들은 끼질(Кызыл) 근처에 있는 말리 바얀-꼴(Баян - Кол), 쉰-추렉(Сын - Чурек), 오르따-사르골(Орта - Саргол), 비지그띠크-하야(Бижиктиг - Хая), 헴칙(Хемчик), 강의 계곡에 있는 치르가까(Чиргака), 사릐그-다쉬(Сарыг - Даш)와 예니세이 강의 오른쪽 강가에 있는 암석

53) Там же, с. 76.

조각들이다. 띠바 민중들은 종사하는 분야에 따라서 기본적으로 두 가지의 부류로 나누어진다. 한 부류는 산악 타이가의 사슴사육에 종사하는 사람들(동쪽 띠바인들)이며, 다른 부류는 스텝에서 활동하는 목축인들(서쪽 띠바인들)인데 유르트, 춤, 종려나무 껍질로 된 집, 통나무집이 이들의 거주지였다.

띠바의 주민들에는 세 가지 종교, 즉 러시아 정교, 샤머니즘, 라마교 형태의 불교가 널리 퍼져 있다. 이 곳 불교의 정신적인 지도자는 달라이 라마이다. 1997년에 띠바 불교의 창립자들에 의해 독특한 띠바 불교 발전 센터가 세워졌다. 샤머니즘도 기본적으로 까체브 민족과 스꼬트 족, 그리고 수렵인들 사이에서 널리 퍼져 있다. 이것은 띠바 민족의 정신적이고 문화적인 삶의 고유한 부분이 되었다. 오래지 않은 과거에 이 샤머니즘은 띠바 전체에서 널리 퍼져 있었으며 가장 최근에까지 인류학자들에 의해 연구되었다. 샤머니즘의 기본에는 땅과 하늘의 정신과 교류할 수 있는 가능성에 대한 믿음이 놓여있다. 띠바의 민중예술 중에서 특별한 것은 '하륵쩨르'라는 목으로 부르는 노래인데, 이것은 띠바의 전통적인 노래 기법으로 흥미를 끌고 있다. 노래 기법 중의 하나는 한 사람이 노래를 시작하고 즉시 두 개, 세 개의 목소리로 노래를 부르는 것이다.[54)]

6. 극동지구 문화 특성 유형화 및 해석

극동지구는 문화해석모형에 비추어 볼 때 다양성, 전통의 범주로 해석해 볼 수 있다. 다양성은 단일성, 전통은 현대와 구조적 대립을 이루는 범주이다. 다양성, 전통은 분화 가능한 부분에서 자신의 변양태, 즉 하위 카테고리를 가진다.

▸ 다양성의 범주에서 해석 : 여기서는 주로 민족의 다양성과 그 민족들의 생활문화의 측면에서 살펴본다. 극동 지구에는 약 15개의 북방 민

54) Там же, с. 77-78.

족이 살고 있으며 각기 다른 언어, 습관, 생활양식을 가지고 있다. 이들 민족의 전통적인 생업은 순록 사육, 어업, 수렵 등이다. 북방민족은 몽골로이드의 북방분파에 속하며 북방에 거주하고 있는 민족은 고아시아계 언어를 사용하는 민족으로서 축치 인, 꼬랴크 인, 이텔멘 인, 에스키모 인, 아레우트 인이다. 축치 인은 주로 추꼬트카 반도에 살고 있는데, 수렵 종사자의 취락은 북극해 연안에 분포하고 순록사육업자는 툰드라의 오지에 거주하고 있다. 추꼬트카 반도, 베링해 연안, 브랑겔랴 섬에는 에스키모인이 살고 있다. 축치 인이나 에스키모 인들이 바다코끼리의 상아를 이용해서 만든 세공품이 유명하다. 코랴크인은 캄차카 북부에 살고 있으며 순록사육과 어업을 생업으로 하는 사람들로 나누어진다. 이텔멘 인은 캄차카 반도의 서안에 살며 전통적으로 어업을 생업으로 하고 있다. 아레우트 인은 코만도르 제도에 거주하며 과거에는 바다짐승을 사냥하였으나 현재는 모피동물의 사육과 농업에 종사하고 있다.
아무르 강과 그 지류의 유역 그리고 사할린 섬에는 퉁구스·만주어계 민족이 거주하면서 대대로 어업이나 사냥을 생업으로 하고 있다. 그밖에는 우리치(울치)인의 촌락이 분포한다. 아무르 강의 하류와 아무르 석호 연안, 사할린 북부에는 니푸히 인이 거주하고, 소비에츠카야 가반 지구에는 오로치 인이 살며. 시호테알힌 타이가 지역을 흐르는 여러 하천 연안에는 우데게 인이 어업과 수렵에 종사하면서 살고 있다. 그러나 최근 수십 년간 수록의 방목지가 크게 축소되고 가치 있는 어류의 어획량이 급격히 감소하였으며 모피동물의 포획량도 감소하였다.
러시아의 동진 정책에 의해서 19세기~20세기 초에 걸쳐서 시베리아 철도가 개통될 때까지 극동지역에는 백인계 러시아인 약 6만 명이 이주하였고 2만 8,000명의 죄수가 이송되었다. 그 후 1903년에 시베리아 철도의 개통과 함께 이민 장려정책에 의해서 10여 년 동안 하층 농민의 이주가 급등하여 22만 명에서 56만 명으로 되었다. 또한 개발 초기인 1926년에는 철도·항만 건설 노동자나 농업이민으로서 한국인이 약

17만 2,000명, 중국인이 약 만 2,000명이 유입하여 이들은 당시 극동 인구의 13%를 점유하였다. 그 후 한국인은 1937년 중앙아시아로 강제 이주하기까지 약 40만 명으로 증가하였으며, 주로 연해주에 거주하며 일제에 항거하는 독립운동의 거점이 되기도 하였다. 현재에도 이 지역에는 비공식 추계로 약 3만 6,000명의 한국계 주민이 거주하고 있다.[55]

▸ 전통의 범주로 해석 : 이 지역에는 약 15개의 북방 민족이 살고 있으며 각기 다른 언어, 습관, 생활양식을 가지고 있다. 이 연방지구에서 전통 문화가 발달한 지역을 중심으로 문화적 특성의 해석 범주인 <전통>의 각 공화국별 변양태를 살펴본다. 이 변양태는 극동연방지구의 문화적 특성의 해석 범주인 <전통>의 각 공화국별 술어이다. 각 공화국별 변양태는 다음과 같다. 꼬랴크 자치구는 <다채로운 문화>, 유태인 자치주는 <유대교와 고유문화>, 마가단주는 <민족명절>, 추꼬트카 자치구는 <민속춤과 전통음악>, 사하 공화국은 <역사와 민족문화>가 변양태이다. 변양태는 극동 연방지구의 문화적 특징인 <전통>의 각 공화국별 내적 복수성이다. 결국 각 공화국별 변양태는 각 공화국에서 <전통>의 해석범주가 된다. 아래의 각 공화국 문화해석은 이러한 변양태에 근거한 것이다. 꼬랴크 자치구의 문화는 수세기에 걸친 풍부한 전통을 지니고 있다. 다양한 민족들의 구성으로 발전된 코랴크 문화는 매우 다채롭다. 깜차트카 지역 자연의 웅장함과 그 민족들(이텔멘, 에벤, 코랴크)의 우호 관계, 정신문화의 풍부함은 깜차트카 민족의 문화와 역사를 연구하는 사람들에게 잘 알려져 있다. 캄차트카의 풍부한 정신적 유산들은 다른 여러 문화와 교류하고 합일되면서 형성되었다. 이 지역에서 예벤인, 코랴크인, 이텔멘인들은 전통적인 생활방식을 보존하며 민족 의식을 자각하고 발전시키고 있다. 이 자치구에는 다양한 민족의 많은 사람들이 살고 있으며 각 민족마다 자치구 문화에 나름대로의 공헌을 하고 있고 박물관은 풍부한 민족 문화를 보존하고 있다. 자치구의 주요 산업은 어업이었으므

55) 원학의·한종만·공우석, 『러시아의 지리』, 아카넷, 2002. pp. 373-379.

로 박물관에는 어업에 필요한 고대 유물이 많이 전시되어 있다.56)

유태인 자치주 : 유태민족 문화는 그 자체로도 훌륭하고 흥미로우며 그 뿌리는 유대 민족이 태동할 당시로 몇 세기를 거슬러 올라간다. 그들의 정착지에는 반드시 유대교회당과 의식을 행하던 목욕탕, 특별한 유대인 묘지 등이 있었다. 그들의 집은 동양식 벽을 특별한 무늬나 벽화로 치장하였으며, 색칠하지 않은 부분은 붕괴된 예루살렘 성전을 상기시킨다. 유대인의 주 언어인 히브리어는 문학 작품이나 종교, 상류사회, 교육, 출판물에서도 사용되었다. 현재는 구세대만이 히브리어를 알고 있다. 유대어의 방언인 이디시어는 10~12세기에 독일에서 발생했다. 이 언어는 19세기 후반에 이르러 번성하게 되며 그 당시 러시아에서는 멘델레 모이헤르 스포림(Менделе Мойхер Сфорим)과 라비노비치(Ш. Н. Рабинович), 뻬레츠(И. Л. Перец) 등의 뛰어난 작가의 작품들이 이 이디시어로 씌어졌다. 그밖에도 이 민족의 대표적 작가들은 러시아 문화·예술분야에 커다란 공헌을 했다.

유태인들은 보통 유대교라는 종교를 믿는다. 여기에는 전통 정교파, 미스나게드, 하시드, 미즈라흐 등의 몇 가지 종파가 있다. 주 영토 내에는 종교기관인 시나고그와 이쉬프가 수십 개 운영되고 있다. 유대교를 신봉하는 사람들 중에는 러시아 인도 있다. 이들은 러시아 중앙과 바이칼 주변, 극동의 남부 지역에 사는 게르인과 수보트니크인들이다. 소수의 유태인들은 정교를 믿는다. 민속 의상은 빼놓을 수 없는 문화 영역이다. 남성복은 양모로 된 흑백, 또는 희고 비둘기색의 기도용 숄과 긴 실내복, 외투와 망토로 구성되어 있다. 머리는 특별한 모자로 가린다. 아쉬케나스 남자 의상은 반드시 사제복 상의와 검은 바지, 장화, 긴 외투, 털로 된 검은 모자를 쓰는 속성이 있다. 유태인 자치주의 노래와 춤 분야의 민속은 인접 민족들과 가까운 동쪽 지역의 영향을 받았다. 이 지역에는 하시드라는 노래와 민중 드라마 공연, 카니발이 유행한다.57)

56) Тишков В. А. Сыров, Указ. соч., с. 206-210.

사하 공화국 : 13세기 중앙 아시아의 초원이 징기스칸에게 정복당하면서 유목민과 부족들의 이동이 있었는데 이것이 사하 민족의 기원을 이루었다. 이 지역은 원래 유까기르족과 에벤크족이 거주하는 지역이었으나 10세기에서 15세기에 걸쳐 남쪽에 있는 바이칼 호수 주변에서 터키계 야꾸트인이 진출해 와서 주요 민족이 된 것이다. 그리고 1620년대부터 러시아인이 전출하기 시작하여 1630년대에는 러시아 영토로 편입되었다. 17세기에 러시아 농민들이 아시아 대륙 깊숙이 들어와 레나강의 사하 민족과 만나면서 야꾸트 변방이 러시아의 지배를 받게 되었다. 1632년 레나 강 오른쪽에 러시아 카자크 인들이 세운 촌락이 오늘날 사하 공화국의 수도인 야꾸츠크가 되었다. 야꾸트인이나 원주민은 조세를 바치게 되어 있었으나 러시아제국의 행정기구 미비로 오래 동안 야꾸트인의 독자적인 사회조직이 온존하였다.

한편 이 지역은 유배지로서 러시아 정부에 이용되었는데 1861년까지는 강제 이주 지역이기도 했다. 야꾸트의 농경은 바로 이 유배자들이 보급한 것이다. 1922년 4월 27일 야꾸트 변강은 자치공화국 지위를 얻었고 1990년 9월 27일에는 국가주체로서 사하 공화국이 되었다. 1992년에는 사하 공화국 헌법이 발효되었으며 독자적인 국적, 문장, 공화국 기, 자치권을 갖게 되었다.[58] 사하 공화국에는 80여개 민족이 거주한다. 주요 민족 구성을 보면, 원주민인 야꾸트인 33.4%, 러시아인이 50.3%, 우끄라이나인 7%, 따따르인 1.6%, 에벤크인 1.3%, 벨라루스인 0.9%, 에벤인 0.8%, 부랴트인 0.8%, 바슈끼르인 0.4%, 독일인 0.4%, 몰다비아인 0.3%, 추바슈인 0.3%, 모르드바인 0.3%, 유카기르인 0.1% 등이다.[59] 다양한 민족들이 거주하는 지역인 만큼 이 지역 제 민족들의 언어, 문화, 역사, 민속에 대한 연구가 새롭게 이루어지고 있다.

---

57) Там же, с. 152-157.

58) Заринов И. Ю. Козлов В.И. Указ. соч., с. 79-80.

59) 1989년 인구조사결과자료

7. 우랄지구 문화 특성 유형화 및 해석

천연 자원의 보고인 우랄연방지구는 옛날부터 러시아의 강력한 산업지대이다. 스베르들로프스크주와 첼랴빈스크주에 인구의 2/3가 거주하고 있다. 특히 예까쩨린부르크시와 첼랴빈스크시의 인구는 백 만이 넘는다. 우랄지구는 공업으로는 강력한 지대이지만 문화적으로는 발달한 지구가 아니다. 우랄지구는 문화 해석체계에 비추어 볼 때 개발, 전통의 범주로 해석해볼 수 있다. 개발은 자연, 전통은 현대와 구조적 대립을 이루는 범주이다.

▸ 개발의 범주에서 해석 : 우랄 지역의 취락에는 부근에서 산출되는 유용광물의 이름이 붙은 경우가 많다. 즉 아스베스트(석면), 메드노고르스크('메드'는 구리를 의미), 마그니토고르스크(마그네슘), 이즈므루드(에메랄드란 뜻), 우솔예(제염소라는 뜻), 솔리캄스크(소금이라는 뜻) 등이 있다. 지하 얕은 곳에 고품질의 광물이 매장되어 있고, 목탄생산에 적합한 삼림이나 하천의 유수 에너지와 결합되어 있어서 이미 18~19세기부터 우랄과 <자우랄리예>의 북부에서 야금 생산이 시작되었다. 그리고 이러한 생산지를 중심으로 인구가 집중하게 되었다.

그 후 꾸즈바스나 까라깐다의 석탄에서 얻은 석탄 코크스를 제철공업에 사용하게 됨에 따라서 우랄 남부의 광산 개발이 가능하게 되었다. 니쥬니타길, 첼랴빈스크, 마그니토고르스크 등 여러 도시의 야금 콤비나트에 의해서, 우랄이 제철금속의 생산량에서 러시아 1위를 차지 할 수 있었다. 비철 금속 공업은 구리, 니켈, 티타늄, 마그네슘을 생산하고 있다. 이 지역에서 금속이 생산되고 광업·금속 공업용 설비의 수요가 증대됨에 따라서 우랄에서는 중기계공업이 발전하게 되었다. 또한 까마강 유역의 석유, 오렌부르크 주의 가스, 솔리캄스크의 칼륨염은 야금의 폐기물과 코크스화에 따른 부산물과 함께 화학공업의 기초가 되었다. 그밖에 풍부한 목재 자원은 목재 가공업에 이용되고 있다.

그런데 최근 우랄의 중공업 발전은 큰 문제에 봉착하게 되었다. 대부분의 유용광물 매장량이 고갈되어서 보다 심층에서 저 품질의 광물을 채굴하게 되었기 때문이다. 더욱이 이제는 그마저도 부족하여 부족한 원료나 연료를 다른 지역에서 대량으로 반입해야만 하는 실정이다. 우랄 지방에서 야금과 화학공업이 집중되어 있는 니쥬니타 길, 페름, 예카쩨린부르크, 베레즈니키, 마그니토고르스크, 첼랴빈스크, 우파 등 대부분의 공업도시에서는 대기나 수질 오염으로 생태 환경이 현저하게 약화되고 있는데 그 원인의 하나가 공장 설비의 노후화이다.[60]

▸ 전통의 범주에서 해석 : 그러면 여기서 우랄연방지구의 문화적 특성의 해석 범주인 전통의 각 공화국별 변양태를 살펴본다. 변양태는 우랄연방지구의 문화적 특성의 해석 범주인 <전통>을 각 공화국별로 구체화한 것이다. 각 공화국별 변양태는 다음과 같다. 야말-네네츠 자치구는 <독특한 문화>, 스베르들로프스크주는 <도시문화>, 첼랴빈스크주는 <역사 및 교육시설>이 변양태이다. 변양태는 우랄 연방지구의 문화적 특징인 전통의 각 공화국별 내적 복수성이다. 결국 각 공화국의 변양태는 각 공화국에서 전통의 해석범주가 된다. 아래의 각 공화국 문화해석은 이러한 범주(변양태)에 근거한 것이다.

야말-네네츠 자치구 : 이 지역의 고고학적 유물들은 높은 물질문화 수준을 가진 민족들이 니즈니 오비 강 언덕에 거주지를 만들었다는 것을 증명하고 있다. 이 지역의 흥미 있는 오랜 역사는 독특한 문화에 구현되어 있다. 원주민들은 자연 그대로의 색깔을 소중하게 생각했으며 식물과 동물을 모방한 형상을 민족의상에 옮겨놓았다. 이 자치구의 교육과 문화적 삶의 발전에 새로운 변화의 단계가 시작된 시기는 이 지역이 사회주의로 편입된 이후이며, 현재 이 지역은 북쪽의 문화 중심지이다. 이 지역은 러시아의 자치구 중에서 인류학적으로 새로운 것이 있는 지역 중의 하나이다. 이 지역의 독특성은 이 지역에서 거의 30년 동안 문을 열고 있는 예까쩨린부르크 생태대학의 연구에 의해 증명되고 있다.[61]

---

60) 원학의 · 한종만 · 공우석, op. cit., pp. 307-308.

61) http://www.yamal.intergrad.ru/kultura.html(2004. 11. 01. 검색)

스베르들로프스크주 : 주의 주도인 예까쩨린부르크는 극장과 박물관, 재능 있는 작가와 예술가, 영화 제작자, 건축가, 음악가들의 도시이다. 예까쩨린부르크의 문화의 역사는 주가 탄생한 처음부터 시작했기 때문에 대단히 풍부하고 다양하다. 18세기에 광업 학교가 설립되었고 19세기 초에는 시에서 최초의 도서관이 문을 열었고 최초의 인쇄소가 운영되었다. 1825년에 광물 학술 연구회가 조직되었고 이 단체의 주창에 따라 1834년에 광물 박물관이 개관했는데 시간이 지남에 따라 이 박물관은 러시아에서 가장 큰 지하자원과 광물의 견본들을 소장하는 박물관이 되었다. 또 당시에 주철주조 예술품과 그림, 조각, 석조예술이 빠르게 발전했다. 1870년에 예까쩨린부르크에는 자연과학을 사랑하는 우랄회가 만들어졌고 20세기 초에는 우랄 기술자회, 우랄 화학자회가 결성되었다. 이 모임에는 시의 대표자들이 참가하고 있으며, 지역을 다방면에 걸쳐서 연구하는 것과 지역 주민사이에 지식을 확산시키는 것, 학술적인 전시회를 개최하는 것을 목적으로 하고 있다. 이 모임에 의해 모아진 풍부한 수집품들은 주 지지박물관의 기초가 되었다. 이 지지박물관은 2004년 1월에 건립 133주년을 맞이했다. 주의 수백 개의 건축 기념물들은 예까쩨린부르크의 간단하지 않은 역사에 대해서 말하고 있으며 그들 중 많은 것은 세계 건축-도시 건설 문화의 명작들로 여겨지고 있다.

첼랴빈스크주 : 오래전부터 남우랄은 사람이 거주하기에 양호한 조건을 가지고 있었다. 고고학자들에 의하면 구석기시대부터 인간이 거주한 흔적이 발견된다. 그러나 주 영토의 행정 구조가 형성된 것은 18세기 이후이다. 러시아의 생산력 발전과 국경을 확장하는 뾰뜨르 I 세의 정책이 계속되었으며 이때, 군사·무역 활동을 위한 원정은 각종 요새를 구축하였다. 1737년 8월 13일 따찌쉐프(В. Н. Татищев)의 추천에 따라 이세츠끄 지방이 형성되었다. 1743년부터 첼랴빈스크가 이 지방의 중심지가 되었다. 1744년 3월 15일 이세츠끄 및 우핌스끄 지방을 포함하는 오렌부르그현이 형성되었다. 18세기 후반기 남부 우랄지역의 산악·공장지대 건설이 적극적으로 추진되었다. 산악공장들은 도시 형성의 토대가 된다. 1782년 이세츠끄 지방의 폐쇄이후에, 이 지방의 영토 일부는 오렌부르그현에 포함되었고, 또 다른 일부는 우핌스크현에

포함되었다. 현재 주의 영토에서 형성된 최초의 도시는 첼랴빈스크, 베르흐네우랄스크(1781년), 뜨로이쯔크(1784년) 등이다. 19세기 초반에는 영토의 중요 부분이 현재 주가 차지하고 있는 오렌부르그현에 소속되었다. 그리고 19세기 중반에는 새로운 요새가 형성되었고, 남부 우랄지역에 다수의 거주지가 형성되었다. 1919년 첼랴빈스크, 뜨로이쯔크, 베르흐네우랄스크 향을 중심으로 하여 첼랴빈스크현이 형성되었다. 1923년 11월 3일 전 러시아 중앙집행위원회의 결정에 따라 예까쩨린부르그를 중심으로 하는 우랄주가 구성되었고, 첼랴빈스크, 즐라또우스또프스끄, 베르흐네우랄스크, 뜨로이쯔크를 비롯한 15개의 지구가 속하게 되었다. 1934년 1월 17일 우랄주는 작은 단위로 나뉘어졌으며, 그 결과 첼랴빈스크주가 형성되었다. 이후 첼랴빈스크주의 영토는 여러 차례 축소되었다. 1938년부터 1943년까지 첼랴빈스크주로부터 7개의 지역이 스베르들로프스크주로 이전되었다. 1943년 2월 6일 형성된 꾸르간주 구성으로 32개 지역이 이전된 이후, 주의 경계는 사실상 변화되지 않았다. 행정구역의 재편과정이 마감되면서 첼랴빈스크주에서는 지역개발 작업이 본격화되었다. 소련이 분열되고 러시아연방이 국제정치의 주체로 등장했다. 우랄산맥의 남부지역에 위치하면서 유럽과 아시아의 접경에 있는 첼랴빈스크주는 러시아연방의 주체들 가운데서도 공업이 발전된 지역이다. 첼랴빈스크주는 노동력 및 생산력 그리고 학술잠재력 등을 비롯하여 지역발전에 필요한 제반의 요소를 갖추고 있으며 대규모 교육, 과학 중심지이다. 최근 시장경제하에서 교육제도 전반에 걸친 변화가 일고 있으며, 재정적으로 어려운 여건에도 불구하고 지속적으로 학교가 늘고 있다. 주에는 63개 과학기술 연구소가 있으며, 주요 연구소로는 유용광물 채굴 연구소, 파이프라인 공업연구소, 금속가공 연구소, 제철공장 설계 연구소, 무기질 색소 및 선박 도색 연구소 등이 있다. 주의 경제발전에 크게 기여하는 곳으로 의과대학, 체육대학, 철도대학, 남우랄대학, 첼랴빈스크 국립대학 등 16개 고등교육기관을 들 수 있다.[62)]

62) http://www.chelyabinsk.intergrad.ru/index2.html (2004. 11. 02. 검색)

참고문헌

국문자료

강홍주, “러시아의 음식과 주거문화: 전통과 변화,” 『슬라브연구』, 제13권, 1998.

권세은, “복잡계로서 러시아 지방의 연구방법 고찰,” 『2004 경희대 비교문화연구소 러시아 지역 연구팀 3차 학술세미나 자료집』, 2004.

기연수, “러시아文化와 소비에트文化 사이의 繼續性과 斷絶性,” 『슬라브연구』, 제13권, 1998.

김경일, 최협, 『인류학과 지역연구』. 서울: 나남, 1997.

김수희, “문화적 접근방법에 의한 러시아 의식구조,” 『노어노문학』, 제7권, 1995.

김수희, “러시아의 혁명과 가족제도의 변화,” 『슬라브연구』, 제13권 1998. 김우승외, 『러시아·러시아인』. 서울 : 민영사, 1998.

김우승, “러시아 정교의 상징성과 문화적 실재,” 『슬라브연구』, 제13권, 1997.

김현택, “문화의 상징으로서의 모스크바와 뻬제르부르크,” 『슬라브연구』, 제13권, 1997.

레슬리 화이트, 『문화의 개념 : 문화결정론과 문화진화론의 입장』. 이문웅 옮김. 서울: 일지사, 1993.

로트만. 『문화 기호학』. 유재천 옮김. 서울: 문예출판사, 1998

로트만, 우스펜스키, 『러시아 기호학의 이해』. 이인영 엮음. 서울: 민음사, 1993.

문명식, “구소련지역과 러시아에서 이슬람과 민족문제,” 『슬라브연구』, 제13권, 1998.

박태성, “뾰뜨르 대제의 개혁에 따른 러시아 문화의 변화,” 『슬라브연구』, 제13권, 1997.

송효섭. 『문화 기호학』. 서울 : 민음사, 1997.

슐긴. 꼬쉬만, 『러시아 문화사』. 김정훈외 옮김. 서울 : 후마니타스, 2002.

아사쿠라 토시오, 『일본에 있어서의 지역연구의 현황과 과제』. 인제대 국제학논총 제2집, 1997.

여홍상 엮음, 『바흐찐의 문화이론』. 서울 : 문학과지성사, 1995.

움베르트 에코 『논리와 추리의 기호학』. 김주환, 한은경옮김. 서울: 인간사랑, 1994.

움베르트 에코. 『기호와 현대예술』. 김광현역. 서울: 열린책들, 1998.
윤우섭, "러시아문화 속의 여성신화," 『슬라브연구』, 제13권 , 1998.
원학의·한종만·공우석, 『러시아의 지리』, 서울: 아카넷, 2002.
이덕형, 『천년의 울림』. 서울: 성균관대출판부, 2001.
이정만, "러시아 문화의 지리적 전통," 『슬라브연구』, 제13권 1997.
이정재, 『시베리아 부족신화』. 서울 : 민속원, 1998.
이종진, "러시아 문학에 나타난 러시아인의 민족성과 의식구조," 『슬라브연구』, 제2권, 1984.
이철, "러시아문화와 메시아니즘," 『슬라브연구』, 제13권, 1998.
전경수, 『지역연구 어떻게 하나』. 서울: 서울대출판부, 1999.
최협, 『지역사회 연구방법의 모색』. 전남대출판부, 1997.
최협, 『한국에 있어서의 지역연구의 현황과 과제』. 계명대학교 국제학논총 제2집, 1997.
허승철·이항재·이득재, 『러시아 문화의 이해』. 서울 : 대한 교과서, 1999.
헤르만 파레트. 『현대기호학의 흐름』. 김성도 역. 서울: 이론과 실천, 1995.
Аронов. А.А. Мировая художественная Кудьтура. Россия XX век. М., 1999.
Балакина. Т. И. Мировая художественная Культура. Россия 9с-19с. М., 1999.
Лосев А.Ф. Знак. Символ. Миф. М., 1982.
Лотман Ю. Анализ поэтического текста. Л., 1972.
Лотман Ю. Внутри мыслящих миров. М., 1996
Лотман Ю. Беседы о русской культуре. СПБ., 1994.
Кононенко Б. И. Культурология. Альбом схем. М., 1998
Кравченко А. И. Культурология. Словарь. М., 2000.
Мчедлов М. П. Религии народов современной России. М., 2002.
Мячин А. Н. Мир русской культуры. М., 1997.
Неронзак В. П. Языки народов россии. М., 2002.
Радугина А . А. Культурология. М., 1998.
Раковой М. М. и Рязанцева. И. В. История русского искусства 1-3.

M., 1981.

Суворов А. В. Русскийменталитет. М., 2003.

Якобсон р. Избранные работы. М., 1985.

Якобсон р. Работы по поэтике. М., 1987.

Eco, Umbert. Semiotics and Philosophy of Language. Bloomigton :

Hall, Robert B. Area studies : with special Reference to Their Implications for Research in Social Sciences. The social Science Research Council pamphlet 6, 1947.

Huges, Robrt and Irina Paperno, eds. Russian Culture in Modern Times. Califonia Slavic Studies. Berkeley, CA, 1994.

Jelavich, Charles. Language and Area Studies : East Central and Southeastern Europe A Survey, Chicago : Univ. of Chicago Press, 1969.

Jennaway, Megan. Paradigms, Postmodern Epistemologies and Paradox : The Place of Feminism in Anthropology. Anthropological Forum 6(2), 169-189, 1990.

Kalbouss, George. A Study Guide to Russian Culture, Religious History and Theology. Needham Heights, MA, 1991.

Kelly, Catriona. Russian Culture Studies : An Introduction. Oxford; New York, 1998.

Norman, John O, ed. New Perspective on Russian and Soviet Artistic Culture. New York, 1994.

Rosenthal, Bernice Glatzer. The Occult in Russian and Soviet Culture. Ithaca, New York, 1997.

Rzhevsky. Nicholas. Modern Russian Culture. Cambridge University Press. 1988

Steward, Julian H. Area Research : Theory and Practice. The social Science Research Council Bulletin 63, 1950.

Wagley, Charles. Area Research and Training : A Conference on the Study of World Areas. The social Science Research Council pamphlet 6, 1948.

Winner, Irene Portis. Research in Semiotics of Culture. Berlin : Mouton de

Gruyter. 1988.
http://www.intergrad.ru/kultura_mus.htm
http://www.gov.ru
http://www.museum.ru
http://www.theatre.ru
http://www.towns.ru
http://www.lenobl.ru/culture
http://www.russianculture.ru
http://www.bumbinorn.ru
http://ys.mmc.ru/dagestan.html

연 구 진

● **권 세 은**

모스크바대학교 정치학 박사

현 경희대학교 외국어대학 러시아어학과 부교수

주요논저:

『한국과 러시아 관계』(공저, 2001); 『21세기 러시아 정치와 국가전략』(공저, 2001); 「Синергетический подход к описанию трансформации российского общества」(2003); 「지역연구의 패러다임으로서 복잡성에 대한 시론」(2004) 등

● **공 우 석**

영국 헐대학교(The Univ. of Hull) 이학 박사

현 경희대학교 이과대학 지리학과 교수

주요논저:

『정보화시대의 국토와 환경』(공저, 2000); 『한국의 제4기환경』(공저, 2001); 『경관생태학』(공저, 2001); 『러시아의 지리』(공저, 2002), 『한반도 식생사』(2003), 『북한의 자연생태계』(2006) 등

● **강 혜 련**

연세대학교 대학원 정치학박사

모스크바대학교 사회학부 독또르과정 재적

현 연세대학교 사회과학연구소 전문연구원

주요논저:

『러시아의 민주화와 국가-노동관계』(1997); 『러시아 국가와 시민사회』(2003); 「러시아지방의 정치적 특성과 유형화」(2005) 등

● **성 종 환**

한국외국어대학교 문학박사(노어학).

현 경희대학교 비교문화연구소 러시아지역연구팀 책임연구원

주요논저:

『현대 러시아어 관용구연구』(2001);「러시아 지역 정체성연구」(2003); 『동방특급열차』(역서, 2003) 등

● **공 영 호**

모스크바대학교 노문학 박사

현 경희대학교 러시아지역연구팀 책임연구원

주요논저:

「러시아 연방지구 문화연구」(2005);「러시아 지역문화 연구방법론」(2004), 「러시아 문화연구 방법론」(2003) 등

● **김 성 훈**

모스크바대학교 경제학 박사

현 재단법인 경영기술개발원 금융투자연구소 소장

주요논저:

『러시아 지방연구시리즈 : 극동, 시베리아, 남부, 중앙, 볼가, 우랄연방지구』(공저, 2006);「Capital accumulation during the transition period in russian economy」(1999);「복잡시스템에 기초한 지방경제의 분석모델 연구-러시아 7개 지구 연방지구의 예시」(2004) 등

러시아 지방의 체계론적 이해

발 행 일	2006년 6월 15일 초판 1쇄
	2006년 10월 2일 초판 2쇄
저 자	권 세 은 외
발 행 인	김 병 묵
발 행 처	경희대학교 출판국
등록번호	1977년 11월 8일 제6-5호
주 소	(130-701) 서울시 동대문구 회기동 1번지
전 화	(02) 961-0106 / 7
팩 스	(02) 962-8840
이 메 일	khup@khup.com
홈페이지	http://www.khup.com
인 쇄 처	한다문화
	Tel. (02) 961-7500 Fax. (02) 961-7400
	Email. handapp@hanmail.net

ISBN 89-8222-124-7(94980) 정가 18,000원
89-8222-116-6(세트)